TABLEAU

DE LA

Dégénération de la France,

ET

DE SES MOYENS DE GRANDEUR.

Paris. — Imprimerie et Fonderie de Rignoux et Ce, rue des Francs-Bourgeois-S.-Michel, 8.

TABLEAU

DE LA

DÉGÉNÉRATION DE LA FRANCE,

DES

MOYENS DE SA GRANDEUR,

Et d'une Réforme fondamentale

DANS LA LITTÉRATURE, LA PHILOSOPHIE, LES LOIS
ET LE GOUVERNEMENT.

Par A. M. Madrolle.

> *Inclinata sunt Regna.* Ps. 45.
> Il est écrit : Je détruirai la science des sages
> et j'abolirai la sagesse des savants. Paul, *Co-
> rinth.*, I; Isaï, xxiv, 14; xxxiii, 6.
> *Salve, magna parens frugum,... magna virûm!*
> Riche, féconde en fruits, en héros plus féconde!

PARIS.
AILLAUD, LIBRAIRE-ÉDITEUR,
QUAI VOLTAIRE, 11.

A la Jeune France.

Gentis honor nostræ, Gallorum clara Juventus !
« *Ante annos, animumque gerens, curamque virilem.* »
(VIRG.)

La France seule est grande. Elle a fait un triage de tout ce qu'il y avait de vrai, de bon, de beau, dans la Littérature des Grecs, dans l'Ame des Romains, dans la Force des Gaulois et dans les Mœurs des Germains; elle en a doté le Christianisme, et voilà qu'elle est devenue l'Athènes de l'Europe, le nouveau *Peuple de Dieu*, et comme disait Grotius, tout étranger qu'il était, *le plus beau Royaume après celui du Ciel.*

Si elle n'est pas la Rome présente, c'est parce qu'elle est plus qu'elle, en la soutenant.

Elle est assise au milieu, et comme au sanctuaire, de tous les mondes connus; de façon à veiller à l'une des extrémités du globe par la Russie, à l'autre par l'Angleterre. Elle commande surtout aux peuples qui lui font la loi un moment; car ils la lui font avec sa langue.

C'est, à plus juste titre que la République romaine, le Peuple au loin Roi, *Populum latè Regem.*

Ah! Gallia, Gallia!...

Ah iterùm Gallia!..... s'écriait le seul Roi

entre les Rois de 1792, Pie VI. Cependant, le plus grand homme d'État de l'Angleterre, Burcke, disait, en plein Parlement, au sein des ennemis nés de la France : « L'Europe n'est que trop intéressée à ce qui se fait en France..... Paris est la Capitale de l'Europe. »

Tout ce qu'il y a aujourd'hui de lu, c'est-à-dire tout ce qu'il y a de remarquable dans tous les genres de Littérature, lui appartient. — Le peu qui reste de nobles Caractères, de Mœurs salutaires, et même de Lois raisonnables est chez elle. Et tous les peuples l'avouent. La gloire enfin est à nous comme par droit de nature, si la gloire est quelque part, ou quelque chose. Nous sommes encore plus en possession de l'Avenir que de tout le reste, de l'Avenir qui seul n'est pas une chimère : qu'est-ce qu'un présent qui échappe, qu'est-ce surtout qu'un passé qui n'est plus, pour un Peuple comme pour un homme qui ne vivent que d'immortalité ?

La Grandeur de la France est l'Espérance du monde.

Et sa grandeur doit être, avant tout, Littéraire : c'est-à-dire qu'elle doit venir de l'intelligence publique et s'adresser à elle [1].

---

[1] Il n'appartenait qu'à une Vieille-France, et non à une Jeune, à une *littérature facile*, et non à une difficile, de le nier, dans un gros

Nous avons, je le sais, fait l'ancienne Europe avec Charle-*Magne* (on ne sait, en vérité, s'il vient de la *grandeur*, ou si la *grandeur* vient de lui), et la nouvelle avec Louis-le-Grand ; nous avons même, dans notre décrépitude, fait l'Amérique, et nous en avions encore, il y a quelques jours, un témoin et un auteur vivant dans le général Lafayette. Depuis, et en nous relevant de notre sommeil volontaire [1], jetés à corps perdus à la suite d'un Soldat, nous avons failli édifier une troisième Europe, qu'aujourd'hui nous semblons préméditer de nouveau.... Car, nous ne défaisons jamais les Rois, nous ne les chassons, nous ne les élevons même à la hauteur du martyre, que pour en commander de plus grands encore à la Providence, au risque de passer par de plus petits. Henri IV n'est pour nous qu'un moyen de Louis XIV ; et nous ne voulons de Robespierre lui-même qu'à la condition de Bonaparte.

---

livre de lourdes *Études des poëtes latins de la décadence*, dont la publication est un anachronisme : « La France a atteint, aux 17e et 18e siècles, la plus haute civilisation littéraire des temps modernes (car les temps *Grecs* et *Romains* sont les temps modèles!) ; elle est en chemin d'atteindre, au 19e siècle, la plus haute civilisation industrielle et politique.... *La grande mission littéraire de la France est consommée* »!! — Si cela était, jeune homme, où en seriez-vous ?

[1] *Si Galli non dissenserint , vix Galli vinci possunt.* TACITE, *Annal.*

Nous verrons ce que nous aurons à faire de Louis-Philippe et de Henri V [1] !

Quoi qu'il en soit, on peut dire hardiment que la Grandeur future de la France [2] sera d'autant plus mémorable que sa décadence l'aura été davantage : il y a, dans notre belle Patrie, un sentiment plus fort que toutes les volontés, qui proportionne toujours la générosité à l'infamie. Et les plus épouvantables révolutions ne sont jamais permises, par l'Auteur de toutes choses, que comme moyen d'Ordre et de Salut publics.

Et ne me dites pas que j'abaisse, que j'anéantis dans mon ouvrage la Société que j'exalte dans la Dédicace ! C'est de la littérature et de la philosophie, c'est des faits, et des grands hommes que je rabaisse, que j'ai acquis la puissance et reçu la mission de les rabaisser. Bossuet, par exemple, ou Montesquieu (celui-ci a plus d'un aperçu de l'autre) eussent manqué de génie et de prévoyance, ils eussent pris l'horizon pour les bornes du monde, s'ils n'avaient pas eu le pressentiment de la pauvreté de leurs plus

---

[1] Raillerie à part, que les Rois de fait ou de droit se consolent, nous ne ferons d'eux que ce qu'ils voudront.

[2] Seulement le moment, les instruments et les formes sont *lettres closes* : la seule chose certaine, c'est que tous les partis, et surtout les chefs qui penseront jouer tout le monde, seront les premiers, le mieux, et le plus sûrement joués eux-mêmes.

belles conceptions personnelles, devant les richesses futures de leur patrie : personne ne saurait avoir d'esprit comme tout le monde.

Ou, si on l'aime mieux, le Présent actuel, si immense qu'il soit, n'est qu'un point devant le plus simple Futur. . . . .

La France seule est grande, Messieurs, et vous êtes la France !

La Jeunesse est toujours, dans un pays et dans un parti, ce qu'il y a de meilleur, de plus généreux, de plus fort; de plus susceptible de talent, et, je le dirai même, de plus capable de tous les genres de vertu. Lorsque la Jeunesse est corrompue, elle l'est à un moindre degré que l'âge mur; quand elle est morale, elle est aussi bien plus morale. L'âge avancé est, de tous les âges, le pire, s'il n'est pas excellent : les vices alors sont devenus une seconde nature, plus indomptable que la première. Les deux derniers âges laissent venir, ou font faire les révolutions, que la Jeunesse crédule et forte exécute à leur profit, jusqu'à l'échafaud exclusivement, qu'elle leur abandonne [1].

---

[1] La Religion est ici d'accord avec la philosophie. Monseigneur l'Archevêque de Paris, dans son beau Mandement du Carême de cette année, donne les épithètes de *généreuse*, *altérée de science* et *pleine d'ardeur*, à la Jeunesse qui accourt de toutes parts dans la Capitale, « doublement intéressante et par les maux sans nombre dont

Vous êtes la France, Messieurs, et vous le savez ; et vous agissez en conséquence [1]. De quelque côté que les regards se jettent, dans les petites conditions, dans les hautes, dans les moyennes ; dans toutes les factions qui divisent aujourd'hui la société; dans la Bourgeoisie et dans le Commerce, dans l'Université, au Barreau, et même à l'Académie, dans les Camps et dans les Salons, dans les Chambres, au Ministère, aux Tuileries principalement, c'est la Jeune-France qui saillit, c'est elle surtout qui fait loi.

Que le plus petit fil soit coupé ou seulement déplacé, je veux dire Louis-Philippe, et voilà la France tout de suite, et pour long-temps, entre les mains de deux *Jeunes-France :* le duc d'Orléans ou le duc de Bordeaux !

Mêlés partout et souvent divisés, dans tous les partis, dans toutes les coteries, dans les fêtes publiques et même dans les sociétés secrètes, sur le champ de bataille devant Alger ou sur la brèche d'Anvers, placés même sur le terrain tête à tête, le fer à la main et la vengeance dans le cœur, vous ne faites, Mes-

---

elle est menacée, et par LES IMMENSES SERVICES qu'elle doit rendre à la patrie, selon qu'elle demeurera incrédule ou chrétienne. » *O juventus, flos œtatis, periculum mentis!*

[1] Les étudiants eux-mêmes ont lieu de croire à leur puissance: ils ont *La Presse de* leur *Ecole ;* avec cette épigraphe : « *Les enfants deviennent hommes, parce que les hommes sont devenus enfants.* »

sieurs, qu'un parti, toujours serré, toujours vainqueur, toujours le même, sous des drapeaux divers.

Vous étiez, en dernier lieu, les premiers dans les Trois Journées où les Gérontes de l'ancienne Branche et ceux de la cadette, pâles et fugitifs, les uns sur le chemin de Neuilly, les autres sur celui de Saint-Cloud, vous avaient donné si beau jeu; et vous dédaignâtes même, tous ensemble, de prendre une part dans le butin, lorsqu'ils eussent voulu chacun y prendre la part du lion.

Le seul Empire où vous ne dominiez encore que par l'activité, la parole, et même la logique d'un petit nombre de vos membres, est le plus indifférent, celui des Colléges électoraux ou des Chambres, dont vous tenez assez les rênes dans la Littérature.

Et puis, ce qu'il ne faut pas oublier, lorsqu'au milieu de telles Fortunes, vous avez des maîtres, c'est toujours vous qui les avez faits.

J'ai dit les petits domaines où vous étiez les dominateurs; j'ai oublié le grand, celui qui mesure tous les autres et qui les enferme tous, l'infaillible moyen, et désormais presque l'unique, de toutes les prétentions, de tous les revers, de tous les succès; des victoires de l'Académie et de celles du Théâtre, de celles

du Barreau et de celles de la Tribune [1],...
de celles même des Armées [2]; organe sans
lequel on n'est sûr de rien, pas même de son
talent ou de sa dignité personnelle, et d'une
Couronne moins que de toute autre chose; instrument sans lequel Thomas d'Aquin n'eût pas
été sûr de son génie, Montausier de sa vertu,
Montmorency de sa noblesse; et sur la foi duquel le dernier de ses serviteurs peut faire
croire à l'antiquité de la sienne, même *dans
son pays* où *l'on n'est pas prophète,* et plus
d'un écrivain vulgaire a pu vendre 500,000 fr.
du noir sur du blanc, comme disait Voltaire,
et promettre, avec garantie, la seconde place
du Conseil des ministres :..... les Journaux enfin, puisqu'il faut les appeler par leur nom.....

Les Journaux, en effet, appartiennent désormais de droit à la Jeune-France; car elle est
seule en état de les mettre à la portée du pays
qui lui appartient. Elle les rédige en effet tous,
et ceux-là dont elle n'a pas la propriété mieux

---

[1] Tels sont, dans le fait, d'une part, l'affaiblissement et la déconsidé-
ration perpétuelle des Orateurs législatifs, et d'autre part, l'agran-
dissement infini des écrivains de journaux, que nous allons tous, sans
nous en apercevoir, à n'avoir, sur tel ou tel Orateur, et sur ses discours les plus remarquables, que l'opinion de l'article *Paris*, qui les
fait à présent toujours comparoir à son tribunal, et qui, d'un mot,
les fait admirer ou plaindre, et même qui détermine à les lire, ou
non.

[2] Il y a effectivement tel *Bulletin,* qui fut jadis la raison secrète d'Aus-
terlitz ou de Marengo.

que les autres. Elle dit aux Maîtres, déjà décidés à l'avance dans ces honteux *Débats :* A vous l'esclavage et l'or, à moi la Liberté de la presse et la France; et les autres, d'accepter la honte et l'iniquité !

Il est resulté de là deux faits : le premier, c'est que les vrais, les premiers ministres de la France et ses Rois aujourd'hui, ne sont pas MM. Soult, Guizot, Thiers, etc., et Louis-Philippe, mais bien les jeunes rédacteurs de fait des grands journaux (et les petits ici sont souvent les plus décisifs) de toutes les nuances; le second, c'est que les vrais *Prétendants*, leurs adversaires, sont certes bien moins Henri V ou un Bonaparte quelconque, que les deux ou trois Jeunes hommes auxquels les Directeurs des journaux légitimistes sont déjà obligés, sous peine de mort, de laisser faire la *Gazette de France* et *la Quotidienne*[1]; et surtout MM. Châtelain, Carrel, Marrast, Cauchois-Lemaire, qui rédigent ou rédigeaient personnellement les feuilles logiques; et MM. Roqueplan, Romand, Brindeau, Charton, Leroux, Marchais, Darthenay, Viennot, Delisle, Desnoyer, Philipon, Dufougerais, Buloz, rédacteurs des journaux spirituels.

M. Émile de Girardin, lui, ayant à sa suite

---

[1] MM. Nettement à la *Quotidienne;* de Nugent, Bérard, Roux-Laborie, Chauvin, à la *Gazette*, qui usurpe si insolemment le nom *de France.*

150,000 abonnés au *Journal des Connaissances utiles*, et toutes les apparences d'une immense *Société nationale*, occupe un siége qu'avec plus d'habileté il ne changerait point avec celui de Député indéfinissable.

Cela donné, messieurs de la Jeune France, il était bien naturel que je vous dédiasse mon livre :

C'est vous qui l'avez fait !

Je n'en revendique que la rapidité, les erreurs, et peut-être les passions involontaires :

Ses vertus sont de vous, ses vices sont de moi.

Vos exploits d'état, votre littérature publique, ont fait avant moi, et mieux que moi, justice de tout ce qu'il y a de faux dans la France surannée ; ils ont, bien mieux encore, proclamé tout ce que la Patrie a de fonds et d'avenir dans la nouvelle France. Mon principe, exclusivement religieux, est encore celui que les plus indépendans d'entre vous proclament : vous avez dit textuellement, à propos de la discussion fondamentale des Sociétés secrètes : « L'ANÉANTISSEMENT DE LA FOI RELIGIEUSE A LAISSÉ DANS LE MONDE UN VIDE DIFFICILE A REMPLIR [1]. » Ce que je dis, en particulier, de la dégénération passée de notre pays com-

---

[1] Article *Paris* du *Courrier Français*, le 19 mars 1834. — Sa profession de foi politique n'est pas moins honorable : « Il y a, dit-il le

mun, je le vois écrit en moins de mots, avec plus d'énergie, par plusieurs d'entre vous. Un jeune adepte de la nouvelle école littéraire a consacré deux grands articles de la *Revue de Paris,* l'un des organes les plus répandus de la Jeune-France, à constater la fausseté, la puérilité, le néant de la langue nouvelle. Il est vrai que c'est, d'une part, en annonçant la résurrection de la vieille langue latine, qu'il croit savoir, et qu'il ose appeler seule *calme et décente ;* et d'autre part, en faisant lui-même un emploi exclusif[1] du romantisme dont il soupçonnait le ridicule. Mais ne voilà-t-il pas qu'un autre homme du jour, classique et romantique tour à tour ou à la fois, M. Charles Nodier, a pris soin de nous déclarer, sous le titre de *Linguistique,* dans le *Temps,* jour-

---

avril, il y a folie à prétendre populariser dans notre époque Robespierre et Saint-Just. Leurs âmes pétrifiées soulèvent des antipathies universelles. »— Le *National* a donné depuis, après le terrible sac de Lyon, un bel et courageux exemple. Il a ouvert ses colonnes à la souscription proposée par le *Constitutionnel*, pour les victimes dont nous sommes, *tous* ensemble, les vrais bourreaux ; et cela, dit-il, comme « *une protestation contre la guerre civile.* » Il ne fallait rien moins que le *Journal des Débats*, pour dire, en toutes lettres, l'avant-veille : « Il y a de bonnes et de mauvaises causes, des barricades glorieuses et d'infâmes guet-apens, des révolutions légitimes et de coupables rébellions. »

[1] Je ne m'étonne plus de la réponse du littérateur facile, au littérateur difficile : « Là je suis (il s'agit du *trou* du *Journal des Débats*) comme le roseau qui dit aux passants, quelque vent qui souffle, *le roi Midas a des oreilles d'âne !* vous pouvez passer auprès du fragile roseau tant qu'il vous plaira, et sans danger pour vous, *Nifard !* »
— Le *danger* ne sera pas même.,.. pour moi !

nal des progrès (à propos de « ces faiseurs de galimatias double, comme il les appelle, si communs dans la littérature en décadence »), que « les classiques ont perdu pour toujours, ce que les romantiques ne trouveront jamais. » !!!

S'élevant plus haut, M. Ph. Chasles a dit, dans la même *Revue de Paris* : « La plupart des idées généralement reçues sont fausses, comme la plupart des réputations populaires sont absurdes. » Et l'un des fameux alliés de l'Homme qui sourit le plus à la jeunesse politique, Achille de Murat, est allé jusqu'à déclarer, dans la *Dédicace* de son *Exposition des Principes du gouvernement républicain* : « IL N'Y A PAS AUJOURD'HUI UN HOMME DE MÉRITE EN EUROPE. » Il supposait, et moi je soutiens, qu'il y en a des milliers en espérance [1]. C'est de la France seule, et par conséquent de la Jeune-France, qu'il est permis de dire avec le poëte :

Salve, magna parens frugum..... magna virûm!

---

[1] Nous disons même qu'il y en a des milliers en réalité, dans toutes les classes et dans toutes les professions nécessaires ou réelles : la seule au fond que nous prenions à partie, c'est la classe superflue; et notre *Tableau de la dégénération* n'est autre chose qu'une *Défense de l'immense majorité*, et un *Mémoire pour le peuple Français*, contre une petite aristocratie usurpatrice.

AVANT-PROPOS.

Ceci est un Livre de *réalités*, s'il y en eut jamais.

Il appartient à une École toute prête à surgir, déjà dessinée, forte, pleine d'avenir, dont les énergiques symptômes se manifestent depuis quelques années, et dont, loin de me prétendre le chef, je ne me crois que le dernier disciple, seulement le disciple téméraire.

Cette École, que les Journées de Juillet avaient, à leur insu, la mission de susciter, sera l'École Française par excellence.

La prétention de reconstruire la société est naturelle; c'est l'autre prétention qu'on a eue avant la nôtre, de la diviser, de l'anéantir, qui seule est audacieuse.

Si toutefois quelqu'un me demandait mes titres pour une ambition aussi légitime, je lui répondrais, sans m'enquérir des siens à me les demander : mon livre!

L'objet est immense; il est le plus grand qu'il puisse y avoir sur la terre.

C'est pour cela précisément qu'il est facile à remplir : *in magnis voluisse sat est.*

Lorsque tout est démoli dans la société, lorsqu'il ne reste pas pierre sur pierre, et que la table est rase; lorsque le parti républicain, représenté par la *Société des droits de l'Homme,* proclame, d'une part, que : « Carlistes, Juste-milieu,

Opposition, tout cela est en ruine, tout cela sans portée, sans action, sans avenir »; lorsqu'il déclare, avec tous les autres partis, que : « il appartient à chacun d'étudier, de répandre les doctrines dont il désire que la volonté générale fasse l'application, et que ces manifestations ne sont pas seulement légitimes, mais qu'elles sont nécessaires » : le plus simple architecte a beau jeu, et M. Fontaine peut se trouver un Michel-Ange.

Je ne me fusse point hasardé à jouer d'habileté ou de force avec les *Bandes noires* de nos antiques et solennels monuments; mais si, en tous cas, il y avait pour moi quelque chose à détruire, ce serait un Panthéon impie, une des sept merveilles du monde, un nouveau temple de Diane : alors je pourrais placer une facile gloire, trouver une joie légitime à y lancer un brandon en me jouant. L'incendiaire d'Éphèse, avec une idée de plus ou de moins, eût été le disciple de Socrate qui but la ciguë pour refuser de croire aux Dieux dont *Diane* était la fille [1]; il eût été l'idolâtrie, au lieu d'être l'horreur de la postérité. Je ne mérite, certes,

Ni cet excès d'honneur, ni cette indignité.

Ironie à part, l'homme ici-bas ne saurait avoir que trois fonctions à remplir :

I. Commander, à main armée, le bien à ses semblables, et les servir dans la Royauté, dans le Ministère, dans les Chambres, au Palais ou dans les Arts divers;

II. Leur dire ou leur écrire des vérités *partielles*, c'est-à-dire des erreurs, sources de tous les crimes;

---

[1] Diane, fille de Jupiter, dont Érostrate brûla le temple, s'appelait Hécate aux enfers.

III. Leur révéler la Vérité *tout entière*, unique, isolée, délaissée, avilie, et le Devoir avec elle; sauf ensuite à les réduire en démonstration, exclusive même de l'objection.

Et cela dans un Livre, car ce n'est que là qu'elle peut être [1].

La première de ces trois Fonctions (le Commandement ou le Service honoré et salarié), la plus chérie, la plus jalousée dans le monde au dix-neuvième siècle, est la moins noble, en même temps que la plus funeste : ce qui ne l'empêche pas d'être, pour toujours, la plus aimée, la plus inévitable, et même la plus urgente; car, c'est encore à la faveur du plus faible, et, si l'on veut, du plus illégitime Gouvernement, qu'il est possible de publier une doctrine de salut quelconque.

La dernière Fonction sociale, celle qui consiste à dire hardiment la vérité, bien que la plus ignorée ou la moins osée, et la moins susceptible de fortune proprement dite [2], est la plus grande, la seule vraiment impressive, et la seule facile.

C'est à ce dernier titre que je l'ai acceptée quelquefois, et

---

[1] C'est là un point sur lequel on n'insiste jamais assez; il fut le secret de l'élévation de tous les grands hommes, et de Descartes en particulier. « Il disait, que la lecture des bons livres est comme une conversation avec les plus habiles gens des siècles passés, mais une conversation étudiée, dans laquelle ils ne nous découvrent que les *meilleures de leurs pensées*. » (BAILLET, *Histoire de Descartes*.)

[2] Dans la faible minute qu'on nomme la Vie, le Monde (car il n'y a, en bonne logique, de réel que ce qui n'a pas de terme), une Mission est d'autant plus payée en or qu'elle est plus vile, d'autant plus appauvrissante qu'elle est plus sublime. L'entrepreneur des boues de Paris est millionnaire, comme le journaliste ou le banquier des révolutions, et, mieux que lui, le demeure; les charges de finances sont 3, 4 et jusqu'à 10 fois plus payées que celles de légistes; celles-ci, que celles de judicature; celles de robe, que celles d'épée, qui leur sont si supérieures. Il y a une Mission, le Sacerdoce et l'Enseigne-

que je la choisis principalement, aujourd'hui que ceux-là qui sont, ou qui se croient les premiers appelés à dire la Vérité religieuse et monarchique à la France, sont devenus ses plus grands et peut-être ses seuls précepteurs, ses maîtres consciencieux d'ignorance et de déloyauté, d'irréligion et de démocratie [1].

Si la Vérité (et la vérité dans un Livre) est, comme elle fut toujours, le plus grand, le seul moyen de la plus grande mission qu'il puisse y avoir sur la terre; elle est aussi, elle est surtout, pour un homme donné, le moyen unique de devenir habile (et il y a bien un moyen d'être habile) au monde.

Après avoir dit un mot de la forme de la littérature utile, je sens le besoin d'en dire un de son devoir. Il faut, plus aujourd'hui que jamais, l'arracher de la crainte, du respect humain, des abstractions enfin. Elle doit être libre sur les Principes, plus libre encore sur les Personnes, en tant qu'elles sont publiques; car le bien et le mal qu'elles produisent sont publics, encore mieux qu'elles. A quoi nous ont servi, jusqu'à présent, qu'à nous corrompre, nos littératures et nos leçons indirectes? Lorsque la dégénération est patente et profonde dans les hommes célèbres, il n'y a plus qu'un moyen de leur être utile, ainsi qu'aux autres, c'est

---

ment (lequel est un sacerdoce de seconde majesté), que les Rois et les majorités laisseraient volontiers mourir de faim. C'est précisément celle qui leur donne la Vie, à la façon de la Providence, au temps même qu'ils l'outragent :

> . . . .
> Le Dieu poursuivant sa carrière
> Verse des torrents de lumière
> Sur ses obscurs blasphémateurs.

[1] La *Gazette de France*, et non *la Quotidienne* et *le Rénovateur*, etc.

de les nommer, et même de les flétrir. La main hardie d'un médecin opérateur est devenue le seul moyen d'arrêter la gangrène et la mort, lorsque le mal corporel est devenu hardi lui-même : il en est de l'ordre moral comme du physique ; et le vrai philosophe est condamné à mettre le scalpel dans les vices de la société, lorsque la société est devenue, à force d'excès, une sorte de cadavre. Saint Paul autorise et commande les noms, lorsque les noms sont devenus terribles [1]. Le *Pilori*, dont on a publié quelques numéros, les journaux les plus modérés, les journaux religieux eux-mêmes [2], publient chaque jour des *caractères* et des faits personnels, cent fois plus graves et moins authentiques que les nôtres. La première différence entre eux et nous, c'est qu'ils donnent les lambeaux seulement, d'une société dont nous esquissons le tableau [3].

---

[1] Tim. 6.

[2] C'est ainsi, par exemple, que l'*Ami de la Religion* n'a pas craint de se faire, pendant 6 mois, l'accusateur, le contempteur de Monseigneur l'Évêque actuel de Dijon, et de se rendre le servile écho de quelques prêtres mécontens du diocèse, dans le moment même où ce Prélat venait de recevoir son institution canonique du Souverain Pontife son seul juge, et où, arrivant dans son troupeau, il avait d'autant plus besoin de considération publique.

Les philosophes du 18e siècle allaient, en fait de sévérité judiciaire, plus loin que moi : « La corruption désormais est partout la même, dit J.-J. Rousseau dans ses *Confessions* (si profondément corrompues et corruptrices), et il n'existe plus ni mœurs ni vertus en Europe. » Et il met en marge : « J'écris ceci en 1769. »

[3] Nous ferons toutefois une observation importante, c'est que notre tableau, essentiellement composé de traits publics ou littéraires, et surtout de traits capitaux, n'est vrai, et ne sera trouvé tel, que dans les Capitales, et tout au plus dans les grandes Cités. Mis en regard des Provinces, et surtout des Champs, il serait une utopie, parce qu'il serait une monstruosité. Il faut beaucoup de bon sens, c'est-à-dire, de l'habileté, pour entendre et accepter un tableau de la dégénération d'une société. Je dirai aux bons habitans des Pro-

Il y a une autre différence, c'est qu'ils s'acharnent à signaler, quelquefois à créer, dans l'intérêt d'une révolution, les vices et les crimes du Pouvoir auquel on doit toujours le peu d'ordre dont on jouit; tandis que nous avons, nous, pris le soin religieux de ne signaler ses fautes que dans l'intérêt de cet ordre. Au contraire, nous avons oublié, nous avons cherché à neutraliser [1] même ce qu'il y a de vrai et de bon en soi du côté des adversaires du Pouvoir religieux ou politique, dans la conviction où nous sommes qu'un ennemi décidé n'a jamais raison : *timeo Danaos....*

La plupart des écrits, enfin, qu'on publie, ne sont que l'abus d'un Devoir sacré, dont nous aspirons à montrer l'usage. Dieu nous est témoin que nous aimons d'autant plus les personnes, que nous les attaquons avec plus de force; et celui-là qui nous soupçonnerait de misanthropie ou de ressentiment, n'entendrait rien à notre cœur, et n'aurait pas même compris la première page d'un livre dont le Prin-

---

vinces], tous tentés de crier à l'exagération : Ce n'est pas pour vous que j'écris; vous ne pouvez pas connaître la théorie d'un État, encore moins la puissance d'un Principe moral sur la terre même que vous cultivez; vous ne croyez jamais le mal que lorsqu'il est venu ; et cela encore sans en apprécier jamais la *Cause*, que vous lisez toujours dans une *Occasion*. Mais vous avez beau faire, beau dire, votre sort dépendra toujours de la Capitale de votre pays; et cette Capitale ne saurait jamais dépendre que des hommes, morts ou vivans, que j'ai nommés dans cet ouvrage. La révolution de Juillet 1830 et celle de 1789 qui vous ont atteints par contre-coup, à la longue, se sont opérées de cette façon; une révolution plus terrible, parce qu'elle ne pourrait plus frapper *directement* que sur vous, ne se ferait pas autrement.

[1] Il y avait de la France dans la Gaule, et il y a de la Gaule dans la France. Or, voici ce que dit des Gaulois le plus habile des Romains, César : *Gens nimiùm ferox* UT LIBERA SIT, *nimiùm superba ut serviat.*

cipe unique et fécond est le seul accusateur du siècle. Le lecteur judicieux et de bonne foi verra que ce Principe (lequel n'est pas autre chose, en dernière analyse, que Dieu) a été notre seul mobile, notre seul maître ; nous en avons été le secrétaire, ou, si l'on veut, l'esclave. Nous avons trouvé le moyen (et le moyen à la portée de tout le monde, puisqu'il est tout historique) de faire sentir, sans le secours de la théologie et même de la philosophie, que toute l'incapacité des hommes et tous leurs malheurs n'avaient qu'une cause, la spécialité de leurs études, leur sortie de leur état, leurs empiétements respectifs. Nous avons, en un mot, mis à l'usage universel la clef à la porte de la société : tout notre crime ou tout notre mérite aura été dans l'impuissance de reculer devant des conséquences.

Je dois aussi donner un mot d'excuse et de justification pour des détails littéraires auxquels on n'est pas accoutumé, qu'on tient généralement pour indifférens, et où je suis néanmoins entré. C'est ainsi, par exemple, que j'ai attaché une assez grande importance philosophique à ce qui regarde les Écoles de droit et les Palais de justice, dont les métaphysiciens et même les publicistes ne se sont jamais occupés. — C'était une lacune à remplir. — Plus on y réfléchira, plus on sera même conséquent avec soi, et plus on se convaincra que l'enseignement du droit civil et l'administration de la justice, eurent, à toutes les époques et dans tous les pays, mais toutefois plus depuis le moyen-âge et à la suite des révolutions, une grande influence sur les destinées de l'humanité, et par conséquent sur l'éclat ou la dégradation de la littérature. — Aussi voyons-nous aujourd'hui, surtout en Angleterre, en France, en Allemagne, c'est-à-dire dans les sociétés où se fait la loi des autres sociétés, l'esprit étroit des lois romaines s'infiltrer au travers de toutes les institutions, et leurs hommes se présenter partout les premiers, la force dans les poumons, le sophisme dans l'esprit, et l'ambition dans le cœur, à la tête du désordre. — Il était temps et nécessaire de faire voir le mal dans son principe et dans ses développements; et pour cela, il fallait y insister. — Je l'ai fait.

C'est préoccupé d'un autre abus, non moins grand, et encore plus oublié, que je n'ai pas dédaigné de faire des allusions habituelles à une foule de petits noms et de petites choses, et même à les nommer en toutes lettres. C'est par des embryons littéraires, par des atomes politiques, par des souverains abougris, que les peuples sont à présent opprimés; et le mal n'est jamais plus grand, la décadence plus prononcée, la mort plus criante, que lorsqu'on est tué ou qu'on tue à coups d'épingles, et qu'on est *assommé* à coups de *gourdins*. Il m'a donc fallu citer à la fois M. Dupin et M. Gisquet, M. Janin et M. de Chateaubriand, M. de Bonald et M. Viennet, M. de Villèle et M. Thiers. J'ai nommé souvent les Rois, surabondamment. Par le même motif encore, Bossuet, Vincent de Paul, le prince de Hohenlohe, M. l'Archevêque de Paris, se sont trouvés, sous ma plume, à côté des abbés Lamennais et Bautain, ou de Châtel; et la *Bible* simple, en regard du *Génie* fastueux *du Christianisme*[1].

Il n'est rien comme la *Décadence*, pour rappeler la

---

[1] Nous avons entendu raconter à l'un des plus savans Ecclésiastiques de France, que, se trouvant à Rome, avec un grand nombre de Prélats français et italiens lors de la publication du *Génie du Christianisme*, ils s'étonnèrent tous, et les Cardinaux Gerdil, Fontana et la Somaglia principalement, de la témérité du seul nom

Grandeur; et Montesquieu lui-même l'a senti dans son livre des *Romains* [1].

Le XIXe siècle serait non recevable à se plaindre de mes contrastes : il a pris soin de me les fournir:

Notre livre est un vrai *Cours de littérature* réelle, à l'usage de la nouvelle Université ; car c'est le jugement de tous les *Cours de littérature* de mots.

Il est laconique, parce qu'il tient à un grand ensemble,

de cet ouvrage, que l'abbé de Boulogne, à qui le libraire Leclère en avait donné le manuscrit à examiner, venait de rejeter comme un vrai roman philosophique.

[1] C'est le seul livre dont l'*intitulé* rappellera le nôtre ; car, au fond, Montesquieu n'a pas même effleuré les *petites* Causes de grandeur et de décadence d'un peuple. Le parlementaire Rigoley de Juvigny, qui, à la veille de la révolution pourtant (en 1787), ne craignit pas de songer à un tableau *De la décadence des lettres et des mœurs*, et de le *dédier* à Louis XVI, n'a pas même eu le mérite de rappeler les lieux communs de la matière. Et néanmoins l'histoire a redit sa hardiesse et sa vertu, et gravé sur sa tombe fortunée (elle fut creusée en 1788!) ces beaux vers :

> Des principes sacrés nourris dans son enfance,
> Juvigny défendit et l'Église et les mœurs :
> Du bon goût il peignit la triste décadence ;
> Et de ses ennemis méprisant les clameurs,
> Son zèle l'enflamma du plus noble courage.

Depuis, la pente révolutionnaire sur laquelle l'Europe s'est trouvée placée a suscité une foule d'*États de la France,* etc. : d'abord, celui de Calonne, qui n'ayant des yeux que pour l'Angleterre son ennemie, pensait sans talent et écrivait *ab irato ;* puis, ceux de MM. de la Maisonfort, etc., qui ne voyaient la patrie que de loin, et là où ils étaient ; enfin ceux de M. d'Hauterive, etc., dans lesquels la flatterie se faisait apologétique. De nos jours, les *Essais* de MM. de Fonvielle et Férussac, n'offrent guère que le sentiment, plus ou moins profond, de la superficie du mal qui nous dévore ; et d'ailleurs ils n'ont pas même songé à la nature et à l'unité du remède. Le général Donnadieu juge encore moins bien la *Décadence de la Vieille Europe* ; car il la voit de l'œil calvinico-carlisto-sentimental.

dont il est le résumé, qu'il appelle, et qui viendra incessamment lui donner la *main forte* dont il n'aura nul besoin pour le lecteur habile.

Il est surtout réduit à des bornes étroites, parce qu'il a été long-temps prémédité.

Un jour viendra, qui n'est pas loin, où il sera reconnu qu'aucun de nos jugements n'était téméraire, et que la justification d'un seul se trouvait dans sa relation avec tous les autres.

Notre but, en dernière analyse, a été de montrer la société telle que toutes les sortes de *Philosophies* nous l'ont faite, d'étaler son cadavre recouvert d'un linceul doré, de présenter ce que tout le monde pense et ce que nul ne dit.

Dans cette vue, nous avions d'abord eu la pensée d'intituler notre livre : LE VOILE LEVÉ.

Le Tableau de la Dégénération de la France, tout sombre, tout exagéré qu'il pourra sembler à quelques lecteurs superficiels, est toutefois plutôt en deçà qu'au-delà de la vérité.

Nous avons pris, presque toujours, nos faits et nos preuves dans les écrits, dans les discours publics, dans les journaux, dans les livres et dans les hommes accrédités ; et qui ne sait que la *parole* privée de cabinet ou de salon, que la *pensée* surtout d'un homme donné, que ses mœurs inconnues sont bien autrement mauvaises que ses écrits, toujours timides, et même hypocrites ?

Lors donc que la littérature écrite d'une société est corrompue, il faut proclamer hardiment que la société est corrompue elle-même jusque dans ses entrailles.

Notre *Tableau* du pays serait pâle, en regard du pays original.

. . . .

Le champ de la philosophie ressemble au sol de la Sicile, qui ne doit sa richesse et sa fertilité qu'aux agitations du volcan qui brûle dans son sein. Il faut qu'à certaines époques, aux époques de rénovation, ce champ se bouleverse sous les pas de ceux qui le cultivent ; il faut que le génie, comme l'Etna, travaille puissamment, et par des secousses profondes, les germes inconnus que ce champ recèle, et que pour le parer d'une fécondité nouvelle, il sème pendant quelques instans, sur sa surface désolée, le désordre, la tempête, la nuit et la mort.

Enfin « il a fallu mesurer les temps, les circonstances, les exigences, les besoins D'UNE ÉPOQUE QUI NE RESSEMBLE A AUCUNE AUTRE », dit hardiment le premier Pontife de l'Église de France, dans son Man dement sur les *Conférences*.

Nous avons lu quelque part : la raison, d'accord avec le goût, viole quelquefois les règles, comme la conscience les lois ; et c'est alors qu'elle se surpasse elle-même. C'est le seul avis que nous nous permettons de donner à nos amis : nos adversaires ont d'autres maîtres, et ils auront un autre juge que nous.

Ce juge sera, préalablement, l'Avenir ou la Postérité, pour laquelle principalement nous avons écrit ; et nous aussi, nous aurons notre Testament d'*outre-tombe!* seulement nous l'aurons modeste : plus l'œuvre qui nous appelle est grande, plus elle nous préserve de l'orgueil ; car plus nous sentons qu'il nous est impossible de la faire nous-même.

TABLEAU
DE LA
DÉGÉNÉRATION DE LA FRANCE
ET
DES MOYENS DE SA GRANDEUR.

PREMIÈRE PARTIE.
DE LA NATURE DE LA CAPACITÉ, DU GÉNIE ET DU SUBLIME EN LITTÉRATURE.

Veritas est in scripturis quærenda, non eloquentia.
(IMIT., 5, 1.)

Le Pinde est envahi par d'insolents pygmées.
. . . .
Les docteurs insensés, dans leur sotte manie,
Le scalpel à la main, dissèquent le génie,
Et veulent qu'abaissant son vol au haut des cieux,
Comme eux, il pense, écrive, et qu'il rampe comme eux.

L'esprit est le dieu des instants ;
Le génie est le dieu des âges.
(LEBRUN-PINDARE.)

Un génie factice a détrôné le génie véritable; une école littéraire, aussi audacieuse que débile, a remplacé la grande, la forte, l'humble école vraiment philosophique; je voudrais substituer au règne démocratique, funeste et ridicule des hommes de lettres, le règne monarchique, bienfaisant et sublime des hommes réels.

Et d'abord définissons le génie.

Le génie de l'homme n'est rien, ou il consiste dans la connaissance, dans l'expression, dans le tableau, le plus ressemblant possible, de la nature morale et physique telle que Dieu l'a faite, ou, si on l'aime mieux, telle qu'elle est. Or, la nature morale, aussi bien que la nature physique, n'est pas un composé d'éléments confondus, bizarres, discordants, un chaos; c'est, au contraire, un ensemble d'êtres faits l'un pour l'autre, un ordre parfait, une grande symphonie; c'est une magnifique synthèse, ou plutôt une société, une monarchie par excellence; une création enfin telle que Dieu a dû la faire. La nature n'est pas compliquée; elle est éminemment simple; elle n'étonne pas; elle n'exige ni des études difficiles, ni même une réflexion ardue : elle est, en un mot, son nom le dit assez, *naturelle.*

La nature enfin, prise dans sa plus large acception, est essentiellement édifiante, expressive, démonstrative des devoirs; elle est, si j'ose le dire, convertissante; elle ravit; elle raconte la gloire de son auteur, son existence, ses attributs, ses commandements, la théorie de ses lois pénales ou rémunératoires, la monarchie dans la religion, dans l'état, dans la commune, dans la famille, dans le cœur humain; elle conduit enfin à la vertu par la science, et au bonheur par la vertu.

Le tableau de la nature doit apparemment être simple comme elle : il ne doit ni étonner, ni être difficile à voir, à reconnaître, à retenir, à traduire d'un idiome dans un autre. Le spectateur doit pouvoir se dire (et Pascal en a fait la remarque sans en donner l'exemple) : Je l'aurais fait ainsi moi-même. Le tableau surtout ne doit pas peindre ce que la nature a couvert d'un voile, comme dangereux, alors même qu'elle a laissé à l'homme la faculté de lever le voile, afin de lui laisser le mérite de le respecter. On ne doit jamais remarquer le peintre, car le peintre n'est pas le tableau. On peut sans doute peindre le peintre à son tour; mais ce n'est pas à lui que cet art nouveau appartient. Une glace elle-même réfléchit la figure, non les côtés, encore moins le revers : du moment qu'il s'agit de lui, l'homme a toujours besoin de son semblable.

Telle est la société et telle est la littérature de Dieu; il y a la société et la littérature de l'homme : l'une est absolument le contraire de l'autre. Autant la société et la langue véritables sont simples et harmonieuses au jugement de l'homme élevé avec elles, autant les fausses sont compliquées, dissonantes, et n'en paraissent que plus belles aux yeux des esprits faux. Le fidèle se plaît à mettre ou à rétablir toutes choses à leur place; le dissident, à tout renverser. Le premier considère le seul déplacement d'un mot comme un crime et peut-être comme un sacrilége; car il sait que les langues viennent du ciel, comme le pouvoir, et que la vérité de Dieu elle-même est au prix de la vérité d'un mot. Le second ne fait consister le bonheur, le génie littéraire, que dans la transposition des termes et le néologisme. Le peintre de la nature tremble de se montrer personnellement; celui de l'homme ne se cache qu'en désirant s'être laissé voir. L'écrivain fidèle, naturel, vraiment classique, charme son lecteur en l'édifiant, en le rendant bon, meilleur; il fait résulter pour lui la liberté et le plaisir de l'accomplissement du devoir : l'autre littérateur ne sait charmer son lecteur qu'en le dépravant; il lui laisse profondément ignorer ce qu'avant tout il devrait savoir, lui apprend de préférence ce qu'il devrait ignorer toujours. Les extrêmes conséquences, les charges sûres de ce génie, si c'est là un génie, ce sont le crime, les regrets, le malheur, la mort.

La vraie composition, en un mot, suit la nature; l'autre, si je puis le dire, la dénature. Les deux systèmes sont conséquents; seulement il s'agit d'opter.

L'histoire des grandes et des petites lettres, de celles dont nul n'osa jamais contester la sublimité ou le ridicule, est un immense témoignage de cette vérité. Est-il rien de plus simple, en un sens, de plus à la portée des forts et des faibles, que la Bible, type de la littérature sublime aux yeux même des plus célèbres philosophes? Écoutons parler, à cet égard, le grand interprète des livres saints, le plus sublime de leurs auteurs, après Dieu : « Le Christ, dit saint Paul, m'a envoyé enseigner aux hommes la vérité, abstraction faite de la sagesse des mots, de peur que la croix du Christ ne s'échappe du milieu d'eux; » car comment rendre ces paroles, qui sont à la fois l'exemple et la leçon de la littérature : « *Misit me Christus evangelizare, non in sapientiâ verbi, ut non evacuetur crux Christi ?* »[1] — « Je me

---

[1] I. Corinth., I, 17. — Le même littérateur revient souvent à cette vé-

dois aux simples aussi bien qu'aux savants, écrit-il aux Romains : *Sapientibus et insipientibus debitor sum. (Rom., I, 14)* [1].» Tout le secret de la littérature est là : la vérité, ou la croix (car ici les mots sont synonymes), disparaît là où le mot, c'est-à-dire l'homme, se montre.

Fidèles à cette règle, les peuples les plus célèbres, les plus grands écrivains du monde, dans tous les siècles, sont éminemment remarquables par la simplicité, par l'exactitude rigoureuse qui constituent le génie véritable et la littérature sublime.

Les langues sémitiques ou orientales, et en général les langues anciennes et radicales, sont les plus régulières, les plus analogues aux objets à décrire, les plus conformes enfin à la vérité. Les langues païennes, au contraire, ou les modernes, sont remarquables par leur irrégularité et leur transposition, leur mensonge, et même leur difformité. Dieu nous donne tout simple, tout naturel, tout beau, tout aisé; c'est nous qui dénaturons, qui enlaidissons, qui compliquons [2].

---

rité fondamentale : *Prædicatio mea, non in persuabilibus humanæ sapientiæ verbis, sed in ostensione spiritus, et virtutis.* (*Ibid.*, 2, 4.)

[1] Muratori a composé, dans cette vue, son beau *Traité de l'éloquence populaire;* et Liguori, sa *Manière de prêcher à l'apostolique.*

[2] Une langue primitive, la grecque même, malgré ses causes spéciales de démembrement et de confusion, prenant le mot *maison* pour racine, aurait dit, ainsi qu'un savant moderne l'a fait observer : *maisoniste, maisonier, maisoneur, maisonerie, maisoner, enmaisoner, démaisoner.* Nous disons, nous : *maison, domestique, économe, casanier, maçon, bâtir, habiter, démolir,* etc.; et c'est ce qui rend les langues en général si difficiles à apprendre et même à parler.

La poésie (et notre prose est de la poésie, hormis la mesure et la rime), la poésie, qui n'est autre chose qu'une langue dans une langue, la poésie, qui transpose tout, qui a pour objet d'étourdir, ou si l'on veut d'enchanter, est essentiellement de seconde origine, comme elle est de seconde majesté; et, je l'avoue, je n'ai jamais conçu l'idée, si généralement adoptée, de son antériorité sur la prose. Vous trouvez, sans doute, de très anciens poètes; mais allez plus haut, vous trouverez (à moins que vous ne les ayez perdus) les prosateurs. La prose est essentiellement de la nature, la poésie de la société; et c'est pour cela même qu'il est rarement arrivé à un grand homme de devenir un grand poëte, et à la poésie d'être élevée à sa plus grande hauteur. L'homme supérieur ne connaît pas en *art* de *beau désordre*, et les psaumes de David ne sont rien moins que des vers. Les petits hommes, au contraire, les hommes du milieu, sont merveilleusement désordonnés. Tous les poëtes (et nos publicistes et nos philosophes sont aujourd'hui poëtes) ne peuvent pas même dire naïvement, comme l'un d'eux, dans ses vraies *Feuilles d'automne* :

> Je suis fils de ce siècle! une erreur, chaque année,
> S'en va de mon esprit, d'elle-même étonnée,
> Et détrompé de tout. . . . .

Supérieurs à troubler les expressions, ils le sont aussi à désorganiser les choses, à pratiquer le vice, à s'élever même au crime; car le crime est une révolution de choses, comme la poésie est une révolution de vérités. La poésie enfin fut difficilement et rarement l'apanage de la vertu, et il ne serait pas difcile de le prouver.

Et c'est pourquoi les peuples païens et les peuples musulmans ont des langues essentiellement poétiques, et plus de poëtes que de tout le reste [1]. C'est aussi la raison de l'accroissement et de l'importance des poëtes aux époques de décadence : Louis XIV traitait assez mal Racine et même Fénelon; Voltaire, au contraire, fut le héros du Régent et de la Pompadour; et MM. de Chateaubriand et de Lamartine ont été, un moment, les favoris de la Restauration.

Ce qui est vrai des masses l'est aussi des écrivains, considérés individuellement. S'il y eut au monde des littérateurs exacts et presque mathématiques jusque dans leur éloquence orale, ce furent les Pères et les Docteurs de l'Église, qu'on peut bien considérer aussi comme les pères de la rhétorique et de la littérature. On les voit tous, de concert, les uns en Orient, les autres en Occident, s'efforcer de proportionner les langues grecque et latine à la vérité, à l'Évangile, au Verbe nouveau, et par conséquent de refaire ces langues puériles ou criminelles. Et les plus habiles en ce genre, parmi les habiles, sont précisément les plus orthodoxes; on ne les citerait pas comme les plus grands écrivains : chez les Grecs, saint Athanase, saint Basile, saint Chrysostôme; et

[1] Les philosophes arabes rédigent en vers jusqu'à leurs traités de mathématiques. Le *Coran* est encore aujourd'hui le chef-d'œuvre de la littérature arabique.

chez les latins, saint Ambroise, saint Jérôme et saint Grégoire-le-Grand.

Leurs ouvrages sont autant de fleuves à la fois clairs, profonds, droits, majestueux, dont le cours est insensible, et qui répandent sur leurs bords la verdure, les fleurs et l'abondance. Comme ils offrent tous l'exemple de la littérature naturelle, ils en donnent aussi la leçon: les uns commentent excellemment l'épithète d'*adultères de la parole divine* que Saint-Paul applique aux écrivains orgueilleux (*adulterantes verbum Dei*, II; Cor. 2, 17 [1]); les autres relèvent cette belle pensée de l'Apôtre que la prétention des paroles ôte la vie à la croix (*exinanire crucem* [2]). Saint Jérôme, non moins ingénieux que profond, compare les vains écrivains à ces femmes qui, par leur parure, plaisent bien aux hommes, mais sans plaire à Dieu et sans fruit pour personne [3].

[1] Mieux avisé encore peut-être à cet égard que saint Chrysostôme, le pape saint Grégoire-le-Grand sacrifiait particulièrement l'élégance des expressions à l'énergie des choses; et il savait pourquoi :

«*Perversus, quisquis est, vanæ gloriæ serviens, rectè adulterare verbum Dei dicitur, quia per sacrum eloquium, non Deo filios gignere, sed suam scientiam desiderat ostentare, et voluptati magis quam generationi operam impellit.*» Mor., lib. VI, cap. 35.

[2] «*Alii externæ sapientiæ operam dabant; ostendit (Paulus) eam, non solum cruci non opem ferre, sed etiam eam exinanire.*» SAINT CHRYSOST., hom. 39, in epit. 1, Cor., 14.

« *Prædicatio christiana non indiget pompâ et cultu sermonis; ideòque piscatores homines imperiti electi sunt, qui evangelizarent.* » S. AMBROISE, II, Corinth., XI, 17.

[3] « *Effeminatæ quippe sunt eorum magistrorum animæ, qui semper sonantia componunt; et nihil virile, nihil Deo dignum est in eis qui juxtà voluntatem audientium prædicant.* » S. JÉROME super Ezech.

La suite des temps n'a fait que reproduire et confirmer la disposition des grands philosophes à christianiser, c'est-à-dire à façonner les langues à l'ordre, à la simplicité. La manière de Saint-Thomas d'Aquin, qui seul représente tout ce qu'il y a de beau dans le moyen âge, est à cet égard si remarquable qu'on ne la remarque jamais : pas un mot qui ne soit employé dans son acception propre; et surtout pas un qui ne contribue à rendre plus claire la chose signifiée. C'est aussi l'écrivain laconique-logique par excellence. Il rend le dogme simple comme la morale, la langue simple comme l'univers; et je ne sais si nos mathématiciens les plus exclusifs, qui le liraient sans prévention, ne trouveraient point son style et sa doctrine, en général, aussi beaux que leurs équations.

Si nous jetons les yeux sur ses habiles continuateurs, avons-nous jamais remarqué le *style* de Tolet, de Grenade, de Suarès, de Bellarmin, de François de Sales ? « C'est la vérité, non l'éloquence qu'il faut rechercher dans l'Écriture », nous dit celui qui connut le mieux l'Écriture, et qui lui-même la rendit si simplement et d'une façon si sublime, l'auteur presque inspiré de l'Imitation de J.-C. [1]

La langue, la méthode et la logique des docteurs Catholiques du grand siècle ne pouvaient différer

---

[1] Gerson, auquel on a attribué l'*Imitation*, et qui n'était pas, selon nous, de simplicité et de docilité à la faire, Gerson, qui fut l'un des plus grands hommes de son siècle, n'en est pas moins connu par l'âpreté de son style.

des anciennes : ils sont peut-être, en général, plus simples, plus clairs, plus à la portée de tous les lecteurs que les Pères proprement dits ; et cela, non parce qu'ils suivent moins la nature, mais parce qu'ils sont plus proportionnés à l'esprit de leur temps : à chaque époque ses mœurs et ses lumières propres. La vérité, étant plus nécessaire à mesure de la corruption des temps, ses organes sont de plus en plus achevés : ainsi, par exemple, les modernes sont moins chargés d'autorités hétérogènes. Je citerai, dans chaque genre, les notabilités seulement : on ne saurait citer que cela dans un siècle d'ignorance historique.

Corneille de la Pierre, le P. Pétau, Bourdaloue et même Bossuet, Liguori, Bergier, Gerdil et le comte de Maistre (on a reproché à celui-ci de ne pas écrire français toujours[1]), sont peut-être les exemples les plus capables d'être entendus ; car ils sont à la fois les plus orthodoxes et les plus célèbres de tous le théologiens modernes. Eh bien ! comme ils sont tous maîtres de leur langue et ses esclaves, ils le sont aussi de leur sujet. Aucun auteur n'est plus aisé à entendre, à retenir, à traduire. Chez eux, si quelque chose étonne, ce n'est pas le *style* (que Buffon considérait avec raison, et naïvement, comme *l'homme même*) mais le sujet, mais le dogme, mais le devoir, mais le dieu catholique..., tout entiers et

---

[1] M. de Bonald, très inférieur pour le fond au comte de Maistre, mais très supérieur pourtant aux autres philosophes modernes, a été constamment signalé comme un mauvais écrivain.

toujours. Bossuet, celui d'entre ces hommes qui semble avoir voulu être hardi et novateur, faire sacrifice au siècle et peut-être à lui quelque fois [1], Bossuet est, en général, d'une simplicité désolante pour nos prétendus littérateurs, condamnés pourtant à le respecter et même à l'admirer.... L'un d'eux, M. de Chateaubriand, s'est avisé de faire un relevé de ses fautes de grammaire dans une livraison du *Conservateur* : j'ai cru voir, à mon tour, pour parler son langage, les ruines de Palmire, restes superbes du génie et du temps, au pied desquels le barbare du désert a bâti sa misérable hutte.

On peut, après ces grands exemples, en citer qui s'en approchent plus ou moins, et d'abord celui de Fénélon et de Malebranche, de Fléchier et de Massillon. Tout le monde sait qu'ils sont moins orthodoxes, ou, si l'on veut, moins théologiens et moins logiques que les précédents : Fénélon était plutôt moraliste (il a failli être romancier et rhéteur), Malebranche philosophe, Fléchier historien, Massillon orateur. Peu s'en est fallu que les deux premiers ne fussent hérétiques; et le dernier a prêché un peu à la protestante, c'est-à-dire, sans le dogme, dans le *Petit* carême. C'est pour cela précisément qu'ils passent pour les plus grands écrivains, et ils le sont en effet. L'exemple des abbés Houteville et Poulle, celui surtout du P. Berruyer, l'auteur célèbre de la brillante et singulière *Histoire du peuple de*

---

[1] Par exemple, dans ses *Oraisons funèbres*, où le courtisan se montre plus d'une fois derrière l'historien.

Dieu, sont encore plus sensibles et plus décisifs.

Remarquez l'infériorité de la théologie la plus élevée et la plus orthodoxe, lorsqu'elle est revêtue d'un style singulier, jusque dans les Docteurs de l'Église. Les plus faibles ont été plus ou moins rhéteurs et même poètes : Tertullien, Origène, Arnobe (professeur de rhétorique), Lactance (surnommé le *Cicéron chrétien*), saint Hilaire, saint Grégoire de Nazianze (qu'on pourrait appeler l'Homère des Pères : Érasme n'a osé le traduire), saint Paulin (poète), saint Augustin (qui a donné lieu à tant de controverses), saint Eucher, saint Prosper, Salvien, etc. Rufin, helléniste célèbre, paraît avoir été Origéniste; et Théodoret, dont l'élocution est élégante, fut en quelque sorte Nestorien, et il écrivit contre saint Cyrille, dont la théologie est d'une exactitude parfaite.

Voici une troisième sorte de docteurs, également propre à faire sentir et accepter la plus incontestable des théories littéraires. Je veux parler de Pascal, qui, sous ce rapport, forme un être à part. Nous le citons dans nos cours de littérature comme le premier écrivain, et peut-être comme l'un des premiers apologistes de la Religion. Préjugé immense. Les *Lettres provinciales* ne sont pas même le premier écrit formateur de notre langue; elles ont été précédées de plus d'un ouvrage célèbre aussi bien écrit, mieux pensé et plus vrai, quand ce ne serait que le *Cid* du menteur Corneille [1]. Les fameuses *Pensées*

---

[1] *Exempli gratia :* Coëffeteau, Voiture, Balzac, le cardinal de Retz,

de Pascal, elles, sont le contraire d'une philosophie, car elles sont divisées, incohérentes, rarement vraies à tous égards, plus d'une fois fausses comme les *Provinciales*. Et d'ailleurs, quel rapport pourrait-il y avoir entre le style de Pascal et celui de M. de Chateaubriand ou des *Revues* de Paris, entre sa pensée surtout et leurs pensées. Alors même que la façon de Pascal est libre, elle est pourtant jusqu'à un certain point naturelle : on citerait à peine de lui un mot téméraire, une métaphore hardie; et ses pensées les plus belles, celles sur l'homme, rendent assez bien une partie de l'homme.

Il y a enfin une sorte d'écrivains religieux dont on contestera moins encore la double supériorité littéraire et philosophique, et qui n'en prouvent que mieux le système de littérature en question. Quoi de plus grand, de plus ingénieux, au jugement de nos philosophes et même de nos hommes de lettres modernes, que Bacon, Descartes [1], Leibnitz; et cepen-

---

Godeau, etc. Les *Provinciales* sont de 1656; le *Socrate chrétien* de Balzac est de 1651; ses *Lettres* remontent à 1624 : et Voiture et Coëffeteau moururent, l'un dix ans, l'autre vingt ans avant Balzac.

[1] Gassendi, qui, étant prêtre, devait être plus fort que Descartes, eut infiniment moins de succès, et n'avait peut-être pas plus d'orthodoxie que lui. Son grand panégyriste, Sorbière, s'en demande la raison, et fait une réponse qui montre ce qu'il y avait de littéraire ou de faux, non seulement dans son homme, mais encore dans Descartes lui-même : « Je me suis souvent étonné que la manière de philosopher de M. Gassendi, admirée de tout le monde, ne fît plus de bruit qu'elle n'en a produit. Je pense que cela vient de sa *trop grande littérature*, qui a mis de plus grands intervalles qu'il ne fallait entre ses raisonnements, ce qui en a dissipé la force et caché la liaison; au lieu que les autres philosophes ont toujours suivi leur pointe, et

dant ils ont dans leur style, comme dans leurs systèmes philosophiques, le mérite le plus exclusif de celui de leurs inconséquents admirateurs. Ils écrivent, certes, moins arbitrairement, avec moins de littérature et d'élégance, que des théologiens comme Bossuet ou Massillon; et leurs idées, quoique souvent d'un ordre secondaire, se lient aussi étroitement. Leibnitz, ayant à lutter, dans sa Théodicée, contre Bayle, qui toutefois n'était pas non plus littérateur à notre façon (il se vantait de faire des barbarismes), se contentait « d'espérer que la vérité l'emporterait toute nue sur les ornements de l'éloquence, d'autant plus que c'est la cause de Dieu qu'on plaide, et qu'une des maximes qu'on va soutenir, porte que l'assistance de Dieu ne manquera point à ceux qui ne manquent point de bonne volonté. » Le style d'Hégel, le dernier du genre réel, de cet Hégel aux pieds duquel la littérature allemande vient se prosterner est rebutant à force d'être matériel; celui

---

tellement ébranlé ceux qu'ils ont entraînés à leur cadence, qu'il leur a fallu danser en dépit qu'ils en eussent ; car c'est une chose ordinaire que les mouvements continuent plus aisément qu'ils ne commencent, et que la continuation en est plus longue, plus on a employé de violence à l'exciter. Ainsi il serait bon de présenter *par morceaux et sur des assiettes* ce que la magnificence de M. Gassendi servait à grands bassins et en pyramides qui se faisaient ombre l'une à l'autre; le festin ne laisserait pas d'en demeurer tout dressé, et ceux qui en auraient goûté les viandes sur les assiettes, en auraient le spectacle toujours prêt dans de petits volumes, où *le vermeil doré, les fleurs, l'apprêt,* l'ordre et la structure ne seraient pas moins admirables que la prodigieuse quantité de matières. » — C'est ici que Sorbière se trompait : il a lui-même fait un *Gassendi* en petit, où l'on trouve le creux et le vide, que ne rachètent ni le *vermeil*, ni les *fleurs*.

de Krug, infiniment au-dessous de Hégel, est, au contraire, quasi romantique.

Descendons l'échelle, et nous trouverons les mêmes vérités, le génie toujours exclusif de la division des pensées, la littérature célèbre toujours exclusive de la licence des expressions. Les grands moralistes, les publicistes supérieurs, les jurisconsultes sages, les historiens, les naturalistes, les poètes, les orateurs et même les romanciers les plus distingués, ont plus ou moins imité, mais ils ont imité tous, la simplicité des vrais philosophes.

Nicole, dans un genre, La Rochefoucauld, La Bruyère et Duclos, dans un autre, sont des moralistes populaires, à force de panégyriques : le premier a voulu être austère dans le style et dans les principes de ses *Essais;* il est de la même école religieuse que Pascal, de l'opposée en littérature. Sous ce rapport, si l'un a du génie, l'autre n'en a point : ce qui ne laisse pas que d'embarrasser les gens du parti. Pour le dire en passant, il faut à Port-Royal plusieurs hommes pour en faire un : l'érudition d'Arnauld, la logique de Nicole, le trait de Pascal, l'esprit de madame de Sévigné, réunis, pourraient former un bon ouvrage.

La Rochefoulcauld, La Bruyère, Duclos sont moins méthodiques, ou plutôt ils ne le sont pas du tout ; ils sont mêlés, vagabonds, prétentieux, caustiques, souvent méchans, vrais par hasard, faux habituellement : l'écrivain se montre perpétuellement ; il est égoïste comme son système. C'est pour cela précisément que ces écrivains sont plus littéraires que Nicole. On peut les considérer, avec Pascal, comme les maîtres secrets du *génie* et de la *littérature*, tels que nous les avons à présent. Seulement, ainsi que tous les sectaires, ils ont engendré des disciples qui les ont laissés loin derrière eux : ils sont à M. Jules Janin ce que Luther et Mélanchthon sont à Spinosa ou à Diderot. Chez eux, du moins, il y a plus de prétention à la finesse de la pensée qu'à l'étrangeté des mots, et les vérités fondamentales, toujours respectées, ne sont pas éludées toujours.

Les canonistes, les publicistes et les juriconsultes, regardés encore aujourd'hui comme des maîtres, furent religieux observateurs des règles de la nature dans leur style et dans leurs doctrines : Antoine-Augustin, Lancelot, Hauteserre, Thomassin, Pirhing, Zallinger, Dévoti, les instituteurs du droit canon; Suarès, Hobbes (encore inconnu), Richelieu, Bossuet, les publicistes par excellence ; et dans un ordre secondaire, Loiseau (*Des Offices*), Grotius, Domat (*Droit public*), de Réal (*Science du gouvernement*), d'Héricourt (*Lois ecclésiastiques*), tous ces hommes-là pensaient, mais n'écrivaient pas [1].

---

[1] « La prose de Bacon, de Harrington, de Milton, au dire de Hume, est roide et pédantesque, quoique leur jugement soit excellent. » Voici le jugement de Hobbes par Clarendon, son ami : « Hobbes, dit-il, est un homme d'un grand talent, d'un grand esprit, assez lettré, mais plus fameux encore comme penseur. » (Stewart, *Histoire des sciences métaphysiques*, traduction de M. Buchon.)

Un seul homme de nos jours a écrit habilement sur la politique, M. de Frénilly ; il est un écrivain aussi correct, aussi pur

Les plus célèbres sophistes politiques du xviiie siècle eux-mêmes, Rousseau et Montesquieu, trop souvent licencieux, ou si l'on veut hardis, dans leurs ouvrages, sont rarement poètes. Le style de *l'Esprit des Lois* et du *Contrat social* est aussi régulier, aussi simple que le comportait le vague de leurs théories. S'ils paraissaient de nos jours pour la première fois, ils ne seraient pas même aperçus ; ils exciteraient le rire et feraient hausser les épaules de nos *Cent-et-Un*[1].

Les plus grands, les plus célèbres jurisconsultes, Papinien, Accurse, Covarruvias, Doneau (auteur d'une *Logique* et surnommé le *Prince de la Méthode*), Wessembec, Domat, Poullain Duparc, Pothier, Blackstone et Toullier, ne se permettent pas la plus légère interversion inusitée, un seul mot singulier. Ils portent même, en général, et surtout les plus habiles, jusqu'à la grossièreté la fidélité grammaticale. Accurse, le plus habile d'entr'eux, bien que le plus ancien des modernes, au sentiment de Cujas et de Tiraqueau, avait un latin presque barbare ; Faber l'appelle *malus latinitatis autor*. Cujas, si inférieur à Dumoulin, dit du style de celui-ci : *Cujus*

qu'il est possible de l'être (il est poète trop distingué) : — on n'a remarqué que son énergie et son esprit.

[1] Si l'on pouvait citer une caricature de Rousseau, et qui n'en fut pas moins l'avocat consultant de la révolution, je nommerais l'abbé Sieyes. Il dut sa puissance momentanée à son indépendance de la littérature : « Son humeur, sa figure de puritain, et la BARBARIE de son style, dit l'homme le plus capable d'en juger, ont achevé le prestige,... » que le besoin des passions du moment avait commencé.

salebrosa et incondita oratio. — On sait que les deux frères Poullain-Duparc et Poullain de Saint-Foix furent célèbres, l'un comme l'émule de Pothier, l'autre comme celui de Le Sage. « Les ouvrages de votre frère sont bien savants », dit-on un jour à l'auteur de l'*Essai sur Paris.* « Oui, répond le littérateur pur et simple, mais ils ne sont pas français. »

Nous avons en France un orateur né, Mirabeau [1]; et Mirabeau n'a rien, absolument rien d'insignifiant, de verbeux, de vagabond, de néologue dans sa littérature, et même dans sa composition. Il est habituellement faux, passionné, visiblement vain, égoïste, ambitieux, hardi, novateur dans ses principes et dans ses actions; mais il est souvent simple, régulier dans son style. On ne le citera jamais comme littérateur [2]. « Il n'a eu en cette qualité quelques succès, dit Rivarol (que j'invoque parce qu'il est le meilleur juge en cette matière), que parce qu'il a toujours écrit sur des actions palpitantes de l'intérêt du moment. » Si Mirabeau a du génie relatif, et je ferai de cela mon refrain éternel, tous nos littérateurs n'en ont nullement.

---

[1] Grattan et Curran, chez nos voisins, bien supérieurs à Fox, etc., écrivaient et parlaient plus mal encore que Mirabeau. Le célèbre Jeancoke, qui les fit trembler avec son éloquence naturelle, était un simple pâtissier de Londres.

[2] Et c'est à cela qu'il dut sa supériorité sur l'abbé Maury, auteur d'une Rhétorique. — S'il était permis de citer de petits exemples modernes, on ferait voir M. de Villèle ou Casimir Périer, qui avaient à peine commencé leurs études, et l'emportaient sur Martignac se piquant d'arrondir ses périodes, et bien plus encore, sur M. de Chateaubriand, chef du faux génie littéraire de l'époque.

On peut faire la même observation à l'égard de l'éloquence judiciaire : D'Aguesseau, littérateur minutieux, est bien inférieur à Cochin, allant plus au fait ; Gerbier, qui n'osa jamais gâter sa parole vivante par une écriture inanimée, fit plus de bruit qu'Elie de Beaumont avec sa littérature et celle de sa femme ; et MM. Persil, Tripier et Dupin, étrangers à leur langue, l'emportaient au barreau moderne sur Billecocq, qui faisait des vers latins, Roux-Laborie, Marchangy et Berville, académiciens du palais des *Pas perdus*.

Les savants, qu'on appelle *exacts*, le sont du moins dans leur littérature : tels sont les mathématiciens Viete, Cavalieri, Grégoire de Saint-Vincent, Bernoulli, Euler, La Grange ; les astronomes Copernic, Képler, Newton, Bradley, Tobie Mayer, La Caille [1] ; les physiciens Alphonse Borelly, Hauy, Ampère ; les naturalistes proprement dits, les Jussieu, Wallérius, Lavoisier, Ch. Bonnet, Spallanzani, de Luc, de Humboldt, Berzélius ; les médecins Fernel, Stalh, Hoffmann, Morgagny, Stoll, Laennec ; ceux-là même qui accordent le plus aux prétentions du style et de l'imagination, Fontenelle, Boerhaave, Haller [2], d'Alembert, Buffon [3], Lacépède, Vicq-d'Azir, Bichat,

---

[1] Herschell savait à peine écrire.

[2] Sauvages (que Linnée, médecin lui-même, appelle l'*illustre médecin de la France*), libre, et même négligent dans sa rédaction, était essentiellement rigoureux et classificateur dans sa pensée. — Celse, rhéteur ; Gallien, abondant en paroles, peuvent aussi être opposés à Hippocrate, laconique et simple.

[3] D'Alembert n'appelait Buffon que *le grand phraseur, le roi des*

Bernardin de Saint-Pierre, Cuvier, suivent de loin la nature. Si ces divers savants ont de l'habileté ou de l'art, nos hommes du jour en sont dépourvus.

Les poètes auxquels on attribue le génie relatif par excellence, Homère, Pindare, Virgile, Le Tasse, Racine, et même Voltaire, se permettent rarement des témérités littéraires dans le genre qui les comporte le mieux. D'autres, doués selon moi d'un génie relatif plus élevé, le Dante, Lopez de Véga, Milton, Corneille, Molière (et jusqu'à un certain point La Fontaine), Jean-Baptiste Rousseau, Gilbert, Klopstock, Alfieri, Barthélemy (auteur de la *Némésis*), ont encore plus de laconisme, de simplicité, de naïveté même; et c'est pour cela qu'ils ont plus d'énergie. On note aussi leurs pensées, car elles sont fortes et quelquefois révolutionnaires; on ne sent pas également leur littérature, leur goût, encore moins leur pureté: ce n'est pas qu'ils en manquent; mais ils ont encore plus de pensées, de vérités; seulement elles sont quelquefois dangereuses.

Nul poète n'a, plus que le Dante, d'expressions impropres ou bizarres en grammaire. Il emploie une fatigue de mots pour rendre celle des damnés. On peut dire de lui qu'il a fait, sans ridicule, une poétique pour son poëme, mais une poétique naturelle. Ses vers, ou ceux de Barthélemy, se tiennent debout par la seule force du substantif et du verbe, sans le secours d'une seule épithète. Ce sont de vrais polypes,

phrasiers, le grand modèle des petits phrasiers, etc. (Voyez GAILLARD, *Vie de Malesherbes*.)

dit Rivarol dans la belle traduction qu'il en a faite, vivant dans le tout et vivant dans chaque partie. La langue de Milton, le Dante des Anglais, est dure aussi, sans rime, sans harmonie aucune, comme sa foi ou sa politique. Si Virgile, si surtout le Dante, Milton, Corneille, Alfieri, si même Molière, (dans ses pièces graves), ont du génie; si le Dante a pu être nommé *divin* comme sa *Comédie*, si ses contemporains ont pu faire condamner le poète classique Cecco d'Ascoli a être brûlé vif pour avoir osé critiquer le poète réel par excellence [1]; si Klopstock a pu s'élever assez haut pour forcer un homme comme Goëthe à signer : *Esclave de Klopstock;* si l'infortuné Gilbert, si Barthélemy même, ont un génie réel, la plupart de nos autres poètes et de nos littérateurs de profession n'ont pas de génie.

Les historiens justement célèbres, Bembo, Maffée, Bentivoglio, Pétau, Bossuet; les grands biographes Joinville, Bacon, Fléchier, La Bletterie, Marsollier, Touron; les historiens moins exacts ou moins judicieux, Fleury, Velly, Dubos, Rollin; les historiens équivoques, de Thou, le cardinal de Retz, Vertot; les historiens eux-mêmes que nous regardons comme faux, et que d'autres considèrent comme des modèles, Machiavel, Guichardin, Buchanan, Milton, Puffendorf, Mézerai, Hénault, Hume, Duclos, l'abbé Barthélemy, Voltaire lui-même, se rapprochent davantage encore de la simplicité de la langue et de

---

[1] RIVAROL, *Vie du Dante.*

celle de la vérité. Alors qu'ils ne disent pas vrai, ils disent naturellement ou à sa place. Même dans le paganisme, on voit la chose historique gagner ce que perd le mot : Thucydide, le premier et le modèle des historiens classiques, que Démosthènes copia jusqu'à huit fois de sa main, a un style rude et sec, à la différence d'Hérodote le romancier. On peut en dire autant de Plutarque comparé à Tite-Live; de César rapproché de Suétone (celui-ci a écrit sur la grammaire); de Polybe mis en regard de Florus. Le plus habile de tous, Tacite, n'est pour nous le plus énergique et le plus obscur, que parce qu'il est le moins homme de lettres. Si Bossuet, si Tacite ont du jugement (et le jugement c'est le génie dans l'histoire), MM. Michelet et Chateaubriand n'ont pas de jugement; la mesure leur manque lorsqu'ils sont lyriques, la raison quand ils sont narrateurs.

Les grammairiens, et jusqu'aux romanciers, viennent à l'appui du système de la nullité de ce que nous appelons *génie* et *littérature*. Les abbés Girard, et d'Olivet, Duclos, Rivarol, les seuls écrivains modernes doués, dans leur genre subtil, d'un vrai génie philosophique [1], expliquent nettement, délicatement, naturellement, et même avec simplicité, les vérités de leur compétence; ils écrivent parfaitement bien, mais différemment de nos écrivains mo-

---

[1] Rollin, qui n'en avait point, et qui néanmoins savait écrire grammaticalement, écrit plus candidement encore.

dernes. Vaugelas, La Harpe[1], Marmontel, Garat, eux-mêmes, dont on ne récusera point la littérature, sont encore d'une école contraire ; ils ne sautillent point, ne vont point d'un sujet à un autre, ne déplacent point les mots de leur acception commune, ne disent point tout, à propos de rien. Si ces littérateurs ont du goût, messieurs de la *Revue de Paris* ou des *Cent-et-Un* n'ont pas de goût.

Je sais, en fait de grammaire, un exemple plus terrible encore : c'est celui de Coménius, dont la vie politique est presque aussi étonnante que la vie littéraire ; on le croit un grand grammairien seulement, et il était encore un encyclopédiste supérieur à Bacon peut-être. Eh bien ! il fut accusé toute sa vie de barbarismes ! — *Barbarus ego !* etc., pouvait-il répondre avec J.-J. Rousseau, et à plus de titres.

Cervantes et Daniel de Foë, Fénélon et l'abbé Prévost, Le Sage et Hamilton, Mesdames de La Fayette et de Sévigné, Walter-Scott lui-même, le moins inhabile des romanciers de nos jours, écrivent avec tant de simplicité et tant de naturel relatif, qu'on les lit et les comprend, qu'on en rit ou qu'on en pleure, savant ou illettré, vieillard ou enfant. Rien de plus vain que ces auteurs, et néanmoins, en les lisant, on songe à leurs tableaux plus souvent qu'à eux-mêmes. « La création de Foë est si forte, dit M. Chasles, qu'elle l'a englouti. » Si

---

[1] C'est ce qui a fait dire de lui : « Son style est joli sans avoir de l'éclat ; on voit qu'il l'a passé au brunissoir ».

Cervantes, si Foë, si Fénelon, si Walter-Scott, etc., ont de l'art ou de l'esprit, MM. Ballanche, Nodier, de Balzac, etc., n'ont pas d'esprit... Il faut, de nécessité, opter entre *Télémaque* et la *Vision d'Hébal*, entre *Jean Sbogar* et *Gil Blas*, entre *Peau de Chagrin* et les *Lettres* à madame de Grignan.

D'un autre côté, voyez les païens (et les Grecs mieux encore que les Romains), les philosophes, les grands esprits faux de tous les siècles; ils sont aussi maniérés, aussi mêlés, aussi compliqués, aussi obscurs, aussi difficiles à comprendre, à traduire, que leurs adversaires le sont peu. On voit rarement parmi eux la nature; ce qui frappe sans cesse et impitoyablement, c'est la vanité et le dehors, c'est le style, c'est l'homme : aussi se mettent-ils habituellement en *Dialogues*, écrivent-ils en *Épîtres*, c'est-à-dire personnellement dans leurs ouvrages. Ils sont, les uns rhéteurs purs, comme Hérodote, Socrate, Lucain, Pline le jeune et même Cicéron (Sénèque l'est beaucoup moins [1]); les autres, naturalistes, comme Aristote; ceux-ci, sophistes purs (à quelques belles inconséquences près [2]), comme Platon; ceux-

---

[1] Et il donne aussi la leçon et l'exemple : « *Quære quod scribas, non quemadmodum... Cujuscunque orationem videris sollicitam et politam, scito animum esse pusillis occupatum.* » (Épit. 115, à Lucile.)

[2] C'est dans une de ses belles inconséquences que Platon se rit des rhéteurs comme Gorgias : « On n'entend d'ordinaire, dit-il, que des discours étudiés, où l'on a principalement égard à ce que les membres de chaque phrase se répondent, et non des discours naturels et sans art tels que les nôtres. » (*De la République*, liv. VI.)

S'il fallait rendre sensibles des supériorités dans des infériorités, il serait aisé de faire contraster Aristote et Platon, Tacite et Cicéron,

là poètes, comme Homère ou Horace; quelques-uns spirituels, comme Sénèque ou Tacite; la plupart pesants. Tous ensemble, ils sont infidèles à la vérité, véritables *adultères de la parole de Dieu;* car c'est aux païens en particulier que le plus grand des littérateurs, saint Paul, donne cette dénomination énergique. Avouons-le, s'il y a un type au monde de la littérature moderne, le voilà.

On lit sans doute les classiques du paganisme, mais une fois ou mille : de là l'ignorance savante où sont des classiques les gens du monde; de là aussi la science ignorante qu'en ont les scholiastes et les pédants. Les hommes habiles n'ont jamais lu les Grecs et les Romains que comme historiens de leurs crimes ou de leur vanité. A cela près, l'antiquité est intraduisible, et je ne m'étonne pas de la thèse, souvent débattue, de l'ineptie de la meilleure de leurs traductions. Les païens et les philosophes sont tous poètes; leurs langues sont poétiques comme eux; et l'on sait que la poésie traduite, même poétiquement, est décolorée et nulle :

> Le masque tombe, l'homme reste,
> Et le héros s'évanouit.

L'histoire fait foi que le plus terrible des premiers perturbateurs des bienfaits du Christianisme naissant, Arius, était un rhéteur, un orateur, et même

Hippocrate et Galien. Tout le monde sait qu'Aristote, bien que moins spiritualiste que son rival, a eu plus d'empire que lui; Tacite, plus que Cicéron; Hippocrate, plus que Galien : les premiers sont aussi précis que les autres verbeux.

un poète éloquent, selon le monde et selon l'école. Novatien, Nestor, Photius, étaient des lettrés par excellence. Trois autres furent fameux au xvie siècle : Luther, Mélanchthon, Érasme ; le premier, plus puissant en œuvres que le second ; le troisième, nul à peu près, à cause de son incertitude. Or c'était un dicton, rappelé par de Thou, que les uns avaient des choses seules ou avec des mots, et le dernier des mots seulement : *Res et verba Melanchthon, res sine verbis Lutherus, verba sine re Erasmus.* Camérarius est le second tome d'Érasme. — Nous savons que Leibnitz reprochait à Bayle son *éloquence.* Au contraire, Clarke et Saurin, les deux plus modérés des protestants, et les deux plus habiles, ont une élocution qui les rapproche de la simplicité de Bourdaloue ou de Bossuet. J.-J. Rousseau, le plus sophiste des philosophes, Diderot le plus audacieux, furent précisément les plus littérateurs ou les plus diserts. Un Ministre de la justice terrible a fait l'apologie de Septembre, et il égalait Thomas dans l'éloquence des *Éloges.* Il y eut un apostat fameux dans la philosophie du xviiie siècle, Raynal ; son style, disait-on, *brûlait.* Il y en eut un plus horrible encore au sein de la révolution, Cérutti, et précisément nul n'a jamais mieux *écrit* peut-être. « C'est le limaçon de la littérature : il laisse partout une trace argentée, mais ce n'est que de l'écume. » — « Necker, ajoutait Rivarol en faisant allusion à sa vénalité, l'a fait prier de ne pas passer sur lui. »

Nous avons comparé les hommes, nous allons

rapprocher les genres, et même les sociétés. On doit distinguer deux sortes de littératures : l'une réelle, la littérature des lois, de la jurisprudence, de l'administration, des affaires [1]; l'autre, véritablement fictive, celle des plaisirs ou des passions, et qui aujourd'hui domine. Eh bien! la première est précisément celle qui, indépendamment de sa vérité et du mérite moral de l'homme, lui garantit la supériorité et les succès. Les tribuns, par exemple, Mirabeau, Marat, Robespierre, ont toujours précédé les autres genres d'orateurs. Obligés de parler au peuple dont ils sont les courtisans, il faut qu'ils parviennent à parler sa langue; et

[1] J'ajouterai à la littérature des affaires celle de la nature saisissable : la géométrie plutôt que la physique, la physique plutôt que la minéralogie, la botanique plutôt que la médecine. En général, les sciences exactes excluent, jusqu'à un certain point, l'imagination; et c'est à cela qu'il faut attribuer la modération et même la sorte de foi religieuse des *Éléments de philosophie* et de la *Préface* de l'Encyclopédie de d'Alembert. C'est la raison surtout de leur sécheresse littéraire. «On ne parle aujourd'hui que de *chaleur*, dit le philosophe dans la préface de sa *Philosophie :* on en veut jusque dans les écrits qui ne sont destinés qu'à instruire; et ce sont même souvent les esprits les plus froids qui se montrent, sur ce point, les plus difficiles à satisfaire. On croirait que c'est par le besoin qu'ils ont d'être ranimés, si on ne savait que la chaleur du style n'a pas le même avantage que la chaleur physique, celui de fondre la glace. Pour moi..., je n'ai jamais eu pour point de vue, dans mes écrits, que ces deux mots : *clarté* et *vérité;* et je me tiendrais fort heureux d'avoir rempli cette devise; persuadé que la vérité seule donne le sceau de la durée aux ouvrages philosophiques, qu'un écrivain qui s'annonce pour parler à des hommes, ne doit pas se borner à étourdir ou à amuser des enfants, et que l'éloquence est bientôt oubliée, quand elle n'est employée qu'à orner des chimères. La flamme d'esprit de vin n'échauffe guère et s'éteint vite; il faut nourrir le fer de matières solides pour que la chaleur soit sensible et durable. » — La philosophie n'a rien écrit de mieux.

le peuple, en général, parle toujours clairement et laconiquement. — Après les tribuns, viennent les capitaines; car les armées sont un peuple, et même le seul sage d'entre les peuples. Accoutumé à obéir au moindre signal, il parle et il entend aussi d'un mot. Ses généraux, César, Bonaparte, Foy, parlent, à leur tour, avec la même énergie. — Troisième classe de littérateurs véritables : les commerçants, les industriels, les financiers, lorsqu'ils sont assez heureux pour avoir reçu ou s'être donné les éléments indispensables de la langue classique; alors ils l'emportent de beaucoup sur les légistes, qui, au lieu de traiter avec les vivants, n'ont affaire qu'aux lois, aux titres ou aux papiers morts. — Quatrième sorte de littérateurs : les hommes d'affaires proprement dits, mais les maires plutôt que les préfets, car les premiers se mettent à l'œuvre personnellement, les seconds souvent par intermédiaires; ceux-ci disent de faire, et les autres font. — Cinquième sorte de littérateurs : les avocats plaidants (différents à cet égard des jurisconsultes, des maîtres d'écoles de droit, et même des juges); placés et vivant dans les affaires de famille, rapprochés des propriétaires, naturellement vrais, ils l'emportent sur les professeurs d'université, qui sont en rapport avec des enfants, et sur les hommes de lettres, qui ne le sont qu'avec eux-mêmes. Or, les premiers parlent et écrivent avec aussi peu de pureté, que les seconds avec élégance. — Sixième sorte de littérateurs (je la choisis, celle-là, dans les hommes de lettres proprement dits) : les écrivains dramatiques ont le pas sur tous les autres, parce qu'ils ont à parler aux masses, qui n'entendent bien, et qui n'applaudissent que le langage des choses ; il faut leur parler passion, et le style des passions est toujours clair : et c'est pour cela même que les auteurs dramatiques qui écrivent en prose ont plus de succès que les poètes, à moins que ceux-ci ne soient du premier ordre, comme Corneille ou Molière. Beaumarchais excitait la jalousie de Voltaire dans le xviiie siècle ; et dans le xixe, Alexandre Dumas et Scribe impatientent Victor Hugo. Les poètes dramatiques du premier ordre [1] eux-mêmes faillirent par les formes appelées littéraires : Shakespeare, Molière, Corneille, en sont des exemples mémorables. — Il y a tel homme ici susceptible de décomposition ; on voit deux individus distincts dans Victor Hugo, l'auteur théâtral et l'écrivain romantique : et celui-ci l'emporte, plus vague, plus faux, plus bizarre que l'autre. De même,

---

[1] Et à plus forte raison ceux du second ordre et du dernier : Quinault, Campistron, Crébillon, Marivaux, Sedaine, Beaumarchais et Victor Hugo. Voltaire disait avec plus d'envie que de philosophie :

> On m'ose préférer Crébillon le barbare.

Crébillon était préféré à Voltaire, parce qu'il était plus tragique ; c'est-à-dire plus réel, plus à la portée de toutes les intelligences, enfin plus populaire. En général, les auteurs de mélodrames ont plus de succès que les autres écrivains dramatiques, les écrivains comiques plus que les tragiques, et cela par la même raison.

Long-temps auparavant, on avait remarqué à Rome, que Plaute, licencieux, était applaudi, lorsque Térence, pur et presque chaste, était sifflé. C'est parce que les Grecs étaient lettrés qu'ils avaient un théâtre. Les Romains, plus réels, avaient peu de comédies jouées, et ils n'avaient que des tragédies écrites : ils faisaient de la tragédie en action.

Alexandre Dumas, remarqué comme dramaturge, est niais comme historien, et puéril comme voyageur. — Après les écrivains dramatiques viennent les journalistes : ceux-là aussi sont à la tribune et sur la scène; ils vont chercher et séduire, jusque dans leurs foyers, les lecteurs les plus éloignés de la capitale; et, pour séduire, il faut se faire entendre : c'est le secret motif de la supériorité, en nombre, des feuilles classiques sur les romantiques. Le *Figaro* ou la *Mode* ne sont guère lus qu'à Paris; le *Constitutionnel* est lu à Quimper-Corentin.—La différence entre les écrivains dramatiques et les autres se remarque aussi à l'égard des écrivains satyriques : la critique des choses exclut les mots; et de là vient la supériorité réelle de Démosthènes sur Cicéron, de Tacite sur Tite-Live, de Juvénal sur Horace, de Gilbert sur La Harpe, et de Barthélemy sur Lamartine. — Rapportons des faits plus singuliers, et par cela même plus sensibles : n'est-ce pas au genre qu'il vient d'adopter, le genre accusateur, que M. Persil doit au fond sa supériorité actuelle sur M. Odilon-Barrot; et, sans les fautes et le péché originel du gouvernement de Louis-Philippe, aurait-on eu l'idée même d'apercevoir le plus mince talent dans les allocutions gravement comiques de M. Berryer?

On peut remarquer la même vérité dans tous les ordres d'écrivains ou d'orateurs, dans les corporations et jusque dans les peuples divers. Port-Royal, corps académique bien plus qu'Ordre religieux, n'a pas fait avancer d'un pas la simple grammaire. L'Académie française a constamment fait reculer la société. Les Grecs, plus vains, plus fourbes que les Romains ; les Romains de l'Empire, plus dégradés que ceux de la République ; les peuples payens, aussi efféminés que les peuples Chrétiens sont forts [1] ; les Italiens, qu'on peut considérer comme les Grecs modernes, sont aussi plus rhéteurs, et le furent, plus de trois siècles avant tous les autres peuples. Les sociétés naissantes, les stagnantes, les rétrogradantes, ont toutes, chacune à leur façon, le malheur de la littérature imaginaire. On peut citer à cet égard les Russes et jusqu'à un certain point les Allemands, les Américains et les Français. Toute la science russe et polonaise se réduit à des imitations, à des traductions des principaux classiques grecs, latins, français. Lorsqu'un

[1] Un fait historique digne d'une attention profonde, c'est que le Sauveur des hommes ne naquit, le Verbe ne se fit Chair, la parole enfin ne se fit réelle, que lorsque tous les grands poètes, tous les fameux rhéteurs romains furent descendus dans la tombe :

Lucrèce, Catulle, Virgile, venaient de mourir ; restaient Horace, Ovide, Tibulle : ils moururent successivement dans les années les plus proches du grand avènement, de sept à quatre ans avant J.-C. Leur gloire coïncide précisément avec la plus grande dégénération de l'humanité, à laquelle le Christ venait mettre un terme. Il en est de même des historiens et des rhéteurs d'entre les philosophes. César et Salluste avaient écrit et vécu. Tite-Live et Quintilien paraissent avoir fleuri autour de la première année de l'ère chrétienne. Et puis, surgirent tout-à-coup les littérateurs de la prétendue décadence : Sénèque, Lucain, Tacite, Juvénal, Plutarque, Marc-Aurèle, etc. Ce sont, il est vrai, les plus méprisés des classiques, mais ce sont aussi les plus et même les seuls expressifs : ils participent, sans le savoir, de la grande réalité que le Christianisme commençait à établir dans le monde. La *littérature* passa, tout d'un coup, des Gentils aux Juifs, et d'abord à Philon, qu'ils appellent très bien leur *Platon*.

lettré en Russie veut voler de ses propres aîles, il est poète vague à la façon d'Ossian, ou historien servile comme Suétone. En Allemagne, le sceptre de la littérature appartient aux poètes : à Klopstock, à Schiller, à Gœthe, et subsidiairement à Lessing, à Herder, à Gœrres, vrais astres dont Kant, Fichte, Schelling ne sont que les satellites. Le romantique de mer, Irving, est aujourd'hui le roi des États-Unis.

En France même, il est vrai de dire que la domination littéraire appartenait, dans le XVII$_e$ siècle, aux poètes; de ceux-ci elle passa aux prosateurs poétiques dans le XVIIIe; et de nos jours elle est encore aux mêmes mains : la poésie se trouverait impuissante à rendre nos ambitions nouvelles; et c'est pourquoi Victor Hugo se jette, à corps et esprit perdus, sur Alexandre Dumas et sur *Mirabeau;* pourquoi, M. de Lamartine court en Orient, et vient tomber à la Chambre des députés. Le même motif avait partagé Voltaire entre l'histoire et la poésie; il avait fait Montesquieu tout entier publiciste, et J.-J. Rousseau tout entier philosophe. La preuve que la France, en général, fut toujours plus lettrée que forte, c'est l'immense popularité dont jouissent ses grands poètes, et l'oubli dans lequel sont tombés ses grands hommes. Molière, Corneille, Racine, Boileau, La Fontaine, Fénelon (*Télémaque*), sont dans la mémoire et dans le cœur des petits enfants; Victor Hugo, Lamartine, Barthélemy, Chateaubriand, sont lus jusque dans les échoppes. Pétau, Bourdaloue, Bossuet, et même Massillon, tout poète qu'il était, sont à peine connus des savants ou des dévots. Je sais plus d'un homme supérieur à ceux-là peut-être, que le respect mondain m'empêche de nommer encore, dont le nom ne se trouve pas même dans nos plus volumineuses Biographies universelles.

J'ai rappelé les peuples vains et littérateurs : l'ancien peuple juif, au contraire, le peuple de Dieu, le peuple fort par excellence, est de tous les peuples le moins lettré ; la *Bible* est une réalité perpétuelle, par la raison toute simple qu'elle est pleine de son Auteur. Dans l'ère moderne, l'Espagne, qui prit l'initiative dans les grands courages et dans les grandes expéditions, dans les connaissances astronomiques [1], dans la théologie, dans la morale, ne la prit pas dans la littérature, même religieuse. Le vieux Shakespeare précéda Lopez de Vega, et celui-ci fut précédé par Trissino ; le théâtre espagnol d'ailleurs, est, comme celui de Corneille son disciple, catholique jusque dans ses amours. On peut en dire autant du roman espagnol. Il y a un genre littéraire dans lequel l'Espagne a pris le devant, et c'est précisément celui qui suppose le plus de réalité dans un pays, le poème épique ; il abonde, inconnu, dans cette terre de l'héroïsme et de la fidélité. La *Lusiade* précéda la *Jérusalem délivrée.* Il suffirait d'une seule considération pour démontrer que l'Espagne n'est pas essentiellement lettrée : la plupart de ses poètes étaient

---

[1] Alphonse *le Sage,* qu'un mot a rendu ridicule dans l'opinion des hommes superficiels, est mis par La Place au nombre des astronomes les plus éclairés, et il florissait près de 300 ans avant Copernic.

de pauvres prêtres ou des militaires pauvres; quelques-uns, comme Cervantes, vécurent dans la misère et n'eurent que des célébrités posthumes. Cependant le Dante était Prieur de sa république; Chaucer, beau-frère du Roi d'Angleterre; Trissino, ambassadeur; et Bembo, cardinal. Lorsque, de nos jours, Olavidès a voulu essayer le romantisme dans le *Triomphe de l'Évangile*, il n'a dû un moment de succès qu'à la singularité du fait.

L'Angleterre est peut-être, après l'Espagne, la terre la moins classique de la chrétienté : naturellement religieuse, elle avait une sorte d'horreur pour l'Italie profane; ses poètes allaient tout au plus à la cour, au gouvernement jamais. Milton lui-même ne fit, toute sa vie, de l'opposition que parce que Cromwell ou Charles II étaient loin de le juger comme il se jugeait lui-même. La géométrie, la philosophie, la politique, et même la théologie, absorbent la littérature dans ce pays; qu'est-ce que Chaucer, Shakespeare, Dryden, Pope, Byron, Walter-Scott, et à plus forte raison tous les autres, auprès du chancelier Bacon, de Hobbes, de Newton et de Herschell?

En considérant tous les peuples et tous les temps ensemble, on trouve une partie de la société qui ne manque jamais, lorsqu'elle écrit, les genres de littérature exclusifs de la pensée : je veux parler des femmes, de la poésie et du roman, toutes choses essentiellement faibles, précisément parce qu'elles sont des appels aux passions. Il en est des enfants ou des écoliers (et les maîtres, les pédagogues, l'Université tout entière, sont les premiers des écoliers), il en est d'eux comme des femmes : ils sont, tous ensemble, ergoteurs, grammairiens, c'est-à-dire insignificatifs et ridicules par excellence. Les plus faibles enfin, dans chaque genre de littérature, sont toujours et partout les plus élégants : c'est Cicéron dans les philosophes [1]; Origène, parmi les docteurs; Malebranche, dans les métaphysiciens; Érasme et Muratori, dans les savants; d'Aguesseau, dans les jurisconsultes ; Du Vair, dans les ministres; Poulle, dans les prédicateurs; Balzac (il a fait un traité du *Prince*), dans les politiques; Vertot, dans les historiens; Boileau, dans les poètes; Marmontel, dans les romanciers; Fontenelle, Bernardin de Saint-Pierre et Lacépède, dans les naturalistes. C'est Grégoire de Nazianze, parmi les Pères de l'Église; Coëffeteau, chez les Dominicains [2]; Berruyer et Cérutti, parmi les Jésuites; Quesnel ou Pascal, à Port-Royal; Terrasson, à l'Oratoire; Godeau, Camus et Massillon, dans l'Épiscopat; Wandelaincourt et Lamennais, dans le sacerdoce; Martignac, à la tribune;

[1] On pourrait citer Platon lui-même chez les Grecs, pourvu seulement qu'on le mette en regard de Pythagore et de Socrate relativement à la doctrine morale, et d'Aristote en fait d'histoire ou de théorie de la nature. Denys d'Halicarnasse, son admirateur, lui reproche du *Gorgias*, aussi bien qu'Aristote, son rival ; et tous les hellénistes s'accordent à reconnaître que Socrate était aussi simple dans son style, que son disciple était ambitieux dans le sien. Quant à Pythagore, bien autrement moysaïque, et, si j'ose le dire, judaïque que Platon, on sait que la première de ses lois était de ne rien écrire. Philolaüs est le premier de ses disciples inconséquents, mais aussi le plus réel et le moins littérateur.

[2] Vaugelas disait qu'il n'y avait pas plus de salut hors de l'*Histoire romaine* de Coëffeteau, que *hors de l'Eglise Romaine*.

Berville, au barreau; Alain Chartier, dit le *Père de l'éloquence*, au parlement; Villemain, à l'Université; Marivaux, au théâtre; Garat, à la chancellerie; Thomas, dans les anciens philosophes, et Ballanche dans les nouveaux. La plupart des grands écrivains enfin sont dans les grammairiens, dans les orateurs, dans les poètes, dans les romanciers, dans les historiens, dans les sophistes (autre sorte de romanciers) et dans les femmes. Isocrate et Cicéron, Virgile et le Tasse, Muret et Quintilien, Érasme et Voltaire, Montaigne et Paul Courier, Hérodote et l'abbé Barthélemy, Pascal et J.-J. Rousseau, MM. Jules Janin et Chateaubriand, Mademoiselle de Scudéri et Madame de Staël, sont, chacun dans leur genre, des modèles de vent et de vanité littéraires.

On peut leur appliquer ce que le père Malebranche disait de Tertullien, de Sénèque, de Montaigne, etc., dans les derniers chapitres de la troisième partie du livre II de la *Recherche de la vérité* : « Les petits esprits ont d'ordinaire beaucoup de feu, et un certain air libre et fier qui dispose les imaginations faibles à se rendre à des paroles vives et spécieuses, mais qui ne signifient rien à des esprits attentifs. Ils sont tout-à-fait heureux en expressions, quoique très malheureux en raisons; mais parce que les hommes aiment mieux se laisser toucher du plaisir de l'air et des expressions, que de se fatiguer dans l'examen des raisons, ces esprits doivent l'emporter sur les autres. » — L'emporter, oui; mais pour un moment.

Il est encore une littérature essentiellement

vague, fausse, contradictoire, ridicule, et, comme telle, transitoire; c'est la littérature d'enfance, ou, si l'on veut, de renouvellement. Les exemples ici ne manquent point, et sont décisifs. Je citerai les deux plus remarquables que nous ayions chez nous, Ronsard et du Bartas : le premier, dit de Thou, « né, la même année que notre armée fut défaite à Pavie, comme si Dieu eût voulu récompenser la perte de cette journée par la naissance de ce grand homme »; que Scévole de Sainte-Marthe traite de prodige de la nature, de miracle de l'art; dont Étienne Pasquier affirme que Rome n'a jamais rien produit de plus grand. Et le second, dont le poëme de la *Semaine* (sur la Création) eut trente éditions en quelques années, et fut traduit dans toutes les langues; du Bartas enfin, auquel Ronsard, étonné et orgueilleux, envoya une plume d'or, en lui disant : « Vous avez plus fait en une *semaine*, que je n'ai fait en toute ma vie. »

Or, voici ce qu'étaient pour les sages et pour les fous du temps (et ce que sont aujourd'hui même pour Victor Hugo et J. Janin) ces deux gloires du moment : « Du Bartas, dit Du Perron, grand littérateur lui-même et héros de son temps, du Bartas n'a point d'invention, puisqu'il ne fait que raconter une histoire. Pour la disposition, il ne l'a pas non plus, car il ne suit aucune règle établie par les anciens qui ont écrit de l'art poétique. Quant à l'élocution, elle est très mauvaise, impropre en ses façons de parler, impertinente en ses métaphores, qui, pour la plupart, ne se doivent prendre que des choses universelles, ou si communes, qu'elles aient passé comme de l'espèce au genre, comme le soleil. Mais lui, au lieu de dire : le roi des lumières, il dira : *le duc des chandelles* ; au lieu de dire : les courtisans d'école, il dira : *ses postillons*. »

Quant à Ronsard, le sieur de Balzac (qu'apparemment son *petit* fils d'aujourd'hui ne récusera point) assure que « si tous les sonnets, toute la Franciade et toutes les odes de l'auteur étaient perdus, il n'aurait pas besoin d'être consolé de cette perte; que c'est plutôt *la matière et le commencement d'un poète*, qu'un poète achevé; et que dans le feu dont son imagination était échauffée, il y avait *beaucoup moins de flamme que de fumée et de suie.*»

Il déclare ailleurs « qu'il n'estime Ronsard grand, que dans le sens de ce vieux proverbe : *Magnus liber, magnum malum.*» Et en un autre endroit, « ce poète si célèbre et si admiré, dit-il, a ses défauts et ceux de son temps. On voit dans ses œuvres des parties naissantes et demi-animées d'un corps qui se forme et qui se fait, mais qui n'a garde d'être achevé. C'est une grande source, il le faut avouer; mais c'est une source trouble et boueuse, une source où non seulement il y a moins d'eau que de limon, mais où l'ordure empêche l'eau de couler. Du naturel, de l'imagination, de la facilité tant qu'on veut; mais peu d'ordre, peu d'économie, peu de choix, soit pour les paroles, soit pour les choses; une audace insupportable à changer et à innover, une licence prodigieuse à former de nouveaux mots et de mauvaises locutions, à employer indifféremment tout ce qui se présentait à lui, fût-il condamné par l'usage, traînât-il par les rues, fût-il plus obscur que la plus noire nuit de l'hiver, fût-ce de la rouille et du fer gâté. La licence des poètes dithyrambiques, la licence même du menu peuple, à la fête des Bacchanales et aux autres jours de débauche, était moindre que celle de ce poète licencieux [1]. » Voilà, avouons-le, l'histoire, écrite à l'avance, de nos célébrités contemporaines; et ce jugement a été, je pense, assez bien confirmé par la postérité. Elle a répondu à la question suivante faite au littérateur difficile par le *littérateur facile*: « Et que deviendrions-nous, nous autres, si vous alliez avoir raison, Nisard? »

La littérature moderne est une nouvelle édition de celle de du Bartas et de Ronsard. Comme celle-ci, elle est compliquée, obscure, creuse, inintelligible, intraduisible. Je défie qu'on puisse entendre un seul mot peut-être de M. Janin, de M. Hugo, de M. Villemain, de M. de Chateaubriand, de M. Lamennais, de messieurs des *Revues* de Paris (car ces Revues sont tout le Paris moderne [2]), comme ils l'ont eux-

[1] *Lettres à Chapel.*, liv. VI; *Entretiens*, liv. VII.
[2] Il faut y joindre le *Livre des Cent-et-un*, qui s'intitule aussi *Paris*, où MM. Paul de Kock, Pigault-Lebrun et Lafayette se trouvent mêlés avec MM. de Peyronnet, Lamartine, Chateaubriand, etc., et où l'on lit, côte à côte, l'éloge isolé d'un noble pontife (monseigneur l'Archevêque de Paris), les *Filles d'actrices*, les *Amours de la Morgue*, et les apologies de la révolution; chef-d'œuvre de dévergondage littéraire, où se trouvent confondues toutes les opinions, toutes les religions, comme dans l'article *l'Église, le temple, la synagogue* de M. de Jouy

même entendu. Une seule de leurs pensées est absolument claire pour tout le monde : les places, quelquefois les pages, et jusqu'aux feuillets de blanc qu'ils interposent dans leurs ouvrages, comme pour faire diversion à leur génie. Ce sont leurs vrais intervalles lucides. Il y a dans leur style tant de déplacements, tant de révolutions, tant de contradictions; il y a tant de suppositions, d'inexistences et de monstruosités dans leurs compositions, qu'en les lisant on ne songe guère à dire : je les aurais faites; et qu'en vérité on se croirait idiot, si l'on jugeait ici de sa capacité par son intelligence. C'est l'une des raisons de leur célébrité. Le génie n'est pas dans leurs ouvrages, mais dans la tête de leurs dupes; j'en donnerai une preuve entre mille : ôtez les noms que l'audace ou la duperie seules ont rendus célèbres, aux titres d'ouvrages ou aux queues d'articles, et ces grandes beautés littéraires n'auront pas même de lecteurs !....

Leur littérature est, on peut le dire, neuve, originale comme leur philosophie; style et nature, tout est fantastique chez eux, et, comme ils le disent, *convulsionnaire*[1]. Le plus grand talent, le génie-

---

(4e livraison;) vrai *Tableau de Paris* (on en annonce un *nouveau* et même un *révolutionnaire* qui ne manqueront pas d'être pires), cent fois au-dessous de celui que Mercier *pensait dans la rue et écrivait sur la borne*, et à la tête duquel M. Jules Janin, le chef de file de la bande nouvelle, ne craint pas de dire : « Vous avez reconnu le diable analyse, analyse élégante, joviale; reconnaissez la synthèse grave, décente, révérentieuse ! »

[1] *Echo de la jeune France*, dans son *Manifeste* de juin 1833.

Dieu pour eux, c'est de n'écrire ni de la prose, ni de la poésie, ni de la physique, ni de la philosophie, ni du droit, ni de la morale, ni de l'histoire, ni du roman, mais de tout ou de rien ; et ils s'en sont même vantés.

Monstrum horrendum, immane, ingens, cui lumen ademptum.

Barnave et *Notre-Dame de Paris* sont les derniers exemples de ces spectres littéraires, qui seront encore, je n'en doute pas, surpassés ; car qui pourrait mesurer le néant ?.... La création, elle, est un point.

Rien n'est au fond de cette littérature, pur dévergondage, verbiage insensé, corruption profonde,

Vrai déluge de mots, sur un désert d'idées,

comme Frédéric disait. Il n'y a pas même le mérite de l'art dans le désordre. On conçoit, jusqu'à un certain point, une obscurité volontaire, un chaos systématique, une philosophie nouvelle et combinée, qui ne soit pas aussi vieille que le monde ; bien que toutes les sottises aient été depuis long-temps dites par les philosophes : le Dante et l'Arioste nous en ont donné peut-être un exemple. J'ai conçu mille fois des rapprochements plus étranges, et qu'ils appelleraient plus piquants et plus heureux, que nos *Mélanges* fameux. Mais où trouver de l'art dans les livres ou les articles monstrueux, sans nom, de nos hommes de génie modernes ? Leur volonté est précisément de ne pas avoir de volonté, d'écrire un livre, comme Rousseau se décidait quelquefois à une action, selon que la pièce qu'ils jettent en l'air retombe à *croix ou pile* [1]. Un rien, une mouche, une révolution, plus souvent un vice secret, leur suggère un ouvrage, une ode, une *Scène historique*, comme le Christ pouvait susciter à saint Thomas la *Somme*, ou le *Panthéon en l'air* à Michel-Ange.

Telle est l'esquisse du mal qui nous opprime, car je n'ai pu que le laisser entendre; et ce mal se trouve plus profondément encore dans le seul moyen qu'il y aurait d'y remédier! La critique est à présent réfugiée dans les journaux; or, quand les journaux ne sont pas rédigés par ceux-là même qui firent le monstre, ils le sont par ceux qui le trouvent naturel. Lisez le compte rendu d'un livre moderne, et vous verrez que l'appréciateur le plus loyal, toujours au-dessous du compositeur, le suit à la piste, n'a pas toutes ses idées, et ne manque pas un de ses défauts. Un article de critique littéraire est aujourd'hui un véritable chaos en miniature [2]. Que dirait J.-B. Rous-

---

[1] Le livre des *Contes bruns*, de cette école, je ne dirai pas de collège, mais d'enfance, pour lequel se sont cotisés plusieurs écrivains du parti, a cru piquant d'avouer le chaos du genre, en figurant, au lieu des noms des auteurs, une grande *tête à l'envers*. Les autres livres de *contes* (les contes sont la branche la plus cultivée de notre littérature) se sont même hâtés d'annoncer le chaos jusque dans leurs titres : Paris a été inondé des *Salmigondis ou Contes de toutes les couleurs*, d'*Arlequin conteur aux mille et une nuances*. Jadis le *conte* était, en général, l'organe de la naïveté honnête; il est devenu l'agent le plus actif de la corruption audacieuse : on a publié, en toutes lettres, les *Contes immoraux*, etc.

[2] Les journaux eux-mêmes qui se sont élevés contre le romantisme ne l'ont fait qu'avec le romantisme de leurs adversaires, moins l'es-

seau de cette littérature inouie, lui qui définissait ainsi celle de son temps, dans une *Epître* à Louis Racine :

> . . . . . . Ces subtiles fadaises,
> Ces arguments émaillés d'antithèses,
> Ces riens pompeux, avec art enchassés,
> En d'autres riens, fièrement énoncés,
> Où la raison la plus spéculative,
> Non plus que vous, ne voit ni fond, ni rive.

Mais, dira-t-on, il y a çà et là des *traits* heureux de style et même de pensée, dans les ouvrages et les journaux que je veux ridiculiser. C'est pour cela précisément que ces écrits sont ridicules. Il faudrait n'être pas un homme, pas même un enfant, pour n'avoir pas le trait divin; or, c'est ce trait, cette *trace*

prit : « Ayant beaucoup de *candeur,* dit l'auteur de la *Réaction...,* il y a du Pascal dans votre style, m'a-t-on dit. » Et l'auteur de le croire, puisqu'il le répète! Les articles de M. Mennechet dans le *Panorama littéraire,* de M. de Feuillide dans l'*Europe littéraire,* et celui de la *Quotidienne* du 24 janvier, un ouvrage de M. Latouche, ne sont, comme le Manifeste, que des *candeurs,* seulement d'une autre sorte que celles des *Revues* d'Édimbourg ou de Genève, de la *Gazette de France* ou de celle d'Augsbourg. La *Quotidienne* est toutefois plus candide encore ou plus hardie que les autres : elle n'appelle point *facile* la *littérature* d'à présent, mais *marchande.* Elle fait un crime à la *Revue de Paris* de l'avoir engendrée. — Pauvre *Quotidienne,* et vous ? — C'est à elle, aussi bien qu'à Nisard, que M. de Feuillide a dit : « Vous aviez admiré avec tant de feu les tours de passe-passe et les sauts périlleux du *théâtre à quatre sous,* qu'on a trouvé plaisant de vous gendarmer si fort contre la littérature à deux sous des *Magasins* pittoresques et des *Musées* de familles, où il se forge de si hautes renommées... Renverser sans reconstruire, c'est continuer l'œuvre mesquine qu'avaient commencée les *Revues* d'Édimbourg et de Genève. Ce n'est pas plus être le héros que le martyr d'une réaction; on n'est qu'un soldat à la suite. » — Et Jules Janin, à l'exhumateur du paganisme ridicule et révolutionnaire : « Va-t-en, va-t-en faire du sanscrit au Collége de France ! va-t-en étudier les hiéroglyphes sous le dernier

originelle, qu'on remarque partout où l'homme a dégénéré. Le sublime en littérature, l'héroïsme en histoire, le miraculeux en Religion, sont des choses qui ne pouvaient être notées, écrites, traitées, célébrées que dans le paganisme [1], chez les peuples sophistes ou chez les sauvages. Pour ma part, je trouve les enfants, les pauvres esprits, et surtout les esprits superbes, habituellement sublimes; et je vois sans cesse l'héroïsme à côté du crime. Les héros du monde sont les grands mauvais sujets qui s'oublient. Et puis, entendez-les demander ce qu'ils appellent des *miracles* pour croire à Dieu, et de *l'esprit* à la *Bible* ou du *génie* au *Christianisme*, pour les admirer!... Insensés, ils demandent des *taches* à la beauté !

---

des Champollion. Travaille pour vivre toute ta vie, non pas du pain que tu gagneras, mais du pain que te donnera le ministre de l'intérieur... Va-t-en faire des notes pour les défauts des *variorum* de feu Lemaire; va-t-en écrire des traductions à 25 fr. la feuille pour Pankoucke, va-t-en, paria! » — Je dirai, à mon tour, à Jules Janin, à l'un de « ces hommes (comme il ose le dire) qui, depuis huit ans, portent les ardeurs du jour » : — « Va-t-en faire, au lieu du *sanscrit* réel au Collége de France, du sanscrit factice dans le *trou* que tu nous dis t'être *creusé dans le Journal des Débats ! Va-t-en étudier les hiéroglyphes* imaginaires sous le premier des Hugo... *Travaille pour vivre toute ta vie, non pas du pain que tu gagneras, mais du pain que te donneront* les esclaves dorés des ministres de fer des travaux publics... Et cela pour refaire ton château de *Biron*, ou pour payer ton appartement royal aux portes de la Chambre des pairs... *Va-t-en faire des notes pour les défauts* des contes ou des drames de feu Hugo ou Balzac; va-t-en écrire des articles ou des *Anes morts* et des *Femmes guillotinées*, à tant la *feuille* pour les plus offrants; *va-t-en, paria!...* » J'ai ri...

[1] Longin que Boileau, simple littérateur, était digne de traduire, donne pour exemple de sublime ces vers plats de Sapho :

  Heureux qui, près de toi, pour toi seule soupire, etc.!!!

L'homme éclairé, le sage, au contraire, ne trouve rien d'extraordinaire, mais tout également beau dans l'univers, parce que tout est également naturel; il n'a pas besoin de *phénomènes* pour croire à l'Auteur de la nature : tout lui est divin. Sa devise est d'admirer tout, ou de ne rien admirer au monde : *Nihil admirari*. Et le sublime littéraire est à ses yeux le signe de l'incohérence.

Le sublime, en effet, se trouve plutôt dans les poètes que dans les philosophes, dans les philosophes que dans les métaphysiciens, chez les anciens que chez les modernes. Il est aujourd'hui plus oriental qu'occidental; et c'est pour cela que l'Orient commence à être exploré par nos romantiques. Rarement vous surprenez le sublime dans les théologiens du premier ordre. Mais, en revanche, on le traite *ex professo* dans les *Rhétoriques*, dans les colléges (il est essentiellement classique), aux académies, à la tribune peut-être! car on ne remarque jamais que ce qui est rare : *ubi plura nitent*... Et la nature nous le montre. La lumière luit davantage dans les ténèbres, comme l'éclair est plus saillant dans la nuit profonde; et c'est pourquoi l'Homme-Dieu a été si visible [1]. Vous trouvez le sublime à son apogée dans Homère, dans Platon, dans Sénèque, dans Tacite, dans Lucain, ainsi que vous surprendrez la grandeur d'âme dans Régulus ou Caton. Vous le trouverez même dans Le Tasse et Milton, dans Corneille

---

[1] *Lux in tenebris*. JEAN, I, 5. — L'Église est en ce moment dans le même cas.

et Racine, dans Lamartine et Hugo, dans Mirabeau et Royer-Collard, dans Montesquieu [1], dans Robespierre (j'allais dire aussi dans Louvel), dans Pascal et Chateaubriand. Ecoutez Chrysostôme ou Brydaine; lisez Thomas d'Aquin et Bossuet, Michel-Ange et Raphaël (un architecte ou un peintre se lit comme un écrivain); lisez la *Vie des Saints*, vous sentez à peine le sublime, mais quelquefois le ridicule ou l'humanité. Lisez la *Bible*, l'*Imitation*, mortes; voyez Jésus-Christ, vivant et expirant sur une croix; le sublime tout d'abord vous échappe; vous trouvez moins encore le médiocre ou le singulier : où tout est grand, rien ne paraît grand. C'est là, là seulement, qu'il faut inscrire, à toutes les pages, à tous les traits, à tous les mouvements : Beau, pathétique, sublime !

Comme il n'y a de temps en temps que quelques traits, certains restes déplacés de vérités, plusieurs *perles* enfin *dans le fumier de nos Ennius*, il a fallu extraire, et il a été facile de publier, sous le nom d'*Esprits*, leurs beautés confuses au milieu de tant de difformités. Nicole, de Port-Royal, par exemple, a placé dans un petit volume in-18 (*Epigrammatum delectus*) toutes les fleurs de l'antiquité; Moustalon, toutes celles de nos poètes. Et encore, dans ces *Esprits*, il n'y a guère que quelques

---

[1] « Montesquieu, dit Rivarol, prend les éblouissements pour la lumière. Il se perd dans les nuages dont il s'enveloppe, mais il se sauve par la fréquence des éclairs. » — Je n'en ai, moi, jamais vu que quelques uns, et toujours entrecoupés de nuits profondes.

pensées que l'on cite, quelques mots qu'on retient ; et les pauvres se trouvent quelquefois aussi bien dotés que les grands seigneurs. Nous avons quelques vers de Lemierre, plus beaux que les plus beaux de Voltaire [1], et ceux-ci notamment :

> Croire tout découvert est une erreur profonde,
> C'est prendre l'horizon pour les bornes du monde.

On dira encore : ces littérateurs que vous attaquez amusent ; fantastiques ou non, leurs tableaux, leurs peintures, nous consolent des douleurs de la vie la plus heureuse, et nous la font oublier elle-même. Le vrai génie, pour nous, c'est celui-là ; l'autre nous endort. Et, après tout, la nature n'est-elle pas variée ? Il suffit que l'esprit humain ait la faculté de combiner les objets à l'infini, pour que la combinaison plus ou moins ingénieuse ait son mérite et même sa légitimité ?.....

La nature est *variée* sans doute, mais variée autour d'une perpétuelle unité ; et vos compositions ne sont que fantasmagoriques. Ce sont des fleurs sans grâces, des fruits sans goût, une campagne sans couleurs, un ciel sans éclat, une vie sans espoir, des droits sans légitimité, des corps sans âme, une création sans Dieu : rien de conclu, rien de productif ; tout, au contraire, morcelé, tué ou homicide :

Omnia muta, ostentant omnia mortem.

[1] Un de ses bons vers, à lui, est le suivant, qu'il fit l'un des derniers :
Un trône pour Homère, un tabouret pour moi.

S'il y a une littérature dans les enfers, ce doit être celle-là.

Je le sais aussi, la littérature moderne vous *plaît* [1] (et encore sans vous faire rire, car elle n'est pas du tout plaisante); et c'est précisément pour cela que je la prends à partie. Elle a ce privilége, comme le vice, comme le crime lui-même, qui sourit aussi et au plus haut degré. Ce qui plaît est-il toujours digne de plaire? Ne sait-on pas qu'au physique, ainsi qu'au moral, le goût se déprave avec des causes libres de dépravation, et qu'on en paie tôt ou tard les frais? Le fameux Lalande savourait les araignées; et il y a des gens qui boivent le crime comme l'eau : mais le plus terrible calice leur est réservé.

Quant au génie qui vous *endort*, il n'est probablement pas plus le génie véritable que celui qui vous amuse : si le vrai vous ennuie, c'est que vous ne le voyez qu'à demi : du moment qu'on le connaît, il réveille, il rend la vie douce, et même il la donne.

Il existe une beauté véritable, un goût en rapport avec elle, dont la satisfaction n'emporte que douceurs et bienfaits; un goût qui fut celui des grands hommes constatés, qui peut se communiquer et même s'apprendre : ce goût, c'est celui des lettres modelées sur la nature; de la nature en harmo-

---

[1] «Rousseau, dit Rivarol, a des cris et des gestes dans son style; il n'écrit point, il est toujours à la tribune. » En d'autres termes, il fait un perpétuel appel aux sens : de là sa popularité, mais de là aussi ses malheurs et ceux de ses dupes. Nos écrivains modernes le sont.

nie avec son auteur; le goût enfin des plus grandes illustrations du monde, de David et de saint Paul, de saint Basile et de saint Thomas d'Aquin, de Michel-Ange et de Bossuet, du Dante et de Képler, de Raphaël et de Corneille, de Bacon et de Linnée, de Leibnitz et de Morgagny, de Mozard et de Fénelon; et, pour dire ma pensée tout entière, que le développement de tout le système pourra seul faire entendre, du comte de Maistre et de Barthélemy..... Je puis même ajouter que c'est le goût et le génie, comme le sent, mais comme ne le sait pas, M. Victor Hugo; car si la *Notre-Dame* réelle de Paris est sublime, la sienne est une caricature!

En résumé, il n'est rien de plus systématique que le génie; rien de plus opposé au sublime que la littérature, aux grands hommes que les hommes de lettres; et nous en sommes venus, de nos jours, à ce point d'aveuglement et de bonhomie, de ne donner le nom de sublime qu'à des éclairs, celui de génie qu'à des contradictions étonnantes, celui de grands hommes qu'à de petits nains! Le talent est essentiellement *réel*, démonstratif; convertissant, bienfaisant, et par conséquent âpre d'abord, doux plus tard, vraiment admirable pour le lecteur et l'auditeur: nous l'avons fait *littéraire*, vain, corrupteur, un instant aimable [1], terrible à jamais! et le tout, parce que nous l'avons fait égoïste : car, alors

---

[1] Car nous ne relisons jamais les modernes; ils font l'office de journaux, et ils ont leur destinée: ils meurent en naissant, comme l'éclair: *Morior dùm orior.*

même que nous gardons l'anonyme, nous signons nos écrits à toutes les pages, à tous les mots [1]. Le *Moi* est devenu le seul dieu de la littérature, comme il est le seul de la société.

Cela donné, le lecteur aura facilement raison du genre d'*Introduction*, et en général de la littérature et de la philosophie de l'auteur de la Législation universelle. La littérature dominante, véritablement despotique (et despotique jusqu'à la persécution, si elle était en sa puissance), est fausse, dérisoire, subversive du goût, de la vérité, de l'ordre social. La véritable littérature doit avoir pour but unique, permanent, de la détruire, c'est-à-dire de la signaler. On dira, on a déjà dit, je le sais; il y a mieux, on doit dire, que ma littérature est bourasque, mon style acéré, mes jugements hardis, audacieux; je répondrai comme jadis Lamothe, et peut-être avec plus de raison et d'autorité que lui : *Mon style est dur, d'accord, mais fort de choses.* Je ne sache rien, en un sens, de plus *dur*, et de plus harmonieux toutefois, que la vérité : il appartient à l'écrivain de la vérité d'être *dur* comme elle. Quant à la rigueur de mes jugements littéraires, je sens le besoin de le déclarer une fois pour toutes : l'écrivain qui ne blesse pas son siècle, au XIXe siècle, est plus que jamais un écrivain manqué. Lorsque la flatterie de la fausse littérature est devenue publique et scandaleuse, son acte d'accusation doit être public pour être utile ;

[1] Cherchez autre chose que des listes d'écrivains *vains*, dans les *Revues* de Paris, dans le *Livre des Cent-et-un*, etc. !

et la sangsue aussi en mordant guérit : *mordendo sanat*. Ainsi donc, je sacrifierai, autant qu'il sera en moi, mais toujours moins que je ne devrai, les mots aux choses, les préjugés à la sagesse, les erreurs infinies à la vérité unique. Je le ferai dans cet ouvrage par une raison particulière : j'avais à nommer beaucoup d'écrivains, et à les assembler bien plus qu'à les distinguer. Ceux qui ne voudront pas y voir un écrit littéraire seront libres d'y trouver une table, un catalogue, des listes de proscriptions......... littéraires : je laisse à d'autres les autres listes. La littérature arithmétique a bien son avantage, et elle n'est pas inusitée par le temps qui court[1] : si elle était originale, elle aurait un mérite de plus !

Le dédain du genre de talent dominant de nos jours ne deviendrait une faute qu'autant qu'il serait obligé; et, je puis le dire sans orgueil, il ne me serait pas difficile de faire, pour rire, si je voulais, des pages à la Janin, à la Chateaubriand, comme un autre faisait, mieux qu'on ne pense, dans ses récréations, des *Pensées* de Larochefoucauld (le romantique et le classique sont les littératures faciles par excellence). J'ai dit *si je voulais* ;.... mais le vouloir ne doit pas être facultatif, ni même l'intelligence, dans un être fait à la plus sublime image; le seul vouloir de Dieu est libre; et le plus grand génie lui-

---

[1] M. de Chateaubriand a fait, dans ses *Études historiques* (et notamment à la page 414 du tome III), des pages d'énumérations de savants hétérogènes qui n'ont pas même le mérite de l'orthographe des noms.

même consiste dans sa soumission à la règle. Ce qu'il y a de plus difficile au monde, c'est de s'abstenir du fruit défendu ; ce qu'il y a de plus aisé, c'est de le dévorer, sauf à en être *dévoré* à son tour !... Le romantisme est le *démon* de la littérature.

Je sais enfin, pour les gens du monde, pour les lecteurs dégénérés, un moyen de me lire concurremment avec les écrivains d'une autre sorte, ne fût-ce que pour rendre leurs aliments quotidiens moins communs et plus piquants : c'est de supposer la plupart de mes périodes, *détachées* et séparées par des étoiles, des chimères typographiques ou *pittoresques*, et du blanc de vélin ; peut-être y trouveront-ils, sans interruption, ce qu'ils surprennent quelquefois, en s'émerveillant, à la fin d'une page de leurs lectures favorites, ou dans les *Esprits* qu'on en a publiés ! S'ils trouvaient la pensée trop continue, ils auraient encore un moyen de s'en ôter le poids, en y intercallant, de temps en temps, la pensée de leurs anciens amis, ou la leur...

Lorsque, des hauteurs éclatantes de la philosophie théologique, il m'est arrivé de descendre dans les ténèbres du *bas empire* de la philosophie romantique, pour y faire des reconnaissances et y épier des inconséquences utiles, il m'est arrivé, comme aux yeux dans la transition subite de la lumière à la nuit, de ne rien voir ; il en sera de même pour mes adversaires et mes amis futurs, à l'entrée de ma Philosophie : au physique, ainsi qu'au moral, la lumière est douloureuse, quelquefois même homicide, pour les regards bornés....

DEUXIÈME PARTIE.

DE LA CORRUPTION DANS LA LITTÉRATURE
ET DANS LES MŒURS DE LA SOCIÉTÉ NOUVELLE.

> « Quand tous vont vers le dérèglement, nul ne semble y aller. Qui s'arrête fait remarquer l'emportement des autres, comme un point fixe. »
> (PASCAL.)

Le plus grand mal d'une société, ce n'est pas la violation des droits qui nous semblent les plus sacrés, de nos plus chères propriétés matérielles ou même morales, comme l'honneur. Les *faits* en eux-mêmes ne sont rien : la *pensée* seule, les principes, les doctrines, etc., toutes expressions synonymes, seuls, sont quelque chose. En d'autres termes, le mal, le vrai mal, le seul mal, ce n'est pas l'effet, mais la cause ; car l'effet le plus désastreux, nous le savons, n'a point de permanence ; il est fini alors même qu'il nous semble éternel[1] ; loin de déplaire, il est agréable ; il semble même utile à son auteur ; il ne blesse enfin que le corps ou la propriété, et tout au plus l'amour-propre de la victime, c'est-à-dire ce que nous avons, après tout, de moins important ou de plus fâcheux : car, il y a quelque chose de profondément vrai dans le sentiment de ce jacobin fameux, qui disait, seulement en l'appliquant à faux, qu'il valait mieux que l'univers pérît qu'un Principe.

---

[1] La mort..., celle de M. Dulong, par exemple.

Le mal, enfin, ce n'est pas le crime, mais l'erreur ou l'ignorance qui le produit. « Tout vice, dit Montaigne dans son vieux langage, est issu d'ânerie. » La corruption de ses *Essais*, qu'est-elle autre chose ?

Si l'erreur n'est pas le seul mal, il est du moins le plus grand et le plus dangereux. Or, l'erreur ne fut jamais, et chez aucun peuple peut-être, plus grande ou plus générale qu'elle ne l'est de nos jours, dans cette France qui fut si long-temps la lumière et la règle du monde. Si, du moins, nous n'étions encore qu'incertains de la vérité! Mais un malheur pour nous bien plus grand, c'est d'avoir, autant qu'il est en nous, la certitude, que sais-je? la croyance, la foi même à l'erreur. Nous en sommes venus, les plus illustres que nous sommes, à ce point de dégénération, de faire l'aveu, et peut-être de nous faire honneur de notre ignorance, sur le principe de notre existence et sur sa destinée.

Tous, tant que nous sommes, nous avons lu, nous avons médité peut-être, pendant de longues années, chacun dans la sphère de notre état ou de notre goût, le petit nombre d'écrivains qui sont restés de l'école littéraire, de l'école philosophique, de l'école historique, de l'école logique, de l'école politique ou administrative, de l'école de droit proprement dite, ou de l'école judiciaire : quels fruits avons-nous recueillis de tant de leçons et d'études si laborieuses? Tous, guère ; la plupart aucuns, ou de cruels! Nous avons, pour notre part, non seulement lu, mais extrait, avec l'attention la plus réfléchie, et peut-être la plus exercée, tout ce que l'antiquité nous a légué de remarquable, tout ce que les hommes célèbres des temps modernes, chez les peuples divers, ont pu y ajouter de vrai ou d'original, en conséquence ou en haine du Christianisme; nous avons extrait, disons-nous, et classé, ce qu'il y a de plus remarquable en philosophie, en histoire, en logique, en politique, en législation, et même en histoire de la nature; et nous avions depuis long-temps l'opinion, devenue aujourd'hui pour nous une démonstration, que si quelques-uns de ces ouvrages renfermaient des parties passablement ou même excellemment traitées; que s'ils offraient, la plupart, d'excellents aperçus, aucun n'avait véritablement avancé la science et n'en avait facilité l'étude. La plupart, selon nous, l'ont fait rétrograder.

Platon manque d'ensemble, et Aristote de simplicité. Les seuls Romains qu'on peut regarder comme supérieurs, Cicéron et Sénèque, furent l'un diffus et l'autre vague. Nous pensons de tous, ce que Brutus avait coutume de dire du premier de ses compatriotes, qu'ils *manquent de reins*.

Les premiers Chrétiens, représentés par Origène et le moyen-âge, ont les défauts de l'enfance et du mélange de l'ère ancienne avec la nouvelle, du Christianisme avec le paganisme. Les Pères grecs et latins, saint Anselme, Pierre Lombard, Vincent de Beauvais, les deux saints Thomas, Albert-le-Grand, les deux Saint-Victor, Roger Bacon, Lulle et quelques autres, ont débrouillé, avec plus ou moins de bonheur, le chaos littéraire de la transition de l'ancien monde au nouveau. On peut les parcourir, mais on ne saurait lire tout entières leurs œuvres fatigantes[1]. On ne saurait surtout en faire un grand profit : elles sont, pour nous, des monuments historiques de leurs labeurs, de leur science, de leur prosélytisme, de leur sainteté; elles forment cette sorte de témoignage qu'on appelle *tradition :* nous ne pourrions guère, sans injustice, et sans illusion, leur demander quelque chose de plus.

Bacon, Descartes, Leibnitz, les trois seuls hommes qui servent communément[2] de transition et de règles philosophiques entre le moyen et le dernier âge, ont chacun leur mérite; mais ils ont, chacun aussi, leur insuffisance ou leurs défauts particuliers. Bacon a élevé une sorte d'échafaud, mais il a commencé à peine le monument. Il se reprochait lui-même d'avoir « plus écrit pour la cité que pour le Temple »; et de tous ses ouvrages il n'aimait que son *Essai de morale et de politique,* où se trouvent seulement d'assez belles pensées, et de graves erreurs.

Descartes, qui eut la prétention d'ouvrir la porte des sciences que son devancier avait entr'ouverte,

---

[1] Et c'est pour cela qu'on a toujours fait, aujourd'hui encore, des extraits choisis des Pères de l'église. On n'en fait point des autres : ils sont dans leurs successeurs.

[2] Je respecte le préjugé; car, il y a des hommes bien plus grands que ceux-là, dont l'histoire est peu connue, entre autres Tostat, Tolet, François Patrice, Pierre Grégoire, Léon de Saint-Jean, Louis de Lesclache, Para du Phanjas, etc. : ces deux derniers, presque oubliés ou inconnus; et toutefois, l'un fit peur à l'école Cartésienne, et l'autre à la Voltairienne. *Et habent sua fata libelli.*

l'a, selon nous, fermée. S'il avait pu élever un système, il l'eût bâti en l'air ; car il a cherché partout, et toute sa vie, le point d'appui qu'il avait sous les yeux. Son école est vague ; elle en a produit une plus vague encore, celle du père Malebranche.

Leibnitz avait devant lui la tentative de Bacon et les stériles efforts de Descartes; il n'a pas eu le bonheur d'en profiter. Il était doué d'un esprit plus juste et d'une mémoire non moins grande que Bacon; il possédait, ce qui manquait à Descartes, la connaissance de l'histoire et même celle de la législation; et néanmoins il n'a laissé, de son propre aveu, que des essais dans tous les genres, où l'un des hommes les plus capables de l'entendre de nos jours, M. Emery, n'a pu moissonner que des pensées détachées et de beaux *Esprits.*

L'école de Bacon et de Descartes n'a fait que dégénérer. Elle a produit, tout d'abord, Pascal, génie ergoteur, cœur misanthrope [1] ; et à distance, Bayle, qui ne sut que dire le pour et le contre des sciences, et qu'on peut considérer comme le rapporteur de la philosophie. Elle a suscité, aussi à cette époque, Spinosa lui-même, qui du moins a conclu [2]. Elle a fait naître Locke, le modèle des idéologues, dans la terre classique des matérialistes ; Fontenelle, qui pénétrait dans chaque science jusqu'à l'alpha-

---

[1] Sans les faibles de Pascal, expliquerait-on les *Eloges* qu'en ont faits ou demandés toutes les académies, tous les sophistes du xviiie siècle, et jusqu'à Condorcet?

[2] Il existe un livre de Spinosa sur Descartes, intitulé : *Principia Cartesiana more geometrico demonstrata;* 1667 !

bet ; Fréret, affectant de savoir ce qui était douteux, par préférence à ce qui était vrai. Elle a donné la vie à J.-J. Rousseau, qui n'avait nulle philosophie, nulle politique fondamentales ; ayant une âme et nul esprit pour règle, et peintre seulement s'il fut quelque chose. Voltaire, disciple de la même école, mieux que Rousseau, en répudia les défauts pour en adopter le crime. Sa littérature ne fut, comme sa vie, qu'une suite non interrompue de plagiats, de contradictions ou d'hypocrisies. Il se moque à la fois des grands hommes et de Dieu, de son lecteur et de lui-même ; il croit à tout, il ne croit à rien ; aujourd'hui le contraire de ce qu'il fut hier et de ce qu'il sera demain : de bonne foi, est-ce là un philosophe ? Ce n'est pas même un homme, c'est tout au plus un poète, c'est-à-dire un diminutif d'écrivain.

Si tels sont les maîtres, quels seront les serviteurs de la philosophie moderne ? Fréderic, qui portait un bandeau sur les yeux, au lieu d'une couronne ? Condillac, qui ne sut qu'importer en France et peut-être dessécher la sèche philosophie de Locke ? D'Alembert, dont la philosophie et même la littérature se réduisent à des *Mélanges* et à une *Préface* copiée ? Diderot, qui se présentait comme le Platon de son siècle, lorsqu'il n'en était que le Diagoras, et dont les œuvres sont traduites de Sénèque, de Shaftsbury, et même de Richardson ? Helvétius, que Turgot lui-même appelait « un philosophe sans logique, un littérateur sans goût, un moraliste sans honnêteté ? » Condorcet, qui ne put jamais s'élever au-dessus de la biographie et de l'éloge, et qui descendit jusqu'aux plans les plus hideux de révolution ¹? Les auteurs enfin de l'Encyclopédie, que Diderot, leur patron, appelait « un gouffre où des chiffonniers jettaient pêle-mêle des choses mal digérées, détestables, disparates, etc. », et où Voltaire trouvait « tant de fange à côté de l'or... » qu'il croyait peut-être y avoir enfoui !

Le reste ne vaut pas l'honneur d'être nommé.

Et pourtant, il a engendré la révolution ; car c'étaient aussi des philosophes, et même les plus conséquents et les plus hardis, qui furent à la tête de ce grand cataclysme ²!...

Dans la transition du XVIIIe au XIXe siècle, il y a un *Philosophe* qui ne saurait tirer à conséquence, c'est l'*inconnu* Saint-Martin : on trouve dans ses œuvres telle ou telle *Vérité* unique (la monarchie la plus absolue qu'on puisse imaginer, celle de Hobbes), qui suffirait pour neutraliser ses *Erreurs* infinies.

L'Allemagne et l'Angleterre étaient peut-être moins avancées, ou plutôt moins avilies que la France dans le XVIIIe siècle. On trouvait bien en Angleterre, sous le nom d'*Esprits forts*, les esprits faibles, lord Herbert, Thomas Anglus, Cudworth, Whitby, Collins, Woolston, Tindall, les maîtres de Voltaire en incertitude ; mais ils étaient, jusqu'à un

---

¹ La *Vie de Turgot* et celle de *Voltaire* ne sont pas autre chose.

² Nous verrons, en temps et lieu, que la plupart des *Constituants* et des *Conventionnels* avaient publié, avant 89, des écrits philosophiques proprement dits.

certain point, neutralisés par Hobbes, Locke, Clarke, qui avaient conservé une sorte de Religion, et même de Catholicisme, au fond de leur philosophie. Le mal était moins grand encore dans l'Allemagne, que Leibnitz et Stalh avaient comme suspendue entre le déisme et le Catholicisme, et que Gundling, Volff, Lambert, Plouquet, les plus forts de leurs disciples, eurent l'honneur d'entretenir quelque temps dans cette sorte de neutralité. M. de Baader voudrait aujourd'hui, mais vainement, spiritualiser la matière allemande. L'Italie n'a de philosophe que Vico, mort fou et méprisé en 1744; qu'il a plu à quelques Michelet d'exhumer et d'importer en France, et dont la prétendue *Science nouvelle* n'est que le radotage des anciens sophistes. Je ne voudrais que les titres des derniers écrivains italiens pour mesurer leur incapacité : les *Eléments d'idéologie* de Gioja, la *Logique pure* de Galuppi, la *Philosophie de la pensée et du cœur* de Pezzi, l'*Origine des idées* de Rosmini. La science est encore plus chétive en Espagne (*quantùm mutatus ab illo!*) : elle a son Chateaubriand dans Olavidès, l'auteur du *Triomphe de l'Évangile;* et puis, quelques traducteurs fugitifs des sophistes français, Marchéna par exemple.

Nos derniers philosophes n'ont guère fait que suivre et copier leurs devanciers, à leurs fastueuses inconséquences près; car, c'est ce dernier trait qui nous paraît former le caractère des modernes. S'ils sont plus conséquents, ils sont plus coupables. Il restait dans Rousseau, et jusque dans Voltaire, de magnifiques *témoignages d'âmes naturellement chrétiennes*, comme Tertullien disait. On les retrouve encore, plus sérieusement et plus systématiquement peut-être, dans l'école isolée dont MM. Massias, Kératry et La Romiguière sont les chefs. Nous n'en trouvons plus que d'imparfaits et de subtils dans la philosophie allemande ou écossaise de Kant, de Schelling, de Dugald Stewart et de Reidd, qui paraît avoir prédominé dans la nôtre, et dont MM. Maine de Biran, Fabre d'Olivet, Destutt-Tracy, Benjamin-Constant, de Gérando, Royer-Collard, d'Eckstein, Cousin, Jouffroy, Damiron, Bautain, se sont déclarés, ou sont en effet, les partisans [1]. Les Philosophies, en apparence plus profondes, des disciples de Saint-Simon, de M. Azaïs et

---

[1] « Ce n'est pas sans réflexion que je ne distingue point encore M. Bautain de M. Cousin, dont M. Pierre Leroux vient de dire, dans la *Revue encyclopédique* de 1833 : « Il a passé sans former un seul disciple. » Celui-ci a dit à l'autre en 1822 : « Mon lot, à moi, c'est de faire l'Histoire de la philosophie ; mais vous ferez, vous, une Philosophie. » Fidèle à la prophétie de son *Cousin germain* (nom ingénieux donné au grand-maître de l'école germanique), M. l'abbé Bautain vient de publier un écrit sur l'Enseignement de la philosophie au xixe siècle, où il ne se trouve pas un seul mot susceptible de faire faire un pas à la Philosophie. Le Cours de M. l'abbé Frère en Sorbonne, successivement nommé, dans les éditions qu'il en a données, *L'homme connu par la révélation, La science de la vie, etc., Cours d'Écriture sainte, Cours de philosophie de l'histoire*, ce Cours bienfaisant, n'est supérieur que parce qu'il est plein de foi, de feu et de paroles bibliques ; la méthode et la réalité y manquent tout-à-fait. La *Défense de la Religion* par l'évêque d'Hermopolis est une nouvelle édition de Bergier, moins la science, ou bien des sermons de M. de Boulogne, à l'éloquence près ; ce qui n'ôte rien au mérite du livre, encore moins à celui de l'homme : autres sont les capacités de paroles et les capacités d'écriture ; et les temps aussi sont divers.

de M. Charles Fourier, ne sont que les plus creuses. Je ne distingue en Allemagne Hegel et M. de Baader, Romagnosi en Italie, et M. Wronski parmi nous, que parce qu'ils ont plus de précision ou d'universalité, et moins de lecteurs. Du reste, on retrouve dans leurs écrits les mêmes redites, les mêmes lacunes, la même absence de méthode véritable et de faits vraiment historiques, avec moins de littérature et plus de sécheresse que dans les philosophes du XVIII° siècle proprement dits.

L'école chrétienne pure et simple est si faible, qu'elle se confond presque dans l'école précédente. A sa tête figure, le premier en date du moins, M. de Chateaubriand. Il est tombé, à son insu, dans le défaut qui forme le caractère des premiers philosophes chrétiens : le mélange du sacré et du profane. Nous avons ouï dire à son ami M. de Fontanes, ce que l'Église catholique dira elle-même à sa façon, le jour où elle croira nécessaire de le faire entendre, qu'il « a paganisé le Christianisme ». Au reste, nulle méthode, nul ensemble, nulle vérité qui ne soit mêlée d'erreurs dans le fond et jusque dans les détails. J'ai vainement cherché dans les OEuvres complètes de cet homme, d'ailleurs fini, un système de philosophie et même une conception littéraire ; je n'ai trouvé que quelques tableaux de fantaisie : la rime lui manque lorsqu'il est poète, la raison quand il est philosophe[1], la pudeur lorsqu'il est homme

---

[1] L'école *brillante*, qui a produit indirectement l'école romantique-philosophique nouvelle, a enrôlé directement quelques écrivains

d'état. Si un individu, après M. de Villèle, a concouru à la déchéance de la branche aînée des Bourbons, et se trouve par conséquent dans l'impuissance de la relever, c'est lui; et toutefois il a dit : « Donnez-moi la liberté de la presse, et je ramènerai *mon* Roi!... » Cette *liberté* lui a été *donnée!* et quoi?

Un autre écrivain, qui se montra d'abord avec un certain éclat dans la carrière religieuse-philosophique, *rend l'esprit* au milieu d'une indifférence risible. Ses derniers partisans, plus retenus par un amour-propre ou des intérêts mal entendus que par une conviction véritable, ne lui reconnaissent que le vain mérite d'un style devenu pourtant si commun de nos jours, et ne prétendent qu'à protéger son orthodoxie contre l'accusation générale d'hérésie. Ne pouvant plus exalter son génie frustratoire, ils se contentent de défendre sa fidélité. La religion de l'homme paraît désormais jugée [1]. Faisons justice de

---

isolés, qui, dans l'impuissance de faire rire, semblent aspirer à faire soupirer : tout le monde nommera ici Portalis (*De l'usage et de l'abus de l'esprit philosophique*), Pougens, de Villeterque, Ballanche, de Senancour, Nodier, Édouard Alletz, Gerbet et Paffe, auteur du *Traité de la sensibilité*. Leur temps est passé, grâce à la révolution de juillet; et c'est pour cela que leur patron a tant de colère pour elle. Je trouve la prophétie de la chute du double apologiste de la liberté de la presse et du *Génie du Christianisme* dans la première Épître de saint Paul aux Corinthiens, 3 : « *Si quis superædificat super fundamentum hoc,... ligna, fœnum, stipulam... detrimentum patietur.* » — Lorsqu'un homme va se cacher, afin de mieux être vu, au milieu des enfants du Collége de France; lorsqu'il s'expose à recevoir des éloges sans foi, des ovations concertées, et s'abaisse à servir d'instrument à la popularité d'un petit professeur stérile, il ne fait pas autre chose que constater sa fin.

[1] Avant le... *quelqu'un disant avec une extrême impudence* de sa magnifique *Encyclique* du 15 août 1832, le Pape avait déjà dit que les écrits de

la philosophie de l'écrivain (car elle reste malgré le désaveu, si sec, de l'auteur, lequel semblera toujours, aux yeux du monde, le fait du prêtre et non du philosophe).

Sa philosophie est aussi dévergondée, aussi superbe dans sa méthode, que contradictoire, équivoque, erronée dans ses faits ou dans ses éléments, révolutionnaire dans son application et dans ses conséquences. Tous les partis l'ont attaquée : ceux qui voulurent la louer en masse, l'ont défaite en détail. Il a fallu à l'auteur, et à son petit parti hautain et honteux, autant d'étais, de suppléments, de suites, sous des noms divers, pour l'expliquer et la défendre, qu'il lui avait donné de chapitres *ex professo*.

ce *quelqu'un* étaient *dangereux*, qu'ils l'étaient *tous*, qu'il n'avait aucune mission que sa témérité : *autoritate divinâ fungimur, temeritate suâ fungitur*. Et, jusque dans la lettre où Grégoire XVI accepte la *soumission humble et simple* de l'écrivain encore si fier la veille (le Saint-Père parle à l'évêque de Rennes de « la joie qu'il a éprouvée en voyant étouffés *tout à coup* les germes de tant d'amertumes », et du *changement subit* de l'abbé Lamennais), le chef de l'Église ne recommande plus à l'homme que d'*employer ses efforts* à défendre l'Encyclique où il est condamné, c'est-à-dire à prêcher par son exemple, plus encore que par ses écrits, la censure contre les crimes de la presse, et le devoir de soumission aux puissances, toutes choses qu'il a combattues opiniâtrement, et exclusivement, toute sa vie. Il est évident par là que le Souverain Pontife a condamné, en effet, M. Lamennais au silence le plus absolu ; car la nature elle-même s'oppose à ce que celui qui a dit au peuple : *En avant, marche !* lui crie efficacecement et sans rire : *Rétrograde !* Et M. l'abbé, d'en avoir le sentiment lui-même, lorsqu'il a dit, le 13 janvier 1834, à monseigneur l'Archevêque de Paris, qu'il avait naguère outragé si scandaleusement: « *Ma carrière est maintenant finie.* » — Mais, qu'il y prenne garde ! s'il était tenté de la recommencer (et le bref de réconciliation a pris soin de l'en avertir) : il ne faut pas se dissimuler que l'*homme ennemi* peut encore semer l'ivraie.

Donc il a essentiellement manqué la philosophie. Il fallait réunir; il a plus divisé que tout le monde. Le nom de *Mélanges* et de *Pensées*, qu'il a donné à plusieurs de ses volumes, convenait aussi bien à tous. Je ne dirai pas même de lui ce que Voltaire a dit de Rousseau, son confrère : « C'est le carillon d'une pendule détraquée : il ne faut pas voir l'heure qu'elle sonne, mais écouter l'air qu'elle joue. »

Deux hommes seuls furent conséquents avec eux-mêmes, et ne mêlèrent jamais à leurs grandes vérités que des erreurs involontaires et sans portée aucune; et, seuls aussi, ils forment la philosophie catholique dernière, en France et même dans la Chrétienté. Ce sont MM. de Maistre et de Bonald. Mais ils ne firent guère, l'un que rétablir le grand Fait historique de la nécessité et des bienfaits politiques des Papes, l'autre que rattacher vaguement le gouvernement de l'État à celui de la Famille. Si le premier a le rare bonheur de la clarté de style et du génie de trait, il manque essentiellement de l'esprit de méthode, de théorie, d'ensemble. Le second aurait plutôt le dernier mérite; mais il ne lui fut pas permis d'y joindre le talent, seul décisif, de la clarté. Depuis la révolution de juillet, il a eu le malheur d'ôter un fleuron à sa couronne : celui de l'Unité du pouvoir, *quand même* [1] !

---

[1] Quant à la Religion, elle est plus ignorée que toutes les autres sciences; et je le vois reconnu par celui-là qui en est le meilleur juge, monseigneur l'archevêque de Paris, dans son dernier Mandement : « Cette religion si belle et si magnifique, qui ne craint aucune discus-

Les écoles réelles et d'application suivirent toujours la destinée des écoles de philosophie. Nous avons des jurisconsultes qui ont écrit, avec plus ou moins de capacité, sur le droit naturel, le droit canon, le droit public, le droit des gens, le droit criminel, le droit civil; nous n'en avons aucun qui en ait traité véritablement. Le droit des gens et de la nature a été mêlé partout à la réforme, et s'est trouvé faux, impie et funeste comme elle. Rien de moins satisfaisant que les seuls livres fameux sur ce sujet, de Grotius, Puffendorf, Burlamaqui, Vattel, Volff, etc. — Le droit canon, singulièrement modifié par les derniers événements, dénaturé par une foule de légistes, comme Pithou, Jérôme Bignon, les Dupuy, les Justel, Piales, etc., n'avait été traité que par des Ecclésiastiques plus ou moins prévenus, et n'était guère connu en France que par le livre de d'Héricourt, qui singea Domat, et en Allemagne par Boëmer, qui singea d'Héricourt. — La théorie du droit public, que les révolutions ont également rendu si difficile à établir, est étudiée en France dans l'*Esprit des Lois*, annoté par Voltaire,

sion, qui ne redoute aucune lumière, parce que, semblable à son divin auteur, elle est elle-même lumière de lumière; où sont, parmi les savants de nos jours, parmi les maîtres fameux, les professeurs *célèbres* dont les enseignements retentissent dans notre grande cité; où sont, disons-nous, ceux qui aiment à faire briller, de temps en temps du moins, au sein de nos écoles, son flambeau, à la douce clarté duquel viendraient s'éclaircir de nombreuses obscurités dont l'homme de bonne foi sait convenir sans honte, et les mille doutes qu'il ne tente pas de résoudre par le dédain ou l'injure? *Vosmetipsos tentate, si estis in fide.*

Helvétius, etc., comme un arsenal d'erreurs et d'inexactitudes [1], et que M. Destutt-Tracy a voulu refaire comme *manqué*, ou dans le *Contrat social*, si justement appelé *anti-social* par le philosophe de Ferney; et la pratique de ce droit ne se trouve faiblement esquissée que dans le second ouvrage de Domat, dont d'Héricourt a fait une moitié.

Le droit civil et le droit criminel (assez bien nommé sans le savoir) n'ont été traités que par des professeurs ou des magistrats chargés d'en faire la répétition et payés pour l'admirer ou en faire l'application probable. Les deux professeurs qui président en ce moment à l'enseignement dans l'école de Paris, elle-même la règle des autres écoles, se sont condamnés, l'un (M. Duranton) à publier un Cours du droit français *selon le code civil*, en je ne sais combien de volumes, *enrichis du portrait de l'auteur* [2]; et l'autre, le doyen de la Faculté, à composer en

---

[1] Helvétius eut vraiment de l'*esprit*, et Saurin avec lui, lorsque, envers et contre la ligue de la Pompadour et de la Tencin en faveur de *l'Esprit des lois*, il se moqua de ce livre et prédit son discrédit futur : « L'auteur ne sera bientôt plus, nous dit-il, qu'un légiste, un gentilhomme, et un bel esprit. » Madame du Deffant, qui cette fois était bien l'*aveugle clairvoyante*, dit, la première, lorsque l'ouvrage parut : « Il m'est résulté de sa lecture que son auteur était gascon, homme de robe et gentilhomme. »

[2] « La vérité est, dit M. Lherbette dans une Introduction à l'étude du droit, que la plupart des auteurs de ce genre écrivent pour l'intérêt, très peu pour la science; que la plupart veulent être achetés par un grand nombre de gens, etc. — et le plus chèrement possible : *Merlin*, 500 fr.; *Locré*, 300; *Toullier*, 250; *Duranton*, 200; *Sirey* et *Dalloz*, 500, 1,000; la seule édition *économique* du *Bulletin des lois*, de M. Galisset, 120 fr.

1830 une *Chrestomachie, ou choix de textes pour un cours du droit privé des Romains!* — En province, Toullier avait poussé jusqu'au quinzième volume un autre Droit civil *suivant les articles*, qu'un M. Carré a continué, que M. Duvergier est disposé à continuer encore jusqu'au vingt-cinquième..., en vertu de quatre lignes de l'auteur qui sont, dit-il, plus précieuses pour lui que les places et les honneurs [1]; et qu'un juge, nommé M. *Trop-long*, s'efforce de prolonger par provision. Dans le fait, ce M. Toullier, le seul des jurisconsultes modernes qui ait compris, jusqu'à un certain point, le droit civil, n'a pas même eu le mérite d'entendre et de conserver Domat, le seul des anciens jurisconsultes (sans excepter Cujas, Dumoulin et Pothier) qui puisse affronter les regards de la dialectique. Un jeune homme, nouveau venu, enfant gâté de la philosophie du xviiie siècle, du Saint-Simonisme et de la révolution de 1830, Lerminier enfin, a voulu tenter un renouvellement à l'école du droit civil, l'élever à la hauteur du droit politique; et ses propres amis des *Revues* lui disent qu'il « se complaît dans un vain barbotage historique ! »

L'école allemande, qui se trouve partagée, c'est-à-dire neutralisée, entre Savigny et Hugo d'une part, Thibault et Grolmans de l'autre, s'est ravalée au-dessous du droit romain; car c'est le droit romain,

---

[1] *Constitutionnel* du 25 février : « Il a fallu un volume tout entier et un homme *ad hoc*, M. Jouaust, président du tribunal de Rennes, pour faire la seule table alphabétique des 15 premiers volumes. »

si profondément ignoré, si profondément ignorant, ce droit qu'elle ne saurait entendre, qu'elle a voulu si vainement ressusciter.

Nos Codes, Civil, de Procédure, de Commerce, Pénal, d'Instruction criminelle et Forestier (je ne touche pas à nos Chartes, car elles sont, comme on sait, sacrées [1]), sont tellement imparfaits, désordonnés dans leur ensemble, diffus, incomplets, contradictoires dans leur rédaction, erronés dans leurs décisions, que c'est, dans les Chambres, au Palais, et surtout dans les écoles, à qui leur donnera un arrangement nouveau, un sens raisonnable, une application moins inique. Il n'est pas d'article, quelquefois pas de mot, qui n'ait ses explications contraires, ses avocats pour et contre, ses commentaires différents, ses arrêts contradictoires, ses favoris et ses victimes. On peut noter, à côté de chacune des dispositions de nos codes infinis, ce que je ne sais quel conseiller de parlement avait marqué jadis à presque toutes les lois romaines de son Corps de droit : « *cas pour l'ami.* » Benjamin Constant trouva celui de ces Codes qui passe pour le moins mauvais, le civil, aussi *immoral,* aussi *dangereux* au fond qu'incohérent dans ses parties, et le flétrit incivilement d'une boule noire dans l'urne du Tribunat.

[1] « La Charte, dit M. de Cormenin *sacré* comme elle, après que les massacres de juillet l'eurent tachée de sang, a été fort proprement regrattée au dehors... La Charte, si étourdiment faite, en une matinée d'orage, par quelques individus, si pressés d'en finir, qu'ils s'écriaient d'une voix haletante et entrecoupée de terreur : « Allons, allons, « allons donc ! » est une charte bâclée. » (*Lettre* à la *Tribune,* 1833.)

L'éloquence judiciaire ou parlementaire a suivi naturellement la destinée de la science politique, de la législation criminelle et civile. Les plus beaux discours de Pitt ou de Fox, de Romilly ou de Brougham, ne nous présentent guère que des morceaux vrais, ou seulement hardis. Les mouvements oratoires de Mirabeau perdent presque tout leur mérite à la lecture : ils n'ont plus *le monstre* [1] qui seul leur donnait la vie et l'originalité. Les plus chauds discours du général Foy, les mouvements les plus énergiques de Manuel, les discours les plus prémédités de M. Royer-Collard, ou les plus spirituels de Benjamin Constant (car nous ne parlons pas des plaidoyers larmoyants de MM. Lainé ou Martignac, des conversations de M. de Villèle, des comptes de Casimir Périer et des récitatifs de M. Thiers), pâlissent devant quelques discours de Mirabeau, qui, à leur tour, s'évanouissent devant la Vérité [2].

Que sont à présent les plus belles justifications ou les réquisitoires les plus beaux de nos tribunaux criminels ? La défense de Fouquet par Pélisson, et celle de Lally-Tollendal, les chefs-d'œuvre du genre dans les xviie et xviiie siècles, sont l'une

---

[1] *Que serait-ce si vous aviez vu le monstre ?* répondit un admirateur de sa personne à quelqu'un qui admirait ses discours imprimés. On sait d'ailleurs que Mirabeau à la tribune affectait le geste de la statue de lord Chatam.

[2] Soit dit à M. Victor Hugo comme correctif, ou plutôt comme neutralisation de sa prétendue *Étude de Mirabeau* : ce Mirabeau est sorti tout armé du cerveau brisé du poëte-Jupiter.

langoureuse, et l'autre diffuse. De nos jours, lorsque les habiles voulaient se donner un spectacle de gaîté ou de fatigue, ils allaient naguère entendre M⁰ Mérilhou plaidant pour *le Courrier*, et Mᵉ Dupin se déridant pour, ou Mᵉ Mauguin s'égayant, à son cœur défendant, contre *le Constitutionnel*. Nous assistons aujourd'hui, dans les mêmes vues, aux déclamations aussi séditieuses et plus niaises de MMᵉˢ Berryer pour les feuilles légitimistes, ou Janvier pour l'abbé Lamennais... Les républicains, du moins, lorsqu'ils n'ont pas su vaincre, savent personnellement se défendre : nos plus fameux avocats ne savent ni l'un ni l'autre ; seulement, ils arrivent lorsque, la victoire décidée, il n'y a plus que le butin à partager. Ils étaient loin surtout d'être habiles, Mᵉ Hennequin, et même Mᵉ Sauzet, lorsqu'à la fin de 1830 ils s'escrimaient à flatter, tour à tour, une restauration hypocrite et une révolution en robes rouges (le premier demanda *une couronne!*.....), pour d'ex-ministres peureux d'un petit-fils de Louis-le-Grand, lesquels oubliaient, en salariant leurs apologies judiciaires, que le silence de l'innocence serait la véritable condamnation de juges iniques !

L'éloquence civile n'est jamais descendue aussi bas que la criminelle ; la raison en est toute simple : c'est que dans le procès civil une des parties a raison d'ordinaire ; tandis que dans le procès criminel la partie unique a communément tort. Et cependant, quelle n'est pas la longueur, la diffusion, la médiocrité de nos modèles en cette partie, des deux Talon qu'on nous a fait récemment connaître, de Linguet, de Cochin et même de d'Aguesseau, que nous connaissons, de Gerbier, qui ne nous est connu que sur des ouï-dire [1] ?

Je ne dis rien de nos poëmes, de nos drames, de nos romans les plus populaires et les plus courus. M. de Lamartine n'a conçu que des vers isolés; plus hardi, M. Victor Hugo a fait une poétique pour les siens; plus habile comme poëte, mais plus licencieux comme philosophe, Barthélemy a pris soin de neutraliser sa muse, en chantant tour à tour le *triangle d'acier* d'un peuple en fureur et la main de fer d'un souverain absolu. Les trois auteurs qui dominent la scène, Scribe, Alexandre Dumas et Victor Hugo, divergents sur tout le reste, se concertent pour calomnier l'histoire la plus authentique et faire triompher les crimes les plus audacieux et les plus infâmes passions [2]. Le roman enfin, inférieur encore au drame, est creux dans *Ahasverus* ou *Rome souterraine*, puéril et plat dans les *Scènes de mœurs* et les *Contes drolatiques* de M. de Balzac, insolent dans le *Brasseur Roi*, pervers dans *Valentine* ou la *Famille de Carvajal*, dégoûtant dans les livres de Paul de Kock. Nos dernières histoires n'offrent pas même l'intérêt du roman, et elles en ont l'inexactitude, souvent avec la bassesse de la flatterie, l'hypocrisie de la révolte, ou l'audace de la calomnie : témoins, les *Histoires de la Restauration, des ducs d'Orléans* et *de la Révolution.*

[1] Il n'a rien osé publier, et le *plaid* des jésuites moins que le reste.
[2] *Henri III, Christine, Charles VII, Antony, Teresa*, etc.

Dans celle de M. de Conny, tous les vaincus sont de petits saints; dans les autres, les séditieux, les ingrats, quelquefois les bourreaux eux-mêmes, sont de grands hommes.

Telle est la littérature officieuse et indépendante; la littérature officielle est encore pire. La Faculté des lettres de Paris, le Collége de France, l'Université tout entière, qui fit entendre jadis quelques leçons éloquentes et utiles, semble avoir pris à tâche de réduire à des fictions orales toutes les sciences. Je défie un homme de sens d'écouter sans rire, plus de quelques minutes, les allocutions classico-romantiques de MM. Lerminier, Ampère, Marc Girardin; les inspirations anglico-germaniques de M. Jouffroy, le lyrisme historique (c'est le nom que lui donne *le National*) de M. Michelet, les plats récits de M. Lacretelle et les lourdes dissertations de M. Rossi.

Les prétendues sciences exactes sont encore les moins avancées, malgré leurs prétendus progrès. Jamais les vieux naturalistes n'eussent dit ce que d'Alembert laissa échapper dans un intervalle lucide: « L'univers est caché pour nous derrière une espèce de voile, à travers lequel nous entrevoyons confusément quelque point; si ce voile se déchirait tout à coup, peut-être serions-nous bien surpris de ce qui se passe derrière. » Laplace lui-même, dans son prétendu *Système du monde*, tom. II, p. 383, gémit de « l'ignorance où nous sommes des propriétés intimes de la matière. » Les deux plus savants naturalistes de nos jours, Cuvier et Geoffroy Saint-Hilaire, soutiennent encore, l'un l'absurdité, l'autre la sublimité des *Époques* de Buffon. Herschell va plus loin, il prétend avoir vu dans l'infini des infinis; et, d'un autre côté, il assure que l'astre du jour lui-même est opaque : n'est-ce pas, il est ici permis de le dire, nier le soleil en plein midi?

Voltaire a fait justice des *savantissimes* de son siècle et de ceux du nôtre; de son Newton, de sa Châtelet, et de lui-même, lorsqu'il disait :

«Ces cieux divers, ces globes lumineux
Que fait tourner René le songe-creux
Dans un amas de subtile poussière,
Beaux tourbillons que l'on ne prouve guère;
Et que Newton, rêveur bien plus fameux,
Fait tournoyer, sans boussole et sans guide,
Autour de rien, tout au travers du vide. »

Voilà ce que nous sommes et ce que nous faisons; voilà nos grands hommes, à la fois si pauvres et si superbes : coursiers aveugles et indomptés qui s'imaginent être attelés au char d'un monde civilisé, et qui ne traînent, d'abîme en abîme, que la claie d'une société suicide! En considérant le plus grand nombre de nos écrits modernes célèbres, on peut les comparer à des brûlots lancés au milieu d'une flotte; ils y mettent le feu, mais ils s'y consument.

C'est parce que nous n'avons ni métaphysique, ni philosophie, ni législation, ni droit, que nous n'avons plus de gouvernement, plus de justice, et que nous avons, en revanche, tant d'arbitraire, tant de romantisme, tant de drames, tant de feuilletons, et surtout des impôts si variés et des polices si étranges. Tout le monde est souverain, dès qu'un seul n'est plus digne de l'être [1]. Mais, lorsque tous les hommes sont rois, tous sont esclaves. Nous le sommes. Et c'est précisément parce que la servitude acceptée est le droit commun de la France, qu'on invoque si fort la liberté la plus terrible! Nous la demandons partout, à Paris, à Lyon, dans la plupart des villes [2], à la tribune, au barreau, avec plus ou moins d'énergie, sous tous les titres, et tous les formats : dans le *Figaro* et la *Gazette*, dans *la Quotidienne* et *le Corsaire*, dans *la Tribune* et *les Débats*, dans *le Pilori* et *l'Ami de la Religion*; avec les bannières de toutes les couleurs, aux cris d'Henri V ou de Philippe, des Bonaparte ou de Lafayette, la plume et quelquefois les cartouches à la main... En vérité nous n'y pensons pas, lorsque nous parlons d'usurpation ou de légitimité, de république ou de monarchie, d'ultramontanisme ou de gallicanisme; quand nous proclamons vouloir *vivre en travaillant* ou *mourir en combattant* [3]. Quel est le journaliste capable de s'attacher, en conscience, au char d'un souverain qui ne porterait pas pour lui *César et la fortune?* Où est le libéral qui

---

[1] *Eos inter se, quia nemo unius satis dignus regno visus est, partes regni rapuisse.* TITE-LIVE, liv. II.

[2] Ainsi, ce n'est pas seulement dans la capitale, mais dans les chefs-lieux de tous les départements, que la Jeune France a pu voir « des centres de bitume, qui n'éclairent qu'à la manière des volcans, par la lave et les incendies. »

[3] Titres ou formules de Saint-Simonisme.

voudrait sérieusement *travailler*, combattre, *mourir pour la patrie?*

Nous n'avons plus de vérités capitales, plus de systèmes francs, plus de capacités complètes, plus d'hommes entiers, plus d'hommes [1], plus de partis déterminés; mais seulement des vérités, des systèmes, des talents, des gens, des coteries de milieu, des partis efféminés, se disant héros [2]. Au temps de Bonaparte encore, seul on donnait des ordres ; jadis il fallait quarante académiciens au plus pour avoir de l'esprit comme quatre; et quelques parlementaires ou des courtisans ingrats, disgraciés, faisaient seuls les barricades ou la fronde. Nous sommes à présent condamnés à nous assembler par milliers pour délibérer, à nous ameuter pour faire ou défaire une dynastie, à nous mettre 400,000 soldats sous les armes pour en soutenir une autre [3], à nous

---

[1] Effectivement, quels sont aujourd'hui, en France, dans les lettres ou dans les affaires, les hommes capables de dire *Je?* Les quelques notabilités que la révolution, l'Empire ou la Restauration n'avaient pas empêchées de naître : les Chateaubriand, les Bonald, les Decazes, les Villèle, les Royer-Collard, les Frayssinous, sont, depuis long-temps, hors de cause; les Lafayette, les Barrot, les Lamennais, sont passés comme autant d'éclairs dans la nuit de Juillet. Les rois nouveaux, et surtout les anciens, les plus décidés, sont à la suite des peuples; et l'attention publique (que le journalisme sert à caractériser exactement) est, en ce moment, partagée entre MM. *Cabet, Gisquet, Persil!* La Chambre finie, Me Dupin, qui lui doit sa renommée accidentelle, ne sera pas du tout sûr d'être élu dans la nouvelle ; et il est à peu près certain d'être exclus de l'Hôtel-de-Ville, voire même du Palais-Royal.

[2] Et pourtant les sceptres, chez nous, ne se filent pas; ils sortent tout armés, comme Minerve du cerveau de Jupiter : *Lilia non nent.* MATTH. VI, 28.

[3] Joignez à cela les millions de gardes nationales mobiles ou immobiles. Jamais, en effet, les associations, les sociétés individuelles, ne fu-

cotiser *cent et un* pour écrire, et plus encore pour entendre..... Hélas! il ne nous sera pas donné un jour de nous unir pour porter nos communs malheurs!

Concluons. Tout est défait, tout est à refaire dans la littérature et dans la vie du xixe siècle; et tout n'est pas si difficile à réformer qu'on pourrait le croire : *les couronnes* en philosophie, ainsi qu'en révolutions, *sont à prendre ou à laisser;* il n'y a pas de milieu, si ce n'est *l'épaisseur d'un royaume* [1]. Et qu'on ne pense pas que notre opinion sur la nullité de nos lettres et sur la corruption de nos mœurs, pour être forte, soit seulement audacieuse et singulière! S'il y a un fait sur lequel les partis les plus opposés, les hommes les plus contraires, soient d'accord, c'est celui-là [2]. Les uns l'avouent, les autres

rent plus nombreuses, et c'est pour quoi nous n'avons plus de société politique. Jamais, en conséquence, le mot de *publicité* ne fut plus à l'ordre du jour qu'il ne l'est à présent, et en France plus que partout ailleurs. L'habitude du *nombre* nous a dispensés de rougir. Prenons-y garde! la nature la plus brute nous donne des exemples condamnateurs : le chien de garde est seul, les loups vont par bandes; les moutons s'attroupent, et le lion s'isole.

[1] Allusion à des paroles de MM. de Chateaubriand et Dupin.

[2] Deux grands littérateurs du jour, Victor Hugo et Alex. Dumas, sont souverainement méprisés, l'un par *le Courrier français*, et l'autre par le *Journal des Débats* : « Nous démontrerons, dit *le Courrier* du 10 janvier 1834, que les théories littéraires de M. Hugo sont à la fois stériles et immorales. » — « Poëte, dit, en parlant de M. de Chateaubriand, Jules Janin dans la réponse à la *Réaction*, poëte dont la gloire est déjà enveloppée de l'ombre formidable. » — Et le même, à propos de toute la foule des Hugo, des Dumas, des Scribe, etc.: « Le drame moderne est un horrible cauchemar, qui n'est pas même raconté en français; voilà ce que je dis toute l'année. » — Puis, il

agissent en conséquence. Lorsque, dans chaque science, aujourd'hui plus que jamais, nous risquons des livres sur le même sujet, avec les mêmes titres que nos devanciers les plus célèbres et que nous admirons le plus, faisons-nous autre chose, par des contradictions incroyables, que proclamer hautement leur insuffisance et notre supériorité ? Lorsque ensuite nous contrefaisons nos propres ouvrages dans tous les genres; quand nos secondes éditions (si elles ne sont pas d'orgueilleuses impostures) ne ressemblent en rien aux premières, que faisons-nous sinon que proclamer, nous-mêmes, notre propre insuffisance à son tour ?

Le XVIIe siècle venait de s'écouler avec sa littérature sublime (eu égard aux suivantes et à la nôtre). Leibnitz, si capable de la juger, ne craignit pas de dire : « J'ai remarqué, tant en philosophie qu'en théologie, et même en jurisprudence, en histoire, en médecine, que nous avons une infinité de bonnes pensées détachées et dispersées çà et là, mais que nous ne venons presque jamais à des établissements. » Et, de nos jours, l'écrivain le plus universel, le seul spirituel des libéraux (au jugement de

---

ajoute, en parlant de lui : « Je me suis creusé un trou au *Journal des Débats*, position difficile à emporter (il y a un contrat authentique), facile à défendre. » Un journal, en effet,

> Est un carrosse de voiture,
> Il faut qu'il parte, vide ou plein.

Plus hardi que tous les autres, M. Lerminier s'est écrié, dans une de ses leçons du mois de février au Collège de France (et son mot a été couvert d'applaudissements) : TOUT, TOUT ABSOLUMENT EST A REFAIRE.

M. de Chateaubriand, qui le plaçait ainsi, à bon droit, au-dessus de lui-même), ne craignit pas d'entreprendre un livre fondamental en religion, un autre fondamental en politique, et de montrer, d'un seul trait, la nullité radicale de toute la littérature des autres et de la sienne, en disant : « L'anarchie intellectuelle qu'on déplore me semble un progrès immense de l'intelligence [1]. »

Les temps avancent, et les déclarations d'impuissance se multiplient. *Le Courrier français* a déclaré, au mois d'avril 1831, et *le Globe* du 10 ou 12 du même mois l'a rendu sensible par des développements : « l'immense majorité des citoyens est plongée dans l'abrutissement de l'ignorance. » Or on sait que l'anarchie de 1829 et de 1831 est devenue un ordre, auprès de celle de 1834, et qu'ainsi le progrès de l'intelligence, d'*immense* est devenu infini ! « Ce que nous voyons aujourd'hui, dit M. de Cormenin dans sa *Lettre* d'adhésion à *la Tribune* républicaine, c'est l'arbitraire dans la confusion, le chaos dans le chaos. Où est la lumière qui luira dans les ténèbres ? »

J'ai montré l'insuffisance ou la corruption des lettres : je ferai rappeler et constater celle des mœurs par le plus énergique et le moins suspect de leurs organes que je connaisse [2] : « La multitude, dit

---

[1] *Lettres sur les cent jours*, 1829.
[2] M° Dupin, lui que *l'Europe littéraire* appelle *Scapin Dupin*, est trop multiple pour qu'on puisse attacher de l'importance à ses aveux. Il n'a prouvé que sa naïveté et son ambition personnelles, lorsqu'il a

M. Odilon-Barrot, est empreinte de barbarie par toute la terre. »

dit, *quoique* le favori d'un *Bourbon*, lui *homme populaire*, comme il se nomme dans sa brochure du *Légal de juillet*, ces paroles à jamais fameuses : « L'ENVIE NOUS TUE, LA JALOUSIE NOUS DÉVORE. » Il semble qu'il a voulu rectifier son indiscrétion, lorsqu'il s'est nommé, dans *le Constitutionnel* du 3 août 1833, *l'homme qui ne se rend et qui ne se vend!* et lors, surtout, qu'il n'a pas craint de se dire, comme président de la Chambre, à l'ouverture de la session de 1834 : « J'ai été véritablement *constituant*, non pas avec la hardiesse téméraire de novateurs inexpérimentés, mais avec la maturité d'hommes sages, *habiles à terminer les révolutions*, quand d'autres se sont montrés habiles seulement à les exciter! »

Si, après les aveux des hommes d'affaires, il était besoin de ceux des hommes de lettres, ils ne manqueraient pas davantage.

Le Manuscrit vert, de M. Drouineau, n'est autre chose qu'une esquisse de la corruption générale. La *Némésis*, et plus encore la *Justification* du Juvénal du siècle, en est le tableau terrible : il appelle Paris la *pentapole des sept péchés mortels*. — Voyez aussi la belle satire d'Antoni Deschamps, intitulée : *L'Amour de l'or*.

M. de Salvandy a fait tout un gros livre, non pour le prouver, mais pour le dire : il eût été plus habile à lui de ne pas donner, pendant quinze ans, sans le savoir, des armes au terrible *triangle*. Il raconte, comme un fait extraordinaire, que le tribunal et la cour royale de Paris ont acquitté, en qualité d'*innocent*, l'auteur d'un tableau de guillotine avec cette inscription :

> Philippe portera sa tête
> Sur ton autel, ô Liberté!

Et il ajoute que « mille écrits ont exprimé impunément le même vœu. » Le 6 février 1834, M. d'Argout est venu en apporter mille autres sur le bureau de la Chambre. Je trouverais miraculeux, moi, parce que je trouverais inconséquent, que l'on condamnât ces mille et un écrits! Une fois consacrée la souveraineté du peuple, il n'est pas plus de raison d'en ôter le régicide rationnel que le suffrage universel, et moins que tout le reste, les sociétés patentes ou latentes, les cris publics, la liberté illimitée de la presse hors les tribunaux, et de la parole dans leur enceinte ; car, il n'y pas d'homme du peuple souverain qui ne se connaisse en logique... *constitutionnelle*.

La loi sur les *crieurs publics* tomberait sous la seule force du ridicule; et, en vérité, je n'ai pas conçu comment tant de si grands crieurs de ce

Il est arrivé, le 17 février 1832, un fait qui renferme tous les faits, un exemple inouï de corruption qui suppose tous les exemples ; je veux moins parler du suicide de Victor Escousse et d'Auguste Lebras que de ses effroyables circonstances. — Je ne dirai pas que l'un avait vingt ans et l'autre quinze; qu'ils étaient tous deux bien nés, noblement élevés, jouissant de toutes les douceurs de la vie, couronnés de plusieurs sortes de lauriers, écrivains dramatiques, poëtes *Lamartiniques*, représentants de la jeune France, pleins d'avenir et de vaine gloire. — Je ne dirai pas qu'ils se sont donné rendez-vous pour un double suicide comme pour une fête; — je ne dirai pas même qu'ils paraissent s'être tués de sang-froid, avec une patience héroï-comique, pour avoir le plaisir de rendre un vers ou un mot immortel (*potiùs* ANIMAM *quàm dictum perdere*)[1] : « Je désire que les journaux qui annonceront ma mort ajoutent : « Escousse s'est tué parce que l'amour de « la gloire ne dominait pas assez son âme, SI AME « IL Y A. » — Je désire que l'épigraphe de mon livre soit :

« . . . .
L'air manquait, j'ai fermé les ailes.
Adieu ! »

Adieu! grand Dieu !!!

genre ont pu, sans rire eux-mêmes, interdire la parole à de pauvres crieurs. M. Odilon-Barrot s'est montré plus conséquent que M. Mauguin, son confrère. — Quant à la loi contre les associations, je ne voudrais, pour la rendre impossible ou impuissante, que l'ancien *associé* qui la sollicite ou la fait exécuter.

[1] Le jeune Hollingsworth, républicain de Marseille, s'est suicidé

— Voilà ce que je ne dirai pas. — Mais ce que je dirai, et ce qu'il faut relire dans les feuilles du jour de l'événement (car je ne puis que le faire entendre), c'est que le père d'Escousse fut appelé par une actrice loyale pour entendre, comme des transports de plaisir, l'agonie de son fils; et que ce père, survenu, après avoir écouté de concert avec elle, riait en croyant la voir convaincue de l'infidélité du jeune homme qu'elle avait perdu!!! — Ce que je dirai enfin, c'est que nous avons tous vu cette scène historique, inouïe, dont la nouvelle frappa subitement de folie une autre actrice (elle s'appelle mademoiselle *Sauvage*), sans nous en rendre compte...

Ce n'était point au souvenir de cette corruption étrange que M. Casimir Périer s'écriait, dans la séance du 15 mars suivant : « Je le demande à tous, est-ce lorsque les factieux organisent partout la résistance, que vous voulez opérer des économies sur la gen-

---

quelques mois après, laissant près de lui des vers, que le *Peuple Souverain* de son pays a rapportés, où il annonce qu'il a trouvé glorieux de les imiter :

  Si jeune, quoi? mourir... Pourquoi? Eh, oui, pourquoi?
   Voyez, c'est un mystère;
  Cela, c'est un secret entre le ciel et moi,
   Et je dois vous le taire.
  . . . .
   Ils (Escousse et Lebras) ont quitté la terre!
  Et moi, je veux aussi, comme eux, aller *ailleurs*.
   Dites : je suis un lâche;
  Oh! que m'importe à moi, car je souffre... Je meurs!
   Sans accomplir ma tâche...
  Adieu donc, mes amis! adieu mon avenir
   Que j'eus voulu connaître!
  Adieu! Bientôt... demain, jeune, je vais mourir,
   Déjà fatigué d'être.

darmerie ? » Et voilà un grand signe de la dégradation universelle!!!

En voici un plus grand encore ; je le trouve consigné, en ces termes, dans la *Gazette des Écoles* ; il est vrai, car il n'a pas été dénié ; et il est, selon elle, à la connaissance de tous les employés du ministère de l'instruction publique. Quelle *Instruction publique*, grand Dieu! « Vers 1815, M. Victor Cousin logeait à l'hôtel Praslin, rue de Bourbon, au chef-lieu de l'Université. On vit un jour ce philosophe reconduire à la porte de l'hôtel une personne d'une mise fort ordinaire, et on l'entendit dire au concierge : « *Quand cet homme reviendra, dites que je n'y suis pas.* » Au bout de quelques jours *cet homme* revint, et l'on entendit le colloque suivant : *L'inconnu* : « M. Cousin est-il chez lui ? » — *Le concierge* : « Non, monsieur. — Quand reviendra-t-il ? — Je n'en sais rien. — A quelle heure de la journée faut-il venir pour être sûr de le trouver ? — Je ne saurais vous dire. — Mais enfin, j'ai besoin de lui parler. — M. Cousin est rarement chez lui. » — *L'inconnu* (s'impatientant) : « Il est fort singulier, vraiment, que je ne puisse voir mon fils! » — *Le concierge* (stupéfait) : « Comment! vous êtes le père de M. Cousin ? — Oui, monsieur. — Ah! c'est bien différent ; donnez-vous la peine de monter, monsieur ; M. Cousin est chez lui [1]. » — Dieu sait le reste.

---

[1] MM. Dupin, eux, n'en sont pas là : ils ont fait inscrire sur a tombe de leur mère, morte récemment à Varsy, séparée pourtant de son mari : Cy-gît la mère des trois Dupin ! — *Scapins*.

Un dernier trait de corruption générale surpasse, au fond, tout ce que l'histoire ancienne et moderne pourra jamais présenter en ce genre à l'observateur. Nous l'empruntons à la *Gazette des Tribunaux* du 12 avril 1833, dans le compte-rendu d'un procès criminel fait à la société des Droits de l'homme : « Aviez-vous un pistolet et un poignard ? » dit le président de la prétendue cour royale au citoyen Guernon. — « Oui ; ancien chef des carbonari, je devais en avoir ; MM. Barthe (garde des sceaux du jour), de Schonen (l'un des procureurs généraux du Roi régnant) et compagnie, pourraient vous l'attester au besoin. » Et M. de Cormenin de les appeler les inquisiteurs en simarre du carbonarisme [1] ! Et le président et le procureur général tenant l'audience de demeurer muets ce jour-là ! Et le garde des sceaux et le Roi lui-même de demeurer inactifs le lendemain !!! Il avait donc bien raison, le *Journal des Débats*, de se demander, dans son fameux article du 13 décembre 1833 : « L'ordre moral, où est-il ? quelle est la loi ? quel est le pouvoir qui soit respecté ?... LE ROI, EN UN MOT, EST L'ENNEMI PUBLIC... Son inviolabilité se réduit à ceci : qu'il est moins inviolable que le dernier d'entre nous !... Le désordre moral n'est-il pas l'INFAILLIBLE PRÉCURSEUR du désordre matériel..... Il corrompt jusqu'au langage ordinaire ; il détourne le sens de ces mots : gloire, vertu, patriotisme... Il y a des gens qui ne croient

---

[1] Lettre à la *Tribune*.

point à ces effets du désordre moral. La face extérieure de la société est tranquille, cela leur suffit; ils se trompent..... La tour paraît inébranlable aux yeux, mais la MINE AVANCE SOURDEMENT. » — Bien, mais n'est-il pas arrivé que le *Journal des Débats* lui-même a toujours été l'un des MINEURS?...

Il le fut pendant la *Comédie de quinze ans*, où il jouait l'un des premiers rôles; il l'est depuis la *Tragédie* des trois journées : car il voudrait défaire les libertés qu'il a préconisées, arrêter le torrent qu'il a lâché de ses propres mains. « Il est connu de tous, dit la société des Droits de l'homme dans son *Ultimatum*, que le gouvernement a proclamé lui-même le principe de la souveraineté du peuple et qu'il le viole. » — Je le crois bien, il y va de sa vie!...

Cela donné, il est assez naturel que les pavés soient la logique du peuple français, en attendant que sa physique soit le triangle d'acier [1] : ce qui ne veut pas dire que la multitude soit la plus crimi-

---

[1] En attendant, la société des Droits de l'homme publie son Manifeste, qu'elle commence par ce mot fameux : « IL FAUT que le peuple recouvre l'exercice de sa souveraineté. » — On exhume, on reproduit, on préconise les *Chaînes de l'esclavage* de Marat, la *Déclaration des droits de l'homme* de Robespierre, l'*Opinion de Georges Couthon sur le jugement de Louis XVI*, les *OEuvres de Saint-Just*. Tout parle, tout crie ici, jusqu'aux noms, aux lieux, aux pierres : c'est un M. *Havard* qui s'est fait l'éditeur de ces hautes œuvres littéraires ; et la charte de Robespierre est indiquée rue de *Bondy*, n° 72 ! — Mais, en attendant aussi, les nouveaux favoris de la fortune se hâtent de s'enrichir, les uns par des cumuls, les autres par des alliances ; et, en vérité, l'on pourra dire, un jour, que la comédie de la révolution de juillet a fini, comme jadis la comédie de la réforme, par des mariages.

nelle : car c'est la minorité, c'est-à-dire le pouvoir (et le pouvoir est même toujours monarchique dans une république), c'est la minorité, dis-je, qui prend toujours l'initiative dans le crime, et qui la reçoit dans le châtiment. Lorsque les princes trouvent leurs plus mortels ennemis dans leur propre famille, et que les *Frères ennemis* se jouent sur le trône encore mieux que sur le théâtre; lorsque les *Rois*, au lieu de travailler, *s'amusent* [1] (et ils se sont *amusés* tous), les peuples en masse disent :

Aimons et jouissons, et faisons bonne chère.

Et tout le monde aime à voir, car tout le monde croit avoir composé *Lucrèce Borgia* [1]. Dans un sens, M. Wronski, l'auteur extraordinaire de *l'Union antinomienne*, a donc pu dire : « C'est à l'humanité entière qu'il appartient d'expier l'ignorance universelle qui a enfanté tant et de si funestes révolutions. » — Comment M. Berryer a-t-il osé dire, le 13 février, dans la défense de M. de Kergorlay, en se tournant du côté de ses adversaires : « C'est vous qui avez fait le mal [2]? » — Je ne sache pas, moi,

---

[1] Titres de deux drames de M. Hugo.

[2] L'avocat légitimiste se trouve ici littéralement et philosophiquement d'accord avec l'avocat républicain. M. Cabet a dit, dans l'article du *Populaire* qui lui a valu l'interdiction et l'importance : « La cause de tout le mal est dans Louis-Philippe, dans son immuable pensée, dans son système. » Il avait appelé en témoignage, pour « rendre cette vérité évidente pour tous », MM. Lafayette, Dupont, Laffitte, Arago, Barrot et Bérard ; et, dans l'impuissance légale de les faire parler, il s'est écrié : « Dans ma conscience..., dans ma conviction profonde, C'est Louis-Philippe *seul* qui est l'auteur de *tous* les maux qui pèsent

d'homme qui soit plus capable de faire le mal, et de le faire mal, que M. Berryer, si on laissait faire M. Berryer.

A quoi bon, après cela, ce que les rois viennent annoncer, pour moyen de *mettre un terme aux révolutions :* « Le loyal concours des Chambres (divisées et avilies), la fermeté des magistrats (en déroute), l'activité de l'administration (fatigante), le patriotisme des gardes nationales (déjà fatiguées), et la sagesse de la nation (toujours indifférente) [1]? » Il y avait un moyen, un peu plus simple, de *mettre un terme aux révolutions,* c'était de ne pas leur ouvrir soi-même les portes du Palais-Royal; c'était, surtout, de ne pas les couronner! Mais alors même, ce ne serait pas dans les princes qu'il faudrait chercher, comme le fait imprudemment le *Journal des Débats,* « les plus honnêtes hommes de leurs royaumes... »

Ils ne sont que les plus imprudents! Et c'est une vérité de toutes les époques, et même de tous les partis. « Que les Grands soient *un modèle* pour le public. Tout ira bien, si cela est. Pour infecter la ville entière, il suffit que leurs passions et leurs vices éclatent : comme aussi, pour y mettre la réforme, c'est assez qu'ils se contiennent... Rappelez-vous l'histoire des temps passés, et vous verrez que CE QU'ONT ÉTÉ LES GRANDS, LE RESTE DES CITOYENS

---

sur la France. » Et puis la Cour, qui avait admiré peut-être la profession de foi de M⁰ Berryer, de s'indigner contre celle de M. Cabet! Logique, justice, pudeur, où êtes-vous?...

[1] Discours d'ouverture des Chambres, 1833.

L'A TOUJOURS ÉTÉ. Quelque changement qu'il y ait eu dans les mœurs des grands, le peuple s'y est conformé... Ainsi, les grands qui vivent mal sont doublement pernicieux à l'état : car non-seulement ils ont des passions, mais ils les communiquent; et non-seulement ils sont corrompus, mais ils corrompent; et l'exemple qu'ils donnent est pire que le mal qu'ils commettent. »

Voilà ce que dit Cicéron[1] dans son *Traité des Lois*, l'un des plus beaux livres que nous ait légués l'antiquité. Voici, sur la même question, le sentiment du premier ministre des Grands de nos jours, M. Guizot, dans son petit traité *Du gouvernement représentatif et de l'état de la France*, au commencement même du chapitre premier, intitulé : *État de la question* : « Ce sont des révolutions faciles à terminer que celles où les peuples ne résistent et ne combattent que pour être libres; quand elles entraînent des déchirements, c'est à l'*injustice* et à la *mauvaise conduite* des gouvernements QU'IL FAUT l'attribuer. »

---

[1] *Traduction* de Morabin.

TROISIÈME PARTIE.

DE L'ANARCHIE UNIVERSELLE DES ESPRITS, DE SES CONSÉQUENCES, ET DE SES CAUSES RELIGIEUSES ET POLITIQUES AVOUÉES PAR TOUT LE MONDE.

> « *Diminutæ sunt veritates.* » (Ps., XI, 2.)
> « *Nemo quod bonum est loquitur.* » (Jér., VIII, 6.)
> [Nous sommes] « comme des personnes flottantes qui se laissent emporter à tous les vents des opinions, par l'adresse que les hommes ont à nous engager artificieusement dans l'erreur. »
> (Saint Paul, *aux Éphésiens*, IV.)
> « Ils se sont égarés dans leurs vains raisonnements. » (*Id.*, *aux Romains*, I.)

Jamais, non, jamais la vérité ne fut plus ignorée, plus méconnue, plus niée, et, il faut le dire, plus odieuse et plus haïe qu'elle ne l'est de nos jours. Jamais l'erreur ne poussa de plus profondes racines, ne passa plus pour la vérité, ne fut plus universelle et mieux acceptée. Jamais elle ne se réalisa dans plus de passions, dans plus de crimes privés ou publics, et dans de plus graves. Les révolutions elles-mêmes n'ont pas besoin de *coups de collier*. Jamais, en d'autres termes, l'anarchie ne fut plus grande et plus universelle dans les esprits, et, par contre-coup, dans la philosophie, dans la politique, dans la morale et dans les mœurs... Plus rien n'est de commun en quoi que ce soit. Le mari pense, agit autrement que la femme, le père que le fils, le justiciable que le juge, le sujet surtout que le roi. Il y a plus, l'homme est divisé de lui-même : il pense, il dit, il fait le jour le contraire de ce qu'il a dit et fait la veille; au commencement d'une page, d'un discours ou d'une action, le contraire de ce qu'il dit ou fait à la fin. Chacun a sa pensée, son opinion, son système, sa vie à soi. Jamais, dans une classe donnée, un individu ne fut plus différent d'un individu; jamais il ne lui fut plus contraire; jamais les hommes, enfin, ne furent moins semblables, plus divisés, plus ennemis. Jamais le mal social ne fut plus grand, plus capable de causer de l'effroi! Il fait sombre, il fait nuit dans la société; nous marchons à tâtons; bientôt, peut-être, le pied nous glissera dans le sang!

Mais il est bon, après avoir généralisé le grand caractère de notre siècle, de le rendre plus sensible dans un tableau détaillé de la littérature et de l'histoire contemporaines. Elles constituent, à elles deux, la société. Or, le propre de notre littérature, c'est d'être dupe sans cesse. Jamais elle ne fut à la fois plus orgueilleuse et plus servile; jamais elle n'eut même plus de prétention à la philosophie, et moins de philosophie. Elle aspire à des tours de force, à des prodiges; et elle fait à peine des mouvements puérils. Elle veut être originale, et elle est écolière; souveraine, et elle est esclave : nos géants, qui en voulaient aux cieux, se trouvent des pygmées; leur puissance, ainsi que leur foi, c'est le néant.

La littérature n'est plus qu'un grand dévergondage, un mécompte perpétuel; et pourtant, jamais elle n'eut plus de spéculateurs et d'ouvriers, de maîtres et de disciples. C'est la profession de toutes les professions. On est homme de lettres, poëte, journaliste *ex professo* : on n'est jamais autre chose, financier, cultivateur, magistrat, avocat, député, ministre, roi même, quelquefois abbé, enfant ou homme, d'un sexe ou de l'autre, que par surcroît. Jadis, on se contentait de faire son quatrain dans le *Mercure*, son distique comme Hénault, et même son vers unique, comme Turgot ou Lemierre ; aujourd'hui, tout le monde veut faire des livres, et même des encyclopédies. Le *minimum* de la prétention, pour un homme du jour, c'est sa Pièce, son Cours, son Journal. Lorsqu'on ne peut rien autre chose, on fait sa *Charte*, comme M. Bérard, M. Cormenin ou M. de Genoude :... il ne faut pas s'étonner si une charte n'est pas aussi bien *une vérité* que l'*Almanach* du Roi.

Les moins mauvais ouvrages que nous ayions en philosophie, en religion, en morale, en histoire, en poésie, sont ceux dont les auteurs ne savaient guère plus par où il fallait commencer, que par où aller et par où finir ; et ce sont aussi ceux que nous prônons, mais que nous ne lisons pas, et nous n'y perdons guère : il y en a plus d'un célèbre, tenu long-temps pour orthodoxe, et que je crois aussi vain et bien plus dangereux qu'un roman.

On trouve tout dans un de nos écrits, excepté la vérité. Au lieu de quelques simples êtres physiques ou moraux, de leurs rapports, des droits et des devoirs qui en découlent, de la preuve des uns par les yeux, et des autres par leur utilité véritable, et surabondamment par l'autorité des hommes et des peuples éclairés, éléments essentiels et exclusifs de toutes les sciences morales, on ne découvre dans nos compositions les plus vantées qu'un mélange informe de ces éléments divers, où l'intelligence des auteurs s'est perdue bien avant celle des dupes. C'est parce que les plus célèbres de nos écrivains ou de nos orateurs mêlent les vérités, qu'ils oublient les plus importantes, et qu'ils disent à satiété les plus petites, celles que nul ne nia jamais. Ils ne savent pas même donner un nom à leurs écrits. Habiles à entasser volumes sur volumes, ils semblent, comme Pénélope, détruire la nuit ce qu'ils ont édifié le jour : heureux, et nous avec eux, si, au lieu d'être fictive, la destruction était réelle! Nos bibliothèques publiques, pourtant si vastes, sont encombrées. Les Van-Praet, avec leurs immenses souvenirs, et les galeries sans fin, n'en peuvent plus [1]. Les catalogues, devenus impuissants pour suppléer à la mémoire la plus dépourvue de jugement (c'est la meilleure), sont sans cesse augmentés, refaits et jamais achevés : *pendent opera*. C'est le genre de littérature le plus susceptible de vérité, et aujourd'hui le plus nécessaire. Le mal, enfin, est si grand, qu'il ne faudrait rien moins que plusieurs Omar pour en délivrer... *J'ai ri*, et ne *suis* point pour cela *désarmé!*

---

[1] Il s'agit de transférer au Louvre la plus grande des bibliothèques publiques : les livres, ainsi que les hommes, veulent sauter de l'antichambre dans le salon.

Et le fléau le plus grand de tous, c'est que nos ignorants célèbres se croient savants! ils vont sans rire à l'Académie, à la Chambre, au Palais; ils font des rois sans rire; ils se regardent sans rire lorsqu'ils se rencontrent. Ils sont bornés; ils semblent avoir placé, comme chez les anciens, le petit dieu *Terme* à la porte de leurs maisons pour en exclure les Êtres suprêmes. Ils se croient eux-mêmes des dieux, tandis qu'ils ne sont pas toujours des hommes... On a pris les anciens, les classiques, Aristote, Platon, Cicéron, Descartes, Virgile, Racine, Voltaire, Rousseau, pour modèles! Comment penser qu'on s'est mépris? Qu'ils riraient, ou plutôt qu'ils pleureraient, nos grands hommes d'un jour, et leurs lecteurs avec eux, s'ils voyaient là vérité littéraire ou poétique qu'ils ont voulu dire, la vérité toute seule, toute simple, toute nue, c'est-à-dire avec ses charmes véritables!

Je veux, ce qui est loin d'être, que toutes les vérités aient été dites; je veux même qu'elles soient exprimées, dans nos livres modernes, de la meilleure manière littéraire possible. Toujours est-il qu'elles ne sont pas toutes dites chacune en son rang, et c'est pourtant la seule façon parfaite de les exprimer excellemment. Elles se réduisent toutes à une, parce que l'univers moral, et même physique, n'est qu'un point lui-même. Dieu seul en est un autre, un aussi. Si nous avions été fidèles à notre origine, si nous étions restés ce que Dieu nous avait faits et avait voulu que nous fussions, toujours nous eussions eu et la vérité unique, et le monde unique, et le Dieu unique. C'est pour avoir *péché au commencement* (pensée biblique), que nous avons vu tout cela double, multiple, divisé même et mêlé à l'infini, c'est-à-dire mal, faux, et faux à l'infini. Nous péchons, effectivement, bien moins par l'ignorance de telle ou telle chose, que par l'ignorance des autres et des rapports qu'elles ont avec elle; elles sont sœurs, comme les erreurs, leurs rivales. Tout se lie, tout est concorde dans le monde; et, depuis un siècle plus particulièrement, nous avons tout délié, tout individualisé, tout mis en hostilité. Mais, c'est là un point que nous traiterons dans le chapitre suivant, et que nous devons ménager ici.

Les faits ne manquent point à notre théorie. Voyez les grandes notabilités de l'histoire universelle littéraire, vous les trouvez toutes fameuses, soit par l'énormité de leurs ouvrages en général, soit par la multiplicité de leurs *OEuvres diverses* ou de leurs *Mélanges* proprement dits, soit même par leur système avéré de *Dictionnaires*, de *Maximes* et de *Vérités* détachées ; soit enfin par les contradictions perpétuelles dans la pensée et dans la vie, sources incessantes de déplacements et de révolutions, tous éléments de l'anarchie, dont nous nous proposons d'esquisser le tableau.

Les païens, les philosophes proprement dits, les protestants, les indifférents en matière de religion, sont les écrivains les plus remarquables sous ce rapport; mais les philosophes les plus religieux ne sont pas exempts du défaut de *division* ou de *variétés*. Platon, Cicéron, Sénèque, ont eu, les premiers, la manie d'écrire beaucoup [1], à plusieurs reprises, souvent et sur tout, c'est-à-dire, au fond, sans système et sans unité. Tertullien, Origène, Eusèbe, Rufin, Photius, et même saint Augustin parmi les Pères (il nous reste onze in-folio de lui), sont empreints de la même fécondité, de la même diversité; et c'est ce qui les a rendus les premiers dangereux, et l'autre équivoque.

Le même caractère de mélange et de pléonasme trouve encore plus prononcé dans les écrivains de la réforme : Luther, Calvin (plus de cent écrits), Mélanchthon, Illyricus, Vigand, Jacques André, Chytræus, les Dumoulin, Théodore de Bèze, les Turretin, Claude, Jurieu, Brousson, Roustan, etc.,

[1] D'autres, plus faibles encore, eurent aussi plus cette manie: Cicéron parle de savants de son temps dont on eût pu brûler le corps avec leurs écrits. Varron, lui, plus vain et plus superficiel que Cicéron, a écrit jusqu'à cinq cents ouvrages différents; Galien, plus sophiste encore, en a composé plus de sept cents. Il est remarquable, au contraire, que, dans toutes les sciences, les maîtres écrivirent peu ou pas. Moïse n'écrivit qu'après coup, et long-temps après les événements; de son côté, Pythagore, le plus ancien singe de l'écrivain sacré, mourut sans avoir constaté sa doctrine autrement que dans l'âme de ses disciples. Les Apôtres, d'accord avec leur maître, laissèrent à d'autres le soin d'écrire la Bonne nouvelle. Maldonat et Bourdaloue, deux des plus grands hommes d'un grand Ordre, laissèrent tous leurs ouvrages, posthumes. Exemples dans les petites sciences : le célèbre astronome Bradley, le grand chimiste Cavendish, Fresnel, qu'on présente comme une sorte de Newton ignoré, n'ont laissé que quelques *Mémoires;* et Bernard de Jussieu (celui que Linnée admirait) a écrit seulement l'histoire d'une plante *pilullaria!* En général, plus un homme est clairvoyant, et plus il abrège; plus il est grand, et moins il *parle* ou *écrit :* il *fait,* le bien ou le mal.

et, à plus forte raison, leurs disciples avoués ou secrets, prochains ou éloignés, Érasme, Postel, Richer, Hobbes, Bayle ; les philosophes Hermétiques, Porta, Pomponace, Agrippa, etc. ; les Basnage, les Bernard, les Leclerc, et en général tous les *réfugiés*. Les Allemands plus particulièrement : Wolff (il passe pour avoir voulu coordonner les sciences, et il a publié en cinquante in-4° plus de deux cents ouvrages), Swedenborg, A. Boehm, Dœderlin, Bahrdt, Formey, Felice, Kant, Reinhard, Eckartshausen, Fitche, Hemert, Buchholz, Schelling, Krug, Hégel; les érudits de profession, Gesner, Camérarius, Ramus, Scaliger, Amerbach, Casaubon, les Meursius, les Vossius, les Gronovius, Saumaise, Buddæus, Conringius, etc.; chez nous, Necker et sa fille, Saint-Martin, Benjamin-Constant (cent écrits), Guizot (deux cents volumes), en sont de mémorables exemples. Jamais la presse n'avait encore plus gémi; jamais non plus la vérité et le monde [1]. Les philosophes seuls, si les philosophes sont différents des réformés, purent rivaliser sous ce rapport avec eux.

La philosophie, en effet, est essentiellement écrivassière. Les plus hardis, ou plutôt les plus auda-

---

[1] « Ceux qui ont pris le dessein d'établir des nouveautés, dit la *préface* du *Catéchisme du concile de Trente*, voyant qu'il ne leur serait pas permis de les débiter publiquement, ont cru qu'ils devaient faire de gros volumes. » — L'Ecclésiaste avait déjà dénoncé les livres sans fin : *Faciendi plures libros nullus est finis;* et le Psalmiste, les vaines paroles et les langues loquaces : *Vana locuti sunt. — Linguam magniloquam,* etc.

cieux et les plus conséquents de tous les philosophes, La Mothe le Vayer, d'Argens, d'Holbac, Fréret, Voltaire, J.-J. Rousseau, Diderot, Priestley, Mirabeau, Condorcet, Delisle de Salés, Mercier, etc. [1], furent aussi ceux qui trouvèrent la vérité la plus complexe. Cent volumes suffisaient à peine à la façon sceptique de chacun de ces hommes. Ils écrivirent dès l'enfance, et jusqu'à l'âge le plus avancé, sous toutes les formes, tantôt avec leurs noms, tantôt anonymes, tantôt pseudonymes (le *Dictionnaire* de Barbier n'est rempli que d'eux), sur les sujets les plus opposés, sur tous les sujets, à tout propos, dans toutes les circonstances, au jour le jour enfin, selon le goût et les passions du public, c'est-à-dire au fond selon leurs propres passions. Et puis, ces messieurs de faire deux immenses *Encyclopédies*, comme pour résumés de leurs précédents écrits !... Cette mobilité, cette rapidité de la presse ordinaire, dans le xviiie siècle, était visiblement le prélude et même l'équivalent de la presse quotidienne telle que nous l'avons, l'apogée de la fécondité de l'erreur, de la dissection, du morcellement à l'infini du système du monde.

J'ai dit que les meilleurs n'avaient pas été exempts du vice. Les Bénédictins sont la société modèle des travaux à la fois superficiels et volumineux, Port-

---

[1] Linguet, Servan, naturellement plus éclairés que les autres philosophes célèbres, durent aussi à la manie d'écrire indistinctement, tour à tour et sur tout, le malheur de n'avoir pas rempli leur mérite : ils ne se donnèrent pas le temps d'être méthodiques, corrects, vrais.

Royal tout entier a été un composé d'écrits divers et perpétuels. Arnauld et Nicole, maîtres de cette société à moitié protestante, écrivaient jour et nuit (c'est la nuit que se faisaient et surtout que se publiaient les *Provinciales*), à tort et à travers, vrais *dons Quichottes* littéraires, frappant à la fois sur leurs amis et leurs ennemis, sans conclure jamais. Camus, l'évêque plus que singulier, a publié jusqu'à deux cents volumes, dont il reste à peine *l'Esprit de saint François de Sales*. Malebranche eut le malheur de participer à cette manie, à laquelle il dut de *rechercher* sans cesse, et de ne pas trouver toujours la *vérité*. Tamburini, Grégoire et Tabaraud sont les derniers exemples de la fécondité stérile. La fille de Port-Royal, la *petite église*, hérita de la prolixité de sa mère. Le Coz, archevêque constitutionnel de Besançon, président des conciles de cette secte, et son apologiste, a publié jusqu'à soixante ouvrages, dont l'*Ami de la Religion* vient encore si gratuitement de remplir un de ses numéros.

Les publicistes catholiques, bien autrement vrais que les protestants, sont plus précis; les canonistes purs et simples le sont davantage encore, comparés aux canonistes calvinistes ou gallicans. Je citerai seulement, toutes choses d'ailleurs égales, le *Jus naturæ et gentium* de Puffendorf, et la *Politique sacrée* de Bossuet; les *Institutiones canonicæ* de Devoti, ou même les *Lois* de d'Héricourt, et les *Corpus* de Van Espen ou de Boëmer.

Les jurisconsultes civils, au contraire, à quelque

religion, à quelque parti qu'ils appartiennent, sont, de tous les savants, les plus volumineux : c'est que la science du droit est, de toutes les sciences, la plus rétrécie par l'orgueil ou la cupidité de ceux qui la cultivent. Les plus fameux légistes : Accurse, Barthole, Balde, Alciat, Dumoulin, d'Argentré, Cujas, Doneau, Cavarruvias, Ant. Faber, Godefroy; les jurisconsultes allemands, surtout, n'écrivaient que par in-folios (la plupart en ont fait dix, Stryckius seize, Covarruvias vingt). Chacun a son *Corpus*, mieux cent fois que Tribonien. Heineccius, Pothier, Poullain du Parc, Bouhier, suivirent gravement cette habitude. Duaren, Loyseau, Domat lui-même, n'en sont pas exempts dans leur laconisme apparent [1].

Les légistes orateurs, Cochin et d'Aguesseau, sont encore plus féconds. Naguère M. Pardessus, le plus diffus de ses confrères, n'a-t-il pas voulu ajouter quelques in-4° inédits aux nombreux in-4° de d'Aguesseau? Ses successeurs ont suivi ses errements : Merlin et Locré, les plus volumineux des modernes, en sont aussi les moins judicieux. On a vu depuis Toullier composer seize volumes énormes, Carré autant (et ils sont morts au milieu seulement de leur carrière [2]), M. Duranton vingt-cinq ou trente, Favard Langlade quarante-trois, MM. Sirey, Dalloz, etc., plusieurs centaines, pour obscurcir nos

[1] Grégoire XIII n'a pas craint de présider, en 1584, au fameux *Tractatus tractatuum juris* en vingt-deux in-folio.

[2] MM. *Trop-Long* et Duvergier, Renouard et Hingray, se battent aujourd'hui pour entasser Ossa sur Pélion, doubler et quadrupler les travaux de MM. Toullier et Carré.

petits in-18 de codes civils, si obscurs déjà et si longs dans leur exiguité. Plus riche encore en verbiage, un M. Proudhon a employé neuf volumes in-8° à expliquer le plus court et le plus clair des chapitres de ces codes (*l'usufruit*). Mᵉ Dupin, lui, a fait mieux ; il a élevé ses œuvres et celles des autres (car il est éditeur plus qu'auteur de pauvres ouvrages) jusqu'à cent cinquante volumes in-4°, in-8°, in-12, in-18, *sur*, *pour* et *contre* le droit romain, le droit civil, le droit criminel, voire même la *Parole* des rois de sa façon, et le *caractère légal de Juillet*, sans compter des milliers de *discours*, de *plaidoyers*, d'*articles* de journaux, c'est-à-dire cent cinquante volumes [1], nuls de *droit* et de *fait*, comme il dit de l'ancienne légitimité, qu'il avait flattée en 1815. Et pourtant, il crie à tue-tête, dans la fameuse brochure *quoique Bourbon* : « SACHONS NOUS FIXER ! »

Les lois, en France, sont bien autrement volumineuses que les livres de jurisprudence ; car les sept codes en miniature ne sont que le plus petit nombre

---

[1] Il était bien différent de Mᵉ Dupin, son antique modèle, son compatriote, qu'il se plaît à appeler *judicieux*, Coquille, dont le seul volume est posthume.

Parmi les *factum* de tous calibres de l'avocat nivernais, se trouvent les *Lettres sur la profession d'avocat*, troisième édition, 1832. C'est le catalogue des livres soit-disant nécessaires de la profession ; il suffirait seul à prouver son impuissance : il s'éleva successivement, de dix mille volumes en 1775, à plus de cent mille en 1834 (divisés en trois mille sept cents articles, dont quelques-uns offrent jusqu'à six cents volumes) ; et, lorsque le fameux légiste du *second ordre* (l'avocat des curés contre les Evêques) avait suffi à la première édition, il a fallu que quinze avocats se cotisassent pour la dernière, sous la direction des Dupin et la protection de leur Roi, auquel ils l'ont *dédiée*.

de nos lois, c'est-à-dire nos lois d'élite. Notre code véritable, c'est ce qu'on appelle *le Bulletin des Lois.* Or, ce qu'il a de non abrogé et d'exécutoire est immense : ce sont les trois quarts au moins de ses centaines de volumes ! Jamais le droit romain, dans l'état où Justinien l'a pris, noyé dans ces manuscrits immenses que n'eussent pas pu, comme il est dit dans la préface, traîner tous les chariots de Constantinople, et qui n'effrayèrent pas Tribonien, jamais le droit romain n'a présenté le chaos que le droit français constitue aujourd'hui : il se compose encore, malgré toutes les abrogations par lesquelles nous avons couronné les lois individuelles, du droit romain *justinien* et du droit *anti* ou *antèjustinien*, du *droit coutumier* et du *droit royal*, du droit des *commentaires* et du droit des *arrêts*, du droit français *ancien* et du droit français *nouveau*, du droit *transitoire* et du droit *définitif*, du droit *impérial* et du droit *bourbonien*, du droit royaliste ou quasi-royaliste, et du droit révolutionnaire ! Chaque objet a sa loi, et même son code; chaque code, ses doutes; chaque doute, ses commentaires; chaque commentaire, ses contradicteurs; chaque contradiction, ses combats, ses arrêts; et, malgré les prétentions, la science et le zèle de la Cour de cassation, qui s'appelle *régulatrice*, chaque arrêt, à son tour, a ses contradicteurs et ses juges nouveaux. Nous avons (pour ne pas remonter plus haut que la révolution) trois mille lois de la *Constituante*, douze cents de la *Législative*, douze mille de la

Convention, deux mille du *Directoire*, trois mille du *Consulat*, six mille de l'*Empire*, ce qui fait près de trente mille lois, c'est-à-dire trente mille crimes, comme disait feu Bergasse. La Restauration seule nous a presque chargés d'autant de lois, je dirai, moi, de presque autant de fautes, que les précédents gouvernements ensemble [1]. Joignez à cela environ cent millions d'arrêts (car les arrêts sont aussi des lois, puisqu'ils en tiennent lieu) rendus avant ou depuis la Restauration, et vous embrasserez, si vous en avez la force, toute l'étendue de notre mal législatif et de notre corruption morale. Nous sommes, ainsi que les Romains du Bas-Empire, opprimés par les lois, comme nous l'avions été par les vices. C'est aussi notre dégradation qui en est la cause unique [2].

Et voilà pourquoi les astronomes ont plutôt calculé avec certitude des distances de plusieurs millions de lieues dans le ciel, que nos juges suprêmes n'ont adjugé au hasard un arpent sur la terre. Voilà pourquoi encore le métier de jurisconsulte est devenu plus dur que celui de galérien, et celui de magistrat supérieur à celui de législateur, et « plus propre que tous les autres états à causer des remords [3]. »

---

[1] Voyez la *Gazette des Tribunaux* d'un jour de février 1830.

[2] « *Utque antehàc flagitiis, ità tunc legibus laborabatur.* » (Tacite, *Ann.*, 3, 23.) — « *Corruptissimâ republicâ, plurimæ leges.* » (Le même.)

[3] Linguet, *Théorie des lois civiles.* — Voyez les députés : ils aspirent, les humbles aux charges de conseillers, les ambitieux à celles de présidents aux cours de Paris ; et le ministère lui-même semble n'être qu'un degré pour la magistrature. — Et pourtant, la magistrature

Il y a une classe de littérateurs qui le dispute en diffusion à celle de légistes, ce sont les romanciers. Le *bienheureux Scuderi*, Richardson, l'abbé Prévost, Rétif de La Bretonne, madame de Genlis, Walter Scott, Pigault-Lebrun, etc., sont des écrivains de cinquante, cent, cent cinquante, deux cents volumes. Il est naturel que les gens qui tuent les mœurs aient la manie des gens qui étouffent la propriété.

Le fatal caractère de fécondité s'est glissé dans les sciences naturelles et mathématiques comme dans toutes les autres. Et, tandis que les grands hommes dans cette partie, Grégoire de Saint-Vincent, Képler, Bernoulli, Linné, Euler, n'avaient fait que suivre une idée première dans leurs travaux continués, les Lalande, les La Grange, les Béguelin, accumulaient rapport sur rapport, ouvrage sur ouvrage, sans pouvoir jamais réduire leur science à un point comme son objet. Buchoz, le dernier des naturalistes-médecins, a publié seul (les du Verdier en ont peut-être publié davantage) trois cents volumes, la plupart in-folio; et M. Geoffroy Saint-Hilaire lui-même, le plus connu des historiens de la nature, a mis au jour plus de cent écrits divers et décousus, comme son système des *dauphins*.

Les philosophes chrétiens, mais singuliers, eurent également la manie écrivante : Lulle a fait plus d'ouvrages qu'un homme n'en pourrait écrire durant

---

pâlit devant le barreau ; et tous deux réunis s'évanouissent en présence de la *société des Droits de l'homme!*

toute sa vie. Gerson, Juste-Lipse, Bacon, Gassendi, Théophile Raynaud (vingt in-folio), Bouillaud, François Macédo, Muratori (quarante-six in-folio, trente-quatre in-4°, treize in-8°, etc.), etc.

Il n'est pas jusqu'à nos grands théologiens, Albert-le-Grand (vingt-un in-folio), saint Thomas d'Aquin (dix-huit in-folio), Tostat (vingt-sept in-folio), Suarez (vingt-trois in-folio), Leibnitz (cent cinquante écrits, non compris les posthumes et les lettres), Bossuet, Fénelon, Huet, Bergier, le cardinal Gerdil, Muzzarelli, qui n'aient eu la disposition à vouloir faire aller de front, mais sans ordre, les sciences. Leurs œuvres sont de vastes et beaux mélanges, où de grandes et de nombreuses vérités se trouvent sans doute, mais dépourvues de leurs plus grandes preuves, et par conséquent de leur puissance. Et il n'est pas un de ces auteurs qui n'en ait fait l'aveu.

De nos jours, les philosophes n'avaient garde de sortir de l'ornière où ils avaient étudié et laissé leurs précurseurs et leurs modèles. Les hommes qu'on peut considérer comme les représentants de tous les autres, MM. de Montlosier, de Pradt, Azaïs, de Chateaubriand et Lamennais, n'ont fait, les premiers depuis quarante ans, les autres depuis trente, le dernier depuis quinze, qu'accumuler livre sur livre, brochure sur brochure; et, de plus, ils remplissaient tous les journaux de la capitale, qui, à leur tour, sont si énormément volumineux, que leurs ateliers ne suffisent plus à en conserver un exemplaire complet. On peut dire de tous ces écrits ensemble, ce que je ne sais quel philosophe disait du livre d'un de ses confrères : il n'est pas proportionné à la brièveté de la vie, et sollicite un abrégé dès la première page.

Le système des *pensées détachées*, des *réflexions*, des *maximes*, des *esprits*, des *génies*, des extraits de tel et tel écrivain, ce système d'infiniment petits, où sont encore des longueurs, est une conséquence de l'anarchie des littérateurs, aussi bien que le volume de leurs écrits; et ce volume en est aussi la cause. On voit naître cet abus dans le paganisme indifférent des Grecs, et dans le paganisme persécuteur des Romains. Les sept *sages* de la Grèce et Théophraste ne nous ont laissé que des maximes incohérentes; et c'est cela encore que nous ont légué, Caton, Publius, Épictète, Marc-Aurèle et Sextus. Il ne fallait rien moins qu'une petite secte, plus dangereuse peut-être et plus étroite que la Réforme, pour ressusciter cette littérature facile et vaine. Pascal le premier en donna l'exemple funeste, que La Rochefoucauld, La Bruyère, Vauvenargue, Duclos, Deleyre [1], l'abbé Lamennais et Cousin d'Avallon

[1] Il a publié le *Génie de Montesquieu*, l'*Esprit de saint Évremont*, l'*Analyse de Bacon*; et puis, il a voté la mort de son Roi. Le morcellement de la philosophie va droit au hachis de l'humanité.—Les *mélanges* remplissent la place principale, c'est-à-dire le plus grand vide, des *œuvres complètes* de tous les philosophes du xviiie siècle.

Nous n'avons pas changé.

Il n'est pas un écrivain moderne, mauvais, médiocre, ou même bon, qui n'ait aujourd'hui ses *mélanges* en titre, de *littérature*, de *politique*, de *morale*, de *philosophie*, etc. : MM. de Bonald, de Chateaubriand, Royer-Collard, Villemain, Cousin, Nodier, Jouffroy, Geont mis à si triste profit : système tout-à-fait faux, profondément dangereux, et qui suffirait à perdre la vérité, si la vérité pouvait être égarée. Comment se fait-il que le *dernier des Romains*, M. de Bonald, n'ait pas craint de dire que les *pensées détachées* sont la meilleure des littératures, d'en faire lui-même un volume (et son fils, des articles dans les feuilles), et de voir enfin, dans l'accroissement du mal, l'infaillible remède?

Mais c'est dans les journaux de toutes sortes et de toutes dimensions, que se trouve l'œuvre à la fois la plus universelle, la plus féconde, la plus désordonnée qui ait jamais existé et qui existera jamais. Ils forment l'analyse et l'amplification des

noude, Lamennais, etc. M. Victor Hugo a mis au jour un livre encore plus éhonté de cet acabit, intitulé : *Philosophie et littérature mêlées*. En vérité, ces messieurs se stigmatisent de leurs propres mains.—Voyez, à d'autres traits, le système corrupteur des pensées détachées : les bons mots, qui ne sont que des pensées avec de l'esprit (que nous rendons à la lettre), sont devenus le trait du temps. On cite les *quolibets* du *Figaro*, de *la Mode*, etc. ; on cite même ceux de M. Royer-Collard, de M. de Talleyrand et de Mᵉ Dupin :

> Dupin, l'entremetteur de la grande semaine,
> Qui porte un cœur de c.... sous sa poitrine humaine ;
> Dupin, qui, pour singer les Brunets du faubourg,
> Pendant la session vit sur un calembourg.

dit très bien le jeune Parfait.

Le dernier *mot* de M. Royer-Collard est celui-ci : « La république n'a contre elle que les républicains passés et les républicains actuels.» — Si cela était, il lui fallait dire, en 1829, que les doctrinaires (qui ne sont autre chose que des républicains satisfaits) n'étaient pas possibles. M. Royer-Collard ne sait même pas que l'histoire des peuples ne fait jamais que recommencer ; que jamais un mal n'a empêché un mal, et qu'aujourd'hui l'abîme appelle l'abîme ! Qu'est-ce donc que la philosophie de M. Royer-Collard ?

écrits, c'est-à-dire du chaos de tous les philosophes anciens et modernes. Là, tout se trouve erreur, précisément parce que tout est *variétés ;* et le *mélange* ne le cède qu'à la contradiction dont nous ferons le tableau tout à l'heure.

Les académies, composées en général d'hommes incertains et orgueilleux, se sont trouvées, dès le principe, condamnées aux petits *discours,* aux petites *dissertations,* aux MÉMOIRES, sur, pour et contre toutes les vérités, et surtout les petites. Voici ce que disait, au xviie siècle, et par conséquent de luimême, Fontenelle, dans la *préface* de ses *Éloges :* que ne dirait-il pas de nos jours? « Les recueils que l'Académie présente tous les ans au public ne sont composés que de morceaux détachés et indépendants les uns des autres, dont chaque particulier, qui en est l'auteur, garantit les faits et les expériences, dont l'Académie n'approuve les raisonnements qu'avec toutes les restrictions d'un *sage* pyrrhonisme. Le temps viendra peut-être que l'on joindra en un corps régulier ces membres épars ; et s'ils sont tels qu'on les souhaite, ils s'assembleront, en quelque sorte, d'eux-mêmes. Plusieurs vérités séparées, dès qu'elles sont en assez grand nombre, offrent si vivement à l'esprit leurs rapports et leur mutuelle dépendance, qu'il semble que, après avoir été détachées par une espèce de violence les unes d'avec les autres, elles cherchent naturellement à se réunir. » —« Tel est le défaut du siècle, disent MM. Mennechet et compagnie, jusque dans le *Panorama litté-*

raire (l'un des derniers chefs-d'œuvre de l'esprit détaillé), il détaille le génie, et ne sait pas le dépenser en bloc... Le xix° siècle, lorsque la postérité lui demandera où est le Panthéon de ses gloires, n'aura à lui montrer que l'Hôtel des invalides [1]. »

Les inconséquences de doctrine et de conduite sont le dernier, et peut-être le plus fort des arguments démonstrateurs de l'anarchie générale qui règne, aujourd'hui plus que jamais, dans les hommes ou dans les partis les plus célèbres. La royauté, le ministère, la philosophie, la morale, la politique, la jurisprudence, l'histoire, le naturalisme, les arts, sont tous, et par contre-coup, contradictoires.

Nous n'avons besoin, pour faire sentir tout ce qu'il y a de tel, dans les Cours, dans les ministères, que de rappeler (car nous n'en finirions pas, et nous ne ferions que dire ce que sait tout le monde, si nous voulions les énumérer), les systèmes perpétuels de concessions à tous les partis et de coups d'état contre tous, dont nous avons été, sans interruption,

---

[1] Les Évêques-unis de Belgique ont le sentiment profond du mal de la *scission* de la vérité et de sa cause, lorsqu'ils s'expriment de la façon suivante dans la lettre sur l'*Université catholique*, qu'ils viennent de publier: « En effet, qui pourrait mesurer la profondeur des abîmes dans lesquels se sont précipités les plus grands esprits, lorsqu'ils ont cessé de reconnaître la religion comme la base des sciences humaines? Ces sciences, que Dieu a données à l'homme pour son perfectionnement moral ou pour son bien-être physique, ont alors été tournées contre leur divin auteur et contre l'ordre de la société; la multiplicité des systèmes, la confusion des doctrines ont réduit la science à n'être plus qu'UNE AGGLOMÉRATION DE FAITS SANS LIEN, SANS SUITE, SANS ORDRE, et dont le dernier résultat serait de jeter le monde dans un doute universel et dans une indifférence complète. »

les victimes durant les règnes de Louis XVI, de Louis XVIII, de Charles X et de Louis-Philippe. Le pouvoir, quel qu'il soit, à le juger par ses maximes aussi bien que par son action, ne veut pas plus de monarchie que de république, de religions dominantes que de religions arbitraires. Il semble redouter autant l'ultramontanisme du comte de Maistre et les missions du P. Guyon, que la religion nouvelle des Saint-simoniens et l'hérésie de l'abbé Châtel. Louis XIV lui fait presque aussi peur que Lafayette.... Les chartes ne sont autre chose que l'acte authentique, bien plus synallagmatique qu'uni-latéral, de ces amours égaux, de ces égales haines.

Nos précepteurs sont dignes de nos maîtres. Donnez-moi les œuvres complètes de Benjamin-Constant, de M. de Chateaubriand, de l'abbé Lamennais [1], que dis-je? donnez-moi seulement un de leurs chapitres, une de leurs pages, et la plus conséquente [2], et je vous y ferai voir le sur, le pour, le

---

[1] Les autres philosophes plus ou moins fameux par leurs noms, le sont aussi par *l'Histoire de* leurs *variations*. M. Saintes, aujourd'hui ministre protestant, a publié, en 1827, une *Apologie des jésuites, du clergé, des congrégations et de toutes les doctrines catholiques*, par le plus célèbre de leurs derniers dénonciateurs, M. de Montlosier.

[2] Le discours d'ouverture du *Cours d'histoire* de M. Lerminier en 1834 au Collége de France, est, sous ce rapport, l'exemple le plus curieux qu'on puisse citer. Jamais le mélange du profane et du sacré, de la mythologie et de l'histoire, de la foi et de la philosophie, du doute et du néant, ne furent plus remarquables. On y voit, en toutes lettres : 1° que « la foi est le premier élément de l'esprit; » 2° que nous devons « élever vers les cieux une tour de Babel indestructible, jusqu'à ce que nous nous trouvions face à face avec Dieu, dont nous

contre; les deux extrêmes et le milieu; le blanc, le noir, les trois couleurs; le oui, le non, le doute; le masculin, le féminin, le neutre : et tout cela, à l'insu de l'auteur, qui croit, de la meilleure foi du monde, avoir toujours prêché le même Dieu et invoqué le même saint.... Mais, en généralisant, j'éprouve le besoin, et je sens l'utilité d'articuler :

Ainsi, par exemple, Benjamin-Constant a commencé sa carrière politique par une philippique hardie contre l'usurpation de Bonaparte, et il l'a finie par de violents discours contre la légitimité (qu'il avait soutenue) de son adversaire.

Ainsi M. de Chateaubriand a successivement publié un *Essai historique* quasi-philosophique et même quasi-révolutionnaire, et un *Génie du Christianisme* quasi-catholique. Il a, tour à tour, ou plutôt en même temps, invoqué et soutenu, avec une ardeur égale, la liberté de la Chaire et celle des journaux; la légitimité aveugle d'un enfant et l'omnipotence (j'allais dire le sacrement) des majorités populaires [1]. Son dernier mot aux électeurs de Quimperlé est

---

ne sommes que les membres serviles; » 3° que « il faut que la parole de saint Jean soit réalisée parmi les hommes : *omnes unum sint.* »— D'un autre côté, le même professeur vous a prononcé des choses comme celle-ci : « ORPHÉE EST MORT, *Jésus est mort!!!* » — Le cours de M .Michelet est la seconde édition de celui de M. Lerminier. — Et dites que les *tours de Babel* présentes ne sont pas comme les anciennes!

[1] Et son apologiste-papillon de *la Revue de Paris*, M. Jules Janin, d'en convenir, sans s'apercevoir de leur contradiction réciproque : « Là, dit-il, vous trouverez, si vous savez chercher, le sceptique, le croyant, le philosophe, le chrétien, le royaliste, le démocrate. » Et puis il s'écrie : « Quelle biographie, devant laquelle eût reculé Plutarque! » — *Reculé?* je le crois bien.

celui-ci : « Je serais républicain si je n'étais légitimiste. » Et la *Gazette* de dire niaisement à ce propos : « Bientôt les disciples de Robespierre diront : Nous serions légitimistes si nous n'étions pas républicains !.... »

Ainsi, l'abbé Lamennais, plus contradictoire que tous les autres, s'est constitué, pendant quinze années, l'apôtre à la fois d'un pontife souverain et unique, et d'une *autorité universelle;* et, pendant trois ans, le prêtre de *Dieu* et de la *Liberté;* le prédicateur des plus audacieuses insurrections et de l'obéissance la plus aveugle. Il en est, à l'heure qu'il est, à cette obéissance apparente; et il serait perdu si elle n'était pas réelle !

M. de Bonald lui-même, le plus fidèle des derniers métaphysiciens, après avoir employé les plus belles années de sa vie à respecter le pouvoir tel quel, et ses seules belles pages à faire sentir son unité, compromet sa renommée et ses cheveux blancs, en entretenant, avec le poids de son nom, l'esprit d'opposition qui conduit infailliblement, et sans relâche, aux échafauds. Tel est enfin le défaut d'unité dans la philosophie moderne, qu'on pourrait aussi bien extraire l'apologie du catholicisme des œuvres de nos esprits forts, que des apologies pour la philosophie des œuvres de nos croyans : ce qui les rend tous, à peu près, également utiles ou également dangereux.

La jurisprudence est, de toutes les sciences, la plus contradictoire, à l'école plus que dans le cabinet, au Palais plus que partout ailleurs. On a publié des *antinomies* du *Code civil*, plus volumineuses et moins sages que celles du *Digeste*. Il n'est peut-être pas un des mots de cette charte minutieuse, qui n'ait, comme jadis la plus belle loi romaine, ses adversaires, ses défenseurs, ses indifférens ; et les légistes, à leur tour, ont habituellement, comme le marchand à la Chine, trois balances, une pour vendre, une pour acheter, une pour représenter au magistrat. J'ai connu à Paris un jurisconsulte du premier ordre, qu'on me permettra de ne pas nommer, celui de tous qui passait pour le plus loyal, et qui était le plus savant : il donna, à peu de jours de distance, dans la même affaire, deux consultations opposées aux deux parties adverses !

Il y a telle école de droit en France, tel cours dans la même école, où l'on tient pour le droit romain; tel autre [1] pour le droit coutumier; tel pour l'ancien droit, tel pour le nouveau. A Paris, où tout est toujours pire qu'en province, il y avait naguère une *petite secte* (comme M. Dupin l'appelait), devenue aujourd'hui la grande, qui ajoute au droit romain nouveau, déjà si anarchique, le droit romain anti-justinien, plus anarchique encore. Elle fait plus : à la façon française, déjà si obscure, de Cujas, elle ajoute la façon allemande, plus obscure que toutes. Et avec cela, elle s'appelle audacieusement et bénignement l'*école historique!*

---

[1] La contradiction la plus coutumière, la plus universelle, la plus remarquable et la plus piquante, c'est celle des commentateurs les

DE LA FRANCE. 113

Compulsez les registres d'audience des tribunaux, comparez la jurisprudence d'une cour avec celle d'une autre; d'une chambre avec celle d'une autre chambre; jugez par elle-même jusqu'à la cour suprême, dont la mission est de régler et d'uniformiser toutes les autres cours : et vous verrez, sur la même question, des principes, des considérants et des arrêts contraires [1].

C'est parce que les lois, leurs commentaires et leurs jugements sont un labyrinthe où il n'existe pas le moindre fil conducteur, que la langue judiciaire est arrivée au point de n'avoir pas de mot plus habituel, dans les écoles et les tribunaux, que le mot *Question de droit* ou *question de fait* (ses ouvrages les plus célèbres ont ce titre éhonté [2]); et que les plus grands hommes du Palais sont les

uns avec les autres : le dernier en date est toujours l'adversaire le plus décidé, et le moins éclairé, de ses prédécesseurs. Mᵉ Dupin est le seul à l'ignorer. Voyez-le assis sur son tribunal judiciaire, dans le catalogue de ses *Lettres sur la profession d'avocat;* il croit avoir épuisé la profondeur de l'éloge à l'article *Toullier,* en l'appelant *le Pothier moderne;* et puis, à l'article *Duranton,* qui le suit, il vous lui flanque (il est vrai que c'est un coup d'épée) une apologie où je lis, entre autres choses : « L'esprit d'analyse est porté à un *si haut degré,* etc.

[1] Sa jurisprudence sur une seule question, au fond la plus claire qu'il y ait au monde, et la plus susceptible de décision dans un *Bulletin de Lois* qui rend le droit du juge facultatif, la question du duel, a varié du noir au blanc, de la vie à la mort, quatre fois de suite.

[2] Les *questions de droit* de M. Merlin, les *Questions hypothécaires* de M. Persil (*mais alors, il était...* enfant), les *Questions de droit administratif* de M. de Cormenin, que Mᵉ Dupin appelle le *père de ce droit nouveau ridicule,* dont nous nous sommes avisés ces jours derniers, et auquel nul peuple n'avait pensé jusqu'à présent. D'Aguesseau avait donné le fatal exemple d'un livre de *Questions,* à l'occasion de son ordonnance manquée sur les *Substitutions.*

I. 8

plus petits dans les chambres, et surtout dans le ministère; je dis petits, à cause de leur incertitude, de leur inconséquence, de leur mitoyenneté, et quelquefois de leurs apostasies : ils trahissent leurs amis, ils se trahissent eux-mêmes; et nous venons de voir naguère M. Dupin accoupler les deux perfidies dans sa brochure sur le *Caractère légal de Juillet*. Il a dit, en toutes lettres, dans le plus beau lieu de son livre (la péroraison), au *tiers-état*, dont il est fier, dit-il, *de relever* : « L'ENVIE NOUS TUE, LA JALOUSIE NOUS DÉVORE. » — Ainsi donc, les légistes sont les agents et les fauteurs par excellence de l'anarchie : comme l'*ennui* avec les sots, elle *monte en croupe*, et *galope avec* les avocats. Que penserait aujourd'hui de notre justice Pascal, qui disait jadis de celle de son siècle : « Justice en deçà du point, injustice au-delà? » *O tempora, o mores!*....

La vieille érudition, l'érudition hiéroglyphique, est partagée entre les Klaproth et les Champollion.

L'histoire de France, éminemment liée à sa philosophie et à ses lois, est pleine de contradictions comme elles. M. Lacretelle, par exemple, le chef de file, le plus vieux et le plus tenace de nos historiens, a fait, indistinctement ou plutôt successivement, de la vieille révolution, de l'empire, de la restauration (il fait aujourd'hui de la révolution nouvelle) dans les diverses éditions de ses contes prétendus historiques.

La poésie, la littérature, la grammaire, les plus petites des sciences morales, sont peut-être les plus déréglées et les plus i cohérentes : Barthélemy, V. Hugo, Lamartine, les trois chefs des trois écoles diverses, ont tour à tour chanté tout le monde, et l'ont même chanté à la fois. Ils brisent l'idole de la veille ou du jour, de la même main qu'ils l'ont encensée.

Les formules sont en littérature plus contradictoires que les doctrines. Une partie des écrivains est classique, une autre romantique, un tiers-parti neutre : celui-ci a pour défenseur le plus enfant des anciens hommes de lettres, Charles Nodier. L'école romantique proprement dite se compose de tous les hommes de talent, c'est-à-dire de la plupart des jeunes gens ; l'autre a pour sujets tous les Gérontes du journalisme ou de l'Académie : MM. *Jay*, *Jouy* (le premier a traité la matière *ex professo*), *la Gazette de France*, *le Constitutionnel* et *l'Ami de la Religion*. En dernière analyse, il est vrai de dire qu'il n'y a pas seulement trois littératures en France au xixe siècle, mais autant que de littérateurs. — Et remarquez que nos fiers écrivains ont pris eux-mêmes le soin de constater leur sottise, leur corruption, tout en s'imaginant faire sentir leur supériorité : « La raillerie, dit l'un d'eux, M. de Balzac, dans ses *Contes drolatiques*, est la seule littérature d'une société en décadence. »

Les sciences prétendues naturelles ne sont pas plus uniformes, et guère plus exactes, que les autres sciences. L'École nouvelle est partagée, en mathématiques, entre Abel et Jacobi de l'école allemande et l'école française ; en physique, entre Newton, Thomas Young et Fresnel ; en géologie, entre Deluc et Boulanger, etc. ; en chimie, entre Bertholet et Berzélius; en histoire naturelle, entre Linné, Jussieu et Durande; en médecine, entre Brown et Broussais, entre l'allopathie et l'homœopathie ; en anatomie, entre Cuvier et Geoffroy-Saint-Hilaire, etc., etc.

La contradiction, cachet marqué des individus, l'est aussi, conséquemment, des écoles, des partis, des peuples. Le gallicanisme, le jansénisme, la réforme, le philosophisme sont différents d'eux-mêmes. Bossuet eût renié mille fois Tabaraud ou aimé Guillon ; Tamburini n'eût pas reconnu Grégoire ; Marron s'effrayait de Benjamin-Constant. J.-J. Rousseau, qui avouait que l'inventeur de l'histoire de Jésus-Christ en serait plus grand que le héros; Diderot, qui *écrasait les athées du poids de l'univers*, et qui ne demandait *que l'aile d'un papillon pour les battre*, qui voulait les prêtres et la théologie à la tête de l'université dans son traité *De l'éducation;* que dis-je ! Lalande lui-même, ami et défenseur constant des jésuites, s'humiliant devant le pape Pie VII à Paris pour recevoir sa bénédiction, se trouveraient crédules au milieu de nos jeunes esprits forts modernes.

Même différence de soi dans les partis ou les gouvernements politiques. Le plus fameux des publicistes du xvııı⁰ siècle, l'auteur de l'*Esprit des Loïs*, osait à peine faire le tableau fantastiqu edu gouvernement mixte d'Angleterre; et, depuis long-temps, nos publicistes de toutes les couleurs, de tous les rangs, et même de tous les sexes, ne se font pas scrupule de surpasser M. de Lafayette en démocratie ; et les anciens fauteurs des funestes *coups de collier* de M. de Polignac se rencontrent, l'olivier à la main, sur le terrain de la démocratie universelle et des abîmes, avec les plus ardents Brutus nouveaux.

D'un autre côté, les hommes qui faisaient, il y a quelques années, des appels à l'insurrection populaire, MM. Thiers, Barthe, Persil, Bugeaud, prêchent déjà le pouvoir absolu, et ne seraient pas éloignés de le défendre à tout prix, et de dire, à leur tour : *Périsse le monde plutôt qu'un principe*[1] !

Les peuples tout entiers sont partagés entre toutes les religions, toutes les philosophies et tous les gouvernements ; on les voit, à chaque changement

---

[1] On a vu, en fait de contradiction, quelque chose peut-être de plus remarquable encore : les deux cent vingt-un qui firent la révolution de Juillet aux noms de Voltaire et de Rousseau, ont répondu, en 1834, par des risées à la pétition où un M. *Payen* demandait leur apothéose, que les trois cents de M. de Villèle osèrent à peine ajourner ! — Ces messieurs ne s'entendent pas même sur le titre primordial de leur roi : les uns, à la tête desquels est M⁰ Dupin, disent : *quoique Bourbon* ; et les autres, représentés par M. Guizot, répondent *parce que Bourbon*. M. Persil, bien autrement hardi, logique, courageux même, dans son système de contradiction, que ne le fut jamais le flasque Bellart dans un système suivi, Persil, que *le Journal des Débats* vient d'appeler « le plus vaillant des *défenseurs de l'ordre social* », va jusqu'à voir le *sacre* de son roi dans la descente par lui faite à Neuilly ! (Voyez son réquisitoire contre M. Cabet.) — La prolongation de l'emprisonnement des anciens ministres de coups d'état contre les journalistes est désormais la dernière, et la seule possible, des contradictions du gouvernement du 7 août.

de rois ou de ministres, que dis-je! à chaque menace de changement, changer de couleurs, de morale, de serments, de Dieu....

Toutes les associations, depuis la prétendue sainte-alliance jusqu'aux cours de justice [1], depuis les chambres législatives [2] jusqu'aux colléges électoraux, depuis le conseil de ministres jusqu'aux conseils municipaux, tous les ordres, toutes les conditions de la société, tous ses membres, sont aux prises les uns avec les autres, et en eux-mêmes. Le côté droit, le côté gauche, le centre, sont partout marqués, dans les plus petites réunions aussi bien que dans les Chambres, dans les familles comme dans l'état; et chacun de ces côtés est, à son tour, subdivisé en facettes infinies.

Le clergé catholique, le seul corps dans l'univers

---

[1] Jamais la guerre n'a été plus ouverte qu'elle ne l'est aujoud'hui entre les juges et les avocats, qui se baisent à huis-clos et se trahissent en public. — Il y a quatre ans, les cours de justice faisaient aux princes légitimes une guerre aussi violente que celle qu'elles livrent aujourd'hui, si *Don-quichottement*, à la *société des Droits de l'homme*.

[2] Les chambres actuelles ont commencé par s'arroger la plus grande souveraineté possible, en élisant un roi-citoyen; et voilà qu'elles lui décernent précisément le surnom qui exprime, le plus énergiquement possible, l'esclavage personnel des électeurs : Roi DES Français. Jadis Rivarol, que Voltaire appela le *Français par excellence*, dit, à propos d'un semblable baptême (car la Constituante imposa aussi le nom de roi des Français au roi-martyr) : « L'Europe indignée le nomma *le roi des Barbares* ». — La sorte d'accord, 1° entre la Chambre des pairs et celle des députés, 2° entre les deux Chambres actuelles et le ministère, est tout-à-fait accidentelle, et n'est même qu'apparente. La Chambre *haute* sera toujours, et de plus en plus, *de par* son seul titre, à la suite de la Chambre *basse*; et le ministère le plus napoléonien sera sans cesse traîné à la remorque de cette dernière assemblée.

qui relève d'un législateur unique et toujours le même, est partagé en gallicans et ultramontains, en épiscopaux et lamennistes [1]; et cette dernière distinction n'est pas encore effacée depuis les rétractations, si sèches, de l'abbé rebelle, car on n'a pas entendu sans scandale l'un de ses disciples dire dans une chaire chrétienne que « Dieu lui-même avait planté le premier arbre de la liberté au milieu du paradis terrestre ! »

La mésintelligence et même la division existent jusque dans le sanctuaire : le clergé de Dijon est en guerre ouverte contre son évêque ; et l'*Ami de la Religion* (qui seul peut-être en est la cause, en prenant, laïque qu'il est, parti pour le clergé du second ordre) porte la calomnie patente jusqu'à donner pour *motif* de l'interdiction de l'abbé Lacoste, l'affluence des fidèles à ses sermons. Qu'eût pensé le digne, l'habile archevêque, mort trop tôt pour l'Église et même pour l'état, lui à qui nous avons ouï raconter à Besançon, il y a quelques mois, comment il avait vainement interpellé le rédacteur du Journal en question de lui donner la définition de la *médisance* vis-à-vis de l'autorité !....

Si, remontant plus haut, nous considérons le clergé du moment dans ses rapports avec l'enseignement de la théologie, nous avons encore la dou-

---

[1] Depuis l'Encyclique, l'abbé Lamennais (si ce n'est lui, c'est donc son frère) avait eu l'audace de dire : « C'est un morceau que le pape a jeté pour faire taire les aboyeurs d'évêques de France. » (Voyez l'*Ami de la Religion* du 2 novembre 1833.)

leur de ne pas le trouver solidaire. Plus n'est sans doute, au moins nous nous plaisons à l'espérer, le conflit dont l'abbé Lamennais était le fauteur ; mais une autre dissidence se manifeste, et c'est pour l'empêcher de prendre son développement que nous nous hâtons de la signaler. Monseigneur l'archevêque de Paris a eu l'heureuse pensée d'instituer des *Conférences* religieuses, et de donner de nouvelles démonstrations de Dieu et de l'église catholique, dans le centre de la capitale, non loin du lieu *ubi Troja fuit...* Déjà se sont fait entendre de tonnantes ou d'onctueuses voix, dont les fruits seront d'autant plus réels qu'ils seront *invisibles*. Les abbés Dupanloup, Dassance, Annat, James, nous ont semblé frapper à la fois fort et juste. Ils sont de l'école mi-partie de Massillon et de Bourdaloue. L'abbé Bautain, de son côté, serait d'une école différente, quasi philosophique, creuse et stérile. Il a développé, dans une suite d'articles, dont l'*Univers religieux* n'a pas senti la portée, une théorie de conférences dont la seule présentation, en ce moment, est une critique indirecte de l'institution de la cathédrale, et dont le résultat, si elle tirait à conséquence, ne serait rien moins que la transformation de la chaire chrétienne en chaire de philosophie universitaire. Je ne voudrais que la proposition fondamentale de l'auteur pour caractériser son impuissance :
«Les hommes du présent, dit-il, qui éprouvent le besoin d'une *philosophie* catholique, demandent plus que des mots et des images, PLUS QUE DES AR-

guments et des raisons, plus même que des affections et du sentiment : ils demandent l'*idée* (le mot est souligné) l'*idée* dans le vrai sens du mot. C'est donc l'*idée*, et non plus le syllogisme, qui devra dominer le nouveau mode d'enseignement religieux dont l'autorité ecclésiastique vient de reconnaître la nécessité !!! »

Lorsque la division est dans le vrai sanctuaire, aussi bien, mieux encore, elle doit exister dans les caricatures du sanctuaire. Le Temple s'est brisé en je ne sais combien de fragments. Autre est *Fabré-Palaprat*, autre *Châtel*; celui-ci fait à Paris le contraire de ce que *Helsen* essaie à Bruxelles. Le triumvirat sacrilége *Châtel — Auzou — l'Hôte* s'est, en quelques jours, réduit à trois inimitiés.

L'anarchie, ou la contradiction, s'est inoculée dans l'âge, la condition ou le sexe qu'elle semblait devoir respecter : les colléges, les écoles (trop souvent les séminaires), l'université tout entière, semble n'avoir d'autre principe que l'horreur d'un principe, et d'autre *enseignement universel* que les contraires. Les familles religieuses et politiques les plus distinguées [1] présentent l'aspect de la division. Dans la querelle que se font *la Gazette de France* et *l'Ami de la Religion*, l'une s'est appuyée de l'autorité de

---

[1] Et à plus forte raison les autres. La présence perpétuelle de M. Ampère, homme réel s'il en fut jamais, au cours de littérature imaginaire de son fils au Collége de France (il se pose immédiatement derrière lui comme pour recevoir le contre-coup des applaudissements), cette affinité, avouons-le, est une véritable anarchie par le temps qui court.

M. de Bonald père, sur la question des assemblées primaires, et l'autre de l'autorité de M. de Bonald fils. Les maisons les plus divisées sont les maisons royales. Je lis l'épigraphe suivante dans l'*Histoire* de la restauration et des causes qui ont amené la chute de la branche aînée des Bourbons, *par un homme d'État* (M. Capefigue!) : « Mon frère est impatient de dévorer mon règne ; mais qu'il se souvienne que, s'il ne change pas, le sol tremblera sous lui. » (Paroles de Louis XVIII à M. Decazes : une autre histoire dira un jour que Louis XVIII a le premier fait trembler le sol de France, et qu'il l'a surtout plus fait trembler que qui que ce soit.) La mésintelligence, éteinte entre les frères par la force majeure de la mort, s'est reproduite entre le père et les enfants, et n'a pas été suspendue par le malheur. Les journaux et les salons ont retenti depuis quatre ans de leurs conflits sur les questions fondamentales de leur propre existence : l'initiative ou l'opportunité de la guerre civile dans leur patrie, et l'éducation de leur enfant.

Autres lieux, mêmes divisions intestines. L'Europe est encore émue et troublée de la guerre de Don Miguel et de Don Pedro, et de celle de Charles et d'Isabelle.

La plus petite guerre seulement existe entre les branches aînées et les branches cadettes[1] : et toutefois

---

[1] L'opposition entre d'Orléans-Égalité et Louis-Philippe, son fils, était, celle-là, naturelle et même inévitable : le régicide de la part d'un prince doit refouler ses enfants, sinon vers la fidélité, du moins

M. Dupin a dit, sans rougir, à l'une de celles-ci, en lui souhaitant la bonne année : « C'est la haine de la légitimité contre la branche d'Orléans qui fait notre première garantie ; détesté du parti de la branche aînée, le duc d'Orléans a trouvé dans ce qui l'isolait de la famille de Charles X son premier titre. »

L'anarchie ou l'inconséquence est empreinte dans les mœurs comme dans la philosophie et la littérature : il ne serait pas difficile, je crois, de trouver autant de vices dans les prétendus fidèles, que de qualités dans les dissidents. *Iliacos intrà muros peccatur et extrà.* Et pour n'en citer qu'un exmple, le dernier, on a vu des catholiques du *Revenant* et de *la Quotidienne*, etc., accepter, provoquer même des duels, qui ne sont autre chose que des suicides doubles, c'est-à-dire la sorte de crime la plus grave au jugement de l'Église, puisqu'elle exclut jusqu'à la possibilité du repentir ! — Nous avons vu, depuis, un militaire soutenir, d'une part, l'obéissance *quand même* à un pouvoir politique quelconque, et la pratiquer personnellement en affrontant le respect humain le mieux constaté ; et d'autre part, cet homme d'épée violer l'ordre le plus impérieux de la religion et de la morale universelle, jusqu'à provoquer en duel, et faire tomber raide mort sur le terrain, un jeune homme de robe, qui, par une non moins étrange inconséquence, avait pris

---

vers la puissance ; et je ne conçois plus l'utilité ni le sel du roman intitulé : *le Fils du régicide.*

contre lui la défense d'une femme représentant le pouvoir absolu !

> Insensés qui croyaient, le pistolet au poing,
> Effacer un affront qui ne se lave point [1].

Les journaux, si multipliés, dont la capitale inonde, à tout prix, les provinces, et dont les provinces jalouses s'accablent elles-mêmes [2], les journaux, contraires entre eux, et même en eux, seraient seuls une preuve sans réplique de la contradiction générale qui forme l'unique trait caractéristique du siècle. Un principe, fondamental en fait de journalisme, est d'avoir autant d'opinions que de feuilles, autant de plans d'attaque ou de défense que de gouvernements, et de dire, comme l'un d'eux avait tenté de faire en 1830, *le pour et le contre* sur toutes les religions, sur toutes les choses, sur tous les hommes, et tous les jours.

La Gazette, par exemple, a tour à tour maudit et exalté *les coups de collier* du pouvoir absolu et ceux du peuple, *l'Ami de la Religion* et *le National*, les sociétés secrètes et l'ordre des jésuites, Charles X, MM. de Chateaubriand, Berryer, Hennequin [3]. M. de

---

[1] M. Parfait, *Satires*.

[2] On en compte de huit à neuf cents.

[3] Voici les pensées et les professions de foi de *la Gazette de France*, dans le petit comité de laquelle on s'est partagé à l'avance le ministère qui, dans les profondes prévisions de ces messieurs, est appelé un jour à sauver la France avec les *états-généraux* et les *assemblées primaires:* « Le parti qui a des noms tels que ceux de Chateaubriand et de Lamartine, des orateurs comme MM. Berryer et de Fitz-James, un homme d'état comme M. de Villèle, des talents comme MM. Henne-

Villèle est le seul dont elle persiste à faire un Dieu ; la raison en est toute simple, M. de Villèle est le journaliste !

C'est là qu'on traite à la fois des sciences les plus élevées et des arts les plus vils. A côté, et d'ordinaire en avant, d'un petit article *incognito* sur ou contre Dieu, se trouve un immense article pour M. Janin ou M. Hugo, M. Périer ou M. de Villèle, M. Cabet ou M. de Chateaubriand. C'est là que pas une idée ne touche à l'autre, que les sujets les plus opposés se coudoient, que les plus grandes erreurs s'accouplent aux plus grandes vérités, que les systèmes les plus antipathiques se succèdent tour à tour, que les conversions et les apostasies sont *cyniques*, et que les contrastes passent pour des harmonies. — Il faut l'avouer, les journaux se sont bien nommés ; ils sont essentiellement *journaliers* : l'intérêt est pour eux la seule chose immortelle [1].

---

quin et Martignac... » — « Notre tâche est de séparer *l'or pur* de *l'alliage*, et de trouver des perles dans le fumier d'Ennius. » — « Les théâtres sont une partie importante de la littérature !!! » — Tels étaient les noms fondamentaux de ce que *la Gazette* appela son *programme* de 1832. — En 1834 et même en 1833, le conseil des sauveurs de la patrie était déjà différent : elle en a rayé M. de Lamartine comme orientaliste ; et elle a remplacé Mes Berryer et Hennequin par Me *Janvier*, qui lui a vendu son éloquence au mois de son *nom* 1834.

[1] Le *Journal des Débats* est, entre toutes les feuilles, la plus fameuse à cet égard : il a, tour à tour, défendu ou attaqué tous les pouvoirs, depuis celui de l'empire jusqu'à celui de *juillet*. Le prince qui le gorge d'or ou de places est toujours, pour lui, *le plus honnête homme du royaume*. Je ne m'étonne pas que le *Français*, *né* juste et *malin* à la fois, l'ait flétri de l'épithète de *Journal des Judas*.

Et qu'on ne pense pas qu'il y ait de la différence entre les journaux les plus contraires en apparence! le mal ici est dans les entrailles mêmes de la chose ; la nature force l'homme, et nous en avons de nombreux et de mémorables exemples : les Chateaubriand, les Lamennais, les Genoude, les Lourdoueix, les Laurentie, se sont perdus dans le journalisme; les Picot, les Bellemare se sont par lui interdit de grandir jamais. — Les journaux prétendus religieux sont les plus funestes : ils sont forcés par le fait, et quelquefois dans le titre, de mêler ensemble *Dieu et la liberté*, la souveraineté du Pape et celle du peuple (*l'Avenir*), le principe de soumission aux puissances et celui de révolte, la monarchie et les assemblées primaires ou nationales (*la Gazette de France, la Quotidienne* et *le Rénovateur*), la gravité de l'église et la plaisanterie de la borne (*l'Ami de la Religion*). Et cet amalgame inouï est le pire de tous les amalgames. C'est dans les feuilles de *la Religion* que la Religion ne peut pas toujours entrer en payant [1],

[1] C'est ainsi que le directeur de *la Gazette de France*, qui ne fait pas difficulté d'accueillir, à prix d'argent, l'annonce des romans de Paul de Kock ou de M. de Chateaubriand (sauf à placer son nom immédiatement au-dessus du leur), a refusé formellement cette faveur à M. Decourchant, éditeur du *Traité des devoirs catholiques dans les révolutions*, c'est-à-dire du seul livre religieux et systématique qu'on ait publié depuis la révolution de Juillet. — *L'Ami de la Religion*, lui, a refusé de le faire connaître, et il a eu la simplicité de dire ce que l'autre s'était contenté de penser, pourquoi. L'auteur avait eu la témérité d'appeler M. de Bonald, patron du journal, *le plus estimable des royalistes*, et d'avancer qu'*il avait dit, de la meilleure foi du monde, la plus grande des erreurs possibles* : celle que « dans les révolutions, le plus difficile n'était pas de pratiquer ses devoirs, mais de les connaître !... »

et que, tandis que les rédacteurs et les propriétaires, leurs petites querelles *municipales*, et jusqu'à leurs intérêts de famille, figurent exclusivement dans les articles *Paris*, Dieu n'a pas même les honneurs du *feuilleton* !

Nous avons voulu faire des *Encyclopédies* ou des *Bibliothèques*[1], pour remédier à tant de confusion et d'extravagances; nous n'avons fait que les multiplier : à des chaos, nous avons ajouté des chaos ; nous le verrons, nous n'avons jamais mieux manqué l'ordre que lorsque nous avons voulu l'atteindre.

Et les feuilles prétendues catholiques l'emportent sur les autres en divergence : je ne crois pas qu'il existe de haines plus profondes qu'entre *le Rénovateur* et *la Gazette de France*, et même entre *la Gazette* et *la Quotidienne*. Quoi qu'il en soit, celle-ci souffle directement le feu de la guerre civile, l'autre indirectement, et avec plus d'inconséquence. Toutes

[1] La *Société nationale* (c'est-à-dire MM. de Girardin et Boutmy), la *Jeune France* (M. Forfelier tout seul), etc., annoncent des bibliothèques communales, qui ne seraient autre chose que des boute-feu et des pommes de discorde dans nos campagnes, déjà si discordantes : heureusement elles sont impossibles ! et pourtant, on les annonce avec emphase sous le nom de *perpétuelles*, et on s'intitule soi-même : *Union pour la destruction des monopoles et la propagation des connaissances universelles !* — Il n'est pas jusqu'au grand Livre que nous ne ravalions au niveau des *Magasins*, des *Musées*, des *Univers* et des *Encyclopédies* pittoresques : un prospectus remplit à présent Paris et les provinces, où je lis : *La Bible, édition populaire et de luxe, à cent mille exemplaires, à trois sous la livraison.* — Je m'étonne que l'apôtre de *l'église française* ne soit point à la tête de cette entreprise ; car, s'il existe un moyen d'en finir avec l'église romaine, c'est la *popularité* de la Bible, aveugle, muette, morte.—Et M. de Genoude vient, à cette occasion, d'annoncer la sienne *à 2 sols ! Tu quoque !*

deux ensemble elles font des appels quotidiens, à la fois violents et plats, à la réforme électorale, au refus du serment et même de l'impôt, que *le Rénovateur*, le *Journal des Maires*, l'*Ami de la Religion* repoussent avec raison comme formellement contraires à la monarchie, à la religion, à l'Episcopat [1].

[1] Mais je sens, à tout moment, la nécessité de donner des détails, et de citer de petits noms propres pour faire sortir de grandes vérités. Il y avait un journal appelé *Courrier de l'Europe*, dont le matériel s'est fondu dans *le Rénovateur*. Le personnel, M. Chauvin, qui avait attaqué ouvertement, tous les jours, pendant une année, la politique des états-généraux, des assemblées primaires, du serment, de la réforme électorale de *la Gazette*, n'a pas plus tôt vu se fondre dans ses mains le *Courrier*-Berryer, qu'il écrit une lettre d'amende honorable à son ancienne adversaire, et que le voilà, à sa suite, publiant le résumé de sa nouvelle politique de convention, sous le titre d'*Ordre du jour de la grande armée royaliste!* — Quelle *conviction* d'un côté! quelle *confiance* de l'autre! — Mais aussi quels résultats!

Voilà de l'historique de raccommodement, en voici de mésintelligence provisoire :

Quatre hommes se sont associés pour fonder un journal à 4 francs, à la faveur du *Journal des connaissances utiles*, dont ils voulaient faire la contre-partie; car il semble que nous ne puissions jamais prendre l'initiative dans une bonne chose, et nous nous traînons toujours à la queue de nos adversaires. Une apparence de succès, qui semblait devoir porter au zèle, à la justice, les quatre fondateurs, les divise tout à coup en camps égaux : deux sont tout-à-fait mis hors de cause; les deux autres, entre les mains desquels l'œuvre était demeurée, et qui s'en croyaient réciproquement propriétaires par portion égale, se font un procès particulier, par suite duquel l'un est, à son tour, reconnu sans autre qualité que celle de signer le petit *Moniteur* comme rédacteur et *bouc émissaire*. Cependant, les premiers fondateurs évincés s'empressent de publier deux nouveaux journaux, les uns sous le titre de *Conseiller des familles*, les autres sous celui de *Propagateur*. — Et, alors, la guerre sourde de régner entre les trois entreprises! — Et ces messieurs de se disputer à l'envi la protection des évêques et les pauvres abonnés des *villes* et des *campagnes*, auxquels ils n'ont à donner pourtant que *contes bleus!* Ils manquent de tact, au point de mettre en scène pieuse des *valets d'écurie*, et de donner des recettes contre les

Une seule chose est immobile au milieu de la société présente, c'est l'intérêt personnel, *quand*

punaises, et jusqu'à la *grammaire générale* de... Mᵉ Hennequin : le tout en regard de sermons sur les mystères !... — Et quelques-uns, de répandre des circulaires anonymes contre les autres, qui les appellent *calomnieuses* dans leurs réponses publiques ! — Et tous ensemble, de se proclamer désintéressés, au point d'employer en œuvres pies tous leurs bénéfices !

Un autre fait n'est pas moins expressif des mœurs de nos soi-disant *amis de la religion*. Tout le monde sait ce qu'est le journal de ce nom. M. de Boulogne l'avait fondé avec un talent distingué; son successeur le continue avec une *innocence* de logique (pour employer la qualification que l'abbé Lamennais lui a donnée), et un caractère de peur connus. — Il ne doit son existence qu'à son format, qui permet de le conserver comme histoire ecclésiastique, à l'habitude du petit nombre de ses abonnés, aux nouvelles religieuses, que seul il est censé donner officiellement, et surtout à l'absence d'une œuvre éclairée et désintéressée du genre.

Un autre journal, *l'Univers religieux*, est intervenu, avec toutes les apparences de la bonne foi, de la modération et du désintéressement. Dirigé par un prêtre sage, l'abbé Migne, il n'a d'autre faible que celui démêler quelquefois la simplicité du christianisme à la licence de l'idéologie moderne, de concilier la religion de M. Pagès et celle de monseigneur l'archevêque de Paris, la théologie du séminaire et celle de M. Bautain. A cela près, l'*Univers* est visiblement protégé de l'épiscopat français, dont il a pris soin de publier les lettres nombreuses. Et voilà toutefois que *l'Ami* prétendu *de la Religion* se constitue tout d'abord son ennemi, avec une déraison visiblement intéressée !

Aucune des personnes auxquelles je viens de faire allusion ne s'imaginera que je suis animé de quelque secret intérêt ; elles savent toutes quel a été mon désintéressement à leur égard à toutes les époques.

Amicus usque ad aras :

telle fut toujours, telle sera, à tout prix, ma devise. — S'il y a une vérité au monde dont je sois pénétré, c'est que la religion n'a rien à craindre de ses ennemis décidés, et qu'elle a tout à redouter de ses impuissants défenseurs. Et, par *impuissants*, j'entends les hommes qui n'ont que de la bonne foi, pour soutenir une cause qui sollicite préalablement la capacité.

même... et cet intérêt donne la clef de toutes nos mobilités.

Nous avons signalé la contradiction, le conflit existant, la guerre violente qui s'opère, entre tous les éléments de la société universelle; il nous reste à constater un combat plus sensible, plus opiniâtre, et qu'on peut considérer, sinon comme la cause, au moins comme le résumé de tous les autres combats. Je veux parler des antinomies et des anarchies *radicales* ou constitutionnelles.

Et comment ne serions-nous pas contradictoires dans notre morale, dans nos prétentions, dans notre conduite, lorsque notre éducation politique[1] est essentiellement contradictoire elle-même? Je ne montrerai pas les dissidences des chartes diverses qui se sont succédé en France, depuis celles de 1791 ou de 1793 de comique ou de tragique mémoire, jusqu'à celle de 1814, qu'on appela un *arc-en-ciel* après l'orage, et qui ne fut pas même, comme M. de Bonald la définissait, un *éclair entre deux tempêtes*. Toutes ensemble, elles n'étaient rien moins que des signaux de détresse et des *boîtes de Pandore*, à l'espérance près; car, les fameux *articles* 14, où l'on s'imaginait, en *Louis*-le-Grand, se l'être réservée *incognito*, ne furent rien moins, nous le savons, que de bonnes fortunes pour l'ennemi. Et, toutes ensemble,

---

[1] L'éducation, l'instruction publique et *universitaire*, est bien autrement suicide : elle sème, à pleines mains, la république et la révolte *classiques* du paganisme; et ne prétend-elle pas recueillir la docilité et l'ordre public, essentiellement et exclusivement *chrétiens?*...

ces prétendues lois ne firent que s'entre-déchirer, comme leurs auteurs. Mais, ce que je dois faire remarquer, ce sont les collisions de la charte du 7 août, venue s'établir sur les débris de toutes les autres.

Là, en effet, tout se heurte : les droits du gouvernement et ceux des chambres, ceux du roi et ceux des députés, ceux des juges et ceux des citoyens. Mais, les domaines qui se neutralisent le plus, sont celui de l'Église et celui de l'état, celui de l'homme et celui de Dieu. On dirait que M. Bérard, véritable homœopathe, a pris soin de diviser, à l'infini, la grande souveraineté, naturellement une et solidaire, pour en faire autant de souverainetés que d'atomes, autant d'adversaires que de puissances. — On proclame, dans le nouveau *préambule* démocrate, la *résistance héroïque* des citoyens de Paris, et la *dignité nationale* blessée dans le vieux *préambule* du droit divin, c'est-à-dire la souveraineté du peuple portée à sa plus haute puissance. On la reconnaît, en réalité, 1° dans les principes d'*égalité* (art. 1, 3) et de *liberté* (5, 7, 68, n° 8); 2° dans les droits d'élections de garde nationaux, de municipaux, de provinciaux, de députés, de roi, etc.; 3° dans le droit de voter l'impôt et la liste civile (15, 19, 40, 41); 4° surtout dans la terrible borne mise à la royauté *suprême de l'état*, à la queue de l'art. 13 : « *sans qu'il puisse* JAMAIS *ni suspendre les lois* », etc.; 5° enfin dans les électeurs de la couronne, dont le seing est là pour *jamais* : *Laffitte*, *Pavée*, *Cunin*, *Jars* et *Jacqueminot*... — Et, d'un autre côté,

on déclare 1° qu'au *roi seul appartient la puis-*
sance (art. 12 : car, l'*exécutive* n'est que la plus
grande et la seule des puissances); 2° qu'il est le *chef*
SUPRÊME *de l'état*, commande les forces *de terre et*
de mer (13); 3° que TOUTE JUSTICE émane de lui
(48); 4° que sa personne même est *sacrée* (12), c'est-
à-dire, évidemment de ce droit *divin*, qu'on abhorre;
5° et qu'enfin, il est *appelé au trône, lui* et SES DESCEN-
DANTS A PERPÉTUITÉ (disposition de clôture).

La contradiction n'est pas moins palpable entre
les pouvoirs réels qu'elle ne l'est entre les pouvoirs
fictifs ou généraux. — La Chambre des pairs est la
chambre haute, et la chambre basse seule a la clef
de la paix et de la guerre communes, dans le vote
de l'impôt; le membre de la première est inamo-
vible, et celui de l'autre peut passer sa vie en prison.
— Le magistrat de cour souveraine est soumis à des
lois rigoureuses, pour disposer du plus mince intérêt pécuniaire; et le marchand de vin du coin de
la rue a le droit de vie et de mort sur le député[1] et
même sur le garde-des-sceaux. — De plus, l'hostilité
constitutionnelle est plus grande entre les citoyens
qu'entre le pouvoir. Il n'y a pas un électeur de député sur mille individus; et, dans les millions de
Français de toutes conditions, également et bien
plus capables, deux cent vingt-un, quatre-vingt,
que dis-je? sept, et peut-être un seul, le moins heureux de tous, *Caffin d'Orsigny* a décidé, le matin

[1] L'affaire de M. Cabet (il est vrai qu'il est fils d'un tonnelier lui-
même!) en est un exemple, qu'il s'est plu à citer lui-même.

du 28 juillet, de la réunion *Bérard*, de celle *Puyraveau*, de celle *Pagès*, de celle de l'*Hôtel-de-Ville*, de la *Commune*, du *Gouvernement provisoire*, et enfin de la Royauté définitive [1].

Voilà pour les rois, voilà surtout pour les peuples, pour les *Laffitte* et pour les *Pavée* futurs. On cherche vainement quelque hommage, on ne trouve que des blessures pour le Dieu ou la religion de l'univers. Il est dit que la *religion catholique* est professée par la MAJORITÉ (6); et, dans le fait, *chaque* membre de la *majorité* ne professe guère que *sa* religion, et encore *avec liberté*, comme dit l'art. 5. Le seul article 62 parle de *devoirs* (comme on dirait des jeux) *de société*. Le seul article 55 rappelle l'*ordre* et les *mœurs*, dans les palais de justice, où nous avons vu le règne de l'anarchie, et jusqu'à celui des baïonnettes!

J'ai donné une idée des contradictions morales ou politiques qui forment en ce moment le *trait* du pays. Mais, contradictions pour contradictions (et l'observation est importante), je préfère, en dernière analyse, celles du retour à la vérité, aux contraires. Et, pour dire encore ici ma pensée tout entière, je n'hésite point à mettre le protestant, dont Bossuet avait tracé à l'avance les *variations*, nommant *Bossuet* comme autorité, au sein d'une Chambre de juillet, et finissant un noble discours par le nom sacré de *Dieu*, M. Guizot enfin, de l'ancienne société révolutionnaire *Aide-toi*, et même

---

[1] Je conseille à tout le monde de lire sa *Lettre* au duc de Choiseul dans les journaux de la huitaine fameuse.

Barthe, l'ex-secrétaire des *Carbonari*, usurpant la défense de l'ordre social... je n'hésite point, dis-je, toutes choses d'ailleurs égales, à les placer au-dessus du pâle Lamartine, osant à peine faire allusion à la religion dont il se croit le poète; et surtout du hardi Berryer, qui, de flatteur de M. de Polignac et de membre *assermenté* d'une assemblée de juillet, est devenu l'hypocrite avocat des sociétés désorganisatrices, qu'il eût le premier foulées aux pieds en vertu des *ordonnances* de 1830!...

Le parjure est vertu quand le serment fut crime.

Entre l'intérêt *probable* qu'ont à se faire un titre du *Dieu qui mène la France*, tout un ministère et toute une chambre, jadis hostiles ou indifférentes en matière de religion [1], et l'intérêt *démontré* que les deux oppositions ont à éluder ce grand Dieu qui doit les juger [2]... il faut enfin choisir. Et le philosophe sage, l'honnête homme, qui ne peut observer que les faits, pour qui les cœurs et les voies providentielles sont lettres closes, doit donner raison à l'*égoïsme* utile par provision à la patrie.... Je n'ai

---

[1] Jamais, non jamais, M. de Clermont-Tonnerre, M. de Villèle, M. de Peyronnet et leurs trois cents, n'eussent osé finir, en fait d'état, comme Persil, Soult, Guizot et Thiers commencent. L'évêque d'Hermopolis lui-même a failli renier la *Congrégation*, dans un discours célèbre au sein de la dernière chambre *introuvable*.

[2] « Que voulez-vous, dit Mauguin, que nous répondions à cet argument : *Dieu mène la France!* Nous n'avons rien à dire, sinon que nous voudrions qu'*il* pût se passer de nos ministres..., à moins que nos ministres ne soient ici de petits échantillons de la *Divinité*. » — Malheureux député! vous en êtes bien, à moins que vous ne soyez pas *homme*, ou que vous ne le vouliez pas, l'*image* vous-même !

pas plus défendu M. Guizot qu'attaqué M. Berryer, mais bien la vérité relative à M. Guizot ou à M. Berryer; car, que me fait, à moi, M. *Berryer* ou M. *Guizot*, lesquels n'ont, ainsi que moi, qu'un instant à pérorer sur la scène du monde!..

. . . .

Au moment où j'écris, une grande question est soulevée, et ses accessoires ou ses conséquences sont trop mémorables, et trop capables de relever tous les traits à la fois de mon tableau de l'anarchie du jour, pour que j'hésite à les retracer.

Il y a des enseignements qui valent et représentent tous les enseignements.

Le lendemain, pour nos révolutions, est à un siècle de la veille; et, comme il arrive toujours, ce sont les digues mêmes que le pouvoir veut lui opposer, qui lui fraient et élargissent le chemin : les *occasions*, mieux peut-être qu'à la veille de juillet 1830, suffisent pour constituer des *causes*. Le gouvernement a besoin d'une loi contre les sociétés secrètes et hostiles dont il a fait lui-même partie. Mais il n'est ni assez hardi, ni assez fort pour la demander nominativement contre cette sorte d'associations; et il a soin de paraître envelopper dans la même proscription toutes les autres. De là, il faut le dire, de là seulement, la logique et l'éloquence de son double ennemi.

La discussion touchait à sa fin. Il prend envie à un député de faire vibrer la corde, jusque-là immobile, de la raison, de la légitimité, de la divinité, du *droit;* et voilà que tous les esprits sont en émoi, toutes les passions en feu, toutes les volontés en action. Jamais, depuis le 7 août, l'anarchie de la Charte, l'anarchie de ses défenseurs et de ses adversaires, n'avaient encore été aussi bien une triple anarchie en action. — « Si le *peuple,* dites-vous, reconnaît que le bill contre les associations porte atteinte à ses droits, il a droit de résistance. » Il fallait commencer par répondre à la question : *Qu'est-ce que le peuple?* — « Il n'y a pas de *droit* contre le *droit.* » Vous avez oublié de donner la définition de ce double *droit.* — « Il y a des *objets* sur lesquels le législateur n'a pas le droit de faire une loi. » Vous êtes ici à nous dire ce qui constitue un objet *inlégislatif.* — « Il ne s'agit pas de compter les boules, comme le journal des *Débats,* mais d'apprécier l'*équité* du vote. » Je vous demanderai, *qu'est-ce que l'équité,* le jour (le même que celui où vous parliez) où Pilate demanda à son Sauveur : *Quid est veritas?* — « La *justice* du vote produit seule le droit. » Vous n'avez point déterminé la *justice.* — « Les *majorités* n'ont le droit d'agir qu'en dessous des lois *constitutionnelles.* » Ici, votre omission consiste dans le défaut d'explication des *majorités* et des lois *constitutionnelles.* — « Si un *homme de bien* veut se réunir pour propager, affermir le *christianisme,* je suis son homme, malgré vos ministres et vos lois. » Qu'est-ce qu'un *homme de bien?* qu'est-ce que le *christianisme?* — « Je ne connais pas de pouvoir humain qui puisse me faire apostasier *Dieu.* Je désobéirai à votre loi pour obéir à *ma* conscience. »

Qu'est-ce qu'une *conscience*? qu'est-ce que *Dieu*? car il faut toujours en revenir au *catéchisme*. — « Saint Paul a commandé d'obéir à Dieu plutôt qu'aux hommes. » Oui, mais lorsque les *hommes* commandent l'impiété, l'inhumanité, le crime : *quid*, s'ils commandaient, directement ou indirectement, de bonne ou de mauvaise foi (peu importe ici), la religion, l'ordre public? — « Au-dessus des chartes sont des *droits* plus sacrés, ceux de *Dieu*, de l'humanité. » Quoi! vous êtes l'homme du *droit divin*, et vous avez la prétention d'être l'homme de la souveraineté du peuple! y avez-vous pensé?... — Vous citez à la fois Aristote et Origène, Benjamin-Constant et Bossuet, Celse et Royer-Collard, Fox et Pitt, Marat et saint Paul, oubliant que le *droit chrétien* est venu détruire le *droit païen*, et qu'en définitive, si saint Paul ou Bossuet avaient eu à voter la loi en question, ils l'eussent votée; et qu'en tout cas, ils n'eussent pas dit, comme vous, leur disciple pourtant, vous *chrétien* austère, sans respect humain, vous défenseur de l'épiscopat, vous l'*honorable ami* du pèlerin catholique Lamartine : l'*insurrection est le plus saint des devoirs!* car, ce n'est rien moins que ce mot de la charte de Robespierre, qui n'est pas *écrit* dans la vôtre, et que vous y mettez de votre puissance; et vous *faites de la prose* révolutionnaire *sans le savoir!* — Mais, après tout, je ne voudrais que votre promesse suivante, pour neutraliser toutes vos menaces : « Je déclare hautement que, malgré son inique arbitraire, j'aiderai le pouvoir contre *toute* association *perturbatrice*; que je le ferai avec *courage*, avec force, avec bonne foi, sans arrière-pensée. »

Vous n'avez rien *dit*, et toutefois voilà que toutes les sociétés commencent à *faire* : voilà que les *mutuellistes* de Lyon, forts *des verdicts du jury et des opinions unanimes des philosophes et des publicistes*, proclament que la société, que vous appelez *perturbatrice, est essentiellement moralisante, harmonisatrice, et qu'ils continueront à exister comme par le passé, quoi qu'il advienne !* Et voilà que « l'*Union de juillet, réunie,* le lendemain de votre discours, *en assemblée générale, sous la présidence du général Lafayette, s'est engagée à ne pas se soumettre à la loi.* » La *Tribune* ajoute que « M. Laffitte n'a pas été un des membres les moins *énergiques*. » On a vu le reste... Je sais bien, encore une fois, qu'il ne sied pas à des hommes *de résistance*, à des *associés de carbonarisme* ou *d'Aide-toi*, de faire vider les lieux à des associés de *Droits de l'homme* : mais, va-t-il aussi aux seuls promoteurs, aux électeurs exclusifs du gouvernement de juillet, de s'insurger contre leur ouvrage et de briser ce qu'ils ont adoré[1] ? Quant à la France réelle, qui est demeurée spectatrice du combat de ses *prétendants*, s'il lui était permis d'avoir une volonté et de faire un choix, elle resterait

---

[1] Si jamais les favoris de Juillet se trouvaient ses victimes, ils auraient le droit de dire, comme jadis Lebon à ses maîtres ingrats : « Législateurs, si nous vous avions moins respectés, nous ne serions pas dans les fers. Nos crimes sont ceux de la *Convention*. »

aux mains où elle se trouve. Elle a faim de tranquillité, de paix, de prospérité, de religion. La question, pour elle, n'est pas de savoir si tel ou tel de ses rois ou de ses ministres de fait, ont violé l'ordre public, mais s'ils le violent. Le présent est tout pour elle ; le passé, l'avenir lui-même sont des chimères, auxquelles elle ne peut rien et dont elle n'est pas le juge.

Mais, ce que nous appelons la France réelle est si peu de chose, comparé à la France factice!...

Donc, il nous est permis à présent de le proclamer avec M. Lerminier, dans une des dernières leçons de son prétendu *Cours d'histoire du pouvoir législatif*, au Collége de France : « La société est à cette heure, *anarchique*. Il y a une telle multitude de forces qui se croisent et s'entre-choquent, il y a une telle profusion d'idées, de principes, de choses en circulation qui surgissent, qu'il ne se trouve point d'homme, etc. » Et le professeur, de donner à la fois l'exemple et la leçon de *l'anarchie!* — *Point d'homme*, c'est vrai ; mais alors, à quoi bon notre inscription fastueuse : *Aux Grands Hommes, la Patrie reconnaissante* [1] ? — *Point d'homme :* or, comment Jules Janin a-t-il pu dire, à propos des *Mémoires de feu* Chateaubriand : « Aujourd'hui le peuple n'est plus

---

[1] Sait-on quels hommes gisent encore aujourd'hui dans les *sacrés lieux ?* quelles cendres, quelle poussière, sont ensevelies à côté de celles des *Voltaire* et des *J.-J. Rousseau* (celles du cardinal Caprara, du vertueux Portalis et de Soufflot, y sont sans doute par *quiproquo*) ? Les voici, telles qu'un journal libéral vient de les exhumer : Lannes, Ignace Jacqueminot, Nicolas Demeunier, Lagrange, *Jean Rousseau*, Ordener, Lepayge d'Orsène, Justin de Vire, Claude-Ambroise Rey-

une bête à 1000 têtes, mais *un homme* à 1000 têtes ? »
— Comment surtout a-t-il osé ajouter que son héros n'était que *le second dans le siècle*, Bonaparte étant le premier ? — Il est vrai qu'il a pris soin de raccourcir l'homme *secondaire* de son siècle, en le mettant sur la ligne de celui *qui boîte et qui arrive toujours le premier* (M. de Talleyrand) ! — Car, tels sont, selon lui, « les *deux* hommes que le XIXe siècle désigne à l'avance comme ses deux juges les plus redoutables. » — Disons-le donc, comme Lerminier, il n'y a *d'homme* nulle part, point surtout au Collége de France, moins encore à l'Abbaye-au-Bois, où gisent tant de femmes ; et je n'aurais besoin, pour le faire sentir à M. de Chateaubriand, que le mot fameux de sa *préface* générale, rapporté par J. Janin : « *On me prend, on me laisse, on me reprend ;* » il oublie qu'on l'a *laissé* en dernier lieu, et à jamais. Il l'a dit à son tour, d'une autre façon, dans le même article, le biographe multiforme, qui représente *son Paris* en miniature : « Aujourd'hui *tous* les principes sont remis en question, et on en est à savoir ce qui peut rapporter le plus de renommée ou d'argent, de fonder une religion nouvelle, ou de bâtir des chemins de fer. »

gnier, Hureau de Senarmond, Vincenti, Cossé, Thevenard, Marevi, Bougainville, Erskine, le cœur de Pierre Sers, Marie Vieu, Leblond de Saint-Hilaire, le comte de Champmol, Garnier de la Boissière, Tronchet, Cabanis, Perregault, Treilhard, Choiseul-Praslin, Pantaléon Reynier, le cœur de Firmin Malher, Caulaincourt, Petiet, Jean-Baptiste Papin, Beguignot, Bevière, Durazzo, Claret-Fleurieu, Morard de Galles, Henri Walther, Guillaume Winther.

Une fois le mal anarchique existant, il ne fait que s'aggraver ; et les étais, les petits remèdes eux-mêmes, ne font que lui donner des forces nouvelles. L'erreur, mieux encore que la vérité, acquiert en allant, *vires acquirit eundo*. Elle semble dire, comme son principe :

Le bien n'est plus pour moi que dans l'excès du mal.

En somme, si j'excepte les livres de faits véritables (et je n'en connais pas un grand nombre), je ne sache guère d'ouvrage de philosophie ou de littérature *humaine* (et l'*Imitation de Jésus-Christ* [1], et la *Bible* elle-même, sans l'Église, le plus admirable et le seul des interprètes et des encyclopédistes, sont des livres humains), je ne sache guère, dis-je, d'ouvrage qui ne soit une Babel de la raison, comme une de nos encyclopédies, et qui vaille une heure de peine.

Nous avons vu la *macédoine* de la littérature : il est à propos de jeter les yeux sur ses résultats; ils portent à la fois sur ses auteurs et sur ses sujets. L'histoire littéraire de la France offre un grand nombre d'esprits-faux fameux, qui commencèrent par être sages et même catholiques en apparence. MM. de Chateaubriand (je le fais dater du *Génie du Christianisme*), de Montlosier, Lamennais, sont aujourd'hui des preuves vivantes de la portée d'une seule erreur. D'autres écrivains, assez désordonnés

[1] La confession auriculaire, celui des préceptes catholiques dont tous les autres ne sont que des moyens, n'y est pas mentionnée une seule fois.

dans leurs belles-lettres, semblent avoir été heureux de mourir; et, pour se perdre, le temps seul peut-être leur a manqué.

Et n'oublions pas que la littérature influe directement sur les mœurs. Cherchez bien, vous trouverez des passions *après* nos livres les plus célèbres; vous en trouverez *pendant* et *avant*. Je ne crois pas non plus que les littérateurs les plus heureux en apparence l'aient jamais été en effet; car on est moins flatté de la gloire que de la conscience, et il est impossible à celui qui ne sait pas toute la vérité de ne pas *douter* de son génie et même de son salut.

D'ailleurs, il y a toujours dans un pays, et même dans une localité, quelques hommes isolés, mais capables, forts, incorruptibles, qui se taisent et qui refusent de sacrifier aux faux dieux : ce silence des habiles sert de conscience à ceux-ci, et les tourmente le reste de leur vie.

Ce qui est vrai des écrivains l'est des lecteurs; ils passent leur temps, ils usent leur esprit, leurs forces, leur être, à rechercher la vérité partout, sans la trouver nulle part. Ils sont, après tant de vains labeurs, moins avancés que les ignorants purs; et c'est dans ce sens seulement qu'il est permis de croire au *bonheur* des *pauvres d'esprit*. Enthousiastes des livres avant de les connaître, mécontents ou indifférents après les avoir lus, ils finissent par n'avoir d'autre science que celle de leur propre nature, c'est-à-dire de leurs passions. Je ne crois pas qu'on puisse citer un seul exemple, bien constaté, de conversion religieuse ou politique, venue de livres quelconques.

Les meilleurs philosophes catholiques ont peut-être plus nui aux méchants qu'ils n'ont entretenu le bon esprit des autres : ils sont hautains, et l'on dirait qu'ils cherchent plus à ridiculiser qu'à sauver leurs adversaires. De cette façon, la république sociale se trouve bientôt, comme la république des lettres, un vaste arsenal d'erreurs, de crimes et de révolutions !...

Révolutions : c'est le dernier mot que nous allons développer.

Tous ensemble, précepteurs et disciples, sont marqués au coin du dérangement, de la souffrance morale, et même d'une sorte d'aliénation spirituelle : *Omnis creatura ingemiscit..., stultorum infinitus est numerus*, pour parler comme la *Bible*, que les faits démontrent de plus en plus. Rien de plus rare au XIXe siècle qu'un *esprit présent*; et, si j'ose le dire, un cœur *à soi*. Nous sommes tous, et toujours, hors de nous, impatients des autres, plus impatients encore de nous-mêmes. L'ambition enfin de la propriété, des places, des honneurs, des plaisirs, des sciences (et qu'est-ce que les ambitions, sinon des principes de déplacement?); l'ambition, dis-je, nous possède toute seule, tout entière, et tous. La pensée ne fut jamais plus incertaine, plus mobile, plus insaisissable : comment un gouvernement, qui n'est pas autre chose que le représentant de cette pensée aérienne, oserait-il prétendre à une *pensée immuable?*

Du dérangement, de l'aliénation de l'esprit et du cœur, résulte l'aliénation des principes, et tout d'abord de celui de la souveraineté. Elle est partout, dans les majorités naturellement aveugles et turbulentes, plus jamais dans les minorités, qui le sont d'autant moins, ou dans les unités, qui ne le sont pas du tout : et nous avons, en conséquence, des peuples-rois et des rois-citoyens, des hommes-dieux (car que sont autre chose des hommes incrédules?) et un Dieu-*mot* [1].

[1] C'est le *mot* de Louvel, et ce mot seul, à Rome et même à Athènes, eût jadis expliqué son crime et justifié sa condamnation. Nous venons d'entendre un autre déplacement de Verbe non moins monstrueux, et cela en plein Collége royal de France, dans la leçon d'ouverture du prétendu *Cours d'histoire* de M. Lerminier : il a mis littéralement le plus faux dieu des poètes, *Orphée*, à côté et même avant le dieu réel des chrétiens, Jésus-Christ!

Je trouve dans le plus conséquent des journaux, la *Tribune*, l'aveu remarquable du déplacement de la foi : « La révolution renverse et construit, parce que son royaume est de ce monde : nous sommes ses fidèles croyants. Hier, notre œuvre commençait par le martyre : nous l'avons poursuivie, et chacun sait que nous ne reculerons jamais pour la mener à bonne fin. La foi révolutionnaire est la seule religion de notre siècle; sa messe ou son prêche s'appelle propagande; sa communion l'association; son sacrifice est le dévouement des citoyens à la chose publique; *son baptême est le baptême de sang*. L'expérience de ces trois ans passés, et de ceux qui vont suivre, enseignera assez à ceux qui naîtront de nous et viendront nous juger un jour, si jamais religion eut dans les siècles anciens tant de prophètes, tant de soldats, tant de miracles et tant de foi. » (Février 1834). — Et dans un autre numéro du mois d'avril : *peu de jours* avant le sac de Lyon! « Le peuple seul est grand (Massillon se trompait en disant que c'était Dieu), seul il est puissant; seul il est souverain; seul il est arbitre. La république, qui est le gouvernement du peuple, est le seul pouvoir possible après tant de révolutions successives faites pour détruire les prêtres, les seigneurs et les rois. Le peuple seul est infaillible, parce qu'il est seul irresponsable, n'ayant pas d'autre *juge* que

Mais, sans nous élever aussi haut, remarquons un déplacement, plus simple et moins décisif, de ce que nous appelons *principes*. Le droit civil s'introduit dans le droit public, le droit public dans le droit canon, et la finance jusque dans la théologie : « On a supprimé vingt-six fêtes, dit un jour de 1823 à la Chambre des députés un manufacturier fameux, Ternaux, et cette suppression nous a valu un revenu net et clair de 364 millions. » — Vingt-huit millions d'âmes à 50 centimes par jour faisaient cela en effet!!! — Ce n'est rien, nous avons déjà l'état sauvage dans la civilisation : car le duel, usité, honoré en présence des lois muettes et des magistrats inutiles; le duel, pratiqué par ceux-là même dont la mission serait de porter des lois sévères contre lui, qu'est-ce autre chose que la rentrée en barbarie?

Lorsque les vérités, les pensées et les principes sont déplacés, il faut que les hommes, les actions et les choses soient déplacés aussi. A chaque fonction vacante, dans la littérature ainsi que dans les affaires, on peut dire, comme *Figaro* : il fallait un calculateur pour la remplir, ce fut un danseur qui l'obtint. Or, les plus grands ou les plus petits hommes, hors de leur place, ne sont que les plus dangereux et les plus à plaindre : je citerai, entre autres, le duc de Bordeaux et Louis-Philippe [1], M. de Montbel et

---

lui. » — JUGE ! oui; lorsque le peuple a exercé quelques jours sa souveraineté contre les rois et les sujets des rois, il est merveilleux à la rétorquer contre lui-même, et à dresser ses propres échafauds.

[1] Il faut même dire que le duc de Bordeaux a été mis imprudem-

M. Barthe, M. de Chantelauze et M. Thiers (on dirait qu'il ne s'agit pas d'élever les hommes, mais d'abaisser les places [1]); l'ordre des jésuites interdit et dispersé, et l'abbé Châtel libre à Paris; M. de Genoude, ancien limonadier à Grenoble, possesseur de la terre du Plessis, directeur de la *Restauration française*, et M. de Frenilly, noble distingué, publiciste habile, obligé de vendre son beau patrimoine de Bourneville, et de traduire poétiquement les fureurs de l'*Arioste* en pays étranger; MM. Cousin et Villemain, fils de portier ou de pauvre de Paris, pairs de France et grands-maîtres de l'Université, et Victor de Bonald, ancien recteur, M. de Bonald père, ancien conseiller de l'Université, pair et ministre d'état, réduits à vivre faibles et inutiles dans les montagnes de l'Aveyron; M. Romain de Sèze, justiciable, et M. Isambert, juge à la première cour souveraine du pays [2]. Les magistrats sont partout remplacés par

ment à la place de Charles X, et même du duc d'Angoulême; car la plus pauvre vieillesse est moins incapable en politique que l'enfance la plus extraordinaire.—Au reste, lorsque nous parlons ici de *déplacement*, nous n'entendons rien préjuger sur la question de légitimité ou d'usurpation : aujourd'hui que la révolution est consommée ou couronnée de fait, le duc de Bordeaux revenant par force, et son cousin se retirant de la même façon, seraient individuellement tous deux déplacés de nouveau, et comme tels de nouveau terribles.

[1] Tite-Live, historien de la sagesse romaine, ne veut pas qu'en temps de troubles on donne le commandement aux personnes odieuses : *In perturbatâ republicâ non utile est eos præesse vobis, qui proximi invidiæ sunt.*

[2] Il y a un renversement de personnes non moins singulier, mais qui n'aura qu'un moment, je veux dire la contre-révolution et la mise hors de cour des héros des trois journées. Tout le monde sait que le bénéfice de juillet a été ravi par les lâches, et que les hardis qui

des citoyens tremblants ou despotes devant les accusés...[1]; les avocats sont à la Chambre des dépu-

lui ont survécu sont, les uns en prison, et les autres à la porte du Palais-Royal, et même de l'Hôtel-de-Ville. M. Dupont de l'Eure est à celle de la Chambre, sur le tombeau de son seul *ami**. M. Laffitte, lui, est à la porte de son hôtel de Juillet, où personne même ne veut plus entrer. M. de Lafayette, le plus infortuné de tous, conserve ses entrées partout et se porte bien.

J'ai dit que ce renversement de personnes ne durera qu'un moment ; on peut ajouter qu'il est plus apparent que réel. M. Laffitte, par exemple, même hors de son hôtel et de la Chambre, est plus populaire que le roi Louis-Philippe aux Tuileries. Le journal qui l'eût appelé le *plus honnête homme du royaume* n'eût été admonesté par personne. Il peut dire avec un héros de Corneille :

> J'ai fait des souverains, et n'ai pas voulu l'être.

Et puis, la révolution de juillet, qui se trouve repoussée du gouvernement qu'elle a fondé, n'en fait que prendre des forces et une attitude nouvelle de puissance. Elle affronte supérieurement les tribunaux devant lesquels on la traduit avec tant de mécomptes. Qui ne voit que les rôles sont à présent changés dans les Cours d'Assises ? Ce n'est certes pas M. Jacquinot Godard qui présida celles de Paris aux mois de janvier 1832 et décembre 1833, mais bien M. Raspail. (M. Dupin appelle cela de la justice *exactement rendue*, dans son discours au roi du 1er janvier 1834.) La Cour Royale était jadis la *Convention au petit pied;* elle n'est plus aujourd'hui qu'une grande justice de paix ridicule : *quantùm mutatus ab illo !* — Jadis le *Mémoire au roi* lui prédit textuellement sa destinée, dont elle n'a subi encore que la moitié.

C'était assez, beaucoup trop, que les avocats et les procureurs fussent déjà des juges ; car il est évident que la fonction des premiers est un véritable outrage à celle des autres. — Il sera prouvé un jour, aussi clair que le soleil à midi, 1° que la plus grande difficulté du jugement d'un procès quelconque vient des écritures et des plaidoyers des officiers de justice ; 2° que les affaires les plus compliquées en apparence

---

* M. Cabet, l'un de ses ex-secrétaires, réduit par des juges que son patron avait nommés peut-être, à la condition d'un vagabond, sous le poids de l'article 42 du Code pénal, s'est condamné lui-même à l'exil. — Ainsi, voilà qu'en moins de quatre années les deux sortes de hardis de la France, les derniers ministres de Charles X et leurs parties adverses, se rencontrent loin de la patrie où sont restés, triomphants et dorés, les lâches intermédiaires.

tés, et les procureurs au Palais-de-Justice. Cependant les champs restent abandonnés, et les paysans encombrent les colléges électoraux ; les soldats désœuvrés *flanent* dans les rues, et les citoyens s'impatientent dans les corps-de-garde; les pauvres, enfin, languissent délaissés dans leurs mansardes, et les parvenus du siècle sont assiégés et flattés par des flots de solliciteurs jusque dans leurs antichambres.

Ille crucem sceleris pretium tulit, HIC DIADEMA [1] !

Tel est le roulement de la révolution, il y a celui de la légalité. C'est, sinon une loi, du moins un usage emprunté à la restauration [2], de faire courir un homme par tous les degrés des grandes échelles de la magistrature et même de l'administration ; et cela, indépendamment de sa capacité, de son âge, de ses services, et même sans égard aux besoins des localités : de telle sorte que les fonctionnaires publics se trouvent perpétuellement condamnés à faire des apprentissages sans savoir, sans réaliser rien jamais, et les administrés à subir des essais gratuits.

Les femmes elles-mêmes sont déplacées comme

---

se réduisent toutes à un mot unique, qu'on ne dit jamais qu'à la fin des plaidoiries, lorsque les juges se lèvent, ou même qu'on ne dit pas du tout ; et que les parties les plus ignorantes savent mieux mille fois que tous les Cicérons et tous les Lamoignons réunis.

[1] JUVENAL, *sat.* XIII.

[2] La restauration portait la manie et la simplicité des amovibilités jusque dans la fonction qui se rapprochait le plus d'elle, le ministère; nous l'avons avertie de ce qui en résulterait infailliblement, dans une *Lettre au roi sur le maintien du conseil, où l'on considère les changemens de ministère comme un principe de destruction*, etc., 1827.

les hommes. Elles eurent, dans le xviii° siècle, une tendance prononcée à se faire écrivains, à réunir chez elles des sociétés savantes, et, ne pouvant entrer personnellement à l'Académie, à y faire entrer leurs adeptes. Elles firent plus d'un ministre, et quelques-unes tombèrent de chute en chute au lit, et par conséquent au trône, des rois fainéants. Mais jamais les femmes ne furent aussi publiques que de nos jours. Toutes les sortes de prétentions, elles les ont mieux qu'à aucune autre époque; jamais elles n'élevèrent ou ne firent leurs enfants avec moins de bonheur, jamais mieux les *mémoires*, les *vers*, les ministres et même les rois; seulement elles sont, provisoirement du moins, plus heureuses les unes que les autres [1].

Mais le plus grand déplacement et le plus dangereux peut-être, c'est celui des âges. La vieillesse, si respectée chez les anciens, à Rome et même à Athènes, aussi bien que dans le peuple d'Israël, est aujourd'hui l'objet du dédain; elle a partout cédé le pas à la jeunesse, laquelle encombre les fonctions, les journaux, les écoles, les sociétés, les forum. Nous avons, enfin, partout des enfants : il ne nous en manque plus qu'un sur le trône, et tout ce que

---

[1] L'ancienne duchesse de Berry et madame Adélaïde d'Orléans. — La publicité du caractère des femmes est la raison évidente de leur immolation dans le journal le *Charivari*, que M. d'Argout a dénoncé le 6 février 1834 à la Chambre, en ajoutant : « C'est pire qu'en 1793 ; à cette époque on immolait les femmes, on ne les flétrissait pas. ». — Il faut l'apprendre à M. d'Argout qui paraît l'ignorer, les femmes fortes ne sont jamais véritablement flétries, qu'elles n'aient accepté la flétrissure à l'avance.

nous faisons, nos passions, et jusqu'à nos vertus, vont à l'y mettre !

L'envahissement des personnes a entraîné avec lui l'empiétement des choses. On peut dire que la centralisation est à la fois partout et nulle part.

Le village s'écoule dans la ville, le canton dans l'arrondissement, la province dans la capitale ; et, réciproquement, le ministère, et jusqu'à la royauté, cherchent à descendre dans la province et dans la commune. D'après un autre ordre de choses, la commune est dans la paroisse, bien mieux certes que ne le fut jamais la paroisse dans la commune. L'Église est, en quelque sorte, dans l'État (la loi sur les évêchés en est la preuve) ; et l'État est à son tour dans une chambre. Le déplacement franchit toutes les bornes.

— La destinée des nations, qui jadis était entre les mains de Rome ou de la France, est plus que jamais ailleurs, à Londres, à Vienne, à Saint-Pétersbourg. Jamais les *absences*, les voyages dans le pays, à l'étranger, autour du monde, ne furent plus habituels et plus grands ; *les voyages autour de ma chambre* ne sont que dans les romans ; il y a presque autant de *réfugiés* dans un pays que d'indigènes [1] : on ne trouve plus personne chez soi. Et pourtant, Montesquieu l'avait dit, mais en le violant : « le malheur des hommes vient de ce qu'ils ne savent pas rester au coin du feu parternel ! »

[1] Si du moins on se contentait de donner un asile aux *étrangers !* M. Guizot leur donne les fauteuils de l'Institut, et jusqu'aux chaires du Collége de *France*.

Autres natures d'objets, mêmes dislocations :

Dans la parole et dans la littérature, la plupart des mots sont déplacés; car le romantisme et le classique, en cela d'accord, ne sont pas autre chose que des révolutions de syntaxes. Au fond, les fictions sont subrogées aux réalités; le roman a tout envahi : l'histoire, la politique et jusqu'à la théologie [1]; et, dans le matériel de la littérature, les feuilles du jour ont remplacé les livres des siècles [2]. Dans les finances, le papier absorbe l'argent; l'argent, lorsqu'il existe, reste enseveli, au lieu d'alimenter le commerce utile; circule-t-il, c'est pour se multiplier ou pour alimenter le commerce des vices : jamais les opérations sur, pour ou contre les rentes françaises ou étrangères ne furent plus à la portée, à l'usage, à la manie de toutes les conditions; on peut dire que tout l'État est à la Bourse [3].

Jamais non plus les mutations de propriétés, volontaires et forcées, naturelles ou extraordinaires, n'ont été plus fréquentes, les *successions* plus rapides, les *expropriations* plus indignes, les appauvrissements plus terribles, les enrichissements plus criants [4]. Les dérogeances de familles ne sont pas moins nombreuses que

[1] Les bibliothèques de *bons livres*, dont nous sommes inondés depuis des années, sont remplies de ces plates singeries d'*Atala*, dont il semblait que le Camus de Belley nous avait à jamais dégoûtés.

[2] Le journalisme a forcé la nombreuse classe qui s'y est dévouée à renverser les temps, comme la vérité : elle fait de la nuit le jour, et du jour la nuit.

[3] C'est la cause ignorée du maintien des fonds publics à la hauteur de la légitimité, sous une usurpation.

[4] Le jeune Casimir Périer, en s'alliant à mademoiselle Paturle, se

leurs élancements. Les noms eux-mêmes subissent des métamorphoses inouïes : les uns retranchent, les autres ajoutent le *de;* celui-ci usurpe, celui-là délaisse le titre de *comte* ou de *marquis;* tel prend le nom de son village, tel celui de son département [1]. Une Chambre, celle de 1830, a fait mieux : on l'a vue, à la simple majorité de 8 et même de 5 voix, changer le titre de *lieutenant* en celui de *roi.*

Et, comme il faut que le fer et le marteau eux-mêmes soient signes des mœurs, et que les *pierres,* comme on dit, *parlent,* la balle destinée à l'ennemi de la patrie se trouve amortie dans la tête de nos législateurs [2]; on voit à la fois tomber les archevêchés et construire des bastilles, ensanglanter les lieux saints et remplir les prisons; la statue de Bonaparte s'élever au haut de la colonne et la croix de Sainte-Geneviève descendre du Panthéon. Le ministre des travaux publics (en vérité on dirait les travaux forcés [3]!), qui occupait naguère l'un des derniers

trouve maître d'un million de rentes; quand il voudra faire une émeute, il ne tiendra qu'à lui.

[1] Le *Journal des Débats* donne le nom de la *France* patrimoniale au roi des *Français*. — Comme il y a des usurpations de noms de familles réelles, il y en a de noms de familles factices : le comte de Viel Castel accuse M. Lucas de Montigny de prendre sans droit le titre de fils adoptif de Mirabeau. — Les mieux inspirés sont les étrangers, les Allemands par exemple, qui prennent des noms de notre langue : c'est ce qu'a fait le seul spirituel des rédacteurs de *la Quotidienne.*

[2] M. Dulong. — Nous voyons se naturaliser parmi nous une autre sorte de déplacement : celui du knout; et c'est à coups de bâton systématiques, en sommant d'une part et en assommant de l'autre, que nous pensons prévenir et réprimer les émeutes, fonder enfin une dynastie !

[3] Nos codes donnent souvent le nom de *travaux publics* à la peine des galères.

logements de Paris, habite des lambris de roi, et l'héritier de Vincent de Paul n'a pas depuis quatre ans où reposer sa tête [1] ! Que l'on dise, après tant de perturbations, de catastrophes, de révolutions, que nous ne sommes pas au temps des usurpations! Mais alors, de quel droit reprocher celle du trône à un souverain quelconque? il pourrait nous répondre, comme je ne sais quel soldat avisé, à un empereur romain qui lui demandait à quel titre il s'était fait tribun : « A celui qui vous a fait César. » — Pensons-y bien, s'il y a une vérité politique au monde, c'est qu'il ne s'opère jamais ce qu'on appelle une usurpation dans un pays, que tout le monde, de près ou de loin, n'y ait plus ou moins concouru et ne la confirme [2].

Les révolutions de 89 et de 1830 n'étaient pas autre chose que les déclarations officielles d'un état de dislocation de vérités, de choses et de personnes, tel, et bien moins général et profond, que nous

---

[1] Ils étaient inspirés par le contraste, les deux étudiants en droit, bien nés, qui viennent, à vingt-trois ans, de s'entendre, pour renouveler au mois de mars la scène d'Écousse et de Lebras, déclarant dans leur testament d'outre-tombe, comme dit M. de Chateaubriand : « Nous sommes fatigués d'un monde où il n'y a plus d'honneurs et de profits que pour le vice, et d'existence possible que pour les espions et les bourreaux. » — Jeunes aveugles, c'est l'existence vicieuse ou criminelle qui est impossible à la vue de l'iniquité publique; l'autre n'en est que plus aisée et plus honorable!

[2] Le roi détrôné est le premier complice de l'usurpation ; et Charles X n'empiétait-il pas lui-même sur le pouvoir spirituel, en signant la destruction d'un ordre célèbre, dans le même temps que ses favoris (encore mieux que ses adversaires) empiétaient sur son pouvoir temporel?

l'avons esquissé. La révolution de 93 était la conséquence logique et inévitable du déplacement de 89. Une révolution de ce caractère ne serait pas une conséquence moins logique de nos nouveaux déplacements. En vain M. Dupin descendra de son fauteuil, le 9 janvier 1834, pour dire, à tue-tête : « C'est la souveraineté populaire qui a proclamé la vacance du trône, et *nous* a mis en mesure, en DEVOIR de pourvoir à la nomination d'un roi ». En vain il dira : « Le duc d'Orléans est parti de son palais pour se rendre au quartier général de la révolution (l'Hôtel-de-Ville), sans un aide de camp, sans une épée. A ses côtés étaient MM. Laffitte et Benjamin-Constant, porté en litière. » En vain il dira, la logique à la main : « La première loi est celle de l'existence. Je voudrais bien savoir si sous la république on permettait de dire qu'il fallait revenir à la royauté ? » En vain il dira, avec une apparence de conviction et de bonhomie : « *Nous voulons* une monarchie, parce que *nous ne voulons pas* jouer au roi, parce que *nous ne voulons pas* passer sans cesse de l'anarchie à la dictature, parce qu'IL NE NOUS PLAÎT PAS d'avoir aujourd'hui celui-ci, demain celui-là pour chef... *Nous voulons* un ministère *un* » (l'orateur, dit *le Courrier*, insiste sur ce mot ; — je le crois bien, c'était le bout de l'oreille de l'âne), etc..... Le mot *magique* de *souveraineté populaire*, dont il est forcé de tresser le fleuron de la couronne de *son* roi, conjure une nouvelle crise de cette *colère nationale* des trois journées, dont il fait un acte sublime, et que ses allocutions *philippisées* et ses calembours ne font que précipiter. — En vain, surtout, le roi Philippe traitera ses quatre cent mille soldats et ses millions de gardes nationaux, avec plus d'égards mille fois qu'il ne fait les autres classes de citoyens de son royaume [1]. La révolution en question aura lieu (et cette fois définitive, car ce sera une rechute). Elle aura lieu lorsque les soldats royaux se seront faits raisonneurs, comme le sont quelquefois les soldats citoyens, et c'est à ce résultat que nous allons tous les jours. — Le soldat, dit-on, est citoyen avant d'être soldat. — A ce train, une femme infidèle n'a qu'à dire à son mari : J'étais fille avant d'être épouse; ou, j'étais à moi avant d'être à vous. — Si ce soldat lui-même s'est emparé de votre bien, il vous dira qu'il était homme avant d'être citoyen, comme vous lui avez dit qu'il était citoyen avant d'être soldat. Il prendra votre champ comme *homme de la nature*, il en jouira comme *citoyen*, il le défendra comme *soldat*. C'est ainsi que les troupes d'Auguste jouissaient des biens enlevés aux habitants de Mantoue; et c'est ainsi que, sous les successeurs des Césars, les milices disposèrent de tout l'empire. Nous avons vu, de nos jours, des exemples pareils; pour en revoir, il ne faudrait qu'un scélérat habile, et ce n'est pas la faute du gouver-

---

[1] Louis-Philippe appelle les militaires de la troupe de ligne et les gardes nationaux *mes chers camarades*. (Revue et réception du jour de l'an 1834.) Cette formule n'allait bien qu'à Bonaparte, qui était, lui, un *soldat heureux*.

nement si tant de mauvais citoyens manquent d'un chef[1]. Dans le fait, nous allons tous, et de toutes nos forces, à toutes les sortes de monarchies absolues, à celle des bons, à celle des méchants : et cela précisément, d'une part, parce que nous sommes en proie à tous les genres de démocraties ou d'égoïsme ; et, d'autre part, parce que nos petits souverains titulaires (ils ont tout fait pour nous tromper à cet égard) ne nous semblent que les premiers égoïstes du pays !

Le plus petit inconvénient qui résulte de la désunion de la vérité universelle, de la science partielle ou, comme on dit, *spéciale*, c'est l'indifférence ou la haine pour les autres sciences. Il n'est pas rare, en effet, d'entendre le financier se moquer du jurisconsulte, le jurisconsulte du publiciste, le publiciste du philosophe, le philosophe du théologien. Celui-ci s'est moqué quelquefois de la théologie[2]. Chacune des professions se croit la première, et peut-être la seule estimable et nécessaire ; l'artiste dramatique lui-même, qui voit les rois l'applaudir, se croit au moins leur égal : « Tous les cent ans,

---

[1] *Magis eis auctor ad seditionem, quàm animus deerat.* Tit. Liv. xxvi.

[2] Quelquefois, au lieu de s'admirer, nos savants spéciaux se dédaignent, et cela pour adorer les savants d'un autre genre; ce qui vient d'une autre sorte d'ignorance, la bonhomie : c'est ainsi que nos avocats de Paris ne parlaient pas de Benjamin-Constant, ni même de M. de Chateaubriand sans ôter leurs toques, et qu'ils n'entendaient pas l'un ou ne lisaient pas l'autre sans croire entendre le génie incarné! C'est ainsi que, dans le siècle dernier, d'Alembert était admiré par les littérateurs parce qu'il était géomètre, et considéré par les géomètres parce qu'il était littérateur.

disait Baron, le Roscius de son siècle, on voit un César; mais il en faut deux mille pour produire un Baron. » Viotti affectait de donner un concert au sixième étage aux *Constituants*, en disant : *Il faudra qu'ils montent jusqu'à nous!* Et Vestris : « Je ne connais en Europe que trois hommes uniques, le roi de Prusse, Voltaire et moi ». Casanova, lui, disait, à la table du prince de Kaunitz à Vienne : « Rubens était un peintre qui s'amusait à être ambassadeur. » Après cela, permis sans doute à Galien de se mettre au-dessus de Trajan; libre au mathématicien Villemot de prendre pour type de beauté une équation; et à M. Victor Hugo de dire, dans la préface de ses *Odes :* « La poésie doit marcher devant les peuples, comme la lumière, et leur montrer le chemin. » — « La poésie (celle qui joint le grotesque au sublime, ou, en d'autres termes, la bête à l'esprit) fera un pas qui, pareil à la secousse d'un tremblement de terre, changera toute la face du monde intellectuel.[1] »

[1] *Préface* de *Cromwell.* Je cite les preuves, car, en vérité, on ne me croirait pas. — Autres faits piquans, les uns religieux, les autres politiques : Le jeune abbé Lacordaire, qui a fait, à la suite de l'abbé Lamennais, quelques articles du journal *l'Avenir*, reconnu et avoué hérétique par ses auteurs, n'a pas craint de dire, jusque dans sa lettre de rétractation : qu'il avait fait le *sacrifice* de ses quelques articles *à la paix de l'Eglise de la France !* — Et M. Bérard, l'un des 221, ne craint pas de disputer à M. Dupin lui-même la gloire d'avoir seul fait la révolution de juillet. C'est un terrible avantage de n'avoir rien fait, mais il ne faut pas en abuser. — « Donnez-moi la liberté de la presse, a dit M. de Chateaubriand, et je ramènerai mon roi. »

A propos de la foi de chaque individu à ses seules connaissances, je sens le besoin de faire observer la preuve involontaire qu'elle fournit

Un trait récent, et qui surpasse tous les autres en naïveté audacieuse, est celui de M. Naudet, complimentant le roi à la tête de l'Académie : « Sire, lui dit-il, nous croyons saluer en vous *un membre de l'Institut.* » Où étais-tu, Piron ?

Les diverses classes de la société se dédaignent réciproquement; les membres de l'une d'elles se jalousent, se haïssent entre eux. Voyez, partout, il y a deux antagonistes perpétuels, plus visibles que les autres, dont ils sont le signe. Ils le sont moins à la Chambre des députés, parce que là on ne saurait arriver au pouvoir tout seul; mais au palais, mais sur le théâtre, mais dans les deux grands partis qui divisent en ce moment la société française, où les rivaux tendent perpétuellement à s'exclure, ils sont éclatants. « La faction que je combats, dit M. Guizot dans la séance du 12 mars, se présentera long-temps encore dans cet état où vous la voyez, d'insolence aristocratique et de cynisme révolutionnaire. En vérité, j'éprouve tous les matins un sentiment de *dégoût*, je dirai même d'humiliation, en voyant à quel point, à quelles paroles, à quels actes s'abandonnent des hommes qui se vantent d'appartenir aux classes les plus élevées de la société. » — Si ce n'est point là de la haine et du mépris, il n'y en eut jamais au monde; et ce double sentiment que le ministre de

de la vérité de toutes les connaissances réunies. Ainsi, il est vrai de dire que la théologie elle-même est sous-entendue dans la tête du plus petit des artistes. Il doit naturellement penser que le prêtre ne croit, ne s'attache, ne se dévoue à la science qui lui est propre, que parce qu'il se l'est rendue plus familière : et *vice versâ*.

la *doctrine* publique porte à ses adversaires, ceux-ci le lui rendent largement [1]... « Le banc ministériel, en particulier, est, dans cette discussion, un véritable *pilori*, » a dit avec raison M. *Bizoin*, l'un des plus habiles édificateurs de cet échafaud provisoire.

Mais il est temps de revenir à la grande vérité que nous avons eu à cœur de faire dominer dans ce chapitre : l'esprit et l'action générale de dissection. Si nous n'avions pas renversé le temple, nous n'aurions pas eu de pierres à nous jeter. Nous figurons

---

[1] L'inimitié entre le gouvernement et la République, et leur mépris réciproque, ne sont pas moins profonds. MM. d'Argout et Guizot avaient *jeté le gant* aux *hommes* des *Droits*, et *la Tribune* lui riposte par les faits, vrais ou faux, que voici :

« On sait les moyens de fortune du ministre de la guerre. Nous n'oserions dire (car la pudeur y répugne) quelle fut la vie de Henri Gauthier, devenu depuis comte de Rigny. Personne n'ignore par quels degrés M. Thiers est arrivé à son opulence actuelle. M. Guizot était criblé de dettes quand il a obtenu un portefeuille. M. d'Argout n'a pas besoin d'aller chercher hors de sa famille pour rencontrer les banqueroutes. Tout le commerce de Paris sait la déconfiture de la maison Gisquet, relevée par le marché des fusils. Et tous ces gens qui dévorent le budget, et qui se gorgent ou se sont gorgés de pillage, race perdue d'honneur, insultent les membres de la société des *Droits de l'Homme*, et parlent d'hommes tarés et perdus de dettes ! Quelle impudence et quel cynisme ! »

Voilà ce que vous aviez dit la veille ; comment avez-vous pu ajouter, à quelques jours de là, à propos du cri de malheur du doctrinaire Jouffroy :

« Vous dites que dès ce moment tout est perdu ! Et nous, nous disons : Tout est sauvé ! Au lieu de cette chaîne invisible qui liait le ciel et la terre, au lieu de ce pont sur l'abîme dont on n'aperçoit jamais qu'une des arches, il y a *une chaîne* plus serrée, plus forte, infinie aussi, éternelle peut-être, *qui unit ensemble tous les membres de la grande famille humaine.* »

la fausse mère au tribunal de Salomon, laquelle demanda le partage

De l'enfant qu'en son sein elle n'a point porté.

Les bacchantes s'étant partagé Orphée, qu'elles avaient mis en pièces dans leur fureur, croyaient, chacune, l'avoir tout entier. Nous sommes les bacchantes. Et nous aussi, nous disons, et plus à la lettre qu'on ne pense :

Rome n'est plus dans Rome, elle est toute où je suis.

Les droits, les priviléges ont remplacé les devoirs dans toutes les conditions; et lorsque la *révolution* arrive, nous ne la *regardons* pas seulement *passer,* comme dit M. de Chateaubriand, nous la favorisons *par les fenêtres.*

J'ai dit la lutte de la littérature ancienne et moderne (l'anarchie des mœurs n'est venue qu'en surabondance de témoignage); je n'exclus pas, je suppose, au contraire, toutes les vérités individuelles parfaitement pensées et supérieurement rendues. Nous avons, si l'on veut, la législation universelle éparse dans nos montagnes de bibliothèques; nous l'avons dans la pensée de tout le monde, si tout le monde pouvait se concevoir comme un seul homme. Mais, à quoi bon?

Qu'on ne pense pas même que je méconnaisse la capacité, le talent, ou, si l'on veut, le génie de quelques-uns de nos écrivains célèbres : j'ai su trouver les plus grandes vérités dans les grands esprits faux les plus fameux ; je n'ai garde de les avoir échappées chez les autres. Le plus grand sophiste du monde se repaît alternativement de fable et d'histoire ; il naît, comme Circé, de l'alliance de la Nuit et du Jour. Je n'ai pas jugé nos grands hommes eu égard à nos petits ; je les ai comparés aux grands hommes de tous les siècles, ou plutôt à des grands hommes tels qu'il pourrait y en avoir. J'ai, si l'on veut, admiré leurs personnes [1] ; je n'ai ri que de leurs ouvrages.

A quoi donc attribuer leur célébrité?

Et d'abord, qu'est-ce que la célébrité?

Un homme, par la réputation dont il jouit, donne plus souvent la mesure de ses partisans que la sienne. C'est le grand nombre, la majorité, non de raisons, mais de voix, qui constitue la renommée : et qu'est-ce que la majorité de *têtes*, dans un siècle surtout, et dans un pays tel qu'on nous a fait le nôtre? La *foule* n'est ainsi nommée que parce qu'elle est *folle*. Une célébrité, philosophiquement parlant, n'est jamais fondée, et il est rare aussi qu'elle dure. Un petit homme est naturellement *populaire*. Un grand homme est essentiellement un

---

[1] « Ce n'est que parce que l'esprit du monde n'est pas *droit* (dit Saint-Martin qui n'avait que l'esprit du monde) qu'il a besoin d'être adroit. » Il faut bien plus d'*esprit*, et si l'on veut de *génie*, à Montesquieu ou à M. de Chateaubriand, pour faire ce qu'ils appellent l'*Esprit des lois* et le *Génie du Christianisme*, qu'il n'en a fallu à Domat pour faire ses *lois civiles*, et surtout qu'il ne m'en faut pour dérouler une Loi universelle. Ce n'est qu'à la méthode qu'il est besoin de génie ; mais la méthode, c'est le génie.

homme *inconnu*. Il le savait, le Saint-Martin qui en avait imposé même au comte de Maistre, lorsqu'il avait pris pour épigraphe : « J'ai désiré de faire du bien, mais je n'ai pas désiré de faire du bruit, parce que j'ai senti que le bruit ne faisait pas de bien, comme le bien ne faisait pas de bruit. »

A quoi attribuer la renommée?

Dans le fond, à des passions; en apparence, à des circonstances, à des riens. Jadis, il suffisait d'une femme pour faire lire l'*Esprit des lois* comme un chef-d'œuvre. Aujourd'hui, un petit nombre de journaux empêchent, font et défont, à leur gré, les renoms les mieux mérités ou les plus indignes.

Il suffit même d'une seule feuille. Sans le *Journal des Débats*, et sans M. Dussault dans cette feuille, M. de Chateaubriand ne serait jamais sorti des bruyères de Combourg [1], pour son bonheur [2] et pour le nôtre. Les *biographies* où les auteurs se vantaient réciproquement, avec autant de naïveté que d'audace; les coteries et les sociétés publiques ou secrètes; les *éloges* des académies, pour la plupart des philosophes du xviiie siècle; l'éclat du théâ-

---

[1] « C'est dans les bruyères de Combourg que je suis devenu le *peu que je suis.* * » dit, dans ses *Mémoires* soit-disant *posthumes*, le même homme qui ajoute des choses comme celle-ci : « Bonaparte était entraîné vers *moi!* » — Le soleil, dans le système de Newton, ne dirait pas mieux de la terre !

[2] « Je n'ai eu de repos que durant les neuf mois où j'ai *dormi la vie* dans le sein de ma mère. » (*Préface testamentaire*, 1834.)

* J'ai compté jusqu'à cent quarante-une fois, les pronoms *personnels* : *Je*, *moi*, dans les deux colonnes de journal de la seule *préface* posthume que le *Je* par excellence a adressée aux *Deux mondes*.

tre, pour les écrivains dramatiques; ce qu'on appelle les *roueries de librairies*, sont les explications de la plupart de nos renommées[1]. Si, par hasard, l'auteur a de l'autorité et des honneurs, s'il est descendu à la fortune, ou si la fortune est descendue à lui, s'il est journaliste surtout, il a bien d'autres éléments d'imposture[2]. « Il semble, dit très énergiquement Duclos, que le temple de la gloire n'ait été élevé que par des lâches qui n'y placent que ceux qu'ils craignent. » Une fois la réputation établie et passée *en force de chose jugée*, quel téméraire oserait l'attaquer? Lorsqu'on a lu dans sa jeunesse, sur la recommandation de *Cours de littérature* classiques ou de par ordre d'*Université*, les histoires romanesques de Voltaire, les romans historiques de Rousseau, les anecdotes politiques de Montesquieu, les *Questions* irrésolues de

---

[1] Et puis, ce que c'est au fond qu'une renommée!
Les procès habituels que nos grands écrivains ont avec leurs libraires, au tribunal de commerce, font, à cet égard, des révélations lumineuses. Je citerai, entre autres, celui que M. Victor Hugo a eu avec M. Gosselin, dont l'avocat a débuté en ces termes, rapportés par la *Gazette des Tribunaux* :
« M. Victor Hugo, dont la renommée est si éclatante, a l'habitude d'annoncer aux libraires auxquels il confie la publication de ses ouvrages, des bénéfices prodigieux; mais il n'est pas un seul de ses éditeurs qui n'ait éprouvé des pertes plus ou moins considérables. Tel a été le sort de huit libraires, MM. Persan, Lecointe, Urbain Canel, Ladvocat, Bossange, Mame et Barba, qui ont successivement traité avec le célèbre littérateur. Par suite de son humeur changeante, M. Victor Hugo s'adressa en neuvième lieu à M. Gosselin. »

[2] C'est ainsi que *la Gazette de France* a fait acheter à des milliers de dupes, comme un chef-d'œuvre de politique et d'histoire, et peut-être comme un moyen de *restauration*, le *factum* le plus faux et le plus plat qu'il soit possible de concevoir.

Merlin, les théologies fantastiques de M. de Chateaubriand ou les séditieuses de M. Lamennais, comment s'en déprendre plus tard? il faudrait relire, et l'on ne relit plus [1]. Tels sont la clef et le secret de l'histoire contemporaine littéraire tout entière.
— « Il est des temps, dit très bien M. de Chateaubriand, en parlant de M. ***, où la bêtise est une puissance, où des lieux communs passent pour des traits de génie. » — Notamment, dans le *Génie du Christianisme*. — Savez-vous pourquoi la bêtise est une puissance? c'est qu'elle est au fond passionnée, et qu'elle s'adresse aux passions. On peut dire de tous les philosophes, de Rousseau, de Voltaire, de Montesquieu, de Condorcet, de MM. de Chateaubriand et Lamennais, et même de plus d'un théolo-

---

[1] J'ai entendu dire à une dame, qui ne siége point à *l'Abbaye-aux-Bois*, ce mot aussi vrai que spirituel : « Supposez M. de *Chateaubriand* s'appelant M. de *Chat-obscur*, vous n'auriez eu, ni le *Génie du Christianisme*, ni le *Conservateur*, ni M. de Villèle, ni M. de Polignac, ni le roi Philippe. » Le grain de sable dans l'urètre de Cromwell a fait la même chose. La Providence se plaît, et il faut avouer que les hommes la servent merveilleusement, à donner aux plus grands résultats les plus petites causes. — L'un des derniers moyens de célébrité, employé probablement à son insu, par M. de Chateaubriand, c'est de mentionner honorablement dans son dernier ouvrage toute la littérature du jour, c'est-à-dire celle qui souffle exclusivement à toutes les trompettes de la renommée : — Une coterie de *jeune France* n'a pas manqué de relever, de ressusciter pour un moment, en dépit de la révolution de *juillet*, l'illustre écrivain. Elle pensait se glorifier personnellement! — Depuis, en 1834, il a désigné M. Carrel aux électeurs de Quimperlé, comme une des plus hautes capacités du jour : « Moi, dit-il, je dis à mes amis : Nommez hardiment M. Carrel, vous aurez les garanties les *plus* sûres dans la *hauteur* de son talent. » — Où est le temps où le même juge des *hauteurs* du talent déclarait hautement, que « Benjamin-Constant était le *seul* homme d'esprit du parti libéral? »

gien, ce que Condorcet lui-même a dit de Descartes, dans l'*Éloge de Buffon* : « Il n'a attiré les hommes à la philosophie que par la hardiesse de ses systèmes ; il ne les a arrachés au rang de la vérité, qu'en s'emparant de leur imagination, en ménageant leur paresse. » Mais c'est surtout dans notre siècle, qu'il faut chercher une raison plus réelle, mieux caractérisée, de la *puissance de la bêtise* ; c'est le besoin de parvenir : « Rester de niveau avec la sottise publique, dit M. Chasles dans la *Revue de Paris*, est un si beau moyen de fortune ! » — Et M. Jules Janin d'en convenir, dans sa réponse au manifeste ridicule de la réaction littéraire : « La presse périodique est, dit-il, notre gloire, notre fortune, notre nourrice, *alma nutrix !* »

Nous avons retracé le tableau littéraire de l'époque, il est bon d'en observer les causes. C'est, avant tout, l'absence de foi religieuse ; car l'incrédulité est le principe du désordre de l'esprit, aussi bien que de la mort de l'âme. Or, cette cause de néant (qui en est aussi l'effet) n'a jamais été plus générale, et même plus avouée qu'elle ne l'est de nos jours, par nos plus célèbres philosophes. M. Viennet disait à M. Benjamin-Constant : « Je me trouve malheureux de ne *rien* croire ; si j'avais des enfants, je les préserverais de ce malheur, en les faisant élever chrétiennement, et je *crois* que je les mettrais dans un collége de jésuites, s'il y en avait encore. » Je suis tout comme vous, répondit M. Benjamin-Constant, je ne crois *rien*, et cela me fatigue ; je voudrais croire à quelque chose, ne fût-ce qu'au magnétisme ; mais je n'y crois pas plus qu'à autre chose, et c'est UN SUPPLICE pour moi. » — Plût à Dieu qu'il ait été le dernier !

La philosophie sans Dieu, ou, si l'on veut, sans principe, ressemble à la statue de Poliphème, à qui l'on a cruellement et aveuglément arraché l'œil. Il avait bien raison comme historien du siècle, et il se trompait bien, comme philosophe, celui qui adressait à Franklin ce vers magnifiquement et doublement athée [1] :

Eripuit cœlo fulmen sceptrumque tyrannis.

J'ai dit la cause de l'anarchie des esprits et de la littérature universelle ; je dois en dire le grand instrument : c'est celui que Montesquieu a cru trouver *dans les bois!* — Le fait de l'existence d'une anarchie universelle des esprits en Angleterre, en France, dans tous les pays enfin [2] soumis aux influences et à la tyrannie naturelle des assemblées appelées à délibérer sur tous les points, depuis si long-temps

---

[1] Turgot.

[2] Cette grande vérité n'avait point échappé à Platon : « Les sophistes les plus dangereux, dit-il au livre sixième de sa *République*, sont ceux qui par leurs maximes savent tourner à leur gré l'esprit des hommes et des femmes, des jeunes et des vieux. — *Adimante :* En quelle occasion ? — *Socrate :* Dans les assemblées publiques, au barreau, au théâtre. — Lorsqu'on y blâme ou qu'on y approuve certaines paroles ou certaines actions avec un grand fracas et des battemens de mains. Au milieu de ce tumulte, quelle contenance voulez-vous que fasse un jeune homme ? quelque excellente que soit son éducation, ne fera-t-elle pas naufrage au milieu de ces flots de louanges et de mépris ? etc. »

fixés en dernier ressort, de la politique, de la philosophie et même de la religion ; ce fait est si visible, qu'on ne saurait le nier ; il est si certain, qu'il résiste même à la preuve. Et sa cause n'est pas moins irrécusable que son existence. Avant la révolution, il y avait déjà dévergondage dans l'esprit des peuples, parce qu'il y avait perturbation dans les écrits des philosophes et dans les mœurs de la cour. Mais l'anarchie était moins universelle, elle était surtout moins visiblement dangereuse pour l'ordre social matériel, parce qu'elle avait plutôt un caractère moral qu'un caractère politique. Dans le xviiie siècle enfin nous méprisions la Royauté et la Religion, que nous haïssons aujourd'hui.

Mais pourquoi le mal des esprits était-il moindre dans le siècle passé que dans le nôtre ? — C'est parce que nous avons des *chartes*, qui nous disent que nous avons des droits indirects à la royauté, et que nous en avons même au sacerdoce. — C'est parce que, si petits, si obscurs que nous soyons, nous avons, sous le nom de *députés*, etc., au milieu de nous, des amis ou des ennemis à côté des rois que nous avons élus ou que nous voyons élire. — C'est parce que nous lisons, à tout prix, des journaux sans fin, qui nous prêchent constitutionnellement la *liberté*, l'*égalité*, la *souveraineté universelle*, sans distinction. — C'est parce qu'en conséquence, peuple que nous sommes tous, nous sommes appelés à tout voir, à tout juger, à tout être. « Il est dangereux, dit Mably dans ses *Observations sur les États*

Unis, que tous les bills qui auront un objet public soient imprimés pour être soumis à l'examen du peuple : c'est peut-être le plus sur moyen de rendre tout problématique. Qui ne sait combien le peuple est ignorant, imbécile et sujet à la prévention, quand il aurait même autant d'esprit et de lumières que le peuple de l'ancienne Athènes? » Mably nous a du reste assez fait voir ce que c'était que l'*esprit* et *les lumières de l'ancienne Athènes*. Il avait, ou personne, cet *esprit* et ces *lumières-là*; et ce philosophe n'eut jamais, à ses inconséquences près, que l'*esprit* problématique.

Voyez l'Angleterre : « Depuis qu'elle eut abandonné le centre de l'unité, dit Raynal, les systèmes s'y multiplièrent si fort, qu'on a dit que, si on obligeait tous les Anglais à mettre leur profession de foi par écrit, il n'y en aurait pas deux qui se ressemblassent [1]. » — « En Angleterre, pas plus qu'en France et dans tout autre pays, on ne trouverait six ou huit hommes assez instruits pour se former des opinions

---

[1] *Histoire du Parlement d'Angleterre*, que des libéraux inconséquents ont publiée ces années dernières sous le titre d'*Histoire du gouvernement anglais*, et avec le nom de *Louis Napoléon*. C'est un ouvrage à lire. Il montre le parlement anglais (tel que nous le démontrera bientôt, dans sa nudité, M. de Frénilly avec la supériorité qu'on lui connaît) tantôt servile et tantôt tyran, c'est-à-dire effroyable. M. de Lally-Tollendal, qu'on n'accusera pas plus de fanatisme religieux que d'ignorance de l'histoire d'Angleterre, a fait, dans son *Essai sur la vie de Strafford*, un tableau de la *confusion impossible à décrire* qui existait et qui existe encore dans la terre classique des assemblées parlantes. (Voyez page 200, etc.)

sur les grands intérêts de la société, et pensant de même en tout et pour tout[1]. »

Lorsque les Américains voulaient établir des représentants annuels, « Si vous craignez d'avoir des principes, leur ajoutait Mably, vous ne pouvez pas établir une meilleure règle. Qui vous répondra que le congrès de l'année prochaine ne détruira pas tout ce que fait le congrès actuel? il ne faut qu'un homme adroit, entêté et éloquent pour tout bouleverser. Vous vous exposez à tous les inconvénients qu'éprouve l'Angleterre qui change de manières, de procédés, de politique à chaque règne, et même à chaque changement qui se fait dans le ministère, de sorte qu'on ne sait bientôt ni ce qu'on fait, ni ce qu'on veut, ni ce qu'on peut faire. Dans cette fluctuation, on n'ose se fier au gouvernement, et l'intrigue acquiert de nouvelles forces. » — Qu'elle est niaise, ou plutôt qu'elle est admirable, qu'elle est monarchique, la philosophie, en faisant ainsi justice du prétendu gouvernement de la liberté!

Interrogez, à présent, les Anglais eux-mêmes et leurs historiens philosophes; ils vous répondront la même chose. « La confusion qu'on vit régner en Angleterre après l'exécution du roi, dit Hume, vint autant de l'esprit de raffinement et d'innovation qui agitait la faction triomphante, que de la dissolution de cette autorité tant civile qu'ecclésiastique, à la-

---

[1] M. Fiévée, *Correspondance*, cinquième partie. Cet écrivain a résidé dans ce pays; il en a publié des *Lettres*, le premier et le moins ridicule de ses écrits.

quelle un long et constant usage avait accoutumé la nation. *Chaque Anglais avait formé son plan de république ;* et quelque nouveau, quelque fantastique qu'il pût être, chacun témoignait la même ardeur à le faire goûter de ses concitoyens, ou même à l'imposer par la force. *Chacun y avait ajusté un système de religion* qui, ne portant sur aucune autorité traditionnelle, était son propre ouvrage. »

Nous comprendrons assez, d'ailleurs, l'état des esprits d'Angleterre par l'état des nôtres ; car l'esprit humain est partout homogène, du moment que son éducation parlementaire est identique. Lorsqu'un gouvernement, lorsqu'une assemblée politique, dans un pays, est dévergondée, tenez pour sûr que le pays sera dévergondé à son tour ; car nous sommes, et nous serons toujours le troupeau (*servum pecus*) d'Horace, alors, surtout, que nous aurons la prétention d'être pasteurs. « Les sessions des Chambres, dit très bien cette fois un romantique observateur, sont l'arène où nous avons été appelés à juger du combat sans efforts pour nous ; car toutes les opinions se sont trouvées en présence et à découvert [1]. »
— « Or, dit-il, vous avez vu soutenir le droit par les mêmes arguments que l'utile [2]. »

Il n'est pas jusqu'à M. Royer-Collard qui n'ait reconnu et constaté l'absence d'institutions au milieu

---

[1] *Institutions sociales*, pag. 113.
[2] *Ibidem*, pag. 117. — Lorsqu'un homme a tenu ce hardi langage exclusif, on ne conçoit pas ses intelligences et ses collaborations avec tous les partis.

de nos chartes, la réduction de la société à des individus, sa décomposition, et, pour parler comme un doctrinaire, sa *poussière*. « Aucune des anciennes institutions de la France n'a survécu, dit-il, et nulle autre ne s'est élevée à leur place. La révolution n'a laissé debout que les individus. La dictature, qui l'a terminée, a consommé, sous ce rapport, son ouvrage. Spectacle sans exemple! On n'avait encore vu que dans les livres des philosophes une nation ainsi décomposée et réduite à ses derniers éléments. De la société en poussière est sortie la centralisation. La société a été léguée dans cet état à la restauration. » — « Voilà qui est clair, dit M. de Montlosier, voilà qui est vrai ; je pense à cet égard comme M. Royer-Collard (*Monarchie en* 1822). » Il est probable que ces messieurs n'ont pas changé d'avis en 1834.

Jugez, par un seul fait, de tout ce qu'il y a de dérèglement dans tous les esprits de France : les plus opposés se rencontrent. M. l'abbé Lamennais, que je considère ici comme philosophe et non comme prêtre et fidèle, se trouve en un point fondamental (le principe qu'ils appellent du *sens commun*) d'accord avec tous les sophistes du xviiie et du xixe siècle : l'un remuait les peuples avec la souveraineté du pape, les autres avec la souveraineté du peuple. Le premier ne voulait-il pas remuer le monde avec ces deux souverainetés à la fois? Il prêchait, d'une part, l'unité de l'Église, et, de l'autre, l'universalité populaire; l'autorité de Dieu et celle des hommes; la liberté des enfants de Dieu et la liberté de la presse...; et il se croyait un homme solidaire!... L'anarchie des esprits est telle, que nous en sommes venus au point de nous en faire gloire, et de la considérer comme un progrès de la révolution. « L'anarchie intellectuelle qu'on déplore, a dit M. Benjamin-Constant, me semble *un progrès immense de l'intelligence;* car le triomphe de l'intelligence n'est pas de découvrir la *vérité absolue,* qu'elle ne trouvera *jamais,* mais de se fortifier en exerçant ses forces, d'arriver à des vérités partielles et relatives qu'elle recueille et qu'elle enregistre sur sa route, et d'avancer ainsi dans cette route, où chaque pas est une conquête, bien que le *terme en soit inconnu* (*Lettres sur les Cent-Jours,* 1829). » C'est dans les Chambres, c'est hors de l'église que cela est ainsi; dans l'église, la *vérité est absolue;* on la *trouve toujours,* et le *terme* de la science est connu comme celui de la vie.

Depuis, M. de Chateaubriand a proclamé la même vérité de l'erreur universelle. « Tout paraît usé, dit-il dans son avant-dernière brochure; arts, littérature, mœurs, passions, tout se détériore. L'anarchie règne dans la raison, la morale et l'intelligence....... la société est *morbifique* [1] ». M. de Chateaubriand

[1] L'un des plus hardis disciples de M. de Chateaubriand, Victor Hugo, l'a reconnu depuis dans une *préface*, qui du moins est courte et hardie : « Les imaginations et les systèmes, dit-il, sont de toutes parts aux prises avec le vrai. » — *Fabula de te...* Et puis avec cela il signale l'*émeute qui fait la morte*, l'infaillibilité de *la grande révolution centrale dont le cratère est à Paris*, et sa mère (celle de lui poète) qui fut *brigande* à la Vendée, avec M. de La Rochejaquelein ! etc.

Au fait : « Victor Hugo a la toute puissance d'*un mot*, dit très bien M. Marrast de la littérature *réelle*, le 31 mars 1834, et c'est pour cela est le représentant par excellence de cette société ; mais c'est précisément parce que cette société présente est *morbifique* et morte, que la nouvelle société va renaître; c'est parce que l'école romantique, dont M. de Chateaubriand, le chef décrépit, publie le *testament* retrospectif, à rendu l'âme, que la grande école, l'école vraiment classique, l'école destinée à montrer ce qu'il y a de vrai, de généreux, de sublime dans les anciennes écoles, va se manifester. Toutes les sortes de natures ont à la fois horreur du vuide et du néant : la corruption n'est pas autre chose qu'une génération, et la mort donne la vie dans tous les mondes.

Nous avons fait voir les causes *réelles* de l'anarchie à laquelle est en proie la France; il ne faut pas oublier les causes *personnelles*, car ce sont les seules qu'il soit vraiment utile de signaler. Nous laisserons ici parler le Prophète-Roi, dans sa magnifique charte de la grande Société, qui se chantait le jeudi de la grande semaine, lorsque nos législateurs se disputaient sur, pour ou contre la loi des petites sociétés : « *Quare fremuerunt gentes, et populi meditati sunt inania? etc.* Pourquoi les nations se sont-elles assemblées en tumulte? pourquoi les peuples ont-ils formé de vains projets? LES ROIS DE LA TERRE SE SONT ÉLEVÉS, *et* LES PRINCES ONT CONSPIRÉ contre le seigneur et contre son Christ. ROMPONS LEURS CHAÎNES,

---

qu'il est si *gonflé*, si *vide*, si *grotesque* même. Sa littérature n'exprime rien. Elle est hors de notre société. Je n'y vois qu'une dénégation de la littérature classique. C'est un protestantisme impuissant. »

disent-ils...Celui qui est assis dans le ciel se rira d'eux... Rois, devenez donc intelligents!!!! *Et nunc, reges, intelligite!!!* »

Les rois de la terre sont les premiers impies dans une société; les seconds qui le soient à leur image :

Regis ad exemplum totus componitur orbis,

sont leurs ministres, leurs courtisans, les législateurs, les philosophes, les magistrats, les grands propriétaires. Les peuples proprement dits, les prolétaires, les *sociétés des Droits de l'Homme*, les *mutuellistes* de Lyon, ne sont jamais incrédules qu'après tous les autres, et ne le sont jamais aussi long-temps [1].

Mais les plus terribles *conspirateurs contre le Seigneur*, d'entre les *princes* coupables et leurs complices, sont les conspirateurs hypocrites, ceux qui semblent choisir des hommes, faire des lois, des livres, des journaux, attaquer ou défendre les

---

[1] Ce que Rivarol disait en 1789, de la première révolution, on peut le dire, à plus forte raison, de la seconde : « Les vices de la Cour l'ont commencée, les vices du peuple l'achèveront. » Massillon faisait remonter la dégénération royale jusqu'à Louis-le-Grand, dans son *Oraison funèbre* : « De l'exemple du prince, quel déluge de maux dans le peuple! Ses mœurs forment bientôt les mœurs publiques... »

C'était dans le sentiment de la même vérité, que l'auteur de la *Némésis* s'écriait... (mais alors!.....) dans la *justification* de Danton et de Desmoulins :

Ah! s'ils ont fait verser tant de larmes amères,
S'ils ont livré la France au fer des victimaires,
C'est que, bien avant eux, l'intrigue ou le hasard
Avaient mis au pouvoir des Guizot, des Collard,
Des Périer, des d'Argout, des Dupin, des Decazes,
Héros de cabinet, aux douceureuses phrases,
Qui, desséchant les cœurs. . . . .

dynasties, prêcher l'obéissance ou l'insurrection au nom du ciel, et qui néanmoins n'ont d'autre secret mobile à leur conduite ou à leur système, qu'un vil ressentiment ou une misérable ambition.

Telle fut la *Restauration*; telle, la coterie à laquelle il ne tient pas de la renouveler à son bénéfice, et à tout prix.

Nous l'avons dit, nous avons même employé un écrit spécial à le démontrer [1], les plus hardis révolutionnaires parlant, procédant, agissant indépendamment de Dieu, sont respectables auprès d'elles. Ils *ne savent*, ceux-là, *ce qu'ils font*, comme les premiers adversaires du Christianisme : *non enim sciunt quid faciunt!*

Tant de documents énergiques en ont dit assez. L'état de la France, de l'Angleterre et de tous les pays où règnent et sont sur le point de régner [2] des assemblées délibérantes, c'est l'hostilité des esprits et leur *idéologie*. On remarque sur tout autant de façons de penser que de penseurs : comme s'il y avait autant de vérités diverses, autant d'encyclopédies que d'intelligences humaines! Et toutefois, au dire de M. Guizot, aussi bien que des derniers Souverains Pontifes, « la vérité est essentiellement

---

[1] *Les crimes des faux catholiques, considérés comme la principale cause des troubles de la France et de leur prolongation;* deuxième édition, 1832.

[2] En Espagne et en Portugal. C'est probablement, c'est infailliblement la seule observation qui échappera à M. Lerminier, dans l'*Histoire du pouvoir législatif* dont il s'imagine faire un cours au Collége de France.

une[1] ». Elle est une, ou elle ne serait pas ; ou Dieu qui l'a faite, par qui elle est, et qui est un, ne serait pas lui-même! Il n'y a d'unique que la vérité, de multiple et d'infini dans ses divisions que l'erreur, comme on ne trouve en mathématiques qu'un angle droit dans un triangle, une seule ligne droite et un nombre illimité de courbes d'un point à l'autre, une seule direction naturelle, la droite, dans le cours de la lumière physique et dans le mouvement de tous les éléments naturels. Et c'est parce que la vérité est éminemment une, l'erreur profondément commune et populaire, qu'il y avait jusqu'à sept sages (parmi lesquels étaient des fous), dans cette Grèce que Mably trouvait tout à l'heure si *éclairée*, et que nous serions embarrassés d'en trouver un incontesté parmi nous!

Concluons : nous avons renouvelé les infinis atomes de Descartes, hormis ses tourbillons ; ou plutôt, nous nous sommes fait autant de tourbillons que d'atomes. Tous nos maux sont sortis de là. C'est parce que l'anarchie, c'est-à-dire le mélange de toutes les vérités et de toutes les actions, l'esprit de mitoyenneté et de milieu, sont la religion dominante du siècle, que les révolutions en sont l'apa-

---

[1] *Cours d'Histoire*, 1829, douzième leçon, page 429. — Le cardinal Castiglione a répondu, dans le Consistoire, aux disciples de *toutes* les écoles : « Que la politique, dérivant des saintes Écritures, était *l'unique école* d'un bon gouvernement. » Et le pontife élu se trouve avoir publié en 1804 un ouvrage *ad hoc*, pour établir que *la Religion chrétienne* doit être, et est essentiellement *une dans ses dogmes et dans sa morale*.

nage : les tremblemens de terre sont plus fréquens dans les saisons tempérées. Une seule personne, ou, si l'on veut, une seule société, ayant un chef unique à sa tête, contredisant toujours parce qu'elle est toujours contredite, n'est jamais contradictoire; elle est incessamment immobile au milieu de la mobilité universelle, comme le soleil au milieu du système du monde, le feu ou Dieu au centre du soleil : ouvrez les yeux, et cette personne unique, et cette société qui ne fait qu'un avec elle, vous y sautera![1]

[1] Cette innombrable unité paraît avoir tout-à-fait cessé d'être visible, à l'homme qui, jusqu'à cette heure, semblait n'avoir jamais été frappé d'autre chose; car, à l'instant où je trace ces lignes, j'apprends, par le *National*, la nouvelle à laquelle je m'étais toujours refusé de croire depuis quinze jours, de la publication d'un nouvel écrit de l'abbé Lamennais, où il est assez hardi pour tourner en scène de théâtre ses récentes *Lettres* au Souverain Pontife et à Monseigneur l'Archevêque de Paris, en donnant de cyniques armes à la démocratie, et parconséquent à l'incrédulité, sous le titre insidieux de *Paroles d'un croyant*. Nous savons, de bonne source, 1° que ce livre sophistico-politico-poétique-anarchique avait été composé avant les *foudres* qui allaient frapper l'auteur; 2° qu'il renfermait d'outrageantes épithètes contre la personne même du Souverain Pontife; 3° que ces injures ont été retranchées *purement et simplement*; 4° et qu'enfin le nouveau Mentor, le dernier *redresseur de torts* de l'ex-abbé, est... M. Sainte-Beuve, auquel il a donné un *blanc-seing* pour revoir et publier le *Chant du cygne*.

Ainsi, l'abbé Lamennais a mieux aimé perdre son Ami spirituel, et peut-être son âme, qu'un mauvais livre, qui ne sera un moment prôné qu'à cause de son mysticisme jacobin et plat : *potiùs amicum quam dictum perdere!* — *O pectora cœca!*

Mais, qu'on ne craigne pas que la Source personnelle de la vérité et de la vie perde rien à ce nouvel outrage, à cette ingratitude nouvelle, du grand esprit-faux catholique de nos jours!

Elle ne fera qu'y gagner.

Et, lui, ne fera qu'y perdre le petit souffle d'influence qui lui restait, après tant d'échecs successifs sur les hommes qu'il appelle *les fils de Satan*, à la page 190 de son livre sans nom.

L'Apocalypse de *Jean*-Not Lamennais, on l'avouera, était un assez beau trait du *Tableau de la Dégénération de la France*.

Passons à celui de ses *Moyens de grandeur*.

QUATRIÈME PARTIE.

TABLEAU DE LA NÉCESSITÉ ET DE LA FACILITÉ D'UNE LITTÉRATURE, D'UNE PHILOSOPHIE ET D'UNE ENCYCLOPÉDIE PARFAITES. — QU'IL NE FAUT QU'UN POINT DE DÉPART OU UNE MÉTHODE. — QUE LE POINT DE DÉPART, C'EST DIEU ; — LA MÉTHODE, LA SYNTHÈSE VÉRITABLE, LAQUELLE N'EST PAS AUTRE CHOSE QUE DIEU BIEN ENTENDU.

> *Dic ubi consistam, cœlum, terramque movebo.*
> *Dominus legifer noster.* (Isa., XXXIII, 22.)
> *Unus est legislator et judex.* (S. Jacob, IV, 12.)
> *Una lex.* (Nomb., XV, 5.)
> *Unum præceptum.* (Ibid., 29.)
> *Sacerdos unus.* (S. Cyp., épît. 55.)
> *Crux, Lux, Dux.* (S. Thom. Aq.)

S'il y a une vérité au monde qui n'ait pas besoin de preuve, c'est la nécessité du bien, c'est-à-dire du *vrai*, du *beau*, de l'*utile*. Elle résulte de la justice, de la bonté de Dieu, qu'on ne saurait nier sans nier Dieu lui-même. — Le moyen du bien est une conséquence logique de sa nécessité. Et la facilité existe dans la littérature aussi bien que dans la morale. Comme il n'y a, dans celle-ci, que le premier pas qui coûte, il ne faut, dans l'autre, que le principe générateur, le *fil*, pour entrer dans son ravissant labyrinthe.

Le principe générateur, c'est Dieu; le fil, c'est Dieu encore, *sous les apparences* d'un homme. Je dis un *homme;* car, dans la combinaison, une fois *donnée*, de l'*humanité*, on ne saurait concevoir un *ange*, pour dire et dérouler Dieu, mais bien une créature ordinaire, l'*homme* enfin, et *un* homme, seulement aussi saillant, aussi éclatant, aussi haut placé [1], aussi *visible* que le serait au milieu d'un village la cathédrale de Strasbourg ou *Sainte-Geneviève* de Paris.... Commencez par reconnaître cet Homme-Dieu, ce Dieu-Homme (on ne saurait scinder un Père d'un Fils [2]), et vous aurez, pour parler la parole des saints, le *soleil de la lumière éternelle*, la *langue* et la *clef du ciel* et *de la terre*, le *roc* et le *pivot* sur lesquels pose ou tourne l'univers [3]. Partez de l'Homme par excellence, de l'Homme unique, et vous arriverez à tout par surcroît : en littérature, en sagesse, en génie, et surtout en jouissances.

---

[1] Je sais un passage, une prévision de Platon, qui a tellement ébranlé un savant homme méditatif (jusque-là indifférent sur le point culminant du christianisme et de l'Apostolat), qu'il le citait comme une merveille philosophique. Ce passage, le voici; Platon le met dans la bouche de Socrate, comme ses plus belles choses, au livre IV de la *République* : « Dieu est, en matière de religion, l'interprète naturel de tous les hommes, ayant exprès choisi LE MILIEU DE LA TERRE pour rendre de là ses oracles. »

[2] Il faut que la ressemblance entre Dieu et l'homme, dont parlent la Bible et le Catéchisme, soit bien profondément naturelle; on la trouve écrite, en toutes lettres, dans les plus célèbres philosophes païens, et notamment dans les *Lois* de Cicéron : « *Dei imago quædam animus est.* (Tuscul.) — *Est homini cum Deo similitudo.* (De Legib. I. 8.) — *Cognatum esse hominem Deo.* (de Consol.)

[3] *Sol æterni luminis.* S. MAXIMUS. — *Cardo summe totius mundi... Lingua cœlorum.* S. PETR. DAMIAN. — *Claviger cœli.* S. NICOLAUS I. — *Cacumen mundi.* S. FULGENT. — *Magister orbis terrarum.* S. CHRYS. — *Saxum immobile, totius christiani operis compagem molemque continens.* S. AUG. — *Caput orbis.* S. VINC. LIRIN. — *Janitor cœlorum.* S. PETR. CHRYSOL. — Et mille autres épithètes, que l'Univers clairvoyant a données au *serviteur des serviteurs* de son Dieu.

Allez, au contraire, avec les hommes, avec la foule, c'est-à-dire seul, vous irez droit au doute, à l'ignorance, à la folie, à l'abîme.

La bonne façon de l'expérience consiste à commencer par allumer son flambeau, pour s'avancer ensuite directement dans son chemin, à sa lueur [1]. L'astre du jour a besoin d'être fixé dans les cieux pour éclairer la terre : *cœlo hæret, terris lucet*. De son côté, dans son autre sphère, la plante du soleil (le tournesol) perdrait sa beauté et sa vie, si elle était empêchée de regarder son principe fécondant : *cælestes sequitur motus*. L'homme, par ses propres forces, est tout au plus un Vaucanson ; pour être Prométhée, il faut monter au ciel : là seulement coule la flamme qui donne l'existence.

Faites-vous encore une autre comparaison matérielle, car la matière aussi a son esprit : elle est souvent venue en lisant la plupart de nos écrits et de nos systèmes modernes. Je place au milieu d'une troupe de sauvages attentifs une superbe pendule à secondes. Je les vois sans peine en admirer la structure, le mouvement, la vie. — A quoi bon, dira l'un d'eux, cette énorme lentille suspendue à une longue verge de métal qui ne tient à la machine que par un point, et ne semble destinée qu'à se promener sans cesse d'un côté à l'autre? si c'est un premier mobile qui imprime le mouvement, son poids le ralentit. Ils disent ; et les voilà remplaçant la lourde

---

[1] *Verus experientiæ ordo primò lumen accendit, deindè per lumen iter demonstrat.* Bacon, *Nov. Org.*

lentille par une surface creuse. L'équilibre se rompt, quelques roues s'arrêtent, d'autres se meuvent avec une vitesse infinie, se heurtent, s'engrènent; et le chef-d'œuvre de l'art, jusqu'alors aussi réglé dans ses mouvements que l'astre qui nous éclaire, est transformé en une masse immobile et informe.

La pendule intégrale, c'est le monde primitif; le balancier, Dieu; les sauvages, les sots ou les sophistes; la pendule détraquée, c'est le monde tel que nous le voyons, sans Dieu.

Qu'est-ce donc que l'athéisme ?

C'est le désespoir d'une intelligence aliénée, le suicide du génie. La logique qui nous révèle le Dieu catholique, et l'encyclopédie qui s'en suit, n'est pas autre chose que la théorie de la foi; et ce grand point peut s'établir rigoureusement par l'analyse des connaisssances humaines, par le sentiment des hommes supérieurs de toutes les opinions, par l'histoire universelle de la littérature, aussi bien que par l'autorité biblique; car, lorsqu'on a songé un peu sérieusement à la philosophie, on est bien convaincu que cette autorité, que nous nous imaginons mystérieuse et toute de foi, est précisément la raison, le sens commun, la lumière par excellence.

Non, ce n'est pas sans une vérité profonde et simple à la fois, que Dieu se dit partout et perpétuellement le principe, ou plutôt l'être même de la vérité, et par conséquent son moyen et sa vie : *Ego sum qui sum..... Ego sum via, veritas et vita....*

(JEAN. 14, 6.) *Christus est veritas....* (1. JEAN. 5, 6.)

La vérité, comme le verbe, s'est élancée, avant tous les temps, du sein de son principe. (MICHÉE. 5, 2; ISAIE. 53, 8.) — Je suis, dit le Seigneur, le Dieu des sciences (*Deus scientiarum Dominus*, 1. ROIS. 2, 3). — « Je les apprends aux hommes (*qui docet hominem scientiam* (Ps. 39, 10.) — Celui qui me suit, ne marche point dans les ténèbres (*qui sequitur me, non ambulat in tenebris*, (JEAN. 8, 12).—L'homme à qui parle le verbe éternel sera dispensé de beaucoup de controverses (*cui æternum verbum loquitur, a multis opinionibus expeditur*; id. 1. 3). — Tout vient d'un seul verbe; un seul verbe exprime tout; et ce verbe, c'est le principe qui parle en nous (*ex uno verbo omnia, et unum loquuntur omnia, et hoc est principium quod loquitur nobis*, id. 8. 25.) — Ce n'est pas vous qui parlez, mais bien mon esprit qui parle en vous (*non vos estis qui loquimini, sed spiritus patris vestri, qui loquitur in vobis*, MATTH. 10. 20). — Il n'y a de don parfait que celui qui descend du Père des lumières (*omne donum perfectum descendens a patre luminum*, JACQ. 1. 17). — C'est par moi que les rois règnent, que les législateurs déclarent des lois justes (*per me reges regnant, et legum conditores justa decernunt*, PROV. 8, 15). Cette dernière proposition peut s'entendre dans le sens le plus large, celui d'une législation universelle, même littéraire. — Voulez-vous une parole plus spéciale encore? la médecine elle-même vient de moi, dit l'être suprême : *A Deo enim omnis medela.* (Eccl. xxxviii, 2 [1].)

Et ce n'est pas sans une raison également simple et profonde, que l'esprit suprême annonce aussi perpétuellement que nous avons, au milieu de nous, un petit nombre d'hommes, comme nous, corporels et faibles, mais rendus forts et solidaires par l'obéissance à l'un d'eux, orateurs, écrivains, législateurs, déclarateurs, et par conséquent fondateurs, et du principe, et du moyen, et de la nature, et du bienfait, et de la vie, de la Vérité. *Ecclesia Dei vivi columna et firmamentum veritatis.* (S. paul, *ad Timoth.* 3, 15.)

Lorsque Dieu en est venu à des faits, il n'a pas manqué à ses prescriptions : il a pris tous ses prophètes, tous ses disciples, tous ses apôtres, tous

[1] M. Letronne ne pense pas que l'astronomie et le système du monde, la mécanique que Laplace appelait pourtant *céleste*, viennent de Dieu, ou de son homme, Moïse : je le conçois, il est de la *Revue des deux mondes*, du *collège de France*, de l'*Université*, des *Inscriptions* et de *la bibliothèque* du roi; et il sait que Copernic, Képler, Newton, Euler, Charles Bonnet, Deluc et Cuvier étaient d'un avis contraire. — Descartes lui-même se troubla, s'arrêta, devint immobile, et suspendit, si j'ose le dire, son monde roulant comme celui de Galilée, lorsqu'il apprit son *apparente* condamnation. Il avouait sa fidélité scientifique, en ces termes énergiques : « MM. les inquisiteurs n'ont guère moins de pouvoir sur mes actions que ma raison sur mes pensées. » (Voyez son *Histoire* par le savant Baillet, lequel n'est pas suspect.) — L'histoire de Galilée, elle, a démontré que ce ne fut pas le système que Rome condamna, mais bien l'orgueil et la *tête tournante* du géomètre, exclusivement. La preuve en est, que Képler, mort dix ans avant Galilée, le chanoine Copernic, le cardinal de Cusa, qui florissaient, le premier un siècle, et le second près de deux cents ans avant lui, avaient aperçu ou démontré impunément l'immense mobilité de l'univers.

ses évangélistes, ses hommes apostoliques de tous les siècles, comme il avait pris son fils, dans les hommes illettrés, afin d'en faire les grands littérateurs et les grands hommes. C'est alors, principalement, qu'il dit à la *lumière d'être*, et que la *lumière* docile *fut*.

Les hommes divins, dociles à leur tour, nés, élevés dans l'ignorance, se trouvaient savants dans les langues et dans l'histoire, dans la philosophie, dans l'art de penser, dans l'art de dire, dans l'art de faire et de faire faire. Ils ne savaient ce qu'ils auraient à dire; et, à l'heure où ils ouvraient la bouche, ils se trouvaient des *Hommes bien éloquents* (*dabitur vobis in illâ horâ, quid loquamini* MATTH. x). Ils parlaient au nom du *Verbe*, et la chair était comprimée; et les aréopages étaient confondus; et les peuples tombaient aux pieds de la croix; et les dieux du paganisme tremblaient sur leurs autels; et les morts sortaient du tombeau, à leur ombre; et les vivants volaient au martyre; et le monde tout entier était étonné et changeait de face, en leur présence: *et siluit terra in conspectu* eorum. (MACCHAB. *passim*).

Il n'est pas un docteur théologique qui n'ait reconnu cette grande vérité, littéralement dans ses discours, et réellement par sa conduite [1]. Le grand

---

[1] Le sujet magnifique de l'identité du génie et de la piété, si digne d'occuper un grand homme, a été traité, avec plus ou moins de succès, par Leigh (*Traité de la liaison qu'il y a entre la religion et la littérature*); par Glainville (*Scepsis scientifica*); par M. de la Tour-du

Arsène, sorti de la cour de Théodose pour vivre dans le désert de Scéthé, consultait un autre père du désert; il dit à un frère qui s'en étonnait : « J'ai sans doute beaucoup étudié les sciences de Rome et d'Athènes, mais je ne suis pas encore à l'alphabet de ce bon vieillard. »

Et saint Antoine-le-Grand, dont saint Athanase s'est glorifié d'écrire l'histoire, disant à ceux qui se moquaient de son ignorance des sciences profanes : « Qui de la raison ou de la science est la première? —La raison.—Eh bien! la raison suffit donc. » On sait ce qu'était la *raison* pour Antoine.

Et Lactance : « Connaître la vérité est le propre de la sagesse divine; l'homme ne peut lui-même arriver à cette science, s'il n'est enseigné de Dieu. »

Et saint Augustin, lequel avait dit son mot célèbre : *Fides sanitas mentis* : « Je cherchais avec orgueil ce que l'humilité seule pouvait me faire trouver; insensé que j'étais, je m'imaginais que je pouvais prendre l'essor, et je tombai à terre... Que suis-je sans vous à moi-même, ô mon Dieu! qu'un guide qui conduit au précipice? *quid ego sum mihi sine te nisi dux in præceps?*

Et saint Grégoire, si habile dans les lettres véritables, abandonnant dès sa jeunesse les classiques du temps (qui sont encore les nôtres) *aux vers et*

Pin (*Alliance des sciences avec la religion*); par l'Abbé le Franc de Pompignan (*Dévotion réconciliée avec l'esprit*); et en dernier lieu par le célèbre Serrano (*De fœdere eloquentiæ et sapientiæ*). Le livre de M. le docteur Giraudy, *La morale religieuse ne doit-elle pas être employée comme curatif de l'aliénation mentale?* 1804, est un livre de ce genre.

aux teignes, et représentant le grand Benoît, patriarche des saints réels des premiers siècles, savant et sage de l'ignorance de toute autre science que celle venant de Dieu : *scienter nesciens, et sapienter indoctus.*

Et saint Bernard, à ses disciples : « Vous trouverez dans les bois (c'est dans les *villes* que Montesquieu aurait dû trouver le gouvernement représentatif) ce que vous chercheriez en vain dans les livres. Les forêts et les rochers vous apprendront ce que vous ne pourriez apprendre des plus habiles hommes. »

Et saint Dominique, à qui l'on demandait en quels livres il avait étudié son sermon : — « Le livre dont je me suis servi, c'est celui de la charité. »

Et saint François, à un frère convers lui demandant la permission d'étudier : « Répétez souvent la doxologie : *gloire à Dieu etc.*, et vous deviendrez fort savant. » — « Rien, dit-il un jour, ne me cause plus de joie que de penser à la passion de Jésus-Christ; et quand je vivrais jusqu'à la fin du monde, je n'aurais besoin d'aucun autre livre. »

Et saint Bonaventure, l'un des plus beaux génies littéraires de l'Ordre de ce François (il était *français* en effet); il répondit à saint Thomas qui s'enquérait, sans y penser, dans quels écrits il avait puisé sa science sacrée : — « Les voilà (il montrait son crucifix), j'étudie Jésus, et Jésus crucifié ».

Et ce saint Thomas, qui sut tout son temps et tout les temps, dans les œuvres duquel on trouve tout ce qu'il y a de beau dans les Pères de l'Église et dans les philosophes du paganisme, ce Thomas qu'on doit considérer comme le grand maître de la théologie de Suarez et de Bossuet, de la philosophie de Bacon, de Kircher, de Leibnitz, qui n'a ouï dire son *criterium* de littérature ? Ce grand homme entre les grands hommes ne lisait jamais qu'à genoux le livre par excellence.. « Voyez-vous saint Thomas, disait Gerdil un jour au frère Pompée (avec lequel il fit toujours ses prières du matin et du soir, et la lecture de la Vie des saints), voyez-vous ce grand docteur de l'église! il compose, mais il puise dans le sein de Dieu même; toutes les lumières lui viennent de ce rayon céleste, et de saint Paul qu'il invoque » [1].

Et Vincent Ferrier, son confrère, qui renouvela au xive siècle l'apostolat politique et religieux de saint Bernard au xiie : « Voulez-vous étudier utilement? consultez Dieu plutôt que vos livres. Quelques moments dans les plaies sacrées de Jésus-Christ procurent de nouvelles lumières. » Au fait, il composait au pied d'une croix, ces sermons étonnants qui remuaient, ou plutôt qui pacifiaient tout le midi de la chrétienté.

Saint Ignace ne songea à apprendre la grammaire qu'à plus de trente ans; et saint Ignace a créé une société qui a mis le pied dans toutes les grandeurs

---

[1] Gerdil n'eût garde de chercher ailleurs le principe générateur de la vérité: « Voilà, dit-il, en montrant la croix, le grand livre où il faut toujours puiser des lumières pour combattre les ennemis de la Foi. » (Voyez l'*Éloge* du Cardinal, par le savant abbé d'Auribeau.)

depuis trois cents années, et dont la chute entraîna toutes les autres chutes avec elle.

« Je connais, dit SAINTE THÉRÈSE, une personne (c'était elle) qui, sans être poète, a composé, sur-le-champ, des stances d'une vraie poésie. » La même inspiration est arrivée au *François* dont nous parlions plus haut : il est donc une acception supérieure pour le dicton célèbre : *nascuntur poetæ!*

Le sublime auteur de l'*Imitation*, que Fontenelle, si spirituel et si littérateur admirait, A KEMPIS, fait de la lumière de Dieu le principe de toutes les lumières. Chose remarquable! il commence son livre par les paroles célèbres de saint Jean que nous avons citées : *Qui sequitur me, non ambulat in tenebris;* et il le finit par cette proposition mémorable : la logique, et même l'étude des sciences naturelles, doit suivre la foi, non la précéder, encore moins la détruire : « *Omnis ratio et naturalis investigatio fidem sequi debet, non præcedere nec infringere.* » Il dit au milieu de son livre quasi-divin : « soyons profondément bons, nous verrons et nous comprendrons tout; un cœur pur se fait jour à travers les cieux et les enfers : *Si tu esses intùs bonus, omnia sine impedimento videres et caperes. Cor purum penetrat cœlum et infernum* (II. 4). *Subde te Deo et dabitur tibi scientiæ lumen; prout tibi fuerit utile* (IV. 18). »

C'était la grande vérité, la vérité fondamentale, la vérité une, unique, universelle, de la nécessité de Dieu, comme principe d'Encyclopédie, que proclamaient Malebranche et Leibnitz, hommes uns, uniques, universels eux-mêmes à l'image de leur maître, alors qu'ils assuraient que *nous voyons tout en Dieu.*

Leibnitz, qui rendait cette vérité de tant d'autres façons, l'exprima encore, de celle-ci, dans une *lettre* à Arnauld : « Je voyais que la géométrie ou la philosophie du lieu *(de loco)* conduisait à la philosophie du mouvement, et la philosophie du mouvement à la science de l'esprit. J'ai donc d'abord démontré sur le mouvement quelques propositions d'une grande importance. » Et il ajoute : « J'en dis presque autant du sentiment de Malebranche, quand il assure que *nous voyons tout en Dieu :* c'est une expression qu'on peut excuser, et même louer » (*Esprit de Leibnitz*, par M. Emery, 3ᵉ vol., p. 397.) La pensée du père Malebranche, dont il est loin de tirer parti, se trouve mieux exprimée dans sa *préface* que dans son ouvrage : *L'attention de l'esprit n'est que sa conversion vers Dieu* [1].

Newton avoue, en parlant de son immense principe de l'attraction, que : « L'inspiration du tout-puissant lui en a donné la connaissance ; » et Reid, l'un de ses derniers disciples, a pris pour texte de ses recherches un mot de l'écriture sainte qui montre

[1] Les amis de Leibnitz, tout protestants qu'ils étaient, entrèrent profondément dans ses idées et dans les nôtres, lorsqu'ils mirent sur sa tombe des emblèmes tels que ceux-ci : un tournesol avec ces paroles : *Inclinata resurget.* — Un aigle s'élevant vers le soleil, avec ces mots : *Haurit de lumine lumen.* — Le chiffre 1, avec cette devise : *Omnia ad unum*, etc. (Voyez sa *Vie* par M. de Jaucourt.)

qu'il voyait aussi la science dériver de Dieu seul [1].

« Toute science vient de Dieu, retourne à Dieu, est en Dieu, » dit le célèbre auteur de la *Science nouvelle*, Vico, cité à cet égard jusque dans la *Biographie universelle*, et par M. Michelet, continuateur de M. Guizot, protestant : ce n'est pas là, avouons-le, de la *Science nouvelle*.

En Allemagne, le célèbre protestant quasi-catholique, Jean de Muller, a dit littéralement, dans une profession de foi que le *Semeur* de 1834 a reproduite : « Depuis que je connais le Sauveur, tout est clair à mes yeux; avec lui, il n'est rien que je ne puisse résoudre. »

L'un de nos derniers philosophes, celui là même qui trouva le principe de la vérité dans le nombre (d'ordinaire si aveugle), lui trouve accidentellement un autre *criterium*. L'abbé Lamennais a dit dans le 4º volume de son *Essai*, ce qui eût été bien mieux à la tête du 1$_{er}$: « Il n'y a point de ténèbres au pied de la croix. »

Les quelques belles pages des œuvres de M. de Chateaubriand, il est clair qu'il les a empruntées au *Génie* du christianisme.

Saint Martin, le seul des philosophes des XVIIIe et XIXe siècles qui ait fait une petite école, a énoncé son sentiment sur l'inspiration du génie, de la façon suivante, dans ses *Pensées* : « A 18 ans, il m'est

---

[1] *Histoire abrégée des sciences*, par Dugald Stewart, traduite par M. Buchon.

arrivé de dire : Il y a un Dieu, j'ai une âme, et c'est sur cette base-là qu'a été élevé ensuite tout mon édifice. » — « Toutes les circonstances de ma vie ont été comme des échelons que Dieu plaçait autour de moi pour me faire monter jusqu'à lui. » — Il s'honore de l'application que le vieillard anglais nommé *Best* (il passait pour avoir le don de trouver dans la Bible le *mot* d'un homme quelconque) lui fit du 38ᵉ chap. de Jérémie : *Clama ad me, et exaudiam te; et docebo tibi grandia, et firma quæ nescis.*

C'était aussi la Foi, que suivaient aveuglément, c'est-à-dire en grande connaissance de cause, les premiers et les plus illustres législateurs de l'astronomie et de la mécanique céleste; et entr'autres, pour citer l'exemple et le sentiment de La place : (*Système du monde*, p. 324) :« Kepler, un de ces hommes rares que la nature donne de temps en temps aux sciences... On le voit, dans ses derniers ouvrages, se complaire dans de chimériques spéculations d'harmonie, au point de les regarder comme l'*âme* et la *vie* de l'astronomie [1] !... »

---

[1] Le baron Massias, l'un des esprits les plus méditatifs et les plus étendus de nos jours, a eu le sentiment de l'influence de la religion sur les sciences exactes. « C'est peut-être à quelques idées abstraites de Kant, dit-il, qu'Herschell doit la découverte d'Uranus. On dirait que la *métaphysique* peut seule rendre raison de certains phénomènes, autrement inexplicables. » — La *métaphysique* en question, que Laplace désigne mieux ici sous le nom d'*harmonie*, n'est pas autre chose que la science ou la théorie, je dirai mieux, la *théologie des nombres*: science la plus simple et la plus sublime à la fois, la seule décisive peut-être, et qu'aussi les plus grands hommes ont successivement étudiée après toutes les autres sciences, qui n'en sont au fond que des

Mais celui des naturalistes éminemment philosophes qui a le mieux senti, démontré et appliqué l'unité de Dieu comme principe générateur des sciences, c'est Linné. Voici la préface de la belle encyclopédie naturelle où, sous trois grandes divisions, *classes*, *genres*, *espèces*, et dans ses vingt-quatre classes exclusives, il voit venir toutes les plantes se ranger d'elles-mêmes et se démontrer aussi par leur place.

Je la citerai textuellement, dans sa propre langue, de peur de ne pas la rendre dans toute sa force, avec toute sa beauté, qu'on peut appeler linnéenne :

Deum sempiternum, omniscium, omnipotentem, à tergo transeuntem vidi et obstupui! legi ALIQUA *ejus* VESTIGIA *per creata rerum, in quibus etiam minimis, ut ferè nullis, quævis, quanta sapientia, quam inextricabilis perfectio!*

Observavi ANIMALIA INNITI VEGETALIBUS, VEGETALIA TERRESTRIBUS, TERRESTRIA TELLURI, *tellurem dein ordine inconcusso volvi circò solem a quo vita mutuatur; solem demùm circà axim cum reliquis astris, systemaque siderum spatio et numero vjx definendum, mediante motu in vacuo nihilo suspensum te-*

---

dérivées ou des applications. Je citerai chronologiquement : Pythagore, Philolaüs, Socrate, Platon, et leurs disciples les plus célèbres : Origène, S. Augustin, S. Thomas d'Aquin, Copernic, Postel, Képler, Ticho-Brahé, Kircher, le P. André, Newton, Euler, etc. Et dans les hommes peu connus, mais si dignes de l'être : Pierre Bungus; Nicolas de Taisand de Dijon, mort en 1663, à la fleur de l'âge, laissant des manuscrits, une correspondance européenne, et des *principes naturels*, supérieurs à ceux de Descartes.

neri ab incomprehensibile movente primo, ente entium [1]. »

Les sophistes eux-mêmes faisaient des aveux assez formels en ce genre : « Il n'est pas, selon Diderot, (dans un livre *de l'éducation*), d'ignorance plus honteuse que celle de la vraie théologie. »

D'Alembert est plus hardi et plus humble à la fois. Il avance, dans la *préface* même de la grande œuvre, que « A LA TÊTE DES ÊTRES SPIRITUELS EST DIEU [2]. » Et ailleurs : « La théologie révélée n'est autre chose que la raison appliquée aux faits révélés ; on peut dire qu'elle tient à l'histoire par les dogmes qu'elle enseigne, et à la philosophie par les conséquences qu'elle tire de ces dogmes. Aussi, séparer la théologie de la philosophie, ce serait arracher du tronc un rejeton, qui de lui-même y est uni ; il semble aussi que la science des esprits appartient bien plus intimement à la théologie révélée qu'à la théologie naturelle. »

Mais il y a un aveu, une autorité qui me semble plus appropriée au temps, plus décisive et plus extraordinaire, et que je dois citer, sur le grand

---

[1] Et le même homme trouvait la *méthode* proprement dite, c'est-à-dire la méthode secondaire, en conséquence de la méthode divine ; il disait d'elle, dans sa *Philosophie de la botanique*, p. 98 : « Un système est le fil d'Ariane pour la botanique : sans lui, cette science n'est qu'un cahos. Ceux qui ont tendu ce fil méritent la reconnaissance des siècles ; sans lui, la science n'offrirait que des Méandres au milieu desquels il serait impossible de ne pas s'égarer. »

[2] Il n'est pas jusqu'à M. Azaïs qui ne parle inconséquemment du grand principe, dans son inexplicable *Explication :* « Dieu, dit-il, est la CAUSE PREMIÈRE *de l'action universelle.* »

point du *criterium* de la philosophie et de la législation universelle, c'est l'aveu de M. Victor Hugo dans la *préface* de *Cromwell :* « Il n'y avait, dit-il, que la sagesse divine qui pût substituer une vaste et égale clarté à toutes les illuminations vacillantes de la sagesse humaine. Pythagore, Épicure, Socrate, Platon, sont des flambeaux; le Christ, c'est le jour. » — M. Victor Hugo, c'est la nuit.

Déjà, un poète de la révolution, Lebrun, *Ode à Buffon*, avait dit :

> Cet astre roi du jour, au brûlant diadème,
> Lance d'aveugles feux et s'ignore lui-même
> Il éclaire le monde et ne le connaît pas.
> Mais l'astre du génie, intelligent, sublime,
>   Du ciel perce l'abîme,
> L'embrasse, et de Dieu même interroge les pas.

Il n'est pas jusqu'à l'université qui ne laisse échapper, à la faveur des plus vils sacrifices à la *sophisterie moderne*, les plus remarquables aveux de la seule source possible de nos connaissances. M. Lerminier a prononcé formellement ces paroles devant ses auditeurs, dans sa leçon réfléchie, celle d'ouverture de son cours de 1834 : « Chez vous, comme chez tous les autres hommes, la foi est le premier élément de l'esprit, la première condition de la science. Le savant croit, puis il examine, puis il sait; il ne doute jamais. » Et c'est avec cette foi, apparemment, que le professeur fait « s'élever vers les cieux, jusqu'à ce qu'on se trouve face à face avec Dieu. »

Les femmes elles-mêmes, et les moins suspectes de fanatisme, se sont élevées à cette vérité première. Mme Necker a dit, et M. Barrère l'a trouvé beau dans l'*Esprit* qu'il en a publié :

« Les philosophes disent : *Je pense, donc je suis.* Moi je dis : *Je pense, donc Dieu est......* Cette idée est inséparable de mon être. — Prenez, comme le poète sacré, *les ailes de l'aube du jour pour atteindre à l'extrémité de l'univers;* vous y rencontrerez, comme lui, *la main de l'éternel.* Les ailes du soleil ou du jour sont, en effet, celles du génie; l'on croit en vain fuir avec elles celui qui nous les a données : elles nous conduisent involontairement au lieu même qui en est l'origine [1]. »

---

[1] Les païens eux-mêmes rendaient à Dieu une pareille *foi et hommage*, souvent dans les mêmes termes que Malebranche et Leibnitz :
Virgile :

Jovis omnia plena;

Horace :

Hinc omne principium, huc refer exitum.

Et jusqu'au droit divin :

Ubi non est pudor,
Nec cura juris, SANCTITAS, PIETAS, *fides,*
INSTABILE REGNUM.

Ovide (le poète le plus contemporain du Sauveur, et mort, comme lui, sous Tibère) :

Est DEUS IN NOBIS, *sunt et commercia cœli,*
Sedibus æthereis, SPIRITUS *ille venit.*

Deus in nobis! Et qu'est-ce autre chose que ce que l'Église naissante allait appeler la *Présence réelle?...*
Sénèque :

Vocat ab illo, ipse implet opus suum.

Ailleurs, il décrit littéralement « l'*Esprit saint* résidant dans nos âmes.»

Lorsque les savants d'un ordre quelconque ne sont point partis de la foi, pour être ingénieux et utiles, ils sont partis de la charité : et M. Guizot, lui-même, en a fait la remarque judicieuse dans la *préface* de son encyclopédie; et cet aperçu est le chef-d'œuvre de son ouvrage :

« Ce n'est qu'à un tel désintéressement, à ce complet oubli du monde extérieur et de soi-même, qu'il a été donné de faire faire aux sciences leurs plus glorieux progrès. Qu'on cite un exemple de grandes découvertes scientifiques, de grandes vérités obtenues par un autre mobile que le seul amour de la science et de la vérité : dans les sciences morales, exactes et naturelles, dans les temps anciens et mo-

---

— Platon, dont l'école semblait avoir pour but de faire rougir l'ancien paganisme et le nouveau, ne voyait de *lois*, de *république*, que dans la divinité. Il disait qu'*il y avait au ciel un exemplaire parfait de la république*; et il appelait Dieu l'*Eternel Géomètre*. « En vérité, dit son Socrate dans le *Second Alcibiade*, *il faut* que Dieu *vienne* nous expliquer *lui-même* tout ce qui se rapporte aux choses supérieures, pour que nous en acquérions la conviction et la science. » Il voulait que les législateurs « portassent leurs regards sur l'exemplaire éternel de la vérité, et qu'après l'avoir contemplé avec toute l'attention possible, ils transportassent aux choses d'ici-bas ce qu'ils y avaient remarqué, et s'en servissent comme d'une règle sûre pour fixer par des lois ce qui est honnête, et pour conserver ces lois après les avoir établies. » (*République*, liv. 6.) — Cicéron, disciple religieux de Platon, dit, en parlant des lois : « *Vera lex, recta ratio, naturæ congruens... cujus imperator omnium* DEUS INVENTOR, DISCEPTATOR, LATOR EST. » Voilà la Législation universelle divine, littéralement exprimée. — Épictète, plus près du Christianisme naissant, dit, en toutes lettres : « Dieu m'a créé, DIEU EST AU-DEDANS DE MOI, *je le porte partout*. Mon devoir est de remercier Dieu de *tout*, de le louer de *tout*, et de ne cesser de le bénir qu'en cessant de vivre. » — Et plus anciennement, avant tous les autres, Pythagore, dans ses fameux *Vers dorés* : « Commence le

dernes, Platon et Archimède, Newton et Descartes, Lagrange et Haüy, tous les hommes dont le nom rappelle les conquêtes de l'esprit humain, peuvent être apportés en preuve que, par une dispensation admirable, la PROVIDENCE ATTACHE EN CECI LE TRIOMPHE A LA PURETÉ DE LA PASSION. »

Dieu donné, comme premier moyen d'une littérature, d'une philosophie, d'une législation universelle, on a bientôt le second mobile, je veux dire

jour par la prière, tu connaîtras alors la constitution de Dieu et des hommes, la chaîne des êtres, ce qui les contient, ce qui les lie, etc. » — Le plus sage et le plus exact des historiens du paganisme, Xénophon, a généralisé la vérité en question dans le *Mémor. Socr.* : « Les villes et les nations les plus adonnées au culte divin ont toujours été les plus durables et les plus sages; comme les siècles les plus religieux ont toujours été *les plus distingués par le génie.* »
Voulez-vous voir les païens particulariser? trouver en Dieu le principe des sciences les plus naturelles? — Pline le naturaliste parle en ces termes d'Hipparque, le plus ancien et le plus habile des astronomes de l'antiquité : « On ne saurait jamais assez le louer : personne n'a prouvé comme lui, que l'homme est *lié avec le ciel*, et que son esprit est UNE PORTION DE LA DIVINITÉ. » (BOSSUT, *Histoire des mathématiques.*) — En médecine, écoutez Hippocrate : « Il faut, dit-il, que la connaissance de Dieu soit la première étude du médecin : *Primum a divinis numinibus auspicetur* (*Lib. de fœmin. natura*). Il faut qu'à la faveur de sa religion pleine de lumières, il s'assimile une portion de la divinité : « *Medicus vir sapiens philosophusve Deo par et similis.* » (*De probit.*) — L'esprit de Dieu guide les habiles, les autres ne travaillent que sur leur propre idée, et ne savent ce qu'ils font : « *Deorum mens sua docuit imitari eos qui sciunt quid faciunt; qui verò nesciunt sua imitantur.* » (*De Vict. rat.*) — Le même Hippocrate disait à son disciple : « Si nous étions désintéressés, nous aurions trouvé le secret de nous rendre maîtres de la guérison des corps et des âmes. » (*Epist. ad Craterv.* — Au fond, le grand-maître de la médecine la faisait consister dans le secret de calmer *l'archée*, et de le réduire à la raison. (*Lib. de arte.*) — Paracelse lui-même voyait toute la médecine et toute la nature dans la théologie : «*Theologia et medicina sunt inseparabiles; divortium nunquam patientur.* » (*De Orig. morb.*, liv. I, cap. VI.)

l'unité, la continuité et l'universalité. — Le monde tout entier n'est véritablement qu'un point, comme disait d'Alembert, une grande *unité*, et comme nous le disons tous sans y penser, l'*univers* (l'une des expressions radicales les plus profondes que je connaisse); — c'est une grande échelle où il n'y a point de saut, pour parler avec Leibnitz, et Linné dans la *Philosophie botanique* : *natura non facit saltus*.

« Toutes les sciences qui se rapportent à la nature, dit le plus grand des naturalistes depuis Linné, Haüy, dans la belle *introduction* de son *Traité de physique*, ne composent qu'une seule et même science.... Il en est de même de toutes nos connaissances, elles finissent par se confondre, comme pour nous rappeler QU'ELLES REMONTENT TOUTES A UNE MÊME UNITÉ. » — Lavoisier n'a été l'un des plus profonds des derniers chimistes, que parce qu'il a le mieux vu l'union de la nature, en s'attachant à son lien universel. Geoffroy-Saint-Hilaire n'est encore aujourd'hui le plus habile, le plus ingénieux de nos zoologistes, que parce qu'il a, plus que tous les autres, plus que Cuvier surtout, insisté sur l'analogie et même sur l'identité des êtres de la nature : il a publié *ad hoc*, ses *Principes de philosophie zoologique*. — C'est donc avec une grande raison que Libes s'est élevé de nos jours, dans son *Traité de physique*, contre « la funeste *indépendance des sciences*. »

Toutes les sciences physiques n'ont véritablement qu'un objet, et se lient étroitement. « Il s'agit, dit Fontenelle dans l'*Esprit* de 1788, de rassembler toutes les vérités de la géométrie, en leur donnant à toutes des sources communes, et pour ainsi dire un même lit, où elles puissent toutes également couler. » Il est résulté de là que tous les grands hommes qui se sont mis à étudier l'une, se sont laissés aller naturellement à l'autre, et successivement à toutes, selon qu'ils ont eu de la force et du temps. Seulement, la sagesse et le vrai génie ont consisté dans l'*arrêt*. Les mathématiques et la géométrie, et jusqu'à un certain point la physique, ont cela de particulier, qu'elles sont nécessaires à toutes les autres connaissances naturelles. J'en donnerai deux exemples entre mille : « J'ai prétendu prouver, dit Sauvages dans sa belle *nosologie*, que la théorie de la médecine, pour être exacte, doit être fondée sur la physique expérimentale et sur une philosophie mathématique [1]. » Depuis, en 1784, Haüy a dit, dans l'*Introduction* de son *Essai d'une théorie des cristaux*, que l'étude de l'art dont il était le créateur, tenait essentiellement à l'étude de la géométrie, et surtout de la trigonométrie [2].

Au fait, la plupart des naturalistes célèbres furent naturalistes universels. Il n'est guère de mathématiciens qui ne furent astronomes, ni d'astronomes qui ne furent aussi mathématiciens. Je citerai seulement

---

[1] M. Alibert a publié un discours *sur les rapports de la médecine avec les sciences physiques et morales*.

[2] Vitruve, lui-même, tout païen qu'il était, dit positivement que, « pour être habile en architecture, il ne faut rien ignorer de toute l'Encyclopédie. »

Ozonce-Finé, Halley, Bernoulli, les Manfredi, Lacaille, Clairaut (peintre par surcroît), Taylor (peintre et musicien), Euler, l'abbé Caluso, Herschell. La plupart des astronomes furent, en outre, auteurs ou inventeurs de leurs instruments : Régiomontan, Copernic, Galilée, Herschell, etc. Plusieurs des plus célèbres surent même la médecine et la chimie : Aloisio Lilio, Copernic, Brigg, Galilée, Nieuwentyt, Keil, Waring.

Il est surtout difficile à un botaniste de n'être pas médecin, à un médecin de n'être pas chimiste et physicien, à un physicien de n'être pas chimiste ou minéralogiste : témoins Alphonse Borelli, Stalh, Linné, de Haller, Jussieu, Saussure, Haüy, Berzélius, etc. Plumier, célèbre botaniste, Fernel, Boerhaave, Hoffmann, Ruffini, grands médecins, Cavendish, habile chimiste, étaient aussi géomètres.

Les artistes les plus célèbres ont également leur universalité d'obligation. Les grands architectes sont mathématiciens et sculpteurs : Anthémius de Tralles, Alberti, Blondel, etc. ; Bernin était machiniste. Les grands sculpteurs sont en même temps architectes et peintres : André de Pise, Ghiberti, Sarrazin, Canova. Les peintres sont graveurs (Salvator Rosa, Hogarth, Holben); et jusqu'à un certain point statuaires (le Corrége, etc.). Cano était encore mathématicien. La poésie elle-même sied à la peinture : Salvator Rosa et Gesner en sont des preuves. A son tour, la peinture appelle la musique : le baron de Wéber en est un exemple. Claude Perrault, grand physicien et grand architecte du Louvre, était concurremment médecin, de Boileau en particulier, lequel fut un ingrat.

Il y a des hommes qui furent, tout à la fois, dans les sciences exactes proprement dites : Maurolico, Képler, Gaspard Schott, Magnan, de Lana, Jacques Torelli, Kircher, Huyghens, Duhamel, Newton, Leibnitz, Tobie-Mayer, Jacquier et Leseur, Mako, Charles Bonnet, dom Beck; et dans les arts : André de Pise, Alberti, Bramante, Léonard de Vinci, Michel-Ange, Jean Cousin, Palissy, le chevalier Bernin, Cano, Puget.

Ce qui est vrai de la nature l'est encore plus de la société : là tout est *causes*, *moyens*, *effets*; tout se lie; tout est hiérarchie, tout est *société*, comme le nom le dit. Des *êtres* (dont Dieu est le premier selon d'Alembert), des *rapports*, des *besoins*, des *droits*, des *devoirs*.

Car il n'y a que cela dans le monde.

Tout est un dans la nature physique; tout, dans la nature morale. Ces deux natures sont unes encore (on peut aller jusqu'à dire que les cieux, les terres et les enfers sont uns);....... parce que l'esprit, qui seul a pu concevoir et engendrer les mondes, est essentiellement un lui-même. Et il est un, parce qu'il est plusieurs. Il est à la fois la première des sociétés, et la première des unités.

Je trouve l'immense et simple vérité de l'union générale, supérieurement rendue dans les livres sacrés qui sont eux-mêmes, le vrai tableau de l'*Univers* : « Les hommes sont uns et plusieurs, comme Dieu,

(S. Jean xvii, 11, 21, 22), de manière que tous sont terminés et consommés dans l'unité (23)... Dieu sera tout en tous, dit saint Paul commentant son maître (*Éphes.* 1, 23 ; 1. *Cor*, xv, 28 [1].)»

> Dieu lui-même des rangs forme la chaîne immense
> Qu'un atôme finit, que l'Éternel commence.
> (Delille.)

Nous verrons que l'un des êtres ne saurait se concevoir sans l'autre, et de même des rapports, des droits et des devoirs; que c'est de leur union que sortent à la fois les trois choses éminentes et corrélatives, unes elles-mêmes, la vérité, la puissance, l'utilité.

Un être quelconque, un rapport, un droit, un devoir ne sont rien par eux-mêmes; ils ne sont quelque chose, ils n'existent, que par leurs principes toujours subsistants. — On ne saurait, en un mot, rien concevoir, rien voir *tout seul*, dans le monde. — Le seul être sans principe, précisément parce qu'il est principe, Dieu enfin, pouvait exister par lui-même; et encore il ne l'a pas voulu : il a créé des natures, il a fait *alliance* avec elles; il s'est appelé *père*, et il a nommé les hommes ses *enfants*.

Voilà ce qu'il faut faire aller de front; et malheureusement, ce que nous isolons perpétuellement. A quoi bon savoir ses droits, si on ignore ceux d'autrui? la faible preuve d'un devoir, si on ne sait la décisive?

---

[1] La grande *communion* universelle est, de toutes les *Réflexions* de Marc-Aurèle, la plus remarquable et la plus souvent répétée. (Voyez la traduction des Dacier, tom. 1er, p. 51, 69, 74, 84; 152; et tom. 2, p. 25, etc.)

à quoi bon un effet sans sa cause? C'est néanmoins ce qu'ont oublié la grande majorité de nos littérateurs, de nos philosophes, de nos publicistes, de nos législateurs, de nos rois, modèles.

Nous n'hésitons point à le dire : TOUT LE MAL EST LA, ET LA SEULEMENT.

La philosophie véritable, celle qui est fidèle à ce principe générateur, tend à montrer tout ensemble, à tout unir, à tout fortifier, à tout utiliser; et cela en partant de lui, en le suivant de loin comme de près, en retournant à lui. Ainsi, par exemple, elle prescrit, avant tout, à l'être moral (l'homme) la reconnaissance envers son principe, la soumission, la fidélité, l'amour, la Religion enfin, toutes choses qui lient. Le second devoir de l'homme, selon la véritable philosophie, c'est l'amour de ses supérieurs de seconde majesté, c'est-à-dire, la plus grande union, la plus étroite *communion* possible entre les fidèles. De là l'union indissoluble, *quand même*, des époux, de la famille, de la commune, de la communauté, de la société, du monde. Telles sont les deux sortes d'unions immenses, dont l'accord forme ce que nous appelons, dans un sens plus étroit, le Sacerdoce et l'Empire, la politique où la *loi* et la *Religion* : l'une *lie*, et l'autre *relie*, selon la racine profonde des mots : LEX *quæ* LIGAT, *Religio quæ religat*.

Ce que la vraie philosophie fait pour les devoirs proprement dits, elle le fait aussi, par la même raison, pour les connaissances. — Copernic n'attribue la rondeur des corps célestes qu'à la tendance de leurs parties à se réunir. Newton a expliqué le monde, et il explique son illustration personnelle, avec la découverte de l'attraction universelle : « Qu'y a-t-il, dit Bailly, qui répugne dans l'idée que Dieu ait donné à la matière une tendance mutuelle entre toutes ses parties séparées ? »

La vraie philosophie enseigne la théologie, et par elle et avec elle, les sciences morales, et même les sciences physiques de tous les ordres, parce qu'elles en sont toutes des déductions plus ou moins directes. C'est l'architecte par excellence ; c'est l'*enseignement universel*, ou si l'on veut, l'*Université* à la lettre : de là, la *Somme* de Thomas d'Aquin, le *Traité des lois* de Suarez, le *Novum organum* du chancelier Bacon, les *sermons* de Bourdaloue, la *Théodicée* de Leibnitz, la *Politique sacrée* de Bossuet, les *Lois civiles* de Domat, les *Lois* astronomiques de Kepler, le *Système de la nature* de Linné, la double *Théorie des êtres sensibles* et *insensibles* de Para du Phanjas. De là, les tableaux de Raphaël ; de là, les autels de Michel-Ange ; de là, les trônes de Constantin, de Charlemagne, de Louis XIV ; les Ordres de saint Dominique et de saint François, les Vies de saint Bernard et de saint François-Xavier.

De là, la vertu, la sainteté, le martyre ;

De là, la communion et l'Église universelle.

Jadis, la loi mosaïque [1], aujourd'hui celle de Jésus-

---

[1] Et la philosophie de Platon, qu'on a très bien appelée la prépa-

Christ, entendue par l'organe qui le représente visiblement, n'est pas autre chose qu'une unité plus ou moins resserrée. Dans la philosophie catholique, le fidèle ne voit pas une cause sans voir son effet : il sait, que le vice emporte toujours, et infailliblement, la douleur avec lui ; que les plaisirs ou les grandeurs du monde, sont un moyen, et non pas un but ; qu'elles vont toutes à d'autres plaisirs, à des grandeurs différentes.

Lorsque le fidèle veut être savant, il jette les regards sur la science universelle, afin d'y faire un choix ; il ne cultive pas son champ qu'il n'en connaisse les bornes. De cette façon, il ne se heurte jamais contre la pierre des autres. Le premier dans sa sphère, il laisse les premiers dans les leurs, ses semblables ; et, comme la société catholique est la seule société une, ordonnée, prospère, puissante, la seule philosophie de ce genre, une, a aussi l'ordre, la durée et la gloire par surcroît.

La fausse philosophie, au contraire, infidèle au principe générateur de la vie, de l'union, de la bienfaisance universelle, inhabile à construire, à édifier par elle-même, s'efforce de diviser, d'individualiser,

---

ration au Christianisme : « Thalès, Anaximène, Anaxagore n'ont étudié que la physique ; Pittacus, Periandre, Solon, Lycurgue, etc., n'ont étudié que le gouvernement ; Zénon et ses disciples ne se sont appliqués qu'à la logique, mais Platon a embrassé toutes les parties de la philosophie. » (*Atticus*, célèbre platonicien, *apud. Eus. Præpar. Ev.* XI. 1.) — Cicéron lui-même fait observer, que tous les arts raisonnables sont de la même famille : *Etenim omnes artes quæ ad humanitatem pertinent, habent quoddam commune vinculum, et quasi cognatione quâdam inter se continentur.*

d'isoler, d'abattre tout ce que la philosophie véritable avait édifié ou uni. Elle ronge le ciment qui unissait les hommes et les choses. Privée de point de départ, elle se remue, elle s'agite, elle court à travers champs ; elle croit avancer, et elle revient sur ses pas ; elle tourne sur elle-même. La société est pour elle un pays inconnu, dont elle n'a pas la carte ; un immense labyrinthe, dont le fil lui manque ; un océan sans bornes et sans fond, sur lequel elle n'a ni ports, ni boussole, ni espérance !

Sans rapport avec le grand principe, elle est également sans affinité avec les petits. L'homme de cette philosophie ne voit guère dans ses semblables que des rivaux ou des ennemis. Tous les assujettissements, tous les devoirs, tous les biens lui pèsent. Enfant, il aspire à l'indépendance paternelle ; époux, à l'infécondité, et même au divorce [1] ; prolétaire, à la propriété ; plébéien, à la législature ; législateur, à la royauté ; roi, au pontificat ; pontife à la royauté ; homme, à la divinité : c'est-à-dire, que les hommes, peuples ou rois, livrés à eux-mêmes, sont naturellement parjures et despotes ; et cela, au besoin, par les insurrections ou les coups d'état.

[1] Les divorces au milieu des unions les plus respectées en apparence, c'est-à-dire les adultères, sont bien autrement faciles et bien plus funestes, que les divorces légalisés ; et c'est pourquoi la loi *sur*, *pour* ou *contre* le divorce, fut toujours, et serait aujourd'hui plus que jamais, tout-à-fait innocente. On peut en dire autant du mariage des prêtres. Les deux lois, tout-à-fait synonymes, rendraient certainement odieux les souverains, peuples ou rois, qui les auraient décrétées ; mais elles ne feraient pas les sujets plus mauvais.

Lorsqu'alors nous voyons (et les journées de *Juillet*, de *Juin*, d'*Avril*, sont là pour le prouver) les masses prolétaires ou les classes propriétaires se lever comme un seul homme, ce n'est toujours qu'en apparence, comme *moyen*, momentanément, jamais comme *but* et à jamais.

Et c'est pourquoi notre ordre public, notre ordre le plus *immuable*, ne sont jamais que provisoires, et que nous sommes, jour et nuit, sur le *qui vive!*

La vraie philosophie fait les hommes généraux, c'est-à-dire les savants hommes, les hommes absolus, les grands hommes ; la fausse philosophie, au contraire, fait les hommes à demi, les hommes du milieu, les hommes *spéciaux*, les hommes et même les *Frères, ennemis*.

L'enseignement de la fausse philosophie est harmonisé avec sa morale. Elle commence par nier, ou se dissimuler la première vérité du monde ; et puis, elle prend toutes les autres, une à une, pour en faire autant d'erreurs.

Lorsque nous nous trompons, dans un cas quelconque, c'est moins parce que nous ignorons la chose en question, que parce que nous méconnaissons celles qui la précèdent, l'escortent ou la suivent, et qui, comme telles, la modifient.

Le génie, qui n'est autre chose que la science élevée à sa plus haute puissance, apprécie les objets avec justesse, parce qu'il les voit à leur place et dans leur ensemble. Quand l'homme commet une erreur à l'égard d'une chose, c'est qu'un ou plusieurs de ses rapports avec les autres lui ont manqué.

Par exemple, nous *voyons*, nous faisons plus, nous *regardons* isolément la beauté, la jeunesse, la fortune, la grandeur humaine, sans voir le temps, les rides, les cheveux blancs, la misère, la mort qui les attendent, et même dont elles sont le commencement :

L'instant où nous naissons est un pas vers la mort.

Nous passons notre vie à étudier, à pratiquer, c'est-à-dire à étudier encore, exclusivement, une branche quelconque des connaissances humaines, les sciences *naturelles*, par exemple, les arts proprement dits, ou bien la jurisprudence, l'éloquence, la littérature; nous parvenons, sans contredit, à savoir faire des calculs mathématiques, des combinaisons chimiques, des effets physiques et intellectuels, plus ou moins étonnants, plus ou moins applaudis et payés, selon le degré de passions ou d'intelligence des spectateurs; nous parvenons même, à cet égard, à un degré d'aveuglement tel, que nous finissons (lorsque nous n'y pensons pas) par nous en imposer à nous-mêmes. Nous *abondons dans notre sens*, comme on dit, au point de ne voir de beauté, et même de bonté, que dans notre art. C'est l'égoïsme de la science et de la spécialité, élevé à son apogée. Il y a tels naturalistes, tel sophiste, tel tribun, tel journaliste, qui se croient les moteurs de la société présente. Et pourtant, les premiers ignorent que le possesseur de la science tout entière des mondes physiques (dont ils connaissent à peine un chaînon, au sentiment de Linné) serait infiniment au-dessous de celle d'un Catéchiste de la morale chrétienne ou d'une Sœur de la charité. Et les autres ne savent pas que leur philosophie ou leur éloquence funeste sont infiniment au-dessous des arts grossiers, mais nécessaires, qu'ils regardent avec dédain [1]! L'homme universel, au contraire, sait la place, et par conséquent l'importance de la vérité de son état; et cet homme universel peut être le dernier des hommes selon le monde!

La vérité, ce sont les êtres en rapport avec les êtres, c'est l'universalité, c'est l'unité; l'erreur, au contraire, c'est un être seul. L'être *un*, l'être *uni*, l'être *universel*, l'*univers* seul a de la vie, de la beauté, de la fécondité, de l'activité; l'être indépendant, l'être seul, l'être abandonné et, si j'ose le dire, bâtard, renié, meurt, ou plutôt ne se conçoit et n'existe pas : et voilà pourquoi il y a tant d'inexis-

---

[1] Les hommes spéciaux, les hommes étroits, les hommes de milieu, c'est-à-dire les seuls petits hommes, dans toutes les classes de la société, sont, je ne dirai pas mécréants, mais ignorants en matière de religion. Et il est remarquable que les sociétés les plus *spéciales*, considérées en général, sont aussi, précisément, les plus avancées dans cette sorte d'ignorance, la pire de toutes. L'Angleterre nous en fournit à la fois l'exemple et la critique. Addison raconte ce qui suit, dans le *Spectateur*, à propos des sophistes de son temps : « Quatre incrédules de la lie du peuple, assemblés à un dîner, censurent l'Écriture sainte; le boulanger s'élève fortement contre ces paroles : *Non in solo pane vivit homo*, puisque le pain seul suffit à la nourriture de l'homme. Le matelot dit qu'il a fait le tour du monde avec l'amiral Anson, sans voir la *mer rouge*. Le fripier condamne le festin de Cana. Le maçon soupçonne que le hasard pourrait bien avoir bâti le monde. »

tences, tant d'avortements, tant de morts aujourd'hui dans la société. Rien de plus sec, de plus triste, de plus mort que nos conceptions les plus vantées. Ce sont des paysages où l'on voit des arbres, des rochers, des eaux, et pas un être vivant. La philosophie est devenue exclusivement descriptive; et l'homme supérieur, à la lecture de ces productions inanimées, éprouve le sentiment pénible qu'inspire au voyageur la vue d'un pays abandonné de ses habitants. Ne cherchez surtout rien de plein, de nourri, de sublime dans notre littérature, parce que la divinité y manque. Comme la vraie philosophie est l'architecte, le *Grand-Maître*, l'*Université* véritable; la fausse philosophie est le destructeur, la *Bande-Noire* par excellence : c'est elle qui procréa le *Digeste*, l'*Encyclopédie*, l'*Esprit* et le *Bulletin des lois*, le *Répertoire de* Merlin, les *OEuvres* de M. Chateaubriand ou Lamennais, la démocratie sanguinolente de Robespierre, les mondes de verre de Buffon, les cercles des saints-simoniens et la grange de M. Chatel.

On peut dire que la philosophie, la réforme, les hérésies, le paganisme tout entier, l'ancienne et la nouvelle barbarie, le judaïsme, l'islamisme, l'ergotisme [1], ne sont pas autre chose que d'immenses multiplications de divisions. « Notre hostie est une,

---

[1] Il est remarquable que le premier philosophe ergoteur du moyen âge, Scot Erigène, se soit précisément fait connaître par un livre qui exprime l'immense erreur que nous signalons ici : le traité *De la division de la nature*.

dit saint Chrysostôme; celles des Juifs sont en grand nombre, et parce qu'elles sont multipliées, c'est une preuve qu'elles sont invalides. »

La fausse philosophie qui divise les hommes et la vérité, divise aussi les choses : dans la famille, elle partage par têtes le patrimoine; dans le village, les communaux; dans l'état, les bois royaux; sans égard à la différence, souvent aux oppositions naturelles, d'enfants, d'habitants, d'ordres ou de citoyens; sans égard surtout à la supériorité des grands pouvoirs sociaux. Elle dit, en économie politique : « La division à l'infini de la propriété est la multiplication de la vertu à l'infini »; c'est aussi son raisonnement pour le Pouvoir : et puis, la nature disant et raisonnant précisément d'une façon contraire, la société de n'être plus, d'un côté qu'un large prolétariat, une pauvreté générale, et de l'autre un petit nombre d'immenses propriétés et de dominations despotiques; et partout une anarchie profonde !

La nature, en effet, associe, incorpore partout, en tout, toujours; et c'est pourquoi elle est si habile à édifier, à vivifier, à éterniser. Lorsque les êtres physiques ou moraux, lorsque les nations végètent, dégénèrent, meurent avant le temps, c'est que l'homme les a individualisés. Voyez la France, l'Espagne et le Portugal, voyez même l'Europe tout entière, jadis si éclairée, si forte, si à l'épreuve des révolutions décisives, parce qu'elles étaient des corps complets d'éléments analogues : elles sont aujourd'hui hachées menu, divisées, morcelées à l'infini. Je crois voir une plage immense, couverte de grains de sable, à la veille d'un immense ouragan, qui doit à la fois les diviser encore, mais aussi les *massiver*. La philosophie enfin a fait, de la nature contemporaine, un immense monceau de cendres (la cendre est précisément de la matière sans adhérence); et de toute la société un immense cimetière.

C'est parce que le monde physique et le monde moral, tels que Dieu les a faits, sont éminemment uns; c'est parce que la société politique et la philosophie universelle, que ce double monde entraîne avec lui, sont essentiellement unes à leur tour, qu'ils n'ont à leur tête que de grandes unités. — C'est parce que le monde de nos petits géologues, la société de nos nains politiques, la philosophie de nos songe-creux, sont, au contraire, scindés, morcelés comme leurs propriétés, qu'ils ont pour chefs des foules. Le prêtre de la Communion romaine, le général de ses Ordres; le roi, légitime, de son État; le mari et le père, de sa famille, sont tous seuls, et, comme tels, tout-puissants, et bienfaisants au plus haut degré. Le pasteur de l'autre communion (si l'on peut appeler communion la division), son pouvoir, son mari, son père, sont multiples, volontaires, et par conséquent faibles et despotiques. Le génie catholique est encore plus isolé, et l'esprit dissident plus réparti, nous le savons, que tout le reste.

Partout dans la chrétienté, à Rome peut-être plus qu'ailleurs, la magnifique synthèse sacerdotale s'est évanouie momentanément devant l'analyse philosophique; et, pour m'exprimer encore par une comparaison à la portée d'un siècle géométrique, le *calcul différentiel* a remplacé le *calcul intégral* [1]. Il s'agit de concilier enfin les deux sortes de calculs.

Ainsi donc, il faut le dire avec le *Jean Paul* des Allemands, en prenant seulement le soin de ne l'appliquer qu'à la fausse philosophie dont il était lui-même empreint : « Le temps se perd en moments, l'immensité en points, les peuples en individus, le génie en pensées. »

La théorie de *l'unité* ou de la *méthode,* qui semble moins étroite à nos grands hommes que celle de la théologie et de la dévotion comme principe de vérité, nous conduit naturellement à invoquer ici leur autorité, comme nous avons invoqué celle des saints et des docteurs catholiques dans la théorie pure de la providence. Les méthodes proprement dites sont les habitudes de l'esprit et les économies de la mémoire. Annuler les différences, c'est confusion; déplacer les vérités, c'est erreur; changer l'ordre, c'est désordre. La vraie philosophie est d'être astronome en astronomie, chimiste en chimie, politique en politique. Les idées sont comme les hommes, elles dépendent de l'état et de la place qu'on leur

---

[1] Les géomètres divisent avec le premier, recomposent avec le second. C'est en concentrant la lumière du soleil dans un formidable faisceau, que le miroir d'Archimède produisit de si étonnants effets.

donne.— La Foi est aussi une habitude de l'esprit et une économie de mémoire. Les deux théories du génie sont au fond semblables; seulement, au lieu des mots synonymes *Dieu*, *Jésus crucifié*, *prière*, *foi*, *charité*, etc., les cartésiens disent, les uns, *méthode* ou *synthèse;* les autres, *unité*, *universalité*, *etc.*: tout ce qu'on peut conclure, c'est que saint François savait définir, Descartes non.

L'antiquité, en général, était méthodique : elle cherchait à reprendre les choses de haut, à leur origine. Son école spiritualiste fonda son école mathématique. Elle préluda, par l'analyse de Platon, à la physique d'Archimède, à la géométrie d'Euclide et d'Apollonius de Perge. Euclide est en effet essentiellement synthétique : ses *éléments* (divisés en treize livres) sont regardés, malgré leurs défauts, c'est-à-dire malgré leur désordre, comme la plus forte chaîne de vérités qui ait jamais été ourdie par l'esprit humain. Les grands mathématiciens, qui sont venus depuis, en ont expliqué les obscurités, corrigé les erreurs, étendu l'application; mais ils en ont respecté et conservé le plan ; c'est en le suivant qu'ils l'ont embelli.

Le monde mathématique et le monde moral vivaient tranquilles et prospères à la faveur de la grande synthèse, lorsque Descartes est venu, non créer, mais déterminer l'analyse dans les sciences. En vain la nouvelle méthode, qu'on pouvait nommer la *contre-méthode*, fut attaquée par un petit nombre d'hommes supérieurs [1] : le moment était venu où elle devait triompher. Suspendue dans le XVIIᵉ siècle par la force religieuse, elle devait éclater dans le XVIIIᵉ; et c'est ce qui arriva.

Newton se partagea, si on peut le dire, entre les deux méthodes ; il dut à l'une ses découvertes, à l'autre ses ridicules. « C'est au moyen de la synthèse, dit Laplace dans son *Système du monde*, que Newton a exposé sa théorie du système du monde..... Sa prédilection pour la synthèse, et sa grande estime pour la géométrie des anciens, lui firent traduire, sous une forme synthétique, ses théorèmes et sa méthode même des fluxions. » Au fait, Newton est le maître de l'école analytique : en cela il a été combattu par Leibnitz, Lahire, Maclaurin, Volff, Deluc, Para du Phanjas, qui tous se tenaient à l'*Eucli-*

---

[1] Malebranche, qui ne *vit* pas toujours *tout en Dieu*, n'a pas été de ces hommes supérieurs; car il a eu le malheur d'être la dupe, et l'un des plus chauds disciples de Descartes : il a des chap. intitulés : *que les géomètres se conduisent bien dans la recherche de la vérité*, PRINCIPALEMENT LES ANALYSTES; *que l'arithmétique et l'algèbre sont absolument nécessaires pour augmenter l'étendue de l'esprit.* — Et il conclut son ouvrage en disant : « qu'on ne peut douter de la *solidité* de la philosophie de Descartes, et qu'il sent une secrète joie d'être né dans un siècle et un pays assez heureux pour nous délivrer de la peine d'aller chercher dans les siècles passés un docteur pour nous instruire de la vérité ! » Et pourtant le même homme avait dit ailleurs : « La méthode qui examine les choses en les considérant dans leur naissance, a plus d'ordre et de lumière, et les fait connaître plus à fond que les autres. » — Je ne m'étonne pas que la *Recherche de la vérité* ait été traduite en latin à Genève par le pasteur l'Enfant.

Euler, l'un des plus grands géomètres du XVIIIᵉ siècle, que les *Historiens de mathématiques*, et Bossut notamment, présentent comme « faisant dominer l'analyse sur toutes les parties des mathématiques », était, au fond, le plus synthétique des hommes.

disme; et M. Lacroix fait du grand ouvrage de Newton la critique la plus amère, lorsqu'il dit : *« qu'en rétablissant tous ses chaînons intermédiaires, on en ferait un livre aussi facile à entendre que les Élémens d'Euclide. »* Dans ses *réflexions sur la méthode* à la tête de sa *Géométrie*, où il donne à la synthèse la simple préférence sur l'analyse, le même savant signale, assez bien pour un géomètre simple, les causes de l'allure analytique du siècle de Descartes (car Descartes, dans le fait, n'a eu d'empire qu'au xviiie siècle). « Les mêmes raisons, dit-il, qui avaient fait adopter la marche synthétique dans toutes les sciences lorsque les géomètres (d'après Euclide) ne procédaient que par *théorèmes* et par *corollaires*, portèrent les métaphysiciens, au milieu du xviiie siècle, à appeler *méthode analytique* celle dont ils se servaient..... Ils voulurent attacher la Révolution qu'ils faisaient dans le système des idées, à celle que Newton avait opérée dans le système du monde ». M. Lacroix cite l'exemple de Condillac à l'appui de sa pensée, et il conclut très bien, en disant que « l'analyse n'est pas applicable à la métaphysique. » Elle ne l'est pas davantage à la physique. Tout ce que l'analyse a de vrai et d'utile, la synthèse le possède ou le suppose; ce que celle-ci a de propre, un principe, l'autre ne l'a pas.

Dans le xixe siècle, la chose tourna de la même façon qu'au xviiie. Laplace et La Grange, qu'on peut considérer comme les continuateurs de l'école analytique, ont été forcés à des inconséquences; et c'est à elles qu'ils durent leur supériorité. D'une part, le premier parle de l'analyse comme d'un « merveilleux instrument sans lequel il eût été impossible de pénétrer un mécanisme aussi compliqué dans ses effets qu'il est simple dans sa cause » (*Mécanique céleste*, tom. 3, préface); et il dit, d'autre part : « La synthèse géométrique a la propriété de ne jamais perdre de vue son *objet*, et d'éclairer la route entière qui conduit des premiers axiomes à leurs dernières conséquences; au lieu que l'analyse algébrique ne ramène à l'*objet* qu'à la fin ». M. Laplace a pris les choses à rebours; il a vu perpétuellement son *objet*, c'est-à-dire les astres et la terre; des effets enfin : il oubliait la cause, c'est-à-dire Dieu, la méthode ou la synthèse par excellence. *Dieu* ne se trouve pas une fois dans l'*Exposition du système du monde*, ni dans la *Mécanique céleste*. Le *Système du monde* de Laplace (qui n'est autre chose en effet que le sien) n'a pas eu besoin de périr : il n'exista point. Descartes, lui, disait du moins : « Donnez-moi de la matière et du mouvement (le mouvement suppose éminemment Dieu), et je ferai un monde. » Après tout, ceux-là même qui disent *analyse*, ont encore une méthode dans leur analyse; et ils prouvent également la vérité et la nécessité de la méthode.

« Toute la philosophie, dit Descartes dans la préface de ses *Principes*, est un arbre dont les racines sont la métaphysique, le tronc la physique, et les branches le reste. » — Il dit ailleurs, et M. Laromiguière le rappelle dans ses *Leçons de philosophie* : « Je n'ai jamais cru avoir été particulièrement favorisé de la nature ; et souvent j'ai désiré d'en égaler d'autres, soit pour la mémoire, soit pour la conception. Si j'ai quelque avantage sur le commun des hommes, je le dois à ma méthode. Voulez-vous acquérir de vraies connaissances, que tout soit détaillé, compté, passé : c'est ne rien voir que de voir des masses. »

Jean-Jacques Rousseau lui-même sent sur ce point la vérité; mais il sentait encore mieux, et il réalisa merveilleusement l'erreur : « Pour peu, dit-il en ses *Confessions,* qu'on ait un vrai goût pour les sciences, la première chose qu'on trouve en s'y livrant, c'est leur liaison qui fait qu'elles s'attirent, s'éclairent mutuellement, et que l'une ne peut se passer de l'autre. Prenant d'abord l'Encyclopédie, j'allais la divisant dans les branches; je vis qu'il fallait faire tout le contraire, les prendre *séparément* et les poursuivre *chacune à part,* jusqu'au point où elles se réunissent : ainsi je revins à la synthèse *ordinaire.* » — Nul philosophe peut-être n'a plus *séparé* les sciences; nul n'en a plus poursuivi quelques-unes *à part,* et ne fut au fond un philosophe plus *ordinaire.*

J'ai rappelé quelques philosophes exprimant favorablement la nécessité, et, par conséquent, la facilité d'un point de départ surhumain pour connaître la carte des sciences, et ne point se perdre dans leur abîme. En voici quelques-uns qui la sup-

posent assez bien : « Les sciences, dit Pascal (savant de *milieu*) ont deux *extrémités* qui se touchent. La première est la pure ignorance où se trouvent tous les hommes en naissant; l'autre extrémité est celle où arrivent les grandes âmes qui, ayant parcouru tout ce que les hommes peuvent savoir, trouvent qu'ils ne savent rien. (Plût à Dieu que Pascal en ait été là personnellement!) Mais c'est une ignorance savante qui se connaît. Ceux d'entre eux qui sont sortis de l'ignorance naturelle, et n'ont pu arriver à l'autre, ont quelque teinture de cette science *suffisante* et font les entendus. Ceux-là troublent le monde et jugent plus mal de tout que les autres. »
— Tout cela était bien un peu l'histoire de l'auteur![1]

On ne peut pas dire que la science vraie ou générale soit impossible ou seulement difficile. Descartes, Newton, qui ne sont pas suspects de fanatisme, en-

---

[1] « Le défaut de la plupart des choses, dit Vauvenargues, c'est de n'être pas à leur place; la profusion est une générosité hors de sa place; la vanité, une hauteur hors de sa place; la témérité, une valeur hors de sa place. » Le quasi philosophe pouvait étendre cela à tous les vices; il pouvait dire, par exemple, encore : la volupté, un plaisir hors de sa place; l'erreur, une vérité hors de sa place; et c'est encore une façon de rendre la vérité en question. Lorsque Rivarol dit : « Pour arriver à des choses neuves en littérature, il faut déplacer les expressions; et, en philosophie, il faut déplacer les idées. » Il a dit de même indirectement, que tout gisait dans la hiérarchie et l'ordre. M. Cousin a dit à son tour : « Il n'y a pas de systèmes faux, mais beaucoup de systèmes incomplets, assez vrais en eux-mêmes, mais vicieux dans la prétention de contenir en chacun d'eux l'absolue vérité qui ne se trouve que dans tous. *L'incomplet*, et par conséquent *l'exclusif*, voilà le tort de la philosophie, et encore il vaudrait mieux dire des philosophes. » — Je ne sache rien en effet de plus *incomplet* ni de plus *exclusif* que la philosophie, et même que la personne de M. Cousin.

seignèrent, bien avant nous, que tous les hommes ont une intelligence égale. « Le génie, selon Buffon, n'est qu'une plus grande aptitude à la patience. » Et la patience est-elle impossible à qui que ce soit? ce fut la méthode de tous les hommes devenus supérieurs. Il fallait M. Jacotot pour écrire, si inconséquemment dans son système : « Une science a beau être difficile, la vertu l'est encore davantage. » — Ce qu'un homme peut en mathématiques, disait habituellement Sauveur, grand mathématicien, un autre le peut aussi ; et ce qui est vrai des sciences de la nature, l'est encore plus de la science de l'homme.

La raison et l'histoire font foi que les hommes les plus ordinaires sont devenus souvent extraordinaires, que les enfants tardifs se trouvèrent tout d'un coup supérieurs, et qu'il a suffi d'un bon conseil, d'un bon et même d'un mauvais livre, d'une absence d'études universitaires [1], que dis-je? il a

---

[1] Les seuls hommes qui sortirent un peu de la foule dans le dernier siècle et dans le nôtre, sont ceux qui ont eu, par hasard, ou par un instinct de la vérité, le bonheur de ne pas lire ou de lire peu, de manquer ou même de ne pas *faire leurs études* : Képler, Descartes, Newton, Linné, Herschell, Jean-Jacques Rousseau, Alfieri (le plus grand peut-être de tous les tragiques); Sedaine, le créateur d'un théâtre; Alexandre Dumas, le pourvoyeur de celui d'aujourd'hui; Kant, Royer-Collard. Jusque dans la petite administration, on peut voir l'avantage de l'ignorance littéraire sur l'érudition : M. de Villèle l'emportait au conseil, et surtout à la tribune, sur M. de Chateaubriand, et Casimir Périer sur M. Guizot. — Les grands hommes véritables, les métaphysiciens supérieurs, ne lurent guère que le livre par excellence; il y a tel d'entre eux qui n'étudia que les *Dogmes théologiques* du père Petau. M. de Bonald n'a, dit-on, médité que le père Malebranche! Colbert, qui ne savait pas même l'orthographe, mais qui corrigeait lui-même le *Bréviaire* qu'il faisait composer à l'usage de sa

suffi d'un rien, c'est-à-dire d'*une grâce*, bonne ou mauvaise, pour faire un grand homme vrai ou faux. «Les circonstances, dit Duclos, décident souvent de la différence des talents : c'est ainsi que le choc du caillou fait sortir la flamme, en rompant l'équilibre qui la tenait captive: — Lorsque Lambert fut présenté à Frédéric, celui-ci lui dit : Que savez-vous? — Tout. — Comment l'avez-vous appris? — De moi-même. — Vous êtes donc un Pascal? — Oui. — Lambert n'y pensait pas, lorsqu'il croyait avoir appris tout, et l'avoir appris de lui-même! [1]

maison, était bien autrement homme d'état et même garde des sceaux (il en a fait les fonctions) que le président Lamoignon, qui disputait de poésie, et même de grec et de latin, avec les gens de Port-Royal. Louis XIV, sachant à peine signer son nom, en laissa un bien différent de Louis XVIII, qui se piquait de faire des vers latins.

[1] Je citerai quelques exemples entre mille. Varignon, Malebranche et Tournefort se prirent d'amour pour les sciences à quelques médiocres livres de Descartes (Fontenelle raconte les palpitations de cœur de Malebranche au prétendu *Traité de l'homme*, qui n'est pas même lisible et qui est au fond ridicule); — Montmort, à celui de la *Recherche de la vérité* de Malebranche; — Gerdil, à l'*Histoire des variations* protestantes de Bossuet; — Flamsteed, au *Traité de la sphère* de Sacrobosco; — Maclaurin, aux *Eléments* d'Euclide; — Linné, à un volume de Tournefort; — Bonnet, au *Spectacle de la nature* de Pluche; — Cuvier, à un volume de Buffon ou de Gessner; — Tronchin, à un de Boerhave; — Folard, aux *Commentaires* de César; — Tournier, à un livre du père Reyneau. — Lafontaine, si poète, le fut à une ode de Malherbe; — Gaudenzi, au *Messie* de Klopstock. — « Haydn, dit Jacotot, trouva tous les prodiges de l'harmonie à l'aide de trois sonates de Bach. » — On rapporte aussi que Thucydide devint historien à la lecture d'un chapitre d'Hérodote. — De même, saint Martin se trouva philosophe à la lecture de l'*Art de se connaître* d'Abbadie qui se connaissait si mal; Beccaria criminaliste à la lecture des *Lettres persanes*, miss More romancière, à celle de *Paméla*. — Tous les poètes dramatiques trouvèrent le démon de leur art sur la scène. — Je conçois mieux Tycho-Brahé devenant astronome à la vue d'une éclipse de

J'ai admiré mille fois la capacité étonnante des ouvriers, des paysans les plus grossiers. Il est plus difficile, sans contredit, d'apprendre à lire, à écrire, (et Duclos le dit littéralement) que de savoir l'*enseignement*, et même ce que j'appelle *la science, universels*. S'il y a un si grand nombre d'ignorants, de sots, et même de fous, dans le monde, ce n'est pas la faute des individus qui ont ce malheur, mais des maîtres, mais des livres, mais des législateurs et des rois qui l'ont avant eux.

Commencez vos études par la théologie (et Di-

lune arrivée à l'heure prédite ; — Cavalieri, se faisant l'un des premiers géomètres du monde, par l'obligation de demeurer dans sa maison en proie à des accès de goutte ; — Amontons, trouvant dans sa surdité la raison de renoncer au monde et d'inventer l'hygromètre ; — Bocace, inspiré à la vue du tombeau de Virgile à Pergola ; — Gibbon, concevant son *Histoire romaine* à la vue des ruines du Capitole ;— Jean-Jacques Rousseau ou Necker faisant de leur petite Genève(qu'on peut appeler comme Lima, la *ville d'argent*) le lit de Procuste sur lequel ils voulaient rogner, et, si j'ose le dire, *guillotiner* la France.

Quelquefois il a suffi d'un nom ou d'un voisinage pour faciliter la vocation. Je n'ai jamais douté, par exemple, de la toute-puissance du talent des pères sur celui des *enfants de la balle*, et de l'influence du premier des Bacon sur le second ; de Jean Newton sur Isaac Newton ; de *Raphaël* peintre sur *Raphaël* Mengs le peintre allemand, ou *Raphaël* Morghen le graveur; du grand *Michel-Ange* sur *Michel Ange* Caravage et *Michel-Ange* des batailles. Les beaux noms de *Grégoire*, de *Léon*, de *Clément*, d'*Innocent*, de *Benoît*, de *Pie* se reproduisent dans l'Église romaine, quelques-uns jusqu'à quatorze et seize fois. Du sublime au ridicule il n'y a qu'un pas : « J'ai étudié, dit Me Dupin, avec un intérêt facile à concevoir, les principaux ouvrages de Louis Ellies *du Pin*, célèbre docteur de Sorbonne, zélé défenseur des *libertés gallicanes*, ami de Rollin, et ayant mérité de lui... » une immense épitaphe, dont son homonyme emplit une page de ses libertés-pithou. 1826. — Ellies du Pin était originaire de Normandie, Me *Dupin* l'est du Nivernais; le premier était noble, le second *homme du peuple*, comme il dit, ne fût-ce que pour se mettre au-dessus de la noblesse : et cepen-

derot veut qu'on commence par elle dans son livre *De l'éducation*), ou seulement par le simple catéchisme, et vous aurez bientôt la clef des sciences qui vous semblent impénétrables. L'histoire universelle encore ici fera témoignage de la vérité. Les plus habiles philosophes, les hommes les plus universels, furent les théologiens les plus profonds ; les plus grands rois, les premiers ministres, les plus sages publicistes catholiques ; les moins pauvres des

dant, voilà peut-être toute la vie militante de l'avocat-Scapin, causée par la vie fugitive de l'écrivain janséniste-richeriste-anglican-calviniste ; et cela, parce qu'ils s'appelaient *Dupin !*

Nous verrons ailleurs que l'éducation de famille est le plus grand des mobiles secondaires. — Sachez présenter une cause, ou seulement une occasion, un modèle, et tous les enfants pourront se dire, comme le Corrége à la vue d'un tableau : *Anch'io, son pittore !*

Mais, il y a une cause qui emporte toutes les causes, toutes les occasions dans son orbite; c'est celle qui suscita saint Antoine entendant les mots de l'évangile du jour : *Allez, vendez ce que vous avez, et le distribuez aux pauvres, etc.* Saint Siméon Stylite à ces mots : *Beati qui lugent etc.* Saint François d'Assise, à ceux-ci : *N'ayez avec vous ni or, ni provision, etc.* —Drolling, lorsqu'à la vue d'un tableau de saint Martin, il *crut voir Dieu* (comme il racontait). Mieux que le Corrége, il put dire : Et moi aussi je suis peintre ! — M. Lerminier vient de rappeler, dans la *Revue des deux mondes*, que Milton eut la première pensée de son *Paradis* et de son génie, « à la vue d'un *mystère* célébré en Italie; » car le jeune sophiste recule devant le nom de la *Messe...* Il recule aussi devant le génie ! Cette cause, je le sais, nous paraît, sinon fausse, au moins du bon vieux temps : s'il nous était permis de voir ce qui se passe autour de nous, tous les jours, nous en verrions des milliers d'applications, seulement plus petites : j'ai dû citer les exemples absolus et modèles.

C'est à l'observation d'un brin de mousse sur une pierre calcaire que le jeune Senefelder inventa l'imprimerie du second ordre, la lithographie ; c'est à la chute d'une feuille que Newton dut la première pensée de la loi des mondes ; à celle d'un spath calcaire en prisme à six pans, que Haüy trouva celle de la théorie des cristaux ; etc.

jurisconsultes, des historiens, des poètes, des romanciers et des naturalistes furent ceux qui avaient étudié le droit public, la législation ou la philosophie véritables ; ceux-là du moins qui commencèrent leurs théories au second chapitre, laissant le premier à Dieu ; et nous en verrons, plus tard, la preuve historique portée au plus haut degré d'évidence.

Seulement il faut, pour savoir bien une chose, avoir soin, en respectant et par conséquent connaissant les autres, de se borner, de se consacrer à elle exclusivement : la Providence a voulu que chacun eût son champ à part dans la nature, afin de prévenir l'orgueil général, et d'obliger réciproquement à la charité ; et, pour cela, elle a limité les esprits les plus étendus, en limitant les forces corporelles et l'âge de l'homme. Nous verrons, en temps et lieu, les grands esprits-faux de tous les siècles et de tous les pays, les fameux perturbateurs des nations, notés à la prétention de tout savoir, de tout cumuler. Nous verrons aussi que les autres ne savaient juste que ce qu'il fallait savoir, dans tout ce qui n'était pas leur principal domaine ; et ils furent, chacun dans leur sphère, des éternels modèles : saint Grégoire de Nazianze dit de saint Basile (et c'est le cardinal Fontana qui le rappelle pour l'appliquer aussi à Gerdil), qu'« il apprit assez d'astronomie, de géométrie et d'arithmétique, pour n'avoir rien à craindre en disputant avec ceux qui sont les plus versés dans ces sortes d'études. Il ne se soucia point d'en savoir davantage, comme étant inutile à celui qui veut s'appliquer à celle de la religion; de manière qu'on peut l'admirer, plus par ce qu'il choisit de cette étude que par ce qu'il en laissa; ou plutôt par ce qu'il en laissa que par ce qu'il en choisit ».

Du reste, ces grands hommes de la science universelle, selon le monde, étaient loin de se croire savants vis-à-vis de Dieu. Ils savaient que les plus hautes lumières de la terre sont la nuit dans l'empirée, que la science la plus complète est essentiellement *partielle : ex parte enim cognoscimus* [1]; que *l'encyclopédie* véritable et sa *préface* ne sauraient être que sur un autre terrain; et, mieux que Socrate, s'ils croyaient *savoir* une chose, c'était *qu'ils ne savaient rien*. Il n'est pas jusqu'aux hommes les plus spéciaux de notre siècle qui ne conviennent, en mourant du moins (car c'est alors qu'ils voient plus clair), de leur ignorance : « ce que nous connaissons, dit le marquis de Laplace, l'auteur de la *mécanique céleste*, est très peu de chose; ce que nous ignorons est immense. »

[1] PAUL, *Corinth.*, I. 13.

CINQUIÈME PARTIE.

TABLEAU HISTORIQUE ET PHILOSOPHIQUE DES DIVERSES TENTATIVES QU'ON A FAITES DE LÉGISLATIONS UNIVERSELLES OU D'ENCYCLOPÉDIES, COMME MOYEN DE CONSTITUTION DES SCIENCES ET DE LA SOCIÉTÉ, DANS TOUS LES TEMPS ET DANS TOUS LES PAYS; DE LEUR IMPUISSANCE, ET DE SES CAUSES PALPABLES.

Erravimus à viâ veritatis. (SAPIENT. V, 6.)
Terram tenebrarum, ubi nullus ordo.
Sed sempiternus horror inhabitat. (JOB. X, 22.)

Nous avons fait voir, dans la section précédente, le lien qui enserre et solidarise toutes les vérités et toutes les sciences; nous allons développer, dans celle-ci, les efforts qu'on a faits dans le sentiment de cette union immense.

C'est un fait bien digne d'attention que, dans tous les temps et dans tous les pays du monde, il n'y ait peut-être pas eu un écrivain, le plus exclusivement littéraire qu'on puisse imaginer, qui n'ait compris, et qui n'ait manifesté le besoin d'une réunion des sciences, ou en d'autres termes, d'une législation générale. Seulement les plus habiles, les plus célèbres, quelle que soit leur religion, l'ont senti plus que tous les autres. On trouve ici d'accord les plus distants l'un de l'autre : Isidore de Séville et Alstédius, saint Thomas d'Aquin et Leïbnitz, Bacon et Diderot, Léon de Saint-Jean et M. Schnitzler, d'Alembert et M. Dukett, Varron et M. Courtin, Aristote et M. Guizot.

Non-seulement ces plus ou moins grands hommes furent plus ou moins *Panthéistes*, et ont eu plus ou moins l'idée de l'Ordre des sciences, ils ont fait en outre tous leurs efforts pour le réaliser. Mais, par malheur, ils n'ont guère fait que l'exécuter pour une ou plusieurs parties ; un petit nombre pour la philosophie, un plus grand nombre pour les sciences secondaires, et ceux-là seuls l'ont fait le mieux, qui l'ont essayé pour la nature, l'histoire et la réthorique.

Aristote, en particulier, a trouvé, assez bien pour un païen, la méthode des lieux communs littéraires.

L'abbé Gaultier, de nos jours, a publié des *Tableaux analytiques, scientifiques, mécaniques* de la grammaire française, avec lesquels il a fait un jeu de cette petite science, l'instrument de toutes les autres. Le comte de Las Cases a composé un *Atlas historique*, où la suite des faits saute assez bien à l'œil.

Ray, Tournefort, Linné, Jussieu, Durande, Adanson, de Candolle, Lefébure, ont classé les plantes, avec plus de bonheur qu'on n'a classé toutes les autres choses [1]. Romé de Lisle, Blacks, Fabricius,

---

[1] Linnée a classé même les minéraux : « Tout singulier qu'il nous paraît, dit Dolomieu, son système a plus qu'un autre, de cette philosophie qui doit éclairer la science. On y reconnaît le grand maître de la méthode. » Il a classé jusqu'aux maladies ; il a suscité Sauvages, etc. Et c'est pour cela que Linné a été si grand : « Je continuerai, dit-il, toute ma vie, mes recherches sur la méthode. Celui qui déterminera les ordres auxquels il faut rapporter les plantes qui restent à classer,

Cronstedt, Wallerius, Kirwan, Guyton-Morveau, Haüy, Berzélius [1], Mitsherlich, ont distingué les substances; Werner, André de Gy, de Humboldt, Brongniart, les montagnes; Patrin, les volcans; Saussure, de Luc, les éléments géologiques en général, à peu près comme Moïse ou la nature [2]. Il y en a, M. Denys de Montfort par exemple, qui ont classé spirituellement les simples coquilles. Les autres parties, et jusqu'aux plus abstraites, de la nature ont été plus ou moins habilement *rapatronées*. Étienne Hales, Artédi, Duméril, Lamarck, Cuvier, et même Buffon ou Lacépède ont mis en ordre les animaux en général; Réaumur, de Latreille, les insectes; Huber, les fourmis; Spalanzani, Le Sage, la nature des infiniment petits vivants. Non moins heureux dans un art plus difficile peut-être, Viète, Cavalieri, Fermat, Grégoire de Saint-Vincent, Agnési, Bernoulli, Euler, Cauchy, Abel, entre cent autres, ont montré l'harmonie des nombres; Stahl, Charles, Haüy, Fontana, Coulomb, Fresnel, Vassali, celle de l'action des corps; Mozart, Haydn, Bach, Béethoven, celle du mouvement ou des sons; Raphaël, Michel-Ange, le Poussin, Donatello, Puget, Canova,

---

sera pour les botanistes ce qu'Apollon était pour les poètes : » *omnibus magnus erit Apollo.* » (CLASS. PL., p. 485.) *Methodus naturalis, ultimus finis botanices est et erit.* (PHILOS. BOTAN., n° 209.)

[1] Berzélius, le dernier et le plus habile des chimistes, l'inventeur des *proportions* de sa science, commence son *Cours* par une *classification*.

[2] Un jeune géologue intelligent et laborieux, M. Boubée, publie en ce moment un *Cours complet d'études géologiques*, où figurent des tables ingénieuses, dont la règle mosaïque est le secret.

et, de nos jours, MM. Paul de Laroche et Lemaire, celle des couleurs ou des formes. S'élevant plus haut encore, Morgagni, Sydenam, Sauvages, Pinel, Frank, Stoll, et même Alibert [1], ont tracé avec un art supérieur les rapports et les linéaments infinis des maladies humaines. Aristote, Gaspard Schott, Magnan, Kircher, de Lana, Duhamel, Casati, Jacquier et Leseur, Macko, Ch. Bonnet, Para du Phanjas, Zallinger, sont entrés dans les flancs de la nature; ils l'ont percée d'outre en outre, avec des regards d'aigle; et ils ont montré, jusqu'à un certain point, l'union et l'unité dans la division et la variété les plus immenses. Copernic, enfin, Képler, Newton, La Caille, Tobie Mayer, ont décrit les lignes du ciel, de la mer et de la terre, comme si elles avaient été sous leurs yeux et dans leurs mains.

Mais en métaphysique, mais en philosophie, mais en morale, mais en politique, mais en législation civile proprement dite, c'est-à-dire dans les seules sciences auxquelles toutes les autres aboutissent, et dont elles partent, tout, depuis cinq mille ans, s'est réduit à des sentiments, et tout au plus à quelques

---

[1] Voyez la *Nosologie naturelle*, d'Alibert; la *Nosographie philosophique* de Pinel etc.

La tendance de la médecine, comme de toutes les sciences, est aujourd'hui l'esprit classificateur : Prunelle a traité *Des études du médecin, de leur connexion, de la méthodologie ;* Duret a publié, en 1815, un *Tableau d'une classification des maladies;* Gerdy, en 1823, un *Essai d'analyse et de classification des phénomènes de la vie*, et *Des recherches sur les rapports des maladies;* Fodéra, en 1826, un *Tableau des connaissances naturelles selon leur filiation;* Chaussier et Cloquet, Moulin etc., des *Tables synoptiques*, etc. Et puis, viennent les *Encyclopédies médicales*, etc.

informes tentatives, de la part des écrivains les plus célèbres. Je n'excepte que la *Théologie* proprement dite, que plusieurs grands Docteurs de l'Église ont traitée de façon à réduire leurs successeurs à se les approprier.

La morale se trouve, dans ses meilleurs traités, exposée vaguement comme la philosophie. Il est même remarquable que nos moralistes les plus célèbres, Montaigne, Larochefoucauld, La Bruyère, se soient évertués à diviser, et, si je puis le dire, à déchirer la morale, mieux que tout le reste de la science, à la suite des païens : Caton, Publius-Syrus, Épictète, Sextus, Marc-Aurèle. Il n'avait pas tort, dans un sens, le Conventionnel qui demandait à ses collègues l'établissement d'une *chaire de morale calculée*. Celui qui l'a traitée le plus *ex professo*, avec le plus d'autorité, est Nicole; et il n'a fait, de son aveu, que des *Essais*; et, sur une quinzaine de volumes, les plus intrépides, comme madame de Sévigné et d'Aguesseau, de son parti, n'en ont pu lire que trois. Moi-même, je l'avoue, je n'ai pu aller jusque-là.

On vient de publier deux nouveaux traités de la morale *ex professo*, où elle se trouve honteusement dégradée. Le livre de M. Damiron et la *Déontologie* de Bentam ne semblent pas autre chose que des éditions de la *Morale* de Pictet ou des *Leçons* de Gellert, la première à l'usage des songe-creux de l'Université ou des convertis du saint-simonisme, l'autre à l'usage des Cours d'assises.

La politique *calculée* ou méthodique a été plus

souvent tentée que la morale de ce genre, mais manquée toujours. Ceux qui l'ont parfaitement conçue au fond, l'ont considérée, les uns en moralistes, les autres en théologiens seulement. Les plus habiles en ce genre sont précisément des hommes qui sont à peine connus des savants : au xviie siècle, Lessius, Scribani, Ménochius, le cardinal Lugo ; et au xviiie, Dom-Oudet, Dom-Held, et les P. Schwartz, Muszka, Mauschberger ; de nos jours, l'abbé Lambert (*Essai de jurisprudence universelle*) etc., tous auteurs de beaux *Traités des lois*, *du droit* ou *de la justice*. Le premier a intitulé le sien : *Tractatus de legibus ac Deo legislatore*, in-fol. Certains hommes, Bellarmin, Mariana, le P. Senault, Balzac, et jusqu'au P. le Moine, auteur du poème de *saint Louis*, ont plutôt fait de la politique à l'usage de l'éducation des princes : celle-là est encore plus spéciale, et serait aujourd'hui comique.

Les plus célèbres publicistes généraux ont envisagé leurs sujets, les uns en hommes d'état, et les autres en canonistes ; ceux-ci en philosophes purs, ceux-là en historiens ou en légistes. Il faut mettre dans la première classe Richelieu, Philippe de Béthune, frère de Sully, auteur d'un beau *Conseiller d'État*, et Bossuet ; dans la seconde, Vitalini (*Tractatus juris universi*), Antoine Augustin. Les publicistes, qui ne sont que philosophes, et qu'on peut appeler *platoniciens*, sont Aristote, Patrizi, Grégoire de Toulouse, Wolff, Wattel (il a publié une *Défense* de la philosophie de Leïbnitz), Jean-Jacques Rousseau,

Mably, Filangieri, Félice, Benjamin Constant, et enfin M. Th. Jouffroy.

Machiavel et Puffendorf sont des publicistes historiens, en ce qu'ils ont cherché leur règle dans les passions de leur temps. Les pires de tous les politiques, et qui se trouvent précisément les plus considérés parmi nous, sont les politiques légistes : Althusius (*Politica methodicè digesta*), Bodin (il a même laissé *Nova distributio juris universi*, etc.), Gentilis, Burlamaqui, Montesquieu, Blackstone, Perreau [1].

Tous, et les plus célèbres principalement, Montesquieu par exemple, manquent de la plus simple méthode. Il n'y a pas, dans tout l'*Esprit des Lois*, une idée qui tienne à l'autre [2]. « J'ai été tenté, dit M. Destutt-Tracy, de refondre les opinions de Montesquieu, de les distribuer d'une autre manière, et d'en former un ouvrage didactique. » On sait le chaos que le philosophe de la Chambre des pairs a substitué au chaos ; et il en avait le pressentiment, car il ajoutait,

---

[1] J'excepte ici Linguet, comme je mets hors de ligne Domat et Hobbes dans d'autres catégories.

Il y avait, à la fin du xviiie siècle, un homme doué de plus d'une condition d'une *Théorie du corps politique*, et qui en tenta même l'exécution. Ce fut Rivarol. L'*Esprit* qui nous en reste fait vivement regretter que l'auteur n'en ait pas tiré un autre parti. On y trouve un grand nombre de pensées détachées sublimes, et Montesquieu n'en a peut-être pas une de ce caractère. Mais le dernier de nos *grands hommes* (je ne crains pas de donner ce nom à celui qui jugea si bien les *petits*) fut emporté par le tumulte de la révolution et par des malheurs prématurés. MM. de Maistre, de Bonald et de Frénilly sont les disciples en politique de ce beau génie manqué.

[2] C'est pour cela que je ne sais quel avocat de nos jours a publié un vaste *Tableau synoptique* de l'*Esprit des Lois*.

dans ses *Réflexions préliminaires* : « J'ai senti bientôt que si Montesquieu s'était trompé dans le choix de cet ordre, je pourrais bien, à plus forte raison, m'y tromper aussi, malgré l'énorme avantage que me donnent sur lui les cinquante *prodigieuses* (le mot est souligné) années qui nous séparent.... Un autre, plus heureux, pourra, dans la suite, donner un vrai *Traité des lois.* »

M. Comte nous en a, en effet, donné le *nom*.

Tous les publicistes anciens et nouveaux, sages ou sophistes, ont fait de la rationnelle ou de la politique de tactique [1]; et à présent plus que jamais, il nous faut de la politique logique et législative.

Le droit canon, ou la politique ecclésiastique, est, en France du moins, plus pauvre encore que le droit social. Nous n'avons en ce genre qu'un essai : ce sont les *Lois ecclésiastiques dans leur ordre naturel* par d'Héricourt. Ce grand jurisconsulte était sur la voie de l'ordre : la Religion était son droit naturel. Il appartient aussi au siècle de Louis XIV, et il avait

[1] Le seul des derniers écrivains qui sembla consacrer la plus grande et la plus belle partie de sa vie à la politique générale, et qui s'y soit fait un nom dans le XIXᵉ siècle, Benjamin Constant est précisément de tous, celui qui a le plus manqué la science, parce qu'il l'a constamment subordonnée aux circonstances, c'est-à-dire aux passions des autres, et surtout aux siennes. Son prétendu *Cours* * *de politique* en 6 volumes, qu'il stigmatise surabondamment de l'épithète de *Constitutionnelle*, n'est pas autre chose que la *collection*, avouée jusque dans le titre principal, *des ouvrages*, c'est-à-dire des 40 libelles, *publiés sur le gouvernement représentatif*, dont l'auteur est mort, l'un des premiers, en 1830.

* Il est même dit « formant une *Espèce de cours* ! »

Domat pour modèle. Mais, s'il a un peu de régularité dans son livre, ne voilà-t-il pas qu'il en manque dans sa foi ! Il avait *déplacé* à la fois tous ses grands sujets, le Pape, les Rois, les Evêques (Voyez la seule table des chapitres). Il est résulté de là que le *Droit ecclésiastique protestant* de Boëmer, qui semble l'avoir pris pour modèle, n'en est guère au fond différent.

Telle est l'imperfection de la méthode du droit politique supérieur, qu'en descendant l'échelle des sciences morales, nous trouvons des tentatives moins malheureuses. C'est ainsi que M. Degérando a tracé, sur l'économie politique ou administrative, sous le titre incohérent de *Programme d'un cours de droit public, positif et administratif*, un essai plus général que ce qu'on avait encore fait depuis la révolution, sur cette petite partie de la science. Ce programme, précédé de *prolégomènes* philosophiques, qui n'offrent pas un mot de net et d'absolument vrai, est divisé en trois parties distinctes, *tutelle, gestion, surveillance*, qui rentrent toutes trois dans la même. Le gouvernement ne saurait avoir que trois choses à faire, une fois qu'il existe : *déclarer* les droits des particuliers, des corporations, des communes ; les *préserver* contre les atteintes (ce qui comprend plus particulièrement ce que M. Degérando appelle *tutelle* et *surveillance*), et les *réparer* lorsqu'ils ont été blessés (ce qu'il place au mot *surveillance*).

Mais, ce que M. Degérando a cru faire passablement et nouvellement, et ce qu'il a encore refait en

1833, en annonçant ses erreurs de l'année précédente, avait été bien mieux exécuté dès le xvııe siècle par Domat, dont le *Traité de droit public*, dans la branche à laquelle il s'est attaché, est moins connu, sans être moins beau que ses *Lois civiles*. Il expose, sous les deux titres de *Gouvernement* et de *Police générale d'un Etat* et d'*Offices*, à peu près tout ce que M. Degérando n'a fait qu'indiquer par une table synoptique; et il y ajoute beaucoup d'autres objets naturels. Mais, croirait-on que cet homme, si habile d'ailleurs, ait été aveuglé au point de se faire pour système, dans les *préfaces* de ses deux traités, de distinguer les *lois naturelles* des *lois arbitraires*, et de n'exprimer que les premières exclusivement? On ne s'imagine pas l'esprit qu'il perd à établir sa ligne de démarcation imaginaire, et les lacunes auxquelles il s'est condamné en conséquence. Et le mal est, d'ailleurs, qu'il a laissé son ouvrage imparfait : on sait que les deux derniers livres de son *Droit public*, c'est-à-dire plus de la moitié, sont l'ouvrage de M. d'Héricourt.

Le droit civil, plus petit encore que le droit économique, a été aussi plus souvent mal traité que la politique, et même dès le principe.

Le *Digeste* est assez indigeste, puisque sa division en sept parties vient des sept fonctions du préteur, et celle en cinquante livres, de la division en cent livres de Commentaires de Julien sur l'*Edit perpétuel* [1]. Un grand amateur moderne de ce fatras se

[1] Giphanius. — On a trouvé chez les Indiens un digeste pareil à

moque lui-même de la division fondamentale, en disant que « c'est comme si l'on classait les animaux selon les remèdes à leur donner [1]. Mais on y suit, toutefois, jusqu'à un certain point, et surtout dans le *Code*, trois grandes branches, le droit public, le droit privé, le droit quasi public (c'est ainsi qu'on nomme les *Corporations* et le *fisc*). Le droit civil, dans les *Pandectes* même, comme dans les *Institutes*, traite successivement des *personnes*, des *choses*, des *actions*. « C'est, dit M. Blondeau, comme le botaniste qui ne verrait dans la science que les jardiniers, le sol et des arbustes : il n'existe que des droits et des obligations. » M. Blondeau a tort visiblement : il existe aussi, avant tout, des personnes, et lorsque Justinien a parlé de choses et d'actions, il a nommé en d'autres termes les droits et les obligations. Il y a dans la division romaine quelque chose de si naturel, qu'elle était vraiment inévitable, et que tout le monde, et même M. Blondeau, l'a suivie depuis. Mais si le mal n'était pas dans le principe, il était dans l'exécution. Les *personnes* ont été perpétuellement traitées dans les *choses* et même dans les *actions*; et réciproquement, les choses dans les actions et les personnes, et les actions dans les personnes et les choses. J'aurais honte d'entrer dans les preuves détaillées de ce mélange : il saute à tous les yeux; il a révolté tous les esprits; et les plus aveugles par-

---

celui de Justinien, et composé aussi des fragments des anciens jurisconsultes: Colebrooke l'a traduit en anglais en 1800.

[1] M. le Doyen de la faculté de droit de Paris, *Thémis*, tom. 3.

tisans du droit romain ne semblent s'être efforcés qu'à le recomposer ou à le critiquer pour la forme, encore plus que pour le fond.

Lorsque Heineccius, par exemple, le plus méthodique en apparence de ses commentateurs, a composé ses *Éléments selon l'ordre des Pandectes*, il a eu soin tout de suite d'ajouter, jusque dans son titre : éclaircis par une méthode commode aux auditeurs, *commodo auditoribus methodo adornata*. Il s'efforce, je le sais, d'indiquer une transition d'un livre et même d'un titre à l'autre; mais, à cet égard, il imagine : prenez-le aux premières pages des livres premiers de la *justice* et du *droit*, des *juridictions*, etc., et vous verrez tout de suite son *imagination*. Je ne blâmerai pas absolument la relation qu'il trouve avec Tribonien, entre la *justice*, le *droit*, l'*origine du droit et des magistrats*, les *lois* proprement dites, l'*état des personnes*; car, cette relation est peut-être ce qu'il y a de plus explicable dans le droit romain. Mais, 1° il veut justifier jusqu'au titre de la *division des choses*, placé entre l'*état civil* proprement dit et l'état politique, c'est-à-dire les *sénateurs*, les *consuls*, le *préfet du prétoire*, le *préteur*, les *proconsuls*, les *juges* petits et grands; 2° il prétend justifier jusqu'au titre des *pactes* et des *transactions*, intercalé si étrangement entre l'assignation *judiciaire (de edendo)* et l'office d'avocat et de procureur (*de postulando*). 3° Et, pour en finir de cette discussion fatigante, il justifie jusqu'au traité des calomniateurs (*de calumniatoribus*), séparatif du traité des avocats et des restitutions en entier. Je ne lui pardonnerais, ainsi qu'à Justinien, cette alliance entre les avocats et les calomniateurs, que s'ils avaient dû avoir de l'*esprit*, et surtout s'ils en avaient eu; ce qui n'était pas possible, ce qui n'était pas....

Mais, ce qui prouve surtout les défauts grossiers des Pandectes, et à plus forte raison des autres parties accessoires et énervées du droit romain en décadence [1] (le *Code*, les *Novelles*, les *Institutes*), ce sont les lacunes, les redites ou les hors-d'œuvre du titre le plus soigné : le premier, par exemple, *De la justice et du droit*. Et c'est ici qu'Heineccius est forcé de les faire voir malgré lui. Les textes du titre spécial qu'il traite, ne lui fournissent le plus souvent rien. Il est obligé d'y suppléer par ses déductions personnelles, par des textes des titres les plus éloignés, et même par les textes des *Institutes* et du *Code*, quelquefois par des passages de Cicéron et d'Horace, de Grotius et de Marca! Si vous ne me croyez, voyez. Et le même Digeste, qui avait commencé son traité du droit en général au premier titre de son premier livre, le finit au dernier titre de son livre dernier, sous la rubrique *de regulis juris antiqui*.

Les défauts immenses et perpétuels du droit romain, tous les autres jurisconsultes, et à plus forte raison les philosophes [2], depuis 700 ans qu'il est

---

[1] Je dis *en décadence*, eu égard à la méthode et à la précision ; car, au fond, le droit romain, malgré lui, gagna toujours, comme tout le reste, au développement progressif du Christianisme : ce qui ne fait que rendre plus coupable l'ignorance des souverains et des légistes successifs.

[2] « Le fatras de Justinien » dit Jean-Jacques Rousseau. Mirabeau.

retrouvé, les ont sentis et signalés. Les uns se sont attachés à faire des plans de sa classification naturelle, les autres à les exécuter plus ou moins exactement. Je ne sais auxquels donner la préférence. Si je citais Althusius, Vigellius, Lagus, Vultéius, Hunnius (ce dernier, auteur d'une *Encyclopédia juris universi*, 1657), je ferais pitié à mes lecteurs; et pourtant, ils étaient plus habiles au fond que le grand Cujas, « qui n'eut, selon mon jugement, dit naïvement Pasquier (répété mot à mot par M. Toullier et M. Dupin), n'a et n'aura par aventure jamais son pareil; » et ils étaient bien autrement méthodistes que lui. Croirait-on que ce Cujas est assez *inepte* lui-même pour appeler *ineptissimi et imperfectissimi* (car il est à la fois très laconique et très diffus dans ses injures) ceux qui ont attaqué l'*ordre* des *Pandectes* de Justinien [1]?

Les plus célèbres des jurisconsultes allemands ou

---

lui, disait *sa monstruosité*, à la *Constituante*. — Je ne m'occupe ici que de la forme, et non de l'exactitude et de l'équité du Droit romain : le plus habile peut-être de tous les juristes modernes, le président Faber, trouvait à redire à la plupart des décisions de Papinien, le prince des anciens : à tel point qu'on l'appelait le *Perturbateur de la jurisprudence;* et c'est ce qui fait aujourd'hui son mérite et son autorité.

[1] « Il aspirait, dit De Thou, à pousser ses *Observations* au 40ᵉ livre, de même que chaque livre contenait 40 chapitres. » Cujas à l'anti-méthode joignait l'anti-méthode : on sait que, pour expliquer les lois dans ses Cours, il réunissait tous les extraits du même jurisconsulte dispersés dans le Digeste; comme afin de faire lire, non le Digeste, non Papinien, Paul, Ulpien, Capiton et autres pédants Impériaux de cette sorte; mais bien, évidemment, des lambeaux de lambeaux de ces messieurs, que Tribonien avait déjà hachés menu. Malheureuse École, malheureux disciples! patrimoine des familles, de la veuve et de l'orphelin, plus malheureux que tout le reste!

français, Duaren, Cavarruvias, Zuichem, Wessembec, Doneau, Heineccius, le président Faber lui-même, n'ont guère fait que suivre le triste exemple de Cujas, comme les Godefroy, les Vinnius, etc., tout en pensant faire mieux, sans quoi ils n'eussent pas écrit. Tous ensemble, loin d'être des organisateurs, ils ne sont que des commentateurs serviles du droit romain ou du coutumier.

Deux hommes, deux Français, pouvaient surpasser tant de devanciers ou de contemporains stériles. Ils sacrifièrent leur vie tout entière au droit, et ils florissaient, l'un dans le siècle de la grandeur, et l'autre au milieu du siècle des *lumières*. C'est Domat et Pothier que je veux dire. Personne plus qu'eux n'était capable de mettre les *lois civiles dans leur ordre naturel;* et néanmoins, le second n'a réussi, quoi qu'on en dise, qu'à remplacer des *Pandectes* par des *Pandectes*[1]*,* et l'autre n'a guère produit qu'un essai; seulement c'est le plus beau que nous connaissions : De Connam de Coulon, conseiller d'état sous François Ier, en avait eu la première idée et fait le premier jet.

Domat ne fait des *règles du droit,* des *personnes*

---

[1] Pothier, pour faire précisément le contraire de Cujas (car les légistes se critiquent toujours), n'en fit pas mieux, et dénature de fond en comble, alors même qu'il paraît idolâtrer, le droit romain : d'une part, il suit l'ordre du Digeste; et, d'autre part, il coupe, quelquefois en 10 morceaux une même loi d'Ulpien, de Paul, etc. — Il y avait deux grands moyens de gâcher le droit; Cujas et Pothier les ont adoptés tous deux. Tribonien avait tenté une première caricature d'Encyclopédie de jurisprudence. Nos jurisconsultes en ont fabriqué, à coups de ciseaux et de sophismes, une seconde !

et des *choses* qu'un *livre préliminaire*. Ses deux grands livres sont : 1° les *engagements* et *leurs suites*, celles qui *ajoutent* ou *affermissent*, et celles qui *diminuent* ou *anéantissent*; 2° les *successions*.

On ne saurait s'empêcher de voir là un assez beau coup d'œil; mais on est obligé bientôt d'en reconnaître l'insuffisance. Qui croirait, par exemple, que Domat, qui n'avait guère qu'à développer le droit de propriété, les droits de famille et les moyens de les conserver, ou les actions, puisqu'il traitait *ex professo* des lois civiles, ait à peine songé à eux ? Rien ou presque rien, et par hasard [1], dans le gros volume *in-fol.* du jurisconsulte, sur le *droit de propriété* en lui-même, sur ses *ayant-droit*, son étendue, ses bornes; sur la *puissance maritale* et la puissance *paternelle;* sur les droits des femmes et des enfants; rien, sur la forme des *actes* publics ou privés, sur les formalités du mariage, les actes de l'état civil, les actes et les *contrats;* rien, sur les formes ou la *procédure* proprement dite; nul *Code de procédure*, nul *de commerce*, nul *criminel;* une partie de *Code civil :* seulement, elle est bien autrement conçue et élaborée que celle qui y correspond dans le

---

[1] C'est ainsi qu'il traite de la *possession* et de la *prescription* à la fin du titre *des suites qui ajoutent aux engagements.* C'est ainsi, qu'il dit un mot de la puissance paternelle au titre des *personnes* (qu'il a tort encore de distinguer en *naturelles* et *civiles*). C'est ainsi encore, qu'il dit un mot des *preuves* au titre 18, *des engagements par convention*, et un autre mot au titre 6, des *suites qui ajoutent aux conventions.* C'est ainsi qu'il traite d'un délit entre mille au titre X, *des engagements sans convention*, et d'un autre (l'usure) au titre 6 du livre précédent.

nôtre. Un M. de *Jouy*, *Berroyer*, *Chevalier*, et de nos jours, M. *Carré*, ont voulu, je le sais, faire un *supplément* ou des *notes* aux *Lois civiles*; on dirait qu'ils ont voulu en redire quelques-unes, et les redire mal.

Lorsque Domat a prétendu régulariser le droit romain pur, il a fait encore pis : son *Legum delectus* n'est pas autre chose que le *Digeste*, c'est-à-dire le désordre, seulement abrégé. Il semble, au reste, en avoir eu honte, car il l'a fait signer par un nommé *Coignard*, et annoter par un nommé *Bouchevret*.

Voilà ce qu'a fait le plus grand jurisconsulte du siècle de Louis XIV, celui qui savait la politique et même la religion; qui avait pour ami Pascal, et qui faisait précéder ses *Lois civiles* d'un *Traité des lois générales*, qu'il reconnaissait « aussi nécessaires pour entendre les lois civiles, que l'était pour apprendre la géographie une connaissance au moins générale du système entier du monde. » C'est, ajoutait-il, dans le plan de l'ordre universel qu'il faut reconnaître la situation et l'étendue des lois civiles [1]. Que pourraient avoir fait les autres jurisconsultes, lorsqu'ils ont voulu composer des livres généraux et classer les lois? Un Despeisses, un Bourjon, Pothier lui-même, qui ne savaient que leur *droit écrit* ou leurs *coutumes*, leur *Droit, commun* comme leur esprit, qui ne savaient peut-être pas s'il y avait un droit public et une théologie sur la terre, et qui n'avaient

---

[1] Fin de la *Préface*, intitulée : *Pourquoi on a fait un traité des lois*.

pas même les vertus de leur dévancier célèbre?

Et cependant Pothier passe, dans les écoles et au palais, pour un modèle de méthode et de classification peut-être! M. Dupin l'appelle *felicissimus pandectarum restitutor*. Il a voulu *restituer* en effet les *Pandectes* informes dont nous parlions tout à l'heure; mais il n'a fait, comme le *Coignard* de Domat, comme Heineccius dans ses *Élémens selon l'ordre des Pandectes*, que suivre le *beau désordre* des lois romaines; comme si, dans les lois ainsi que dans l'ode, le désordre pouvait être *un effet de l'art!* Il a même, en quelque sorte, copié le travail de Vigellius; et il lui fallut les conseils de D'Aguesseau pour faire son arrangement des *Règles de droit*, le moins mauvais titre de son dédale. L'homme qui fit d'ailleurs une trentaine de *traités*, tous synonymes, sur des matières semblables de droit civil, ne pouvait pas même avoir la pensée d'une universalité, qui abrége tout parce qu'elle voit tout.

Il y eut, au temps de Pothier, un jurisconsulte qui avait plus que lui les conditions d'un classificateur; mais il ne les avait pas toutes: les fondamentales surtout lui manquaient; je veux parler du président Bouhier. Son collègue, le président de Bévi, rapporte qu'il avait fait, à son usage, un *Recueil de droit et de jurisprudence*, divisé en *quarante* livres (je m'étonnerais qu'il ne fût point allé aux cinquante du Digeste, s'il n'avait point été l'un des *quarante* de l'Académie). Il raconte aussi que Bannelier, jurisconsulte coutumier du pays, s'écria servilement dans le transport de son admiration : *Nunc dimittis servum tuum, Domine!*

Au fait, c'était bon pour la province de Bourgogne; mais ce n'était rien pour la France. Si le président Bouhier avait été capable de quelque chose de ce genre, il n'eût pas consumé sa vie sur quelques mots de *Cicéron*, sur les articles, sur les variantes et sur les commentateurs les plus ineptes de la Coutume de Dijon. L'Académie n'eût pas été son refuge. Il en est du génie, comme de la malice de son compatriote Piron : il ferme les portes des coteries.

Loin de Paris, ami des arts et ennemi des lois, à l'autre extrémité de la France, un autre jurisconsulte, quasi publiciste, supérieur à Pothier et même au président Bouhier, ne remplit pas tout son mérite; et, pour avoir fait un livre plus simple, plus général, plus méthodique et plus utile, il ne fit pas un livre supérieur. Il se laisse entraîner par les *Maximes de Bretagne* (comme Bouhier, par celles de Bourgogne, et Pothier par toutes, et en même temps par les lois romaines); et la théologie lui manquait absolument comme à eux. Les *Principes de droit* de Poullain du Parc sont dignes, malgré leur insuffisance, de figurer immédiatement après les *Lois* de Domat.

Il faut qu'il y ait quelque chose de bien limité, de bien étroit, de bien funeste, dans la tête d'un jurisconsulte pur et simple : ce sont précisément les plus fameux de tous, et ceux-là surtout qui se déclaraient les *incomparables* [1], Cujas, Dumoulin, Pothier, qui furent les plus volumineux, c'est-à dire, les plus désordonnés....

En somme, dans le xvie siècle si laborieux, dans le xviie si grand, dans le xviiie si *savant*, on n'a fait qu'embrouiller les lois civiles, au lieu de les mettre à leur place [2]. La législation s'est réduite, comme la philosophie, à une tour de Babel, à une *encyclopédie* [3], à d'informes répertoires, à des *Dictionnaires* plus informes encore : Brillon et Prost de Royer, Camus et Bayard, Guyot et Denisart sont les représentants naturels de la jurisprudence passée. — Merlin, leur continuateur, leur copiste, est bien plus le représentant de la *nôtre*, que Toullier, le seul qui ait un peu, je ne dirai pas classé, mais traité avec moins de confusion que le code, la plus petite partie des lois civiles.

Une autre partie de ces lois, la criminelle, a été, dans tous les temps, un peu moins maltraitée dans

---

[1] *Ego*, disait Dumoulin, *qui nemini cedo, et à nemine doceri possum*. Ce légiste étroit a passé sa vie à affubler des apostilles à chaque mot de sa *Coutume*, à disserter à perte de vue *De dividuis et individuis*, comme les géomètres *de minimis*. Il est comique après cela d'entendre Me Dupin parler, dans son *Précis historique du droit*, de sa tête éminemment *législative*, de son *génie dévançant son siècle*, qui avait conçu la refonte des coutumes en un seul code!

[2] Un jurisconsulte publiciste, né en Frise et mort à Madrid, revêtu de grandes charges, Hopperus, auteur d'une *Science de l'établissement du droit et des lois*, etc., avait fait mieux que Domat lui-même, plus de 100 années auparavant.

[3] Il y a effectivement (en 7 in-4° 1777—80, Bruxelles), une *Encyclopédie de jurisprudence*, autre que la partie correspondante dans la grande encyclopédie. Elle est d'un M. de Boubers.

sa classification. Muyart de Vouglans, auteur des *Lois criminelles de France*, a tiré parti de Domat. Deux autres criminalistes ont mieux fait encore (je ne parle ici que de la méthode), le fameux Valazé et l'obscur Bexon. L'un, en 1784, sous le titre simple de *Lois pénales, dédiées à Monsieur, frère du Roi*, dont il vota la mort huit ans après, a fait un petit livre ; l'autre, un *in-folio*, à la réquisition d'un prince souverain d'Allemagne ; ils méritent tous deux d'être mentionnés. On n'avait pas, avant le premier, aussi bien analysé les vertus et les vices dans leur rapport avec les lois ; l'autre a réuni et articulé une infinité de cas. Mais, tels qu'ils sont, on ne saurait les appliquer le moins du monde.

Un seul jurisconsulte s'est placé plus haut que ses devanciers, sur le terrain de l'ordre législatif : c'est l'Anglais Jérémie Bentham. Il a rédigé en 1787 le *Plan d'un code de lois pénales*; en 1802, deux *Traités de législation civile et pénale*, précédés d'une *Vue d'un corps complet de droit* ; en 1811, une Théorie des *peines et des récompenses*; en 1822, la *Proposition d'un code général et complet*; et récemment, un *Traité des preuves judiciaires*. On voit assez, par la seule nature de ces ouvrages, que leur auteur n'a guère eu, comme il le dit lui-même, que des *vues*, et qu'il n'a guère fait que des *propositions* sur la matière. Son compatriote, le chancelier Bacon, eût été plus capable de nettoyer les *étables d'Augias* ; et il se contente de supposer le travail impossible ou héroïque. « Si les lois accumulées, dit-il dans son *De certitudine legum*, sont dans une telle confusion qu'il faille les renvoyer et les réduire à un corps de justes proportions, il faut le faire *avant tout*, et qu'un tel ouvrage soit regardé comme *héroïque*, et que les auteurs en soient à juste titre comptés parmi les législateurs [1]. »

Mais qu'il y aurait loin, après tout, de la petite encyclopédie des lois civiles ou politiques, à l'encyclopédie générale des lois, dont tout le monde eut

---

[1] Leibnitz eût aussi été plus en état de réformer et de classer jusqu'à un certain point la jurisprudence qu'il trouvait informe. Il en eut le projet dans sa jeunesse au temps de son cours de droit ; mais de plus grandes idées, ou des travaux plus petits, l'empêchèrent de de rien réaliser. Voyez, dans ses *œuvres complètes*, ses écrits intitulés : *Corporis juris reconcinandi ratio*, 1668; *Novus methodus discendæ docendæque jurisprudentiæ*, 1667. Il a replacé quelques-unes de ses idées sur ce point dans la *Préface du code du droit des gens*. Son nouveau *Corps de droit* devait être divisé en 9 livres, dont le premier était *les principes généraux*, et les derniers *le droit public et le droit sacré!* Et (qui le croira?) ces matières devaient être examinées *selon la méthode des Pandectes et non selon celle des Institutes*. Il est vrai que c'était un projet fait à 22 ans !

Un autre homme, qui fut presque le contemporain de Leibnitz, Vico, avait pareillement quelque chose de ce qu'il fallait pour constituer le droit. Il a débuté par un livre intitulé : *Unité de principe du droit universel.* Il a fait ensuite une *Harmonie de la science des jurisconsultes*; et il a fini par des *Principes de la science nouvelle*, que M. Michelet nous a fait connaître en 1827, sous le nom de *Principes de la philosophie de l'histoire*. Or, ce chef-d'œuvre, jusque-là inconnu, est ainsi divisé : 1er livre, *principes* ; 2e, *sagesse poétique;* 3e, *découverte du vrai Homère;* 4e *cours d'histoire* etc. — Les maîtres se mesurent aux disciples aussi bien qu'à la méthode : je ne voudrais que M. Michelet pour savoir que Vico ne fut jamais qu'un *professeur de rhétorique* et un artiste *d'inscriptions* et *d'épithalames* de Cour. De nos jours, Romagnosi a publié à Plaisance une *Introduction à l'étude du droit public universel*, qui n'a pas même l'avantage de l'intelligibilité : l'auteur pensait pouvoir cumuler la science des lois et celle des antiquités *Étrusques!*

la pensée et sentit la nécessité, les anciens et les modernes, les païens et les chrétiens, les philosophes comme les catholique! « Le sujet que nous nous proposons, dit Cicéron dans son *Traité des lois*, comprend généralement tout ce qui concerne le droit universel et les lois ; ce que nous appelons le droit civil n'occupe qu'une petite partie de la vaste étendue que renferme celui de la nature. »

A dix-huit cents ans de distance, je lis ce qui suit, dans l'*Histoire*, d'ailleurs si peu *philosophique*, de Raynal, liv. 1er, pag. 81. « Combien la formation du Code civil, surtout pour une grande nation, ne suppose-t-elle pas de qualités réunies! quelle connaissance de l'homme, du climat, de la religion, des mœurs, des préjugés, de la justice naturelle, des droits, des rapports, des conditions, des choses, des devoirs, de tous les états, de la proportion des châtiments aux délits ! quel jugement! quelle impartialité! quelle expérience ! » — Et Helvétius, qui cette fois a plus que de l'*Esprit*, car il a de la raison : « Qui doute que les moralistes ne puissent porter la science et la législation à *ce haut degré de perfection que les bons esprits ne peuvent maintenant qu'entrevoir*, et peut-être auquel ils n'imaginent pas qu'elle puisse jamais atteindre... *auquel le monde devra son bonheur*.... c'est à l'uniformité des vues du législateur, à la *dépendance des lois entre elles*, que tient *leur existence*. Mais, pour établir cette dépendance, il faut les rapporter à *un principe simple*, tel que celui de l'utilité du *plus grand nombre*. » — Les au torités plus spéciales s'accordent ici sur le grand point de la codification :

«Il est aisé, disait Mably aux *Américains*, d'exposer la nature de *tous* nos devoirs d'une manière simple, courte et sensible. » — Très bien. — « Et *chacun* pourra en tirer plus ou moins de *conséquences*, suivant que la nature lui aura donné plus ou moins de *facultés*. » — Très mal ; c'est au législateur à tirer ces *conséquences*, de façon que *chacun* n'ait rien qu'à voir et accepter ; et, au fond, tout le monde a des *facultés* égales.

Les politiques du temps apercevaient aussi la possibilité, et sentaient le besoin de la législation universelle. Turgot, Montesquieu et Condorcet en France, Frédéric et Formey en Prusse, etc. Condorcet nous raconte dans la *Vie de Turgot*, comment son héros avait non-seulement connu l'idée, mais encore commencé l'exécution du grand œuvre, qu'il voulait *consacrer à sa patrie, à l'humanité*. « Il devait, dit-il, y développer, dans un ordre méthodique, toutes ses idées sur l'âme, sur l'ordre de l'univers, sur l'être suprême, (quoi, en troisième ordre !) sur les principes des sociétés, les droits des hommes, les constitutions, la législation, l'administration, l'éducation physique, etc. » Il est évident, par le seul chaos du titre, que Turgot ne pouvait, pas plus que son biographe, réaliser un ensemble quelconque.

Montesquieu en avait encore moins la puissance : son *Esprit* sur les *lois* en est la preuve assez claire ;

mais il avait néanmoins un livre, le 26ᵉ, intitulé : *Des lois dans leurs rapports avec l'ordre des choses*, où il disait, sans tirer à conséquence, que la sublimité de la raison humaine consiste à savoir bien auquel des ordres de lois se rapportent les choses sur lesquelles on doit statuer. Et après cela, l'auteur vous fait un chapitre de son deuxième livre, pour attaquer sa méthode par excellence, sous le nom d'*idées d'uniformité!*

Le roi Frédéric et Formey avaient, de leur côté, la même idée, sans avoir absolument la même contre idée. « Un corps de lois parfaites (disent-ils, dans une *Dissertation sur les raisons d'établir ou d'abréger les lois* qu'on attribue à l'un ou à l'autre, et qui probablement est à tous les deux), serait le chef-d'œuvre de l'esprit humain : on y remarquerait une *unité de dessein* et des règles si exactes, et si proportionnées, qu'un ÉTAT CONDUIT PAR CES LOIS RESSEMBLERAIT A UNE MONTRE.... TOUT serait prévu, tout combiné : mais les choses parfaites ne sont pas de l'humanité. » — C'est ici le bout de l'oreille des philosophes.

En France, le Valazé, que nous avons cité tout à l'heure, moins préoccupé de l'impossibilité de l'œuvre, semble voir, dès 1784, la révolution de 89, comme moyen de codification civile :

« La science de la législation reste donc imparfaite, ou plutôt elle est encore *à son aurore*, tandis qu'une infinité de sciences de pur agrément sont approfondies. Cette idée met mon esprit dans un état de stupeur. Que dire à des hommes qui se refusent autant à la raison? Laissons au temps une *révolution nécessaire* au bonheur des hommes. L'esprit de ce siècle autorise à la *prévoir;* cependant, tâchons de la faciliter. Cet ouvrage est divisé en six livres. » Celui-là aussi voulait une révolution à l'amiable ; et pourtant il a concouru à en faire une sanglante!

Elle arrive enfin, cette révolution. Condorcet et Mirabeau, la plupart des bailliages dans leurs *cahiers*, l'Assemblée constituante, la Convention elle-même, le *Comité du salut public* surtout, semblent avoir eu les mêmes préoccupations d'une grande vérité. « Une déclaration des droits, bien complète, *bien ordonnée*, bien précise, dit Condorcet, dans l'*Avertissement* de sa *Déclaration des droits* [1], est l'ouvrage *le plus utile* qu'on puisse offrir aux hommes de tous pays; mais cet ouvrage, semblable aux tables qui représentent le mouvement des astres, ne peut atteindre sa perfection que du *temps;* du concours de *plusieurs mains*, et d'une longue suite de corrections, fruit d'un examen scrupuleux et réfléchi. »
— Le *temps* n'est rien, et *plusieurs* mains ne sont bonnes qu'à démolir. — « Que les états-généraux, disaient les Electeurs, choisissent dans la capitale et dans les provinces, des commissaires pour travailler à un code qui embrasse *toutes* les parties de la législation, et s'étende à tous les pays [2]. »

[1] Il exprima la même opinion, page 359 de son *Esquisse sur les progrès de l'esprit humain.*
[2] Clermont-Ferrand, Rouen, Dijon, Anjou, Alençon, Blois, La Ro-

Au fait, la *Constituante*, dont le nom sera une immortelle satire, semble n'avoir fait de lois que contre les lois. Plus capable parce qu'elle était plus conséquente, sans être plus coupable, la Convention s'occupa sérieusement de la codification universelle. Elle demanda à son Comité de salut public un *rapport* et un *projet* de *décret sur le plan de la classification des lois;* et le Comité de salut public institua une *commission du recensement des lois;* et Cambacérès fit le rapport; et le rapport, dont j'ai un bel exemplaire à la main, accompagné d'un très beau tableau *in plano*, est plus remarquable cent fois que celui de M. Pastoret, grand et vieux *Historien de la législation*, au nom d'une commission de nos célèbres législateurs de 1825 [1].

Je lisais, dans le premier, ces vérités que je suis loin de trouver dans l'autre : « La *simplicité et l'ordre abrégent* la rédaction et facilitent l'intelligence des lois.... les matériaux existent; il ne s'agit que de les

---

chelle, Toul, Saintes, Nismes etc.; Paris même, mais *extrà muros!* — *L'Intérieur* des capitales ne sait jamais que s'étourdir et corrompre. Quand elles veulent faire des lois elles *législatent*, disait madame Necker.

[1] Les voici, selon l'ordre de leurs signatures : marquis de Pastoret, président; Portalis, d'Herbouville, Martignac, Dudon, Bellart, Pardessus, Bonnet, Cuvier, Allent, Amy, Vatimesnil; Dunoyer, secrétaire. Voici celles du *Comité de recensement et de salut public* : *Couthon, Saint-Just,* Carnot, Prieur, *Collot d'Herbois*, Billaud Varennes, Barrère, Lindet, Cambacérès, Merlin. On peut juger de la capacité réciproque des deux commissions. La *Société des droits de l'homme*, héritière de la Convention, annonce de nouveau et promet dans son *manifeste* de 1833 la révision et la *classification des codes*.

mettre *à leur place* : les lois sont une *famille immense* où *tout* se tient, et rien ne se ressemble parfaitement. C'est au gouvernement *seul* qu'il faut ramener *toutes* les lois, comme à l'esprit moteur qui, par l'*unité* d'action, en fait jouer les innombrables ressorts... L'instruction publique est un art *créateur*..... *L'ordre est le diamant de l'esprit*, qui éclaire *tout* par une lulumière successive et graduée.... Le *grand art* du rédacteur est de placer ses objets dans l'ordre où ils se prêtent mutuellement la plus grande lumière... Notre travail est *la plus sublime conception* que la révolution a fait éclore, etc. » — Dans les *éléments du plan*, je lisais : « Le peuple veut enfin secouer le *joug des légistes* et se passer de leur dangereux secours. » — Il est fâcheux que cette belle conception emportât avec elle vingt-huit codes distincts, et que le premier de ceux dont on s'occupa fût le *Code révolutionnaire* par Danton. — La Convention voulait *secouer le joug des légistes;* et précisément, elle en était accablée. — Elle avait la prétention d'*effectuer la pensée si consolante de la simplification des lois* : elle n'a fait que *lois sur lois*, comme dit et fait M. Dupin. L'Assemblée constituante n'en avait enfanté que 3,428; la Législative, que 2,190; la Convention en fit 15,414. Elle n'a été surpassée, à cet égard, que par les Chambres de Louis XVIII et de Charles X : j'ignore à qui appartient la gloire ou la la honte.

Mais revenons à la commission *Pastoret;* — Voulez-vous la juger par un seul de ses aveux ? « Une

première question, dit-elle, s'est présentée : sera-ce dans leur *ordre chronologique* (ordre *chronologique*, pensez-vous?) que nous recueillerons les actes ? »
—« Les lois de l'organisation judiciaire ont été *le premier* objet soumis à notre examen ; » ensuite les *actes concernant le trône élevé depuis tant de siècles et soutenu par tant de gloire et de bonheur, dont l'abandon fut suivi de si horribles calamités*, etc. ; en troisième lieu, les *lois de police etc.* Ils ont enfin divisé leurs travaux et leurs sujets « en quarante-six séries, offrant déjà 1,715 lois, *ou* décrets, *ou* arrêtés, *ou* règlements, »(car ils ne savent pas même ce qu'ils doivent entendre par *lois*) : quarante-six séries, à peu près comme Tribonien ; et, dans ces quarante-six séries, il n'en est pas deux qui se tiennent, même de loin. Les *matières religieuses* (car c'est ainsi que ces messieurs les appellent) sont suivies des *mesures révolutionnaires* et de la *procédure criminelle*. La *presse* est placée côte à côte entre la *monnaie* et la *police rurale*, etc. — Et ces messieurs, de raconter solennellement ces belles choses au Roi ! et celui-ci de leur répondre le plus agréablement du monde : «Je sais, messieurs, combien la tâche dont vous êtes chargés est importante. En vous la confiant, j'étais *sûr* de la remettre en de *bonnes mains*. Je vous remercie du zèle et de l'assiduité avec lesquels vous l'avez remplie. Un roi *ne doit* régner que par les lois : il est nécessaire que les nôtres soient en harmonie avec l'état actuel des choses : c'est mon vœu et ma volonté. J'espère que tous mes sujets concourront

à l'accomplir. Continuez, messieurs, votre *intéressant* travail ; mettez dans notre législation l'ordre et l'accord dont elle est susceptible. *Rien de plus utile aux sujets que les lois bien ordonnées ; rien ne rend plus faciles les devoirs du trône.* » — Bien, mais encore faut-il que, préalablement, le *trône* ait su choisir ses législateurs ! et le grand Législateur, c'est UN *législateur universel* même médiocre.

De nos jours, lorsqu'*un* homme a voulu toucher le grand sujet de la classification du *bulletin des lois, où il y a si peu de lois*, disait-il, ce fut un *légiste* par excellence, et il parlait à une assemblée tout entière : M. Dupin, en un mot, et la chambre des *Cent-Jours*. Il fallait, avouons-le, d'autres *Hercules* pour nettoyer les *écuries d'Augias*. Depuis, le même Dupin a voulu classer une faible partie des lois, et il est descendu au désordre chronologique[1].

Tel est, à tout prendre, le désordre législatif et judiciaire, que ce qu'on a fait, sinon de mieux, du moins de plus utile en ce genre, ce sont quelques fai-

---

[1] M. Duvergier a fait depuis une compilation de ce genre dans sa prétendue *Collection complète des lois*, que M. *Galisset*, ancien procureur et secrétaire de la police, a cherché vainement à refaire encore dans son *Corps de droit français*. M[e] *Le Pec*, qui travaille en ce moment à un nouveau *Bulletin des lois annoté*, sous le patronage d'une foule de pairs et de deputés apparents, ne fait pas autre chose que reconnaître les vices de ses dévanciers. Quoi qu'il en soit, le *Bulletin des lois*, pourtant si prodigieusement volumineux, ne renferme pas la moitié des lois : il a pour supplément forcé une collection encore plus informe et volumineuse, celle des arrêts (où il y a si peu de justice, comme dirait M. Dupin, si M. Dupin était conséquent), et qui, à l'instar du *Bulletin des lois*, a aussi ses classificateurs, c.-à-d. ses compilateurs esclaves, les *Sirey*, les *Denevert*, les *Dalloz*, les *Desenne*, etc.

bles essais individuels [1], quelques *tableaux synoptiques* [2], et surtout des *tables* chronologiques ou alphabétiques; et je trouve, pour ma part, Rondonneau ou Peuchet agissant seuls, supérieurs à M. de Pastoret, et à M. Pardessus, travaillant en comités.

Mais, il est bon, après avoir entendu des autorités judiciaires, d'en entendre de philosophiques. Un homme qui seul représente à présent la partie dégradée de la philosophie de France, a senti aussi le mal et le remède en question. Mais, admirable à produire l'un, il était dans l'impuissance de concourir à l'autre. Écoutons parler l'ex-abbé Lamennais, l'esprit le plus vague du siècle, le plus anti-méthodique qu'on puisse imaginer. Après avoir parlé du perfectionnement des sciences exactes : « Mais tout cela est peu de chose, dit-il dans son livre *Des progrès de la révolution*, en comparaison du *bien qui résulterait de la régénération des sciences morales. Celle du droit est*, pour ainsi dire, presque entièrement encore *à créer*. Il n'en existe que des théories protestantes et philosophiques, qui n'ont pas peu contribué à produire, et qui contribuent à perpétuer les désordres dont nous sommes témoins. Une fausse métaphysique n'a pas fait moins de ravages, en précipitant, par différentes routes, les esprits dans le scepticisme.

---

[1] Par exemple les écrits de M.* d'Olivier, conseiller à Nismes : *De la réforme des lois civiles*, 1789; *Essai sur l'art de la législation*, 1800, 1807, etc.

[2] Ceux de M. Dusson, ancien notaire; Durand-Prudence, Decourdemanche, avocats, etc.

M. Peuchet a publié, dès 1795, un écrit *Sur la classification des lois*.

L'Église a donc, même en ce qui tient uniquement à la science, une *magnifique carrière à remplir* : c'est à elle qu'il appartient de *féconder le chaos* et de séparer une seconde fois la lumière des ténèbres. »

Les événements ont assez prouvé qu'alors par *Église*, M. l'abbé Lamennais entendait Lui [1]. M. l'abbé a retracé du reste, sans le savoir, sa propre histoire ; car personne, plus que lui, n'a *précipité les esprits* dans le scepticisme, n'a produit le *chaos* et les *ténèbres* dans la science et dans la société ; jadis par sa fécondité littéraire, aujourd'hui par le cynisme de son *ultimatum* à Grégoire XVI, à l'Évêque de Rennes, à l'Archevêque de Paris.

Les philosophes franchement libéraux se sont expliqués, comme les autres, sur la question d'organisation législative. « Je me suis décidé, dit M. Destutt-Tracy, dans son *Commentaire de l'Esprit des lois*, à ne donner qu'un commentaire. *Un autre plus heureux*, profitant de la discussion, si elle s'établit, pourra donner, dans la suite, *un vrai traité des lois*. Si MONTESQUIEU S'EST TROMPÉ dans le choix de l'ordre qu'il fallait suivre, je pourrais bien, à plus forte raison, m'y tromper aussi. » Et, dans le fait, M. Comte, qui voulut être *plus heureux* que M. de Tracy, puisqu'il a fait un *Traité de législation*, a déclaré net, en ren-

---

[1] Il siégeait à *la Chesnaye*, dit M. Boyer de Saint-Sulpice, « comme l'anti-pape, Pierre de Lune, sur son rocher de *paniscole*, où il enfermait l'Église catholique » ; et le *Gallican* semblait dire, comme le *Romain* de Corneille :

Rome n'est plus dans Rome, elle est toute où je suis.

dant compte dans le *Censeur* du *Commentaire* de celui-ci, « qu'il exposait *avec naïveté* plutôt qu'il ne démontrait avec empire. » M. Comte, plus malheureux que son patron, n'expose pas même *avec naïveté*.

Ainsi donc, tout le monde, dans tous les temps, les individus et les assemblées, les particuliers et les gouvernements, ont eu la pensée de remédier au désordre des lois; mais aucun n'a réussi qu'à l'augmenter. Tout le monde a eu la pensée aussi de classer la société, et tout le monde l'a confondue.

Nous avons vu les vœux et les convictions sur la nécessité et les bienfaits d'un code véritable; nous allons jeter un coup d'œil sur les ébauches qu'en ont faites les moins médiocres des anciens magistrats ou des anciens jurisconsultes. Le Code général de Marillac, inconséquemment appelé *la belle Ordonnance* par M⁵ Dupin, n'était qu'un extrait de décisions d'états-généraux, rejeté par le parlement et moqué par le barreau, qui l'affubla de son prénom *Michel*, code *Michau*. Le *Code d'Henri III*, de Barnabé-Brisson, qui fut pendu à une poutre du parlement, pour avoir voulu remplacer Achille de Harlay; celui *d'Henri IV* de Cormier, fameux par le procès que lui fit sa femme pour cause d'impuissance, ne sont que des collections informes d'ordonnances plus informes encore. Le président Lamoignon qui, dans les intervalles que lui laissaient les entretiens du poète Boileau, eut la pensée d'un code unique, se contentait, selon l'auteur de sa *Vie*, de vouloir qu'on prît dans chaque coutume ce qu'elle contenait de plus conforme à la nature et à la raison, pour en faire une loi générale. » C'était renouveler Tribonien, qui fit aussi de *loques* et de *morceaux* sa compilation informe. C'était reproduire les *Coutumes* qui s'étaient, pour ainsi dire, faites toutes seules. Dans l'impuissance de faire goûter à Louis XIV, ou plutôt à Colbert, une prétention évidemment au-dessus du Mécène des poètes, il se contenta de s'adjoindre Auzanet et Fourcroy pour faire, sans unité, des *Arrêtés* ridicules. Le grand siècle ne sut trouver qu'un étroit conseiller d'état, Pussort, dont le titre principal était celui d'oncle de Colbert, pour rédiger, d'année en année (de 1667 à 1681), en assemblée, à huis clos, sous les auspices de Colbert qui n'était guère qu'un économe libéral, de misérables mines à procès, sous le nom d'*Ordonnances civiles, criminelles*, etc., auxquelles on pouvait donner le nom de *Code noir*, comme à celle de 1681, contre les esclaves des colonies.

Voilà seulement ce que fit

Le Roi grand par lui-même et *grand par ses sujets*,

comme M. Dupin l'appelle dans son *Précis du droit*. Qu'attendre de son successeur, qui « perdait la monarchie bien davantage que les novateurs, lui roi *très chrétien*, par l'immoralité de sa conduite! Et son Chancelier, jouant à colin-maillard en simarre chez la Dubarry, n'était guère propre à donner de la considération au pouvoir. » C'est encore M. Dupin qui a parlé.

D'Aguesseau, que Gaillard prétend avoir « connu et *extrêmement goûté* le projet de l'encyclopédie d'Alembert [1] », et qui ne trouvait rien de plus beau que l'ordre du *Code Henri*, d'Aguesseau renouvela, à quelque temps de là, ces essais étroits, stériles, funestes, à l'égard de deux petites parties seulement du droit civil : les *donations* et *les testaments*. Ses Ordonnances donnèrent lieu, tout de suite, à autant de *Questions* que de résolutions : il se piqua vainement d'y répondre lui-même, avec plus de verbiage encore et d'obscurité. Et Bretonnier, sous ses auspices et par ses ordres, ne sut non plus que rédiger des *Questions de droit*.

Le chancelier Maupeou, plus capable parce qu'il était moins légiste, plus hardi, plus volontaire que d'Aguesseau, eut aussi, mais n'eut pas le temps de réaliser, la pensée d'un Code civil [2], qu'il manifesta

---

[1] *Vie de Malesherbes*, p. 62.

[2] Celui-là (jouât-il au *Colin-Maillard chez la Dubarry*), qui faillit faire rentrer les parlements dans leurs *lits*, et faire *dormir* leurs prétentions politiques, était plus capable de concevoir une législation de ce caractère, que d'Aguesseau, qui faisait corps avec eux. — Je ne parle pas d'un Code criminel en vingt et un articles du garde des sceaux Lamoignon, lesquels moururent, comme leur auteur, d'un suicide, en 1789. — La France n'a point de Codes ; les autres pays en ont moins encore. La *Récapitulation* de Philippe II n'a pas empêché une confusion et une énormité de volumes dans la législation espagnole, plus grandes peut-être que celles de la nôtre. — Pinelo, rapporteur du Conseil des Indes, publia, en 1623, le *prospectus* d'une classification des seules lois des colonies, qui s'élevaient à cinq cents volumes. — Mello est mort en 1798, en essayant de faire une codification informe des ordonnances de Portugal. — Les états romains eux-mêmes sont encore sous le poids d'une promesse de nouveaux Codes par le Souverain Pontife. — Les Codes autrichiens de 1786 tombèrent tout de

dans l'ordre par lui donné en 1771 de traduire en Français le seul des Codes européens qu'il soit permis de prendre en considération, celui que Charles Emmanuel promulgua en Sardaigne l'année précédente, et que le philanthrope Howard lui-même voulut faire admirer à l'Angleterre en 1789.

suite, avec l'épithète de *livret bleu*; et celui de 1811 laisse tout à l'arbitrage du juge : ce qui serait excellent si tous les juges étaient des Domat. — La mission d'un Code véritable est de faire naître autant de Domats que de légistes. — Ailleurs, l'insuffisance, l'incohérence ou la complication sont encore pires : Bentham, des jurisconsultes anglais le plus capable d'apprécier les lois de son pays, a passé sa vie à en dénoncer les vices. — Les Codes suisses de M. Bellot, et les Codes américains de M. Ed. Livingston, sont des singeries des codes Napoléon. — Coccéius, professeur de droit romain, a publié un premier *Code prussien*, qui n'était pas autre chose qu'un abrégé du droit romain. — Carmer en a rédigé un second en 1791, que Bernardi, dans sa *Nouvelle théorie des lois civiles*, appelle très bien l'*algèbre* de la jurisprudence ; ce qui faisait dire à un fameux avocat du pays, qu'*il n'était pas fait pour les plaideurs, mais pour lui*. Il n'était pas seulement obscur, il était encore ridicule : croirait-on, par exemple, qu'il y a des règles relatives à *l'obligation pour une mère d'allaiter son enfant*, au *refus opiniâtre et constant du devoir conjugal*, etc. Étonnez-vous-en ! Carmer, pour le rédiger, avait fait un appel, où « *il pressait* tous les membres de la *république* des lettres, tant régnicoles qu'étrangers, de lui faire subir un examen rigoureux et libre. » Ainsi, on peut le dire, il n'y a pas plus de lois que de *juges à Berlin*. — Le Code de Catherine était encore plus faux et plus ridicule, car il était soi-disant *philanthrope :* c'était la législation tombée en quenouille. Elle le fit, elle-même (dit le prince Joussoupoff, son chambellan à Prost. de Royer), appuyée d'une main sur Montesquieu, et de l'autre sur Beccaria! » Commencé en 1766, il ne fut fini et publié qu'en 1776. Une seule de ses dispositions neutralise toutes les autres : il était interdit au juge d'*ajouter* ou de *retrancher rien à la loi*. Ici tous les Domat se fussent trouvés des automates. Aussi, la Russie est-elle, de tous les pays, celui qui s'est le moins aperçu de la tentative d'une femme impuissante. Elle rédigea son *Instruction* en français, la fit traduire avec plus d'apparat dans les langues d'Europe et même d'Asie que dans la sienne; et l'immense empire de Russie en est encore, en fait de lois, à la volonté d'un Boyard!

Bonaparte aussi voulut faire des Codes, c'est-à-dire des classifications de lois; mais, qui ne sait qu'il les faisait à la façon d'une évolution militaire, à coup d'hommes, en Conseils d'état, en Conseils des anciens et des *cinq cents*, en assemblées enfin? Au fait, il n'a pas édifié la plus petite partie de la législation; la Civile, il l'a sabrée; et ceux-là même qui, envers et contre tout le monde, s'obstinent à prôner, *in globo*, les *cinq Codes Napoléoniens*, s'obstinent aussi à les critiquer perpétuellement en détail. Le plus innocent et le plus franc de tous, M. Pardessus, n'a pas craint de dire dans les *Lettres sur la profession d'avocat* (édition de Me Dupin) « que la rédaction du *Code de commerce* est plus mauvaise encore que celle des autres Codes. » Il y a quelque chose de pire que le Code *Marchand*, c'est le Cours de ce Code par l'auteur du *Traité des servitudes*[1].

[1] Voici ce que je lis dans la préface du dernier des ouvrages publiés au sein de l'école qui donne le branle à toutes les autres, le *Programme du cours de droit civil*, de M. Demante : « j'ai cru devoir me conformer, pour l'*ordre* de mon analyse, à l'*ordre* même des articles du code (Toullier du moins, au fond de sa Bretagne, se contentait de suivre l'*ordre* des chapitres); j'avais pour moi la loi du 13 mars 1804 qui le prescrit; et, là encore, j'avais l'*avantage* de me *soumettre* sans regret, puisque *mes propres idées* me révélaient sur le point la sagesse du législateur. » — Non moins méthodique, M. Locré avait donné l'exemple de sa *soumission* au législateur, et il appela ses livres *l'Esprit* des codes, comme Montesquieu le sien, l'Esprit des lois. Ces MM. n'avaient qu'à ouvrir leur *Cicéron*, et ils auraient vu, au livre premier de ses Lois, que c'était ailleurs que dans l'Édit du préteur ou le règlement d'un *Grand petit-maître* d'université, qu'ils devaient puiser la discipline de leurs ouvrages : « *non è prætoris edicto, sed penitùs ex intimâ philosophiâ hauriendam juris disciplinam.* »

La Restauration, qui avait annoncé aussi des Codes, n'a publié que

Le nombre des autorités qui ont demandé ou tenté d'exécuter une Législation universelle propre-

le *Code Forestier*, le dernier et le plus incohérent de tous : on l'a laissé faire à M. de Martignac, légiste et rhéteur ; le plus simple des Conservateurs des forêts l'eût mieux rédigé. Nous avons, outre nos 6 codes réels, des codes en espérance : le *Code militaire*, le *Code rural*, etc. — Comme les gouvernements font des codes, le particuliers en font : chacun a le sien. Me Rogron a composé, en petit législateur, le *Code de la pêche*, le *Code de la chasse* et le *Code rural*; et en législateur volumineux, le *Code général des communes*. D'autres, M. Rondonneau par exemple, passent leur vie à faire des Codes, comme jadis Sieyès à faire des *constitutions*, ou M. Cousin d'Avallon des *anas*. Nous avons cette année une édition, non de 5, 6, ou 7, mais de 13 *Codes*, que j'ai vue, de mes propres yeux vue. Les Codes officieux sont moins redoutables que les Codes officiels. Nous possédons le *Code rural* de Fournel, le *Code de bois et charbons* de Me Dupin (gendre d'un marchand de *bois*, et président d'un *gouvernement* que Montesquieu son patron croit *né dans les bois*). D'autres légistes ont composé, c'est-à-dire compilé, les *Codes municipaux* (M. Gillon député et Stourm se cotisent en ce moment pour en faire un nouveau), de *Police*, des *Juges* et des *Officiers ministériels*, de l'*Instruction publique*, de la *Presse*, de la *Librairie*, *Diplomatique*. M. Isambert a fait un gros *Code électoral*; M. Franque, un petit *Code de la liberté individuelle*. Un jeune légiste qui avait à peine lu le Code civil, M^e H***, plus osé encore, n'a pas craint de publier un *Code ecclésiastique*, que Bossuet n'eût pas tenté, où il n'y a peut-être pas un mot à sa place, et où se trouvent autant d'erreurs que de pages, autant d'inexactitudes que de mots. — D'autres, moins malheureux (parce que ceux-là du moins n'ont compromis que des choses compromises), sont descendus plus bas : celui-ci a rédigé *le Code des ouvriers*, celui-là *le Code des comédiens*, un troisième *le Code des femmes*, un dernier *le Code des filles publiques*. MM. Vulpian et Gauthier se sont entendus pour faire *le Code des théâtres*. Il ne nous manque plus que le *Code des Voleurs* en droit civil, et en droit politique le *Code des émeutes*. Un second Bonaparte viendra quelque jour nous imposer celui de la tyrannie ! —Mais aussi l'abbé Lamennas nous décerne le *Code du régicide!!!*

— En somme, les Codes de particuliers sont certes très mauvais tous ; mais, tels quels, ils le sont infiniment moins que nos Codes législatifs, et cela parce qu'ils sont le fait d'hommes seuls. C'était déjà vrai dans le dernier siècle : les deux meilleurs Codes étaient le *Code pénal*, petit *in*-12, de l'Averdy ; et le *Code de la police*, *in*-12, de Duchesne, simple lieutenant de police champenois.

ment dite, ou ce qu'on appelle une Encyclopédie des connaissances humaines, est encore plus grand ou plus imposant que les partisans de codifications civiles : nous les verrons plus tard. Écoutons préalablement les derniers encyclopédistes juger eux-mêmes leurs devanciers : « Une traduction pure et simple de l'Encyclopédie d'Ephraïm Chambers, dit d'Alembert, dans la *préface* de la sienne, eût excité l'*indignation des savants* et le cri du public à qui on n'eût présenté, sous un titre *fastueux*, que des richesses qu'il possédait depuis long-temps..... Nous y avons trouvé une multitude prodigieuse de choses à désirer dans les sciences. » — Quant à celle de Bacon, d'Alembert dit « qu'il y a *un très grand nombre* de choses, surtout dans la branche philosophique (c'est-à-dire la principale), que ces messieurs *ne lui doivent nullement*, et ils ont suivi, dit-il, *un autre ordre que lui*. » Et cependant, les architectes français, qui prétendaient faire mieux que leurs devanciers, ou plutôt qui s'imaginaient faire ce que nul encore n'avait fait, ravalaient la science générale bien au-dessous de ce qu'elle était avant eux. Les anciennes encyclopédies, les encyclopédies oubliées, avaient les unes le mérite de l'orthodoxie, et les autres celui de la littérature. Elles étaient chacune moins inexactes dans quelques parties. Enfin, elles avaient toutes une étendue accessible à l'étude. Les nouvelles, les fameuses encyclopédies n'ont ni le mérite de l'ensemble, ni celui de l'exactitude, ni celui de la clarté; elles n'ont pas même l'intérêt de l'histoire, du style ou du roman. C'est la négligence poussée jusqu'à la grossièreté, le désordre jusqu'à l'anarchie, le plagiat jusqu'à l'audace, l'erreur jusqu'au mensonge, la contradiction jusqu'au ridicule.

L'Encyclopédie d'*Alembert-Diderot* est bonne, elle est même nécessaire à étudier dans ses procédés, dans ses formules, dans son histoire; car elle est la clef de toutes celles qui l'ont suivie, et dont nous sommes en ce moment inondés. C'est, au fond, la reproduction plus ou moins littérale, sinon de tous les ouvrages, du moins de tous les principes de la philosophie subversive du xviiie siècle, c'est-à-dire du dévergondage en littérature, de l'épicuréisme en morale, de la démocratie en politique, de l'athéisme en religion. Seulement, comme cet ouvrage était destiné à tout le monde, plus aux faibles, s'il est possible, car ils sont en majorité, qu'aux pervers, les auteurs sont, en général, beaucoup plus circonspects que dans leurs livres particuliers; ils insinuent l'erreur et le crime plus qu'ils ne les expriment ou ne les provoquent formellement; ils sont enfin hypocrites, et c'est pourquoi ils n'en sont que plus coupables et plus dangereux. Ainsi, les grands ordonnateurs ont eu besoin de prendre ou d'annoncer pour collaborateurs un certain nombre d'hommes estimables [1], quelques-uns même d'or-

---

[1] Lenglet du Fresnoy, De Jaucourt, Forbonnais, de Brosses, Guyton-Morveau, Courtépée, Marmontel, La Condamine, Turgot, Quesnay, Necker, Formey, Mallet, Castillon, Saint-Lambert, Des Mahis, Morellet, Boucher d'Argis, Bouchaud, Lacretelle aîné, etc.

thodoxes [1], et de justement célèbres [2] ; ou bien, ils prenaient des hommes tout-à-fait inconnus, alors et même aujourd'hui [3]. Ils voilaient les mauvais sujets, les abbés Raynal, Prades (digne de son homonyme), Naigeon, Boulanger, de Laire, Deleyre, Damilaville, Toussaint, Dumarsais, Mongez, Barthez, Carra, Robinet, Lalande et le baron d'Holbac, Corneille de Paw, oncle et maître d'Anacharsis Clootz, etc.

Le 1er moyen d'hypocrisie était le choix et le mélange des collaborateurs. Le second fut de caresser la Religion, la morale et la politique dans les *prospectus*, dans les *préfaces* et même dans les premières *livraisons*. Le 3e consista à exprimer l'erreur dans les articles où l'on devait moins la chercher pour la combattre, ou s'en défier pour s'y soustraire : elle se trouve principalement aux articles d'*Histoire*, d'*Économie*, de *Physique*, de *Chimie*, de *Géographie*, etc. [4] Les derniers moyens à l'usage de ces messieurs consistaient à faire, après les articles les plus orthodoxes en Religion, des renvois aux mots *démonstration*, *préjugé*, *superstition*, *fanatisme*, etc. [5], et à don-

---

[1] Bergier; Beauzée, auteur d'une Apologie de la religion.

[2] Euler, Bonnet, de Haller, Bernoulli, Duclos, Montesquieu. Celui-ci composa prétentieusement, mais sans goût, son *Essai sur le goût* pour l'*Encyclopédie*.

[3] L'abbé Ivon, assez bonhomme; l'abbé Remi, de Remiremont, etc.

[4] Voyez la *Biographie* Michaud, v° le Breton.

On a mis, par exemple, des contes licencieux au mot *Chirurgie*, et de l'impiété grossière aux mots *vingtièmes*, *population*, etc.

[5] L'article *Dieu* renvoie aux articles *démonstration* et *corruption*; les articles *âme* et *liberté* ont des renvois de même genre, etc., etc. D'un au-

ner enfin des *suppléments* et de *nouvelles éditions* dans les pays étrangers. Formey et Félice, deux luthériens, refirent, autant qu'ils rédigèrent, l'édition d'Iverdun.

Les vices de composition de l'Encyclopédie peuvent seuls rivaliser avec ceux de ses éléments; le plus innocent, c'est son plagiat universel : ils prenaient à Buffier, par exemple, une suite d'articles; à Abbadie, presque tout son *Traité de l'art de se connaître soi-même*, etc.

Les contradictions étaient de la nature même de l'œuvre; elle voulait ne pas indigner; elle voulait même séduire tous les partis et toutes les opinions. Il fallait d'ailleurs qu'elle obtînt la permission de paraître, dans un État où la peine de mort contre les crimes de la presse, loin d'être abolie, venait d'être solennellement renouvelée, et où le grand Dauphin avait à l'œil la nouvelle Babel, dont il sentait la portée révolutionnaire.

La diffusion, fléau de la vérité ainsi que de l'esprit; la diffusion, le plus grand vice que puisse avoir une législation universelle, celui auquel l'*Encyclopédie* voulait remédier, parce qu'elle prétendait remplacer toutes les bibliothèques, est le plus grand vice aussi de l'Encyclopédie [1]. Ce qui empêche aujourd'hui de

---

tre côté, et comme pour donner une autre sorte de change au gouvernement des dupes, on place, à vue d'œil, hors de leur place et de leurs limites utiles, des sujets, comme l'histoire du *Blason* à la tête de l'histoire générale, dans l'Encyclopédie prétendue *méthodique*. Le traité est de ce bon M. *de* Jaucourt.

[1] Le Grand, qui a voulu l'extraire dès 1768, a publié trente volumes in-4°.

l'avoir et de la conserver, surtout à Paris, c'est l'impuissance physique de l'abriter, autant que celle de la comprendre.

Il n'était guère possible, en effet, qu'elle ne fût pas empreinte de tous les défauts à la fois; elle en avait, elle voulait en avoir toutes les causes : le temps d'abord, et le lieu où elle fut conçue et exécutée; c'était le siècle et le théâtre de l'impiété, du sophisme, de la décadence des lettres et des mœurs. La Matière était la religion dominante des auteurs; elle devait saillir dans les ouvrages. Aussi ne voit-on guère de passables, dans le chaos de l'œuvre, que les articles *Sciences exactes*, comme les mathématiques, la chimie, la chirurgie; sciences *probables*, comme la médecine; et enfin les articles *tropes* et *littérature*, de Dumarsais et de Voltaire.

Mais la plus grande raison du chaos et du crime, c'est ici le nombre, la variété, l'incohérence des auteurs et le caractère de leurs directeurs. On compte jusqu'à cinq cents ouvriers plus ou moins laborieux. Ceux qui ne purent lui livrer, moyennant acte ou salaire, un *in-fol.*, lui fournirent un plus ou moins grand nombre d'articles. Tel qui ne put donner un *article*, proprement dit, en donna le plan, l'idée ou les matériaux. Tout le monde sembla se cotiser pour la faire comme pour l'expliquer. Les rois eux-mêmes, comme Frédéric, ne croyaient point déroger en y concourant. On avait mis pour cela l'Europe tout entière à contribution. Il y avait des Anglais, des Prussiens, des Allemands, des Suisses, et jusqu'à des Russes, presque autant que de Parisiens; des protestants, voire même des catholiques, en aussi grand nombre que de philosophes. Tous les caractères avaient disparu : d'Alembert, esprit froid, figurait avec Diderot, esprit indomptable ; avec Voltaire, esprit colère; et l'on voyait, à côté de l'athée Naigeon, le grand *Apologiste de la religion chrétienne,* Bergier.

Si encore on avait choisi les hommes naturels, les hommes spéciaux pour chaque branche de science! il semble qu'on ait voulu précisément forcer tous les talents pour les empêcher de rien faire *avec grâce.* Les théologiens de l'œuvre, c'étaient des sophistes ignorants ou de simples littérateurs : Raynal, Morellet et même Naigeon. Celui-ci est l'auteur de l'article *Unitaires,* etc. Le lot du droit ecclésiastique échut à Bouchaud, simple professeur; le droit civil, à l'abbé Remi. Toussaint, moraliste athée, faisait la jurisprudence, aussi bien que Boucher d'Argis; et Saint-Lambert, le plus poète de la bande, le plus plat, le plus pauvre, était chargé des articles *génie, luxe, et législateurs!* Le plus ignorant, Turgot, fit l'article sur *l'évidence :* c'était un nuage chargé d'écrire sur le soleil. — Desmahis, mieux choisi ou mieux avisé, composait les articles *fat* et *femme.*

Mais la plus grande cause du mal de l'encyclopédie, c'était son triumvirat, d'Alembert, Diderot et Voltaire [1]; ils représentaient, à vrai dire, tout leur

---
[1] S'il y avait un promoteur unique de l'œuvre, ce serait le libraire Panckoucke, le même qui publia la première édition des œuvres com-

siècle de génie, et ils avaient juré d'écraser, comme *infâme*, tout ce qui eût voulu, je ne dirai pas suspendre, mais contrarier seulement la corruption universelle. Quand ces trois hommes eussent été bien intentionnés, c'étaient peut-être, entre tous les célèbres de leur temps, les plus incapables de tenter une législation scientifique. Il fallait, pour elle, autant d'études positives que de métaphysiques; et ils n'en avaient, l'un que de physiques, et les deux autres que d'imagination. Jean-Jacques Rousseau, qui était dans le même cas, semble l'avoir senti ; il se refusa de coopérer à l'œuvre; il en avait comme horreur. On l'avait fait figurer dans la liste publiée des coopérateurs : il protesta. C'était le perturbateur de la philosophie, comme le président Faber l'avait été *de la jurisprudence.*

Quels furent aussi, et les effets, et l'autorité de cette œuvre, à la fois informe et infernale ? elle ne fit que confirmer, mais elle n'augmenta guère le délire des intelligences de son temps et du nôtre : elle était trop difficile à lire ; son absence de méthode et sa pesanteur qui faisaient sa honte, firent aussi la seule gloire à sa disposition, celle de ne pas corrompre les masses populaires.

Tout de suite, d'ailleurs, elle fut appréciée à sa

---

plètes de Voltaire, qui imagina le *Moniteur* de Maret et de Bonaparte, et qui proposa les *assignats*. Le *voltérianisme*, le *journalisme*, l'*Encyclopédisme* et la *banqueroute*, sont de la même famille. Tous ensemble, ils naissent dans les troubles et pour les troubles, comme la charte, dont parle Cicéron dans ses *Lois* : *quæ in seditione et ad seditionem nata sit.*

juste valeur par tout le monde. Ses attentats, ses erreurs, ses impostures, ses sottises sans nombre furent signalés par les savants impartiaux de tous les partis [1]. Le parlement de Paris lui-même voulut arrêter les deux premiers volumes; un arrêt du Conseil de 1752 la suspendit pendant dix-huit mois; un autre, de 1759, révoqua net le *privilége;* et Malesherbes l'aveugle, Choiseul l'audacieux, n'osèrent pas même tolérer le nom de *Paris* à la tête des premiers volumes!

Mais ceux qui versèrent le plus, et à pleines mains, le sarcasme, le mépris, le ridicule sur l'ouvrage, ce furent précisément ses propres auteurs. Lorsqu'ils se virent *pris*, au lieu d'avoir su *prendre*, ils se jetèrent réciproquement la pierre :

Plus n'ont voulu l'avoir fait l'un ni l'autre.

« Déshonorera-t-on par des pauvretés, dit Voltaire, un livre qui eût pu être utile? laissera-t-on subsister cent articles qui ne sont que des *déclamations insipides*, et n'êtes-vous pas honteux de voir *tant de fange* à côté de votre or? » (Édition de Kell, t. 90, p. 257.) — « Je suis toujours indigné que l'encyclopédie soit *avilie* et défigurée par *mille articles ridi-*

---

[1] L'abbé Chaumeix, d'autant plus habile qu'il fut plus déconsidéré, a signalé un nombre immense des bévues de ces messieurs. Un bon curé de Rouen, Saas, le premier en releva d'énormes en 1762, dans sa *Lettre* sur elle. Les plus simples individus, comme M. Jamet l'aîné, triomphaient dans la même carrière. — Les Encyclopédistes eux-mêmes faisaient *supplément* sur *supplément*, pour corriger des erreurs et réparer des omissions par trop patentes.

cules, par *mille déclamations d'écoliers* qui ne mériteraient pas de trouver place dans le *Mercure :* voilà mes sentiments, et *j'ai raison.* » (T. 13, p. III, etc.)

Et Diderot : « L'imperfection de cet ouvrage a pris sa source dans un grand nombre de causes diverses : on n'eut pas le temps d'être scrupuleux sur le choix des *travailleurs.* — Parmi quelques hommes excellents il y en eut de faibles, de médiocres, et *de tout-à-fait mauvais ;* de là cette *bigarrure* dans l'ouvrage, où l'on trouve une ébauche d'écolier à côté d'un morceau de main de maître ; une sottise voisine d'une chose sublime. Les uns, travaillant sans honoraires, perdirent bientôt leur première ferveur ; d'autres mal récompensés nous en donnèrent pour *notre* argent. L'encyclopédie fut *un gouffre* où ces *espèces de chiffonniers* jetèrent pêle-mêle des choses mal vues, mal digérées, bonnes, mauvaises, *détestables,* vraies, fausses, incertaines, *et toujours incohérentes* et disparates ; on négligea de remplir les renvois qui appartenaient à la partie même dont on était chargé..... on trouve souvent une réfutation à l'endroit où l'on allait chercher une preuve.... il n'y eut aucune correspondance rigoureuse entre les discours et les figures; pour remédier à ce défaut, on se jeta dans de longues explications : mais combien de *machines inintelligibles*, faute de lettres qui en distinguent les parties ! »— Ailleurs.—« Ici, nous sommes *boursouflés* et d'un volume exorbitant ; là, maigres, petits, mesquins, secs et décharnés ; dans un endroit, nous ressemblons à des *squelettes;* dans un autre nous avons un *air hydropique ;* nous sommes alternativement nains et géants, colosses et pygmées ; droits, bien faits et proportionnés, bossus, boiteux, et contrefaits ; ajoutez à ces bizarreries, celles d'un discours tantôt abstrait, obscur ou recherché, plus souvent négligé, traînant et lâche : on peut comparer l'ouvrage entier au *monstre* de l'art poétique, etc., etc. » — C'est à ces titres sans doute que l'*Encyclopédie* mérita en 1790 d'être traduite à Constantinople par ordre d'Issouf, grand visir du sultan Sélim.

La première Encyclopédie n'était qu'une effroyable compilation [1] ; elle était par ordre alphabétique, par ordre de l'*a, b, c,* par l'ordre des bêtes et des enfants, c'est-à-dire par désordre. Ces messieurs le sentirent, surtout à la vue de leur défaite publique. Ils commencent par signaler (dans leur vaste *prospectus* de quatre-vingts pages in-4° que j'ai sous les yeux) le ridicule, la *confusion* du premier ouvrage, le *vaste Labyrinthe où le lecteur n'a aucun fil pour se guider* [2] ;

---

[1] Les éditions qu'on en a faites à Lucques en 1758—71, avec les notes d'un nommé Déodati ; à Livourne, en 1770; à Genève, en 1776, in-f° ; en 1777, in-4° ; à Lausanne, en 1778, étaient toutes accompagnées de corrections infinies. La dernière, dont Pommereul était l'auteur, en annonçait plus de 6000.

[2] Guibert, l'un des plus éclairés des premiers encyclopédistes, l'avait avoué dans son *Essai de tactique :* « L'Encyclopédie, dit-il, cet ouvrage qui serait immortel si son exécution répondait à son but, ne pouvait-elle pas être rédigée, d'après un plan plus vaste et plus lumineux ? Elle eût été bien plus intéressante et plus instructive, si les sciences avaient été traitées par classe, et telles qu'elles ont dû, par les progrès de nos esprits, s'embrancher les unes sur les autres. »

et ils citent tout au long la belle page de Diderot contre Diderot. C'est alors qu'ils firent l'Encyclopédie par ordre de *matières* : celle-là encore s'était assez bien nommée. Et qui ne voit que c'était la première, je ne dirai pas en d'autres termes, mais en d'autres pages, en d'autres places. Au lieu de faire un seul *Dictionnaire par lettres alphabétiques*, ils en firent vingt-sept. « Tous ces *prospectus*, dit le marquis de Fortia, rédigés par les auteurs de chaque partie, sont des annonces de charlatans qui viennent tour à tour vanter leur marchandise [1]. »

[1] Le 1er de *Mathématiques* (car chez ces gens-là, la matière précède toujours l'esprit); le 2e de *Physique*; le 3e de *Médecine*; le 4e d'*Anatomie*; le 5e de *Chirurgie*; le 6e de *Chimie* (par les fameux Dijonnais Guyton de Morveau et Maret); le 7e d'*Agriculture*; le 8e jusqu'au 11e d'*Histoire naturelle des animaux* (par les Gueneau et les Daubenton, singes de leur compatriote Buffon*, auxquels vint ensuite s'adjoindre un abbé Bonnaterre); le 12e de *Géographie*; le 13e d'*Antiquités* (par Cours de Gebelin, l'empirique); le 14e d'*Histoire* (par Gaillard, célèbre par sa *Rhétorique des demoiselles*); le 15e de *Théologie* (par un homme qui en eut honte plus tard : il raconte, et on lui laisse raconter, dans le Prospectus, comme quoi la première Encyclopédie était quasi athée); le 16e de *Philosophie* (par Naigeon de Dijon, l'un des athées les plus décidés du temps); le 17e de *Métaphysique*, logique et morale (par le Gueneau-Buffon); le 18 de *Grammaire* (par Marmontel et Beauzée, qui était aussi déplacé); le 19e de *Droit* (par *l'abbé* Remi, *avocat* au parlement); le 20e de *Finances* (par Digeon, directeur des fermes); les 21e et 22e d'*Économie* (par l'abbé Baudeau, mort fou au milieu de la révolution); les 23e et 24e de *Guerre* (par Vial de Clairbois et de Kéralio, qui ne sont pas très connus dans les annales héroïques); le 25e de *Beaux-Arts* (par les *abbés* Arnaud et Suard); le 26e des *Arts et Métiers* (par Roland, depuis ministre, et les frères Périer depuis...);

* La *Bourgogne* fit presque tous les frais de la seconde des encyclopédies; ce qui n'était pas *piquant* de la part de gens qui se piquaient d'être *salés* et spirituels.

Avec le temps, les bases et les hommes du projet ont encore beaucoup changé, c'est-à-dire empiré. Un M. Peuchet, par exemple, s'est trouvé chargé de l'article *Assemblée nationale constituante*. Aujourd'hui, 1834, que l'Encyclopédie *méthodique* touche à sa fin, elle s'est élevée de vingt-sept dictionnaires à cinquante-deux, et ne finit qu'avec la cent-deuxième livraison. Et le *Moniteur* de la rue de l'Encyclopédie a soin de nous apprendre, à tous moments, que MM. *Dupuis*, *Volney* et même *Lalande* sont les derniers faiseurs du grand œuvre, et que la fille de M. Panckoucke, madame Agasse, (quels noms et quel sexe pour le grand livre par excellence!) en est l'éditeur.

Il est aisé de voir, par ces seuls documents, que les savants hommes qui voulaient remédier au *gachis* de la première Encyclopédie, par un *ordre de matières*, n'eurent pas même le sens commun de mettre à leur place leurs vingt-sept ou cinquante-deux *Dictionnaires*. Ils commencent et ils finissent par les sciences naturelles : les morales sont au milieu, mêlées elles-mêmes. Ainsi, sous un autre rapport, l'*art oratoire* est dans le volume (publié en l'an v) où se trouve le *jardinage*. Vous n'aviez qu'à joindre une simple table *méthodique* des *matières* comme vous dites, au premier ouvrage, vous vous dispensiez du second! Mais vous vouliez multiplier vos erreurs et vos vo-

---

le 27ᵉ enfin est le *Vocabulaire universel servant de table pour tout l'ouvrage*, dont l'auteur anonyme était probablement le plus laborieux, le plus exact sur tout, car c'est le plus humble de tous.

lumes pour centupler votre vanité et votre fortune !

C'est cette encyclopédie, refaite, que M. de Chateaubriand lui-même a appelée *la Babel des sciences et de la raison;* comme nous, son *Génie du Christianisme.*

Il n'en est resté, je ne dirai pas de belle, mais de fameuse que la *Préface.* On porta aux nues l'individu qui n'avait vu que *deux belles façades* dans l'univers, la *Colonnade du Louvre et le Discours préliminaire* de l'Encyclopédie : du sublime au ridicule il n'y a qu'un pas. Montesquieu avait pu faire de l'*Esprit* sur les *lois;* l'abbé De la Porte, Voltaire lui-même n'a pas pu faire l'*Esprit* de l'*Encyclopédie*[1] : il a fait, ou plutôt, il a retiré le sien du gouffre, où il était à sa place pourtant ! — Il y a un volume de cette Encyclopédie intitulé *Anas :* c'est, en vérité, le nom propre de l'Encyclopédie tout entière. L'opinion publique, même la moins éclairée, a fait, après tout, justice des deux monstruosités littéraires : elles furent achetées, compulsées un moment, lorsqu'elles sortaient des presses, exaltées par les cent bouches de leurs auteurs en possession de la vogue du jour ; elles ont été bientôt reléguées dans les bibliothèques des amateurs qui ne voulaient pas en avoir le démenti ; depuis long-temps, et *surtout aujourd'hui,* c'est à qui en purgera sa bibliothèque. — Quelques savants spéciaux, et surtout les artistes, ne les conservent ou ne les recherchent un peu, que par volumes sé-

---

[1] MM. Olivier en 1800, et Hennequin en 1822, ont encore voulu renouveler les *Esprits* déconsidérés de l'*Encyclopédie.*

parés, pour servir de documents : ainsi, un amateur des arts prendra le *Dictionnaire* du bon Quatremère de Quincy; et *voilà* pourquoi l'éditeur propose, encore aujourd'hui, de vendre en détail les plus ridicules livraisons. — Le mérite de corrompre leur est à peine donné, reléguées au fond des librairies, proposées au rabais, comme les marchandises tarées d'un banqueroutier frauduleux. Elles n'ont pas même la chance d'un quai bouquiniste. Les plus heureuses sont celles qui font office de chiffon ; elles sont *fumée, aussi bien que la gloire* de leurs auteurs. Et les volumineux *libelles ont leur destinée,* mieux que les petits. Je lisais jusque dans l'*Europe littéraire,* la feuille de nos romantiques et de nos critiques du jour (p. 226), que « les encyclopédies du XVIIIe siècle sont des alphabets d'anarchie [1]. »

[1] On dirait que le hasard a pris soin lui-même de donner aux aueurs divers de ces *alphabets* des noms indicatifs de leur ignorance : D'*A*lembert, *D*amilaville, *D*eleyre, *D*elaire, *D*iderot, *D*omergue, *D*umarsais etc., ont naturellement donné lieu d'appeler l'Encyclopédie du XVIIIe siècle, l'*Encyclopédie des da, dé, di, do, du.*

Il y avait, dans le XVIIIe siècle, et parmi les encyclopédistes, un homme doué de quelques-unes des qualités nécessaires pour concourir à une œuvre générale. C'était *Félice.* Son nom était presque aussi *heureux* que celui de M. de *Chateaubriand.* Son pays et son éducation l'étaient davantage. Il naquit à Rome, et eut le père Boscowich pour maître. Il savait à la fois la physique qu'il professa, le droit civil, le droit public, et jusqu'à la philosophie. Déjà il était connu par une traduction italienne de la *Méthode de Descartes* et de la *Préface* de d'Alembert, lorsqu'il fit une faute qui le perdit à jamais; il enleva une femme à son époux. Forcé de fuir, il se réfugia d'abord à Berne, puis à Iverdun, où il se fit à la fois protestant (car la Réforme a commencé et finira toujours, comme les comédies, par le mariage), journaliste, encyclopédiste. De nombreux enfants (neuf) dont deux sont encore aujourd'hui pasteurs, furent accompagnés de volumes plus nombreux encore : les *Leçons de logique*, un *Tableau philosophique de la religion chrétienne*, les *Lois civiles* de Seigneux de Correvon, *les Principes du droit* et *de la nature* de Burlamaqui, et les *Eléments de la police d'un État*, etc.

D'abord collaborateur de l'Encyclopédie de Paris, il fut bientôt son adversaire : il en fit une presque seul, aidé un peu, dit-on, de faux savans comme Lalande et de plusieurs hommes bien supérieurs à lui. Euler, Haller, Barletti, Terry, Vallet, rendirent cet ouvrage moins mauvais que le fameux. Il se compose de 58 vol. in-4° 1770—8. Félice en intitula un extrait en 13 vol. in-4° 1778: *Dictionnaire de justice naturelle et civile, ou Code de l'humanité.... Législation universelle, naturelle, civile et politique*. Emphase dans le titre, redites ou médiocrité dans le livre. Félice aurait pu être un homme supérieur, s'il avait profité de ses dons natifs. Il ne fut, par sa faute, qu'un savant vulgaire, un compilateur, un *éditeur* : il était en Suisse ce que de Formey, son contemporain et son collaborateur, était à Berlin. Sa vie fut aussi pauvre que son génie; il fut obligé pour vivre, non-seulement de se faire Imprimeur, mais encore maître de Pension; et, pour surcroît de malheur, M. Dupin lui-même s'est moqué de sa *Législation universelle*, dans ses Lettres *contre* la profession d'avocat ! ....

Un homme, qui depuis a rétracté noblement sa vie et ses ouvrages, Robinet, accompagné de Castillon, Sacy, Pommereul, firent, de compagnie, une sorte d'Encyclopédie du genre de celle de Félice, sous le titre de *Dictionnaire des sciences morales, économiques, politiques et diplomatiques, ou bibliothèque de l'homme d'état et du citoyen*, Londres, Neufchâtel, 1777— 83, 30 v. in 4°. C'est tout ce qu'on peut imaginer d'ignorance, de confusion et d'impiété.

L'*Encyclopédie économique*, 16 vol. in-8°. ; les *Cours d'études encyclopédiques* de F. Pagès, poète épique de la *France républicaine*, et de M. Régnault-Warin, biographe de *Mirabeau*, de *Lafayette* et de *Talma*, ancien journaliste de la *Bouche de fer*, etc., ne sont moins pitoyables que parce qu'ils sont moins volumineux.

L'Encyclopédie d'Yverdun ne fut pas la seule à surgir, à la faveur de la renommée et des défauts de celle Paris. Un mauvais auteur, un libraire cupide, le *Panckoucke* de Berlin, Nicolaï, fut des premiers à enrégimenter 130 écrivains de sa trempe, qui n'avaient pas même un *d'Alembert* et un *Diderot* à mettre à leur tête, pour publier, sous le titre de *Bibliothèque allemande-universelle* (car le titre d'*Encyclopédie* était apparemment déjà déconsidéré), une véritable traduction de notre Babel. Elle parut, de 1765 à 1792, en 107 volumes. Une autre édition, portée à 130 (c'est-à-dire en autant de volumes que d'auteurs), a été publiée en 1805. — Depuis, l'Allemagne a été successi-

La pire de toutes les Encyclopédies modernes[1], c'est celle pour laquelle s'étaient réunis ce qu'on appelle les Doctrinaires, c'est-à-dire les fins et les *Rufin* de la société actuelle. Elle mérite d'être re-

vement inondée de l'*Encyclopédie* de Kœster 1778—1784; de l'*Encyclopédie économique* de Krunitz et Floerke 1782—1816 en 150 vol. in-8°; de l'abrégé volumineux qu'on en a fait en 1786, etc.

Le 19e siècle aussi a vu concevoir plusieurs grandes entreprises de cette espèce, faites à coups de ciseaux et d'auteurs divers. Dugald Stewart, Playfer, Brandes présidèrent à l'*Encyclopedia Britannica* d'Édimbourg 1814, double presque de celle de 1788. Wilkes en commença une dès 1797, qui n'a pas été terminée; le Dr. Rees en fit une autre en langue vulgaire, 1802—1819; Brewster, une nouvelle en latin, à Edimbourg, dont il a déjà paru 20 in-4°. Un autre Anglais a publié une *Encyclopedia metropolitana*, en 12 in-4°. — L'*Encyclopedia Britannica* faite à Édimbourg par Georges Cleig, dont la 5e édition parut en 1814 en 20 in 4e, moins mêlée parce qu'elle avait moins d'auteurs et des auteurs plus unis, a toutefois la plupart des défauts de son sol natal.

Mais c'est encore en Allemagne, où le courage et la bonhomie littéraires et philosophiques jettent le plus de racines, que cent Allemands déterminés se sont assemblés en 1821, à Leipsic, sous la direction de MM. Ersch et Grubert, afin de faire (c'était pour le pays un tour de force) une *Encyclopédie universelle* en 10 vol. in-f°. seulement.—Le *Vocabulaire universel* hollandais de Nieuwenhius, 1821, etc., le fameux *Dictionnaire de conversation*, 1796, etc., Brockkuas et Hubner publièrent d'abord sous le titre naïf de *Dictionnaire pour la lecture des gazettes*, et que des libraires, plutôt que des écrivains, s'efforcent de naturaliser parmi nous, sont encore des sortes d'*Encyclopédies* allemandes, où tout se trouve excepté l'ordre et la vérité.

[1] Je ne parle pas de l'*Encyclopédie moderne* de M. Courtin, ancien secrétaire de la Convention après le 9 thermidor, et procureur impérial à Paris sous Bonaparte, assisté d'un certain nombre de noms, parmi lesquels je ne trouve de remarquables que ceux de messieurs *Jay*, *Jouy*, *Étienne*, *Arnault*, *Tissot*, *Dupaty*, etc. M. Beugnot a donné l'article *Police*. « On y trouve, dit Alphonse Rabbe, au mot *Courtin* de sa *Biographie*, quelques articles remarquables, dans une multitude de choses médiocres. » C'était, celle-là, on peut le dire, l'*Encyclopédie* du *Constitutionnel*; elle est déjà usée, comme lui. Et

marquée, car elle semble avoir été entreprise comme *levier* du pouvoir. Dans le fait, la plupart de ses

pourtant, je lis dans la *préface*, après une critique de l'*Encyclopédie-Diderot* : « une Encyclopédie *entièrement neuve* était donc à faire. »

La collection des Manuels, formant une Encyclopédie des sciences et des arts en 20 ou 30 volumes format in-18, par une *réunion de savants et de praticiens*, est une œuvre qui n'a d'encyclopédique que le nom: le *Directeur du Gymnase* en est le d'Alembert; et le Diderot, c'est le *fondeur de la colonne de la place Vendôme*. La comtesse d'Hautpoul en a fait le *Manuel de littérature, de philosophie et de logique.* — On peut en dire autant de l'*Encyclopédie des étudiants*, 1833, dont M. Hachette, ancien disciple de l'École normale, est en même temps le directeur, le principal rédacteur et le libraire. Elle s'annonce avec le caractère spécial de *Dictionnaire raisonné* des *mœurs* et *des passions;* et son premier mot est celui-ci : « ABATTEMENT. Sentiment de *faiblesse* générale; état de *faiblesse* et de *découragement* de l'âme, causé par des *chagrins*, par les *peines*, ou par les *maux* qu'elle éprouve. »—6 pléonasmes pour ne rien dire! C'est véritablement de l'Encyclopédie à la Target, qui disait à grand cris à la *Constituante* : « Je vous engage, messieurs, à mettre ensemble la paix, la concorde, suivie du calme et de la tranquillité. » — Voilà un échantillon du dictionnaire des *mœurs;* vous pouvez en voir un du dictionnaire des *passions* à quelques pages de là, v° *Amour*, lequel renvoie au mot *Galanterie* : bon sujet de méditation pour les *Jeunes étudiants* auxquels on s'adresse!.....

Une autre *Encyclopédie*, celle dite *des connaissances utiles*, exploitée à la faveur du *journal* de ce nom, à 6 s. *le volume*, comme il est à *4 francs par an*, offre les contrastes, ou plutôt les rapprochements suivants: *Dulaure* et *Ballanche* (dont les œuvres sont publiées comme matières encyclopédiques); *Lelewel* et *J. Janin*. Les maîtres encyclopédistes sont ici MM. Arago, A. Carrel, A. Comte, A. Marrast (celui-ci est chargé de l'article *République*); et M. Fazy nous apprend, dans le *Républicain*, que cette encyclopédie est toute républicaine. Quoi qu'il en soit, les matières sont ainsi classées à la tête du prospectus, et par conséquent dans la tête des auteurs : *astronomie, agriculture, botanique, droit administratif, chimie, physique, médecine légale et familière, musique, histoire, géographie, mathématiques, histoire naturelle, voyages, coutumes*, etc. — L'Encyclopédie *de cabinet* qu'on exploite en ce moment est sans doute un renfort de celle *des Connaissances utiles.*

Nous avons enfin (car que n'avons-nous pas dans la *nouvelle* carrière du philosophisme?) l'*Encyclopédie en tableaux* de M. Perrot, 1834.

collaborateurs se trouvent, encore aujourd'hui, dans le Gouvernement. L'*Encyclopédie* de M. Guizot, qu'il appelle *progressive*, par laquelle il affirmait « avoir résolu le triple problème des encyclopédies »; qu'il annonçait devoir être une *Encyclopédie vraiment savante*, n'est, selon lui, qu'une « *collection de traités sur l'histoire, l'état actuel et les progrès des connaissances humaines, suivie d'un manuel encyclopédique ou dictionnaire* » dans lequel il avance net lui-même, que « l'unité véritable qu'une Encyclopédie exige, surpasse les forces de l'humanité »!

Et que pouvait-on attendre, en effet, d'une armée d'hommes incohérents : c'était, encore une fois, et ce ne fut pas la dernière, *la montagne en travail* et *accouchant d'une souris*, à Paris. Là, on vit le *Brahma* de M. Guiguiaut et la *musique* de M. Bodin ; les *Juifs* de M. Beugnot et le *Jansénius* de Lanjuinais ; l'*histoire* de M. Villemain, et la *bibliographie* de M. de Schonen ; la *diplomatie* de M. Sébastiani et la *laine* de M. Ternaux ; le *concordat* de M. de Pradt et le *prêt hypothécaire* de Casimir Périer ; les *lois* de M. Fiévée, et l'*irritation* de M. Broussais ; le *crâne* de Gall, et le *crédit* de M. Laffitte ; la *folie*

Et jusqu'à l'*Encyclopédie pittoresque*, dont M. Lerminier nous a donné la clef, lorsqu'il fit l'éloge de l'œuvre, dans la *Revue des deux mondes* : il a dit de l'auteur, (qui ne lui a pas répondu : reprenez votre insolente estime !) « qu'il était de la famille de *Spinosa et de Diderot* » — On lisait déjà dans les *prospectus* que « jamais la nation n'avait senti plus qu'aujourd'hui le besoin de se *recueillir* et de juger sa position, avant de se décider à rien faire de nouveau »; et, pour produire ce *recueillement* et préparer ce grand *faire*, les encyclopédistes ne demandent à chacun que 2 sols et *quelques instants chaque semaine.*

dans ses rapports avec la civilisation d'Esquirol, et le *système de Law* de M. Thiers ; le *Sully* de M. Mignet, et le *jury* de M. de Rémusat; les *prisons* de M. Mahul, et le *fer* de M. Humann ; les *hiéroglyphes* de M. Champollion, et la *religion* de Benjamin-Constant.

Les articles *philosophie* et *esclavage* étaient en blanc... et qu'on ne croie pas que j'aie ri !—j'ai copié littéralement.

On trouve toutefois plusieurs bonnes pages dans le travail de M. Guizot ; ce sont celles où il fait la satire la plus amère des Encyclopédies du xvIII^e siècle : « Comme œuvre philosophique, dit-il, tous les divers reproches qu'elles ont encourus sont fondés.... de là tant d'articles d'un intérêt médiocre portés à une longueur démesurée, tandis qu'en revanche des matières graves ne furent point traitées, etc. L'Encyclopédie est à la fois incomplète et excessive. »

L'Encyclopédie de M. Guizot avait assez bien justifié son titre de *progressive ;* ses auteurs avaient fait fortune. Elle poussa, si on peut le dire, aux Encyclopédies, dont la fureur date en effet de la révolution de juillet. Deux, entre autres, se distinguent entre toutes, et ont fait oublier les précédentes, désormais traitées en littérature morte. Elles ont du moins le mérite de se faire publiquement la guerre, et, par conséquent, de se neutraliser, je veux parler du *Dictionnaire de conversation* et de l'*Encyclopédie des gens du monde.*

Et qu'on ne dise point que c'est inutilité d'entrer

ici dans une explication de détail; car les deux livres en question ont déjà, et ils auront dans la suite plus de portée que n'en eut l'Encyclopédie de D'Alembert.

Ils sont, avec les *Biographies*, tout ce qui restera des immenses produits de nos presses gémissantes; car, le moyen de conserver, je ne dirai pas un journal, fût-il mensuel, mais seulement une de ces *Histoires* ou de ces conceptions arbitraires comme nous en publions par milliers! Aussi voit-on que tous les écrivains se sont, par un secret instinct, trouvés d'accord, pour concourir aux Encyclopédies modernes.

Ils sentaient que les articles de *journaux* et de *Revues*, que les volumes proprement dits, vraies collections de ces articles, sous des titres imposteurs, leur échappaient à tout moment.

De là les *Dictionnaires* encyclopédiques.

C'était le seul passe-port pour l'immortalité!

On l'a même écrit avec moins de négligence que toute autre chose : l'erreur, en général, y est moins hideuse, le style moins barbare; et les auteurs, tarés ou terribles, ont eu le soin de se confondre et de se réhabiliter avec de rassurants ou d'honorables. Cela soit dit pour pallier les quelques pages que nous allons leur consacrer.

Les lecteurs de bonne foi y trouveront plus de motifs qu'il ne leur en faudra pour se mettre en garde contre des moyens nouveaux de corruption et d'ignorance.

Je n'écris point pour les hommes qui veulent leur perte à tout prix.

Le *Dictionnaire de conversation* annonce, dans ses *prospectus*, qu'il résumera, en 30,000 *articles indépendants*, « tout ce que l'esprit humain a acquis depuis 3000 ans »; qu'il sera « un monument dont notre littérature n'offrait pas de modèle, et destiné à devenir vraiment national »....« Le *bilan* exact des trésors de l'esprit humain »..... « Toute une bibliothèque », à laquelle concourront « toutes les illustrations de l'époque. »; les 300 « noms qui représentent toutes les gloires de la patrie »; et principalement, mais sous l'anonyme, « le *Prince* des écrivains du siècle, » oubliant que le siècle ne veut de *prince* nulle part.

Le *Dictionnaire de conversation* est, de tous les livres du genre, celui qui présente, avec un titre dameret, le plus de gravité et même de religion : les libraires sont les anciens associés de l'abbé Lamennais; l'imprimeur, le plus *ecclésiastique* après MM. *Leclerc* et *comp*. Et néanmoins, elle est, de toutes les encyclopédies, la plus dévergondée, la plus incomplète, la plus lourde, la plus opaque, la plus inintelligible qui fut et qui sera jamais : c'est une encyclopédie à l'allemande; un jeune allemand, c'est-à-dire le pire des Allemands, M. Duckett, en est le *Diderot*.

Et d'abord, c'est merveille à voir les auteurs : leur nombre général, leurs nombres spéciaux, leurs noms, leurs qualités, leurs talents, leurs oppositions, leurs harmonies, divers. — Leur nombre général est 300, comme les hommes de M. de Villèle : en ce siècle, nous n'allons plus que par sociétés, car nous sentons à la fois nos faiblesses et notre orgueil comme individus.

Leurs nombres spéciaux? — Je distingue : *quatre* ex-ministres d'Ordonnances de juillet, et *six* ex-élèves de l'école de Chartres ; *neuf* avocats de divers barreaux, et *six* rédacteurs de journaux accrédités ; *un* archevêque et *un* graveur; *un* ancien président de cour souveraine et *un* président de consistoire; *six* docteurs en médecine et *deux* docteurs de Sorbonne; *deux* grands-vicaires et *deux* procureurs généraux; *deux* musiciens et *un* maréchal de France; *vingt* députés et *vingt-huit* académiciens; et enfin, le nombre le plus heureux des plus heureux dignitaires-émérites de nos jours : *treize* pairs de France!

Leurs noms? Ils sont à la fois les plus fameux ou les plus ignorés, les plus graves ou les plus comiques. Ainsi, M. de Chateaubriand, le *prince des écrivains*, figure à côté de MM. *Lubis*, *Bouchitté*, *Paffe* (celui-ci a fait l'article *Ame des bêtes*). MM. *Jules Janin*, *de Balzac*, *Victor Hugo*, qui sont partout, précisément parce qu'ils ne sont nulle part, sont là pour honorer ou faire passer MM. les hommes d'état présents, passés ou futurs, *Vatout*, *Vivien*, *Mauguin*. Se trouvent là, mieux déplacés que tous, trois prêtres, dont la *Quotidienne* du 23 juillet 1833 nous révèle les noms jusque-là ignorés, les abbés *Sauvaire*, *Vidal*, *Bandeville*.

Leurs harmonies ou oppositions? —Ainsi l'on voit, désormais camarades, les adversaires par excellence : MM. Odilon-Barrot et Decazes; Lainé et Salverte; Guizot et Arago; Achille Roche et Ballanche; de Chabrol et Vivien; Thiers et Dupin; Salvandy et Mauguin; Kératry et Lamartine; Mignet et Mennechet; Viennet et Laurentie; Léon Halevy et Michaud; Vatimesnil et Comte; Lanjuinais et Cauchy; Berryer et Vaulabelle; Vatout et le duc de Fitz-James.

Dans les divisions de chaque partie, l'ordre c'est l'alphabet, ainsi que dans le classement des écrivains; ce qui produit, ici du moins, une galanterie : il y a *trois* femmes juste *qu'on pourra citer* dans la foule des hommes; et madame d'*Abrantès*, grâces à son nom, figure la première, en souveraine, comme elle se croit née *Comnène*. Elle est souveraine du *Bas-Empire*, en effet. Madame *Voyart*, elle, se trouve, en conséquence, la dernière. En sorte qu'ici comme ailleurs, en France, tout commence et *tout finit par des chansons!*

Le choix des articles. Ici, ces messieurs sont inspirés : le premier de tous les articles est *badaud*; le souscripteur pourra d'un coup d'œil se reconnaître en même temps que l'auteur. — Le second, c'est *bagne*; le troisième, *bal*; le septième, *bande noire*. — Les suivants ne sont pas moins intéressants, vraiment encyclopédiques et *de conversation* au xixe siècle : *Béelzébuth*; *Bégaiement* (l'article est de M. *Mallebouche*, et je ne ris pas); *bobèche, bourreau,* (il est à côté de *Bourse!*) *bureau d'esprit, carnaval, cartouche, cimetière*, à côté de *choléra-morbus*, où l'on dit tout ce qu'on en ignore, et rien de ce qu'on en sait : sa coïncidence avec le plus grand mouvement politique européen qu'il y ait encore eu au monde, ses résultats menaçants, son principe évidemment divin, et jusqu'à son étymologie biblique [1].

Le partage des lots est encore plus juste et mieux avisé, s'il est possible : — *Barrot* (Odilon) : M. Laurentie ; *Benoît XIV*, et *Charles-Martel* : M. Viennet, l'auteur d'un poème *étique* contre *Charlemagne*; — *Bonaparte, Caton, Cuvier* et *Cosaques* : M. Salvandy; — *Bourbons* et *Bourgs-Pouris* : le même ; — *Calvin* : M. Capefigue ; — *Charlemagne* : M. Guizot ; — *Cicéron* et *Cathédrale* : M. Laurentie ; — *Bossuet* et *Conversation* : M. Malitourne ; — *Socrate* : M. Cousin. — Deux articles surtout sont allés aux adresses des hommes qui en étaient capables : l'article *Jacques fait roi d'Angleterre*, au duc de *Fitz-James* qui prétend en descendre en ligne droite ; et l'article *Comnène*, empereur d'Orient, avec lesquels s'imagine

---

[1] V. Eccli. xxxi 22, 23-xxxvii, 33, 34 : *Cholera et tortura viro infrunito*[*]. Cette façon de voir la Colère de Dieu, que Gœthe appelle *le grand Secret* dans son testament, est retracée en détail dans les *Crimes des faux catholiques, considérés comme la principale cause des maux de la France et de leur prolongation.* Paris, Moutardier, 1832.

[*] Les métaphysiciens habiles vous feront entendre que les mots les plus arbitraires en apparence sont profondément surhumains ; et tous les hébraïsans vous diront que le mot *cholirá* est composé de deux mots : *choli*, souffrance ; *rá*, mauvais au superlatif. L'hébreu emploie ce mot plus énergiquement encore aux chap. XXI des *Paralip*, et VI de l'*Ecclésiastique* : Cholira *est et aliud malum quod vidi sub sole.* Le *Deutéronome*, XXVIII, 59, l'annonçait comme le châtiment des Grands infracteurs de la loi de Dieu......

faire oublier son alliance, la femme d'un ancien fils de paysan bourguignon (Junot que Bonaparte appelait sa *cervelle brûlée*), et qui mourut effectivement d'un suicide violent, à Montbard, où Buffon faisait de l'histoire naturelle.

Les articles réels sont dignes des articles personnels. Le plus difficile et le plus sublime de tous, celui qui demanderait les plumes réunies de saint Thomas d'Aquin, de Bossuet et de Rivarol, l'article *Catholicisme*, adjugé d'abord à M. Bouchitté, est définitivement passé à l'abbé Gerbet, au moment même où il était condamné à Rome comme hérétique. Le traité de *Dieu*, d'autant plus difficile et d'autant plus beau qu'il doit être resserré, est délaissé au poète Lamartine, qui le dénaturera, comme il a faussé le *prêtre* dans le journal des *Connaissances utiles*.

États-généraux : M. Lubis ; — *Souveraineté du peuple* : M. Cormenin ; — *Opposition* : M. Barrot ; — *Gouvernement républicain* : M. Carrel ; — *Police* : M. Vivien ; *Défense* d'accusés : M. Berville, qui les poursuit ; — *Codes* : M. Boulay de la Meurthe, l'un des légistes auxquels Bonaparte les laissait faire, ne fût-ce que pour les occuper ; — *Choléra* : M. Broussais ; — *Drames* : M. V. Hugo ; — *Mariage* : M. Vatimesnil [1]. *Beau* : M. Kératry !... Les seuls articles *caricature* et *carnaval*, qu'on peut considérer comme le résumé et le tableau en miniature du *Dictionnaire de la co*

---

[1] Il y a deux articles pour lesquels on a trouvé, jusque dans le nom des auteurs, des signes de capacité : *chemins de fer* : *M. Ferry*, conventionnel ; *cranéologie* : *M. Fossati*.

versation, ont été justement départis à l'encyclopédiste modèle de toutes les babioles du jour, Jules Janin. Il a été chargé de joindre l'article *Duchesse d'Angoulême* à son article *caricature*. — Il appartenait au ministre de la police actuel de s'entendre avec l'entrepreneur du *Dictionnaire de la conversation* pour faire de semblables partitions!

Je ne tenterai pas, certes, de prouver, ce qu'il a suffi de faire sentir, la nullité radicale d'un *Dictionnaire* qui a pris lui-même le soin de se marquer au front en s'intitulant du nom *de conversation*, et qui ne craint pas, en développant son *nom* mérité, de déclarer hautement : 1° que ses coopérateurs ont été choisis *sans distinction d'opinions* ; 2° qu'*ils n'auront garde d'être systématiques* ; 3° qu'*ils ne s'établiront, en aucune manière, juges des questions* ; 4° que leur seul *cachet d'unité*, ce sera *le plus religieux respect pour toutes les opinions* ; 5° qu'*en bonne littérature il n'est plus aujourd'hui de noms ennemis*.

Il y a un aveu plus important encore que celui de son impuissance, c'est l'insuffisance de leurs rivaux. Ces messieurs annoncent qu'ils sont *bien différents des* autres *encyclopédistes, qui toujours s'adressent à des savants, et parlent une langue que les savants seuls comprennent* — *fabula de te narrratur*. — Soyons surpris, après cela, de l'éloge que la *Tribune* a fait du *Dictionnaire de la conversation*, dans un numéro de février 1834. Après avoir présenté, comme *une œuvre de conscience*, cet *immense panorama intellectuel*, elle ajoute : « C'est un livre qui restera, et qu'il ne faut pas confondre avec cette foule de prétendues publications philanthropiques, au moyen desquelles des charlatans vendent aujourd'hui de la science toute faite, pour la bagatelle de deux sous, et débitent dans nos carrefours des *Connaissances utiles,* au lieu d'orviétan. »

L'Encyclopédie *des gens du monde,* au contraire, porte hautement l'étendard protestant : les maisons Treuttel et Wurtz en fournissent la matière ; M. Schnitzler en est le directeur ; MM. Boissard, Coquerel, Goepp, Matter, Monod, de Sismondi, Stapfer, Artaud, etc., suivis des Martinistes Gence, etc., des Jansénistes Guillon de Montléon etc., en donnent l'*esprit*; les Israélites, Berr et Cahen, la *lettre.* M. le baron d'Eckstein a été chargé de l'article *atomes* [1].

M. Guizot, le nouveau Pontife du parti, paraît en donner le débouché, et peut-être en faire les frais ; car il figure en tête de l'œuvre comme « un écrivain supérieur, un homme d'état que les intérêts littéraires et scientifiques se glorifient d'avoir aujourd'hui pour gardien. » Les catholiques : Lingard, Gauthier de Claubry, etc. [2], ne sont ici que pour la

---

[1] Et de celui *Abailard.* Cet Ergoteur-poète du moyen âge n'était rien moins qu'un atome vis-à-vis de saint Bernard ; et M. le baron ne craint pas de dire que celui-ci *évita le combat.* — L'article *atome* a du moins le mérite de n'être pas dangereux : il n'y a pas *un mot* peut-être d'intelligible ; et M. Schnitzler le désavoue dans une note.

[2] M. l'abbé Labouderie, qui avait eu le noble courage de publier en 1823 les belles *Lettres* romaines, et même ultramontaines, jusque-là inédites, de l'ennemi-né du jansénisme, Fénelon, comme pour fermer à jamais la bouche à des imputations indiscrètes, M. l'abbé Labouderie nous paraît s'être fait illusion en prenant une collaboration active

forme et peut-être à leur insu. Les *romantiques :*
J. Janin, Nodier, Pichot, Chasles, Michelet, etc.,

dans une œuvre essentiellement protestante. En vain il déclare, dans l'article *Arnauld :* « Nous resterons étrangers au *jansénisme* comme à tout autre parti. » Celui qui n'est pas pour moi, répond le Maître, est contre moi. Il faut être partial, et même il est impossible de ne l'être pas. — Selon lui, en effet, « Arnauld (qui a erré sur le fondement même de la métaphysique) est un homme *illustre, l'un des plus profonds métaphysiciens de son siècle.* — Le pape Adrien II, qui fut élu pape malgré lui, qui condamna Photius et mourut en odeur de sainteté, était *infatué des prérogatives de son siége.* — Adrien VI, l'un des plus savants papes et des plus sages qu'ait eus l'Église, *avait enseigné qu'un pape peut errer même dans ce qui appartient à la foi, et il ne désavoua pas cette doctrine quand il fut pape lui-même !* — J'ai trouvé avec douleur, j'allais dire avec effroi, des articles plus étranges : le mot *anges* par exemple, lequel est terminé par l'avis suivant de l'auteur. « Voyez le poëme de Moore sur *l'amour des anges.* » — Le mot *saint Antoine* ne présente, du moins, qu'*après* la signature de l'auteur, l'indication du *Pot-pourri de Sedaine*, et de l'*opéra de la Tentation* du Saint. — V° *Antechrist :* « On ramasse dans l'Écriture quelques passages dont on compose un portrait *fantastique*, et que l'on donne pour celui de l'Antechrist. » Bossuet, La Chétardie, entre autres, ont eu cette *fantaisie*, à la suite de tous les Pères de l'Église. — V°. *Apostolat :* « Il n'était point destiné à envahir la puissance de la terre et à persécuter les rebelles à la foi »..... *l'Apostolat* a donc fait le contraire ?.... V° *Apparitions :* « Dieu est-il *réellement* apparu aux hommes, ainsi que *semble* le dire l'Ancien-Testament, dans plusieurs endroits? Il serait *difficile* de prononcer!!!. » Bossuet *croyait* aux apparitions surnaturelles » !!! — V° *Ascétisme :* « N'y a-t-il pas *un peu* de fiel dans ce que dit Mosheim (historien protestant, audacieux) : « Telle a été l'origine de cette multitude de vœux et de cérémonies austères et *superstitieuses* qui ternissent la beauté et la simplicité de la religion, comme aussi du célibat des prêtres, de ces *mortifications* et de ces pénitences *infructueuses*, etc. » En vérité, la *note* de M. Schnitzler, qui suit immédiatement la signature de M. l'abbé L., semble catholique auprès de l'article : « On appelle *Théologie ascétique* la doctrine par laquelle on enseigne à l'homme *les moyens de s'exercer à la vertu* ». — V° *Assermentés* (Clergé): pas un mot, un seul, contre le serment à la Constitution schismatique du clergé ! — V° *Ave Maria :* « Le *docte* Érasme (quasi calviniste) se plaint de cette innovation, avec *autant de force* que de *bon sens* »!!!. — Et

ne figurent ici que parce qu'ils figurent à présent partout. Le petit *Jean-Jacques* du xixᵉ siècle, *J. Janin*, qui fait ses articles en cabriolet aussi bien que dans la rue de *Tournon*, a déjà fourni son contingent; et il faut avouer qu'il a su se juger, ou qu'il a été fort bien apprécié par le *Directeur;* il n'a eu besoin que de se peindre dans l'article *badin*. Quant aux *réalistes* : Étienne, Bertin, Berville, Darmaing, Féletz, de Gérando, Naudet, Villemain, etc., ils ne sont certainement là qu'*à titre gratuit*.

La méthode de MM. les *gens du monde* est, selon l'usage du *monde*, le contraire de la méthode : l'anarchie en plein ; l'histoire au fond, et l'*alphabet* en la forme. « La méthode historique (quel antagonisme de mots!) sera pour nous, disent-ils, un moyen d'entretenir l'unité dans un ouvrage immense...... Notre tâche, c'est d'exposer les questions plutôt que de les trancher ; nous rapporterons les idées produites, plutôt que nous n'établirons les nôtres...

puis, quelle ne doit pas être la fatigue d'articles *Apôtres*, que le catholique est forcé d'écourter sur une ou deux colonnes, en citant le *docte Mosheim*, dans le même volume où des protestants, aussi habiles que M. Schnitzler, glissent des articles *Adoration perpétuelle*, Marie *Alacoque*, *Antipapes*, *Apostoliques*, etc., et où ils portent le sentiment du catholicisme jusqu'à flétrir *Rulh* des épithètes *fougueux conventionnel* et *furieux iconoclaste*, v². *sainte Ampoule!*

Les quelques articles de M. l'abbé Guillon, qu'une lettre fénélonienne a rendu digne de l'Épiscopat, devaient avoir une autre intelligence. Seulement, j'ai été fâché de ne pas trouver à son Arius, un mot sur le genre de mort du plus terrible ennemi du christianisme, dont Claudien eût pu dire, mieux que de Rufin :

Abstulit hunc tandem Rufini pœna timorem,
Absolvitque Deos.

nous nous mettrons en garde contre les idées qu'on appelle neuves... L'une de nos lois, c'est d'enchaîner méthodiquement, et de rassembler en un faisceau plus de 20,000 articles épars [1], de faire sortir de cet amas immense de *richesses* fragmentaires, une œuvre *philosophique*, et de réduire en système (quels antagonismes nouveaux!) les données *fortuites* de l'alphabet [2]. » Après cela, avouons-le, ces messieurs pouvaient bien donner à leur œuvre la dénomination accablante de *Vaste bazar intellectuel;* et ils avaient le droit de dire (pag. 7) qu'ELLE NE SERA NI ÉLÉMENTAIRE NI SAVANTE. Elle aura du moins un mérite, celui de constater, d'une part, la vérité fondamentale et le besoin d'une Encyclopédie; et d'autre part, l'insuffisance de toutes celles qu'on a publiées. « Dans le domaine de l'intelligence, disent-ils, rien n'est isolé, tout se tient, et un coup d'œil lancé sur une branche nouvelle ne manque pas de répandre une vive clarté sur celle dont on s'était occupé auparavant » (pag. 3).—« Une Encyclopédie est le livre par excellence. »—« Nos grands travaux en ce genre, systématiques et très volumineux, n'atteindraient

---

[1] A une page de là, les Encyclopédistes reconnaissent formellement que, dans le système complet, 100,000 *mots ou articles*, que dis-je ? 2 et 300,000 ne suffiraient pas.

[2] Ici encore le hasard a le mérite d'être galant : la lettre A, que M. Schnitzler dans la *préface* présente comme *une des plus chargées* (elle embrasse, dit-il, le 8e du nombre total des articles), cette heureuse et belle lettre met la femme que les Encyclopédies s'arrachent, la duchesse d'Abrantès, la première à la tête de la liste des collaborateurs. L'autre dame de l'œuvre, la comtesse de Bradi, est mêlée dans la foule des *B*. de la communion.

pas le but, quand même ils n'auraient pas *vieilli sous tant de rapports.* »

Voilà les œuvres sur les seuls *prospectus*, sur les préfaces, sur les *premiers* volumes, c'est-à-dire sur tout ce qu'on fait de mieux, ce que font personnellement les plus habiles de l'assemblée, ou ce qu'ils font faire, à tout prix, aux prétendus capables, aux dépositaires des bouches de la renommée.

Que n'aurions-nous pas à dire, quel beau jeu n'aurions-nous pas, si tous les volumes étaient sous nos yeux, si tous nos nouveaux *philosophes* avaient dit ou répété toutes leurs *sottises!....* nos successeurs verront bien.

Les moins mauvais livres universels sont, sans doute, les plus petits, et ceux composés par un seul. Il y en a qu'il faut mettre en première ligne : ce sont les Philosophies proprement dites, car elles traitent, la plupart, des sciences naturelles aussi bien que des surnaturelles. Seulement, elles manquent toutes, plus ou moins, de cet art de distinguer et de classer les objets, que nous regardons comme le seul art décisif et bienfaisant. Les plus habiles auteurs de ce genre d'encyclopédie furent successivement, pour ne pas remonter trop haut, Tolet, François Patrice, Crassot, de Champeynac, Frey, Vialart, Dupleix, Ariaga, Rohault, Magnan, Cally, Tosca, Jean Denyse (professeur à Montaigu), Le Gendre (marquis de Saint-Aubin), Le Monnier, Antoine de Gênes, Cochet, Rivard, le P. Nicolaï, Seguy, Migeot, Mazéas, Hauchecorne, Béguin, Sauri,

Wandelaincourt, Gentil, l'abbé Jacques, Gley, Flotte, Bouvier, et la plupart des *Philosophies* de Lyon, etc.., le *Cours d'études à l'usage des écoles militaires,* etc.

La plus remarquable, la seule vraiment profonde des *Philosophies,* celle que les Écoles bien dirigées devraient adopter jusqu'à nouvel ordre, est sans contredit la *Théorie des êtres sensibles,* la *Théorie des êtres insensibles,* et la *Philosophie de la Religion,* d'un homme dont la modeste vie et la mort sont encore aujourd'hui un mystère, l'abbé Para du Phanjas.

Les autres mêlèrent à de grandes et éternelles vérités des erreurs étranges; et en particulier, Georges Valla, Jean-Baptiste Porta, Ramus (les *Arts libéraux*); Cardan, Télesio, Robert Flud, Lamothe-Le-Vayer, Hobbes, Locke, Dagoumer, S'gravesande, Crousaz, Wolff, Jean-Matth. Gesner, Swedenborg, le baron de Bieffeld (*Erudition universelle*); Lambert, Jean-Jacques Rousseau, Condillac (*Cours d'études*); Massuet (*Éléments de philosophie nouvelle*); D'Alembert (*Éléments de philosophie*); Plouquet, Maimon, le baron d'Holbac, Kant, Saint-Martin, Delisle de Sales (*Philosophie de la nature,* etc.); du Verdier, Destutt-Tracy, et enfin nos répétiteurs modernes, à la suite ou à côté de l'université : Laromiguière, Cousin, Damiron, Garnier, E. Ponelle, Ferreol Pérard, de Séprés, Delavigne, etc.[1]

---

[1] Ce que l'université a produit de moins imparfait, le programme d'un *Nouveau cours de philosophie* de M. Géruzèz, 1833, est précisément le moins connu, et le moins susceptible de faire fortune. Déplacez l'auteur, vous en feriez un habile homme; laissez-le à la Sorbonne,

Les moins mauvaises des Encyclopédies sont certes celles d'un seul homme; et les plus anciennes sont encore les moins mal exécutées : elles sont en général assez peu volumineuses. Le marquis de Fortia d'Urban a prouvé qu'Hermès, le plus ancien des savants, singe de Moyse, n'était pas autre chose qu'un Encyclopédiste. Varron (*Rerum humanarum et divinarum antiquitates*); Pline (*Historia naturalis*); Porphyre (*Arbor Porphyrica*); Marcian Capelle (*Satyricon*, en sept livres, dont Grotius est l'éditeur); Bède, Photius (*Bibliotheca*, etc.); Alfarabius, fameux arabe du xe siècle (Manuscrit existant à la bibliothèque de l'Escurial); Gerbert (Silvestre II); Salomon, évêque de Constance (*Dictionnaire universel*), sont tous encore des classificateurs des sciences.

Lorsque les lettres furent un peu élaborées, lors surtout que, grâce à l'imprimerie, elles ont été, comme on dit, *renouvelées*, les encyclopédies aussi se réveillèrent. C'est en ce temps que parurent le *Speculum* de Vincent de Beauvais, la *Somme* de Thomas d'Aquin, l'*Opus majus* de Roger Bacon, l'*Ars magna* de Raymond Lulle; le *Propriétaire de toutes choses* de l'anglais Glaunville, traduit et dédié à Charles V, par Jean Corbichon son chapelain; les *Arts libéraux* du cardinal Zabarella; le *Sophologe* du célèbre Jacques Le Grand, composé à la prière d'un duc d'Orléans; le *Trésor* de Brunetto Latini, dont on voit encore douze copies à la bibliothèque royale;

vous l'obligez à ne pas citer, sans précaution, le *Comte de Maistre*; et puis, vous lui faites comparer sérieusement *Bossuet* et Harley! etc.

l'*Encyclopédie* du prince Aquaviva; les sept livres : *Dialectique, Rhétorique, Géométrie, Arithmétique, Musique* ; et *la Philosophie naturelle, médicale et théologique*, de Champier (Campegius); le *Miroir universel* de Fioravanti; l'*Académie* de La Primandaye; l'*Encyclopédie* de Keckerman. Dans le moyen âge, on recherchait la clef des sciences, comme la pierre philosophale, sans la trouver jamais.

Ces ouvrages, malgré la supériorité de leurs auteurs, étaient, on peut le dire, l'enfance de l'art : on trouve, dans tous, les plus grandes erreurs, les plus funestes préjugés, à côté des vérités les plus profondes et des plus admirables aperçus. L'astrologie judiciaire, la magie, la médecine, y sont partout mêlées aux sciences exactes ou à la théologie, et quelquefois les dominent. L'Encyclopédie de Porta est intitulée littéralement : *Traité de la magie naturelle*.

Quelques-uns, supérieurs peut-être à tous les autres, ne firent que quelques hardis essais : Ferdinand de Cordoue par exemple (*De artificio omni scibili*, etc.); Lavinhéte (Abréviation de Raymond Lulle, dont Alstedius fut l'éditeur en 1612); Grégoire de Toulouse (*Syntaxis artis mirabilis*); Jérome Drexelius (*Aurifodina artium omnium*); Galluci (*Oratio de encyclopediâ*).

Tel fut, en fait d'organisation scientifique, le xvie siècle, bonhomme crédule, et souvent hétérodoxe, comme dans tout le reste. Le xviie siècle devait se montrer plus heureux : Bacon, dont nous ajournons l'examen, en est une preuve. Mais il est vrai de dire que plusieurs savants, ses contemporains ou postérieurs.[1], eurent plus de portée, parce qu'ils avaient plus de précision ou une boussole plus sûre dans la voie encyclopédique. Je citerai : le *Janua linguarum*, en 144 pages, de Guillaume Bathe, 1611 ;

[1] Descartes, lui, plus ramassé que Leibnitz, était moins habile et moins sage. Il eut la pensée, qu'il développa en 1644 dans la *préface* de ses *Principes*, de donner un *corps de philosophie tout entier* (c'est ce qu'il appelait son *Monde*); il n'en fit que l'introduction dans ses *Essais* de 1637, et même dans ses *Principes* (voy. son *Histoire* par Baillet). Mais savez-vous, à l'entendre, ce dont il avait besoin pour ce grand œuvre ? ...Il lui aurait *fallu*, dit-il, de *grandes dépenses auxquelles un particulier comme lui ne saurait suffire*. Il faisait consister la condition de son Encyclopédie, en *expériences... sur les minéraux, les plantes, les animaux et principalement l'homme !!!* toutes choses qu'il devait laisser faire à ses amis Sennert, Bartholin, Louis de la Forge, annotateur de son traité *de l'homme ;* et il se contenta d'étudier la *médecine*, *la morale et les méchaniques pour son propre compte!!!* Trois ans après il mourut. Plus on étudie cette tête extraordinaire, qui semble avoir préludé à Spinosa (il fut nourri auprès de lui à La Haye), et plus on se convainc que les voyages, la Hollande, l'Allemagne, et la Suède, c'est-à-dire l'esprit de réforme et l'esprit *naturiste*, l'empêchèrent de développer le beau germe que les jardins de la Touraine, les leçons de son parent le P. Charlet au collége de La Flèche, et les conseils de Bérulle avaient déposé en lui.

Deux hommes, à la même époque, deux Lyonnais, Magnon et Meyssonnier, eurent, ce semble, un sentiment plus impérieux de la possibilité et de la puissance d'une Encyclopédie véritable. Le premier avait été successivement avocat et poëte dramatique, et il voulait faire en vers son Encyclopédie, à l'exemple de Marcian Capelle. Le second fut un médecin extraordinaire. — Il leur manquait beaucoup de choses, et ils en avaient chacun plusieurs de trop, pour exécuter la plus grande des pensées. Magnon fut assassiné par des voleurs à Paris en 1662 ; il ne parut, de son grand œuvre, qui devait avoir 10 volumes de 20,000 vers chacun, qu'un volume posthume en 1662, où il est dit que « les bibliothèques ne serviront plus que d'un ornement inutile. » La *Belle magie ou science de l'esprit*, où Meyssonnier voulait tout apprendre à tout le monde en 3 années, est assez anéantie aujourd'hui par son seul titre.

et les quatre Opuscules de Coménius, auquel il ne manqua peut-être que d'être catholique, ou seulement moins grammairien, pour devenir un homme du premier ordre : 1° *Janua linguarum ;* 2° *Orbis sensualium pictus ;* 3° *Scholæ ludus, vel Encyclopedia viva* (Encyclopédie en drame); 4° *Prodromus pansophiæ universæ, in quo admirandi,* etc., 1639.

Et puis, nous voyons venir successivement : Jean L'Hoste, professeur de droit et de mathématiques, et conseiller du duc de Lorraine, à Pont-à-Mousson (*Interprétation du grand art de Lulle*); Paul de Boyer (*Bibliotheca universalis,* 1649, dont Chevreau fut l'éditeur); le père Fischet (*Arcana studiorum omnium methodus et bibliotheca scientiarum,* 1649); Léon de Saint-Jean, grand prédicateur, ami de Richelieu qui lui ferma les yeux (*Studium sapientiæ universalis,* 3 *in-fol.; Académie des Sciences,* etc.); Irénée de Saint-Jacques, son célèbre confrère aux Carmes (*Musœum philosophorum*); le père Jean Gisbert, frère du prédicateur (*Scientia universalis,* etc., 2 *in-*8°); Isaac Bullard (*Académie des Sciences,* 1682, 3 *in-*12); Jean Zahn, célèbre Prémontré (*Specula notabilium sciendorum et mundi mirabilis œconomia,* 3 *in-fol.,* 1696); et enfin le P. Buffier (*Cours des sciences par des principes nouveaux et simples,* in-fol., 1732)[1].

[1] Il est une Encyclopédie de cet ordre, incomparablement supérieure à toutes les autres, ce sont la *Philosophie* et les *Tables* in-4°, in-f°. de Louis de Lesclache, dont les volumes se trouvent divisés dans les bibliothèques de Paris, où j'engage les curieux à aller surprendre le génie inconnu. — Le *Dictionnaire universel,* 2 in-*f°.* 1694, de Thomas Corneille, dont Fontenelle, son petit neveu, a fait des éditions en

Au moment où nous écrivons, un dernier homme se présente comme édificateur des sciences démolies. Je veux parler de M. Wronski. Il a été jusqu'à présent trop oublié : ce nous est une raison d'appeler sur lui l'attention publique; car il faut à présent savoir à quoi s'en tenir sur tous les hommes et sur toutes les choses. Il est étranger à la France; il appartient à cette Pologne qui n'est plus, et par conséquent ne sera jamais; peu importe : tous les

1731 etc.; et celui de Trévoux, contiennent de bons articles, mais sans rélation.

D'autres encore ont fait des Encyclopédies seules, mais mauvaises; soit parce qu'ils étaient étroits, soit parce qu'ils étaient sophistes. Oven; Guntberus, en 1579; Paul de Lika; Calovius en 1652; J.J Hoffman en 1677; Alstédius et sa fille en 1630, etc., présentent tous les défauts, et quelquefois le fanatisme des Allemands. Apaczaï, Hongrois, avait ses faibles, et ceux de Descartes dont il partageait le système. Charles Sorel, fils de procureur et ami de Patin, auteur des romans *Francion* et *Le berger extravagant;* Limiers qui, sous le nom de *Chevigny*, publia la *Science de la Cour*, ne pouvaient que copier, ou ne rien dire, en Législation *universelle*. Lorsque l'esprit et la manie encyclopédiques se manifestèrent dans le 18e siècle, Zedler publia à Halles et Leipsic, de 1732 à 1750, un dictionnaire en 64 in-8°. Vient après cela, de 1745 à 1774, etc., l'Encyclopédie de Bégriff.

Le *Dictionnaire universel* de James Harris, Londres, 1708, 2 *in-f°*, le premier essai d'Encyclopédie en langue vulgaire anglaise, est présenté comme informe par Chambers, dans sa *préface*.

L'*Encyclopédie* de celui-ci, dont la première édition est de 1720, et la quatrième de 1741, l'année qui suivit sa mort, cette Encyclopédie, la plus fameuse jusqu'à la nôtre, est aussi la plus imparfaite : elle fut successivement étendue de 2 *in-f°*. en 1720, à 20 en 1739-46; et de nos jours à un plus grand nombre, sous la direction de l'avocat Mackintosh : ce qui seul fait sentir les défauts de toutes les éditions ensemble. — Wilkes, autre Anglais de ce genre, que ses journaux, ses histoires, ses procès, ses fuites, sa législature, sa mairie de Londres, sa fille et sa laideur, concouraient à rendre fameux à la fin du dix-huitième siècle, commença aussi une Encyclopédie, dont la bizarrerie eût égalé celle de son existence.

hommes et toutes les nations sont devenus de la même famille ; ils sont tous, aujourd'hui principalement, solidaires ; d'ailleurs, à l'entendre, il est Français dans le cœur : « Je révèle, dit-il à l'empereur de Russie, que la France ne recèle point le foyer secret de destruction où se préparent les coups mortels que l'on porte à la civilisation. »

Mais les autres précédents de l'auteur sont moins indifférents. C'est dans ses écrits divers que je recueillerai sa biographie. Il a commencé par l'étude exclusive des mathématiques ; il en a publié la *Philosophie* et les *logarithmes*. Il prétendait, dès 1810, en avoir découvert *la loi* universelle et unique ; mais ne voilà-t-il pas « qu'à peine l'illustre Lagrange peut bien en saisir toute l'étendue, » et que le *Moniteur* en fait foi !.... Je ne voudrais que cela, et surtout plus de vingt années de stagnation de la *loi mathématique* prétendue, pour affirmer son inexistence ou sa fausseté ; car le premier *criterium* d'une vérité, c'est sa preuve, son acceptation par tout le monde, et, à plus forte raison, par un homme de l'art.

Lagrange et Lacroix ont très bien jugé, sans le savoir (car ils se jugeaient aussi par-là eux-mêmes),

---

Je placerai aussi dans les Encyclopédies avortées celle du légiste médecin Pivati (*Dictionnaire scientifique*, 10 in-f°. 1750 ; de F. Morenas (*Dictionnaire portatif* etc. Avignon, 1760) ; et de l'abbé de Pétity, prédicateur de la reine (*Encyclopédie élémentaire* 3 in-4° 1767) : C'est un livre très mal fait, où la grammaire et les arts prédominent. L'*Encyclopédie méthodique*, Parme, 1815 etc. de l'abbé Zani. est moins mauvaise ; seulement les arts y ont aussi trop de place.

lorsqu'ils ont dit, à son égard : « Nous n'estimons le savoir qu'autant qu'il augmente la puissance de l'homme *sur lui-même* et sur les autres. »

En admettant la supériorité mathématique de M. Wronski (et je suis même disposé à y croire), il me suffirait du *prospectus* de son *Union antinomienne*, pour être convaincu de l'impuissance de sa méthode, et en convaincre les autres.

Je commence par convenir de la justesse et de la profondeur de plusieurs de ses vues, et même de ses vues fondamentales : il insiste sur le *criterium* de la vérité ; sur le *Verbe, source de la réalité de Dieu ; l'origine céleste du bien, infernale du mal ;* la *chute d'Adam* et l'*hérédité* de cette chute ; la *divinité de l'homme, fait à l'image de Dieu ; l'immense infériorité* de la géométrie devant la philosophie. Il va jusqu'à penser que la vertu de l'homme est l'*acte pour lequel seul existe l'univers.*

Il déclare que « l'exclusion de l'influence divine dans la souveraineté et le droit d'insurrection, à son gré, est aussi dangereuse qu'erronée ; » et il dit à l'Autocrate russe, que « c'est pour lui un *saint devoir* de ne poser les armes que lorsque cette prétention sera vaincue ; car, quelle religion, si elle n'est infernale, pourrait vouloir exclure Dieu de la direction de l'humanité, par l'établissement de l'autorité souveraine ? »

Il reconnaît hautement le *monstrueux désordre actuel* et *la sauvage ignorance de la civilisation*...; les atteintes graves que l'ignorance et la perversion, sous le nom même de la religion, portent aujourd'hui aux gouvernements, etc. (*Aux souverains*, p. 3); *l'abîme qui est devant l'humanité tout entière*, car elle est tout entière ignorante et coupable. » Dans la *préface* de son *Prodrome*, il signale, comme les deux grandes calamités de l'époque, *la licence absolue de la presse qui attaque tous les jours*, et *son impunité didactique*, etc. M. Wronski enfin paraît un catholique de l'école de M. de Baader; et, sous ce rapport, il est digne d'égards, alors même qu'il se méprend; car, lorsqu'on se trompe en partant du *Verbe*, on est toujours en contradiction avec soi-même.

Or, voici les *antinomies* de M. Wronski, qui ne lui permettront pas, je crois, de commencer seulement sa *Constitution péremptoire des sciences*. Il affirme que « les mathématiques sont la *plus grande des sciences* (*Aux souverains*, p. 2); que le parti du droit divin et celui du droit humain sont *également* fondés en raison, et par conséquent *égaux en droit*, et indestructibles en fait (*Union*, p. 1re); et qu'en conséquence, l'abandon d'une cause (que nous appelons trahison) ne peut être imputé péremptoirement comme crime politique à qui que ce soit, » et notamment à M. de Bourmont; que la *révolution de 1830 est formellement légale* (*Lettre à l'empereur Nicolas*); que celle de Pologne, faite en son absence, est *vertueuse*; qu'*elle pouvait causer une seconde fois la civilisation* (ibid.), et que *tout autre ordre ne saurait plus être que celui des tombeaux* (ibid.).

M. Wronski veut *identifier les deux partis* que, dans la même page, il déclare *inconciliables* (*Union,* p. 4). En un mot, il veut concilier comme un *abbé* fameux, la *religion et la liberté* (*A l'Empereur de Russie,* p. 2). Il prétend, dans le *Prodrome,* que ces mathématiques qu'il a déclarées les types et les fondements de la science, sont *malheureusement insuffisantes* (p. 79); que *la pensée n'est qu'une modification de la matière* (p. 13), et celle-ci une *modification de l'esprit du Créateur* (p. 14), etc. Il se déclare enfin à la fois protestant [1] et catholique.

Il devait résulter de là une profonde obscurité et une lourde diffusion de style, un grand mysticisme de doctrine dans le *Messianisme.* Les divers *prospectus* qu'on en a publiés, le *Prodrome* qui en est la première partie, et qui avaient besoin de plus de clarté, de précision, de simplicité, sont empreints des défauts contraires [2]. Au fond, le vaste *Prodrome* ne présente rien que ce que les petits *prospectus* avaient

[1] On le voit surtout au *prospectus* du *Prodrome* (in-4° 1831, chez Treuttel et Wurtz), où il énonce *le but majestueux de la puissante philosophie transcendante* que Kant *créa en Allemagne.* Il parle, p. 5 de l'avant-propos de cet écrit, de la *carrière éclairée que la réformation religieuse,* etc.; et ailleurs, il signale « les *progrès immenses* que la *religion* et la philosophie viennent de faire en Allemagne, surtout depuis 50 ans. »

[2] Tout est systématiquement (et par conséquent sottement) voilé dans le Messianisme : 1° Epigraphes hébraïque, grecque, algébrique, mythologique, surmontées d'un *Sphinx* pittoresque; 2° Langue *philosophico-franco-germanique* : *messianisme, prodrome, trichotomie architectonique, concours téléologique, gnosimachie* de Rome, *certitude apodictique, conditions hyperphysiques, achrématisme, séhélianisme, réflectif, complétif,* etc.

déjà dit, et cependant c'est à la page 67 de ce *Prodrome* qu'il s'écrie : « *Nous venons de déchirer le voile impénétrable* qui, jusqu'à ce jour, a couvert les destinées de l'humanité ! » et c'est dans l'*avant-propos*, qu'il a déclaré que « la Providence l'a laissé pénétrer dans le sanctuaire de la création ! »

Cela donné, je ne m'étonne plus d'entendre le savant *Antinomien* nous dire (*prospectus*, p. 4), que *très peu d'hommes pourront approfondir ses vingt et une questions* (car c'est à trois fois qu'il réduit ses problèmes philosophiques); que « les *hommes du mystère* ont déchaîné contre lui tout ce que la société recèle de fraude, d'ignorance et d'objection. » Le nom de *Sphinx*, qu'il donna d'abord à sa doctrine, me paraît encore le seul qui lui convienne. Il a attendu en vain, pendant plus de dix années, une occasion favorable de faire connaître ses vérités : je ne vois pas de raison pour que l'auteur du *Messianisme* n'en attende pas en vain cent autres, comme les Juifs, le *Messie*. Et M. Wronski paraît s'y résigner d'avance, lorsqu'il dit, comme le marquis de Posa dans le *don Carlos* de Schiller : « Ce siècle n'est pas mûr pour *mon idéal*. »

Aujourd'hui, il dit *Aux souverains* : « Ordonnez, sires, et la philosophie fera connaître la solution *universelle*, etc., » et *le mal cessera tout à coup* (p. 3)... Il est vrai que l'auteur ajoute à la fin, que ses *moyens* ne sont *infaillibles* que *peut-être!*

Parlant à l'Autocrate, sa parole est encore plus haute : « C'est *à moi*, sire, que Dieu a permis de fixer *le premier* ces vérités nouvelles, etc. » Et depuis, il s'est adressé à Louis-Philippe,... qui ne répond qu'aux *émeutes*. Conciliez-vous, philosophe des *conciliations!* si *Dieu* vous a permis, comment avez-vous besoin des *ordres* des hommes, souverains ou non ?.....

Je ne citerai point les écrits des Saint-Simoniens et les travaux de M. Charles Fourier comme des exemples de tentatives de *Législation universelle* : ils en sont des prétentions seulement. Les premiers n'ont guère fait que de vaines tables synoptiques des lieux communs de la matière, quand elles ne sont pas des dessins d'imagination. Seulement, on voit qu'ils sentent le besoin d'une organisation. « Ils proclament, dit Jules Lechevalier qui les connaît et les renie, que tout est à remanier, et qu'il s'agit d'un renouvellement intégral. *D'autres,* ajoute-t-il, *prétendent avoir trouvé une base nouvelle pour leurs efforts,* et il déclare *appartenir à cette nuance.* Il signale, en conséquence, la *conception sociale* de M. Charles Fourier, comme *un phare nouveau dans la voie de l'association universelle*[1] ; et il s'érige en champion de cette science nouvelle. Au fait, un philosophe qui se dit *habitué à vivre dans les auberges et dans les pensions*[2], a quitté un *cul-de-sac*

---

[1] Le disciple Transon est allé plus loin que le disciple Lechevalier ; il a publié, dans la *Phalanstère*, un article intitulé : *Képler et Ch. Fourier !*

[2] *Phalanstère*, p. 267, 1833, dans un article immoral, sans doute pensé dans l'écurie, et écrit sur le *comptoir*.

(c'est le nom qu'il donne au Saint-Simonisme) pour un cul-de-sac.

Et d'abord, quel est le nouvel apôtre de la philosophie nouvelle? il nous l'apprend lui-même dans sa *Théorie des quatre mouvements : un homme presque illitéré, un sergent de boutique.* Il fut courtier marron à Lyon. «Pour compléter l'orgueil des titans modernes, DIEU A VOULU qu'ils fussent abattus par un inventeur *étranger aux sciences....* eh! ce n'est pas la première fois, etc. » L'œuvre de la restauration, selon le disciple, dans l'*exposé* qu'il en a publié, *n'est point donné à une main sacerdotale* (p. 57.)

Voilà l'homme, voici sa philosophie.

Ce n'est pas la religion qui lui manque, seulement c'est une religion d'un ordre nouveau. Il se dit, Envoyé de Dieu ; il se rit des philosophes qui n'admettent point la *thèse de l'intervention de Dieu dans les relations humaines* et qui *ravalent la Divinité au-dessous d'eux.* Nous lui en demandons acte.

Il a le sentiment philosophique : « Le fondement de la science, c'est l'unité; son but, c'est l'étude et la découverte du lien qui unit tous les autres » (p. 46). — « Connaître le lien de tous les effets, ce serait, en ce temps-ci, l'utopie de la tête scientifique la mieux équarrie » (p. 49). — Et c'est en conséquence que le *Fourianisme* fait ses gorges chaudes et des Saint-Simoniens, et de M. Cousin, etc. (p. 50) [1].

---

[1] J'ai lu depuis, dans le *Phalanstère* de mai 1833 : « Ma théorie peut seule étayer la propriété et la famille de garanties dont les dépouille de plus en plus le volcan des révolutions créé par la philosophie

Mais ne voilà-t-il pas que M. Fourier, si hardi à reprendre son siècle, à présumer de lui-même, n'attend pas la seconde page, pour être faux et ridicule Il commença, comme l'abbé Lamennais et à la même époque, par voir un *nouvel Hercule*, un *prodige qui changera le sort du monde*, *le plus grand des héros*, *la boussole sociale*, dans un homme qui était à la veille de faire une chute grossière et éclatante... Bonaparte....

Le signe caractéristique du talent, et même du génie philosophique, c'est la méthode. M. Fourier nous donne le secret de la sienne en douze articles, dont le premier est aussi insignifiant que les autres : 1° *explorer en entier la science ;* 2° *consulter l'expérience ;* 3° *aller du connu à l'inconnu, et se rallier à la nature ;... ne pas imaginer etc., etc.*

La pratique ici est digne de la théorie : le grand œuvre de M. Fourier, le *Traité de l'association,* est divisé en *neuf tomes :* le premier, c'est la *doctrine abstraite de l'attraction passionnée ;* il a paru. Le second, *la synthèse routinière de cette abstraction ;* il est publié. Les autres, sont l'*analyse des douze passions* et des *huit cent dix caractères* (car il n'y en a ni huit cent neuf ni huit cent onze), le *commerce mensonger*, la *contre-marche des passions,* la *théorie intégrale de l'immortalité*, etc. ; ils sont inédits.

moderne, sous le masque de progrès et de vol sublime. » L'auteur a porté encore des jugemens hardis, souvent vrais, dans une *Revue des Utopies du* 19ᵉ *siècle* ; seulement, l'*attraction passionnelle* serait le plus beau chapitre de ces *Utopies....* c'était peut-être (pour parler comme Cicéron) la seule *bêtise* qui n'ait pas été *dite par un philosophe.*

Le premier défaut de cette philosophie, c'est l'obscurité : l'auteur, ainsi que M. Wronski, a une langue à lui; et cela devait être, car il nous a révélé qu'il était *illitéré*. Il appelle ses divers mouvements, *aromal, instinctuel, passionnel;* le lieu de ses exercices, *phalanstère;* et son disciple appelle sa science celle de la *mathématisation* (49)!...

Si nous jetons les yeux sur le fond de la doctrine, nous voyons que la *société domestique* est toute dans le monde, au moins provisoirement (39); qu'il y a *trois sexes* bien comptés (53); qu'il ne s'agit pas seulement de *l'émancipation industrielle de la femme, mais encore de celle des enfants* (ce que les Saint-Simoniens avaient omis, en n'oubliant pas la *propriété*). « Votre père, dit-il, est enfin arrivé : *Sinite parvulos, etc.* »;... que les hommes doivent se diviser, ou plutôt s'unir *en groupes*, les *groupes en séries*, les *séries en phalanges* (57) de *quinze à dix-huit cents personnes de tout sexe, de toutes conditions* (52), *unis pour un même plaisir ou pour un même travail* (57); qu'ils doivent, ainsi classés, être *heureux, bons, riches, laborieux, en se livrant à tout l'essor de leurs passions* (52); et de ces passions, il y en a douze. « *Attraction passionnelle*, s'écrie M. Le Chevalier, (je dirais volontiers *de La Manche!*) voilà le mot de la grande énigme, la clef de nos destinées, la loi du monde, la volonté de Dieu » (43); ce qui doit remplacer *le prêtre* (61); *le fiat lux* de M. Fourier (48)!!

Le disciple, qui a profondément médité tout cela, avoue en conséquence, que *l'étude des ouvrages* de son maître *est difficile* (33); que *leur style hétérogène est peu favorable à la vulgarification, et qu'ainsi ils ne sont pas écrits en vue d'une grande publicité* (41); que ce sont *des choses en apparence, si bizarres, si fantastiques* (40); que son maître *s'élance au milieu de la création; qu'il remue ciel et terre* (45), comme le Jupiter de l'Olympe (du sublime au ridicule il n'y a qu'un pas); et qu'*il est loin d'admettre tous les principes et toutes les conséquences du système* (52); qu'il est resté (lui Maître) vingt-cinq ans oublié et *obscur...* Mais il n'en persiste pas moins à le tenir pour un grand-homme, plus grand que Saint-Simon lui-même!! Et six autres jeunes disciples, formant le septenaire de la philosophie nouvelle, M. *Baudet*, M. *Transon*, M. *Juste Muiron*, M. *Marmier*, M. *Considérant*, tous, à ce qu'il paraît, natifs de Besançon, sont aussi du même avis [1]!...

De la France, passons à l'Allemagne.

Je dois faire apprécier un homme, que plusieurs de nos *Cousins*-germains français ont présenté, dans ces derniers temps, comme un classificateur plus habile. Je veux parler d'Hégel. — C'est seulement pour nous un classificateur venu de loin, dont la langue ne nous est pas aussi familière : on ne

---

[1] Depuis, le Maître nous a fait, dans le *Phalanstère* du 21 juin 1833, une révélation qui n'est pas de nature à nous laisser l'espérance : « Une pomme, dit-il (nous croyions que c'était *une feuille*), par sa chute révéla à Newton les lois de la gravitation universelle; une autre pomme en 1797 me mit sur la voix du calcul de l'unité universelle. » — La pomme, ainsi que nous le savons, n'a pas porté bonheur à tous les hommes, au premier par exemple.

s'imagine pas ce que donne d'éclat le mystère!

Et la beauté la plus divine
N'est pas celle qu'on voit, mais celle qu'on devine.

Je ne voudrais, pour juger l'esprit encyclopédique d'Hégel, que son principe fondamental; et j'ai, de plus, le caractère, l'ensemble, la division, le théâtre, le début des travaux de toute sa vie. — Son premier ami, l'ami constant, intime de ses études, le conseiller, l'inspirateur de ses premiers ouvrages, fut Schelling, le moins matérialiste, mais le plus diffus et le plus inintelligible des philosophes germaniques, après Kant[1]. — Et son premier ouvrage fut une *phé-*

---

[1] Je n'ignore pas que certains savants se récrient contre l'imputation d'obscurité, faite à des écrivains dont la langue ou les ouvrages originaux sont peu familiers. M. le baron d'Eckstein vient de renouveler ce cri dans je ne sais quelle *Revue*. Je me contenterai de lui faire les questions suivantes : Qu'est-ce que le Nord, moralement parlant, eu égard au midi? Qu'est-ce que l'Allemagne, eu égard à la France? Qu'est-ce qu'une langue, venue après toutes les autres langues? Qu'est-ce que les philosophies de Kant ou d'Hégel, dont les meilleures traductions françaises ne seraient que les plus intelligibles? Qu'est-ce que des philosophes étrangers dont les disciples natifs comme d'Holbac, Wronski, le baron d'Eckstein, et même dont les indigènes, tels que MM. Saint-Martin, Ch. de Villers, Coëssin, Cousin, Michelet, Lerminier etc., sont précisément les écrivains inintelligibles et creux par excellence? Telle est la fâcheuse influence de la manie allemande, qu'elle rend équivoques ceux-là même que la religion appelait, si naturellement, à la clarté : les Abbés Bautain, Gerbet, Foisset, et la jeune école de la REVUE EUROPÉENNE, qui porte l'aveuglement jusqu'à entretenir une colonie française à Munich à l'école quasi-catholique de M. de Baader.— Vous prétendez que c'est parce que nous ignorons l'allemand ou la métaphysique, que nous trouvons vague le Kantisme? — Mais, dites-moi, avons-nous trouvé tel l'*Esprit de Leibnitz*, d'Emery? Et, en Allemagne, a-t-on jamais, réciproquement, accusé d'obscurité nos livres classiques, de Bossuet, de Fénelon, de Bergier?

noménologie, dans laquelle il rompit de système avec lui. C'est à la même époque, en 1801, qu'il s'épuisa en subtilités, pour établir et publier la *différence des systèmes de Fichte et de Schelling;* après quoi il délaya long-temps ses forces natives en *fragments*, dans le *Journal critique de philosophie* : ce qui n'allait pas tout-à-fait à la grande méthode, au grand art de la science unie et universelle.

Il faut déclarer ici le principe de la philosophie d'Hégel. Non-seulement il le suppose et le réalise dans ses écrits, mais il l'avoue et le proclame net, en ces termes : « UN PHILOSOPHE DOIT ÊTRE OBSCUR. » — Obscur, oui, au temps de Socrate et de Platon, (comme on le dit du moins), lorsque le *Dieu* véritable n'était pas seulement *inconnu*, mais prohibé, sous peine de mort politique. — Aujourd'hui, et surtout à Berlin, où la liberté la plus absolue en matière d'enseignement régna toujours, LE PHILOSOPHE DOIT ÊTRE CLAIR. — Au fait, Hégel n'a pas écrit une page qui soit tout entière intelligible, même en Allemagne. Sa philosophie n'a pour nous de claire que son obscurité. Et c'est, soyez-en sûrs, la raison secrète de l'importance que nous avons essayé, un moment, de lui donner à Paris.

Il faut toutefois faire la part de la justice rénumératoire. Hégel a deux grands mérites au XIXe siècle ; l'un de forme, la simplicité, le laconisme, la géométrie, si on peut le dire, du style ; l'autre réel, le sentiment profondément religieux : Dieu est chez lui le type, la cause, le moyen et l'effet, presque autant que dans le P. Malebranche. Seulement, c'est le dieu vague, le dieu de Platon, et peut-être celui d'Épicure et de Spinosa; et nous verrons, nous, dans notre logique théologique, qu'un Dieu qui ne s'est pas *verbalisé, humanisé*, je ne dirai pas une fois dans l'homme, comme le Sauveur, mais tous les jours dans le Prêtre et par lui dans l'Homme, est un Dieu faux; que le déisme enfin est, aujourd'hui plus que jamais, un athéisme déguisé.

Les lacunes, les erreurs, les défauts réels de Hégel sont aussi nombreux que graves : nous ne signalerons, parce que nous n'avons besoin de noter ici, que les défauts de sa méthode. Vous ne trouvez, dans le plus célèbre de ses ouvrages, l'*Encyclopédie des sciences philosophiques*, d'*encyclopédique* que le nom. L'épithète seule de *philosophique*, qui le termine, fait sentir que la méthode de l'auteur est, comme celle de tous les classificateurs que nous connaissons, le contraire de la méthode. Il n'y a pas un mot peut-être à sa place, et pas un de réalisable. Le Discours de d'Alembert en était le type; le Prussien y a laissé la clarté, qui pourtant n'était là, en général, que la clarté du ruisseau.

Il a publié, outre son *Encyclopédie*, avant, pendant ou après, une *Phénoménologie de l'esprit*, un *Droit naturel*, des *Principes de la philosophie du droit*, la *Science de la logique*; il a débité dans ses Leçons, la *Philosophie de la religion*, la *Philosophie de l'histoire*, l'*Histoire de la philosophie*, l'*Ethétique*, des *Opuscules....*, seize volumes enfin de Mélanges, auxquels il allait ajouter encore, lorsqu'il est mort d'un *choléra foudroyant*, le 14 novembre 1831, le jour même de la mort de Leibnitz, le seul des Allemands que la Chrétienté et la philosophie puissent réellement revendiquer.

Je le demanderai à M. Gans, ou à M. Michelet de Berlin, ses disciples ou ses héritiers immédiats; je le demandais même à M. Lerminier, le Germain du Collége de France.... Il a répondu, dans une Leçon rapportée dans le *Journal de l'instruction publique*, du 6 avril 1834; « Hégel *n'a opéré que sur l'abstraction*, et il a employé toute sa *puissance* pour dire ce *qu'on avait déjà dit.* » — M. Lerminier, à son tour, est bien autrement merveilleux à *opérer sur l'abstraction;* seulement, il n'a pas même le petit mérite d'employer son *impuissance* pour répéter *ce qu'on a dit* avant lui [1].

Je dirai aussi un mot sur l'encyclopédiste Krug, qui se plaçait à Kœnisberg sur la ligne d'Hégel à Berlin. C'est peut-être l'écrivain le plus fécond et le plus *rhéteur* de l'Allemagne, comme Hégel en est le plus *barbare*. Successeur immédiat de Kant dans la chaire de philosophie, il dut avoir, même en disant différemment, tous les défauts de son modèle inévitable. Il a commencé par se faire chasser de son Université et de son pays pour ses *Lettres*, plus

---

[1] Un des compatriotes d'Hégel, le baron d'Eckstein, plus capable de le juger, vient de le traiter plus sévèrement encore : « Il ne sait pas même sa propre langue, dit-il, et il s'est vu attaqué de toutes parts par les juges les plus compétents du pays. »

bizarres encore que hardies, sur la *perfectibilité de la révélation*. Et puis, il a publié confusément, de 1800 à 1830, singe visible de Bacon, des *Aphorismes philosophiques du droit*, un *Nouvel organon philosophique* (car le mot *philosophique* est fondamental pour un Allemand, comme jadis pour l'abbé Lamennais le *catholique*), un *Essai encyclopédique des beaux arts*, une *Philosophie fondamentale*, une *Encyclopédie militaire*, une *Histoire de la philosophie ancienne*, une *Conversation avec madame Krudner*, un *Dictionnaire* (alphabétique) *universel des sciences philosophiques*, et enfin un *Éloge ex professo de Canning*. Et voilà pourquoi M. Krug est le contraire d'un encyclopédiste [1] !

[1] Bossedow, chassé de la maison paternelle, et qui, au dire d'Alphonse Rabbe, « avait pris en horreur les études régulières et s'était livré à toute la bizarrerie d'une imagination déréglée, s'attira depuis la haine du gouvernement et d'un peuple fanatique dont il fut sur le point d'être la victime »; cet homme, véritable modèle de pédagogue dans son *Philantropinon* de Dessau, et qui ordonna par testament que son cadavre fût ouvert, comme pour y faire constater orgueilleusement quelque chose de bizarre comme dans sa tête, était encore moins capable de faire un *Recueil méthodique des Connaissances humaines*. On peut en dire autant de Krunitz, et de l'*Encyclopédie* qu'il publia à Berlin en 1782, etc.

Un autre projecteur d'essai Encyclopédique, c'est Barletti de Saint-Paul. Il était savant, mais plus dans la syntaxe des langues que dans la littérature universelle. Le projet, qu'il soumit au Gouvernement en 1765, ne fut suivi en 1781 que d'un premier volume, de 24 qui étaient annoncés.

Telle est enfin la dégradation du genre encyclopédique, qu'en vérité il y a peut-être autant de vérités, infiniment moins d'erreurs, de verbiage et de sujet de dégoût dans les plus mauvais extraits que les hommes les plus médiocres ont faits des plus grandes Encyclopédies, que dans ces Encyclopédies elles-mêmes. Le Ministre genévois

Les seuls écrits qui méritent quelque considération dans l'histoire des Encyclopédies, sont les canevas qu'on en a faits, ou pour mieux dire, les impuissantes idées qu'on a eues d'une Encyclopédie possible et nécessaire.

Je fais trois classes de ces canevas : ceux qui ont pour but la langue, et, comme on dit, *la Caractéristique universelle;* les tableaux synoptiques des sciences; et enfin les observations que l'on peut appeler *innommées* sur le sujet.

Les plus célèbres inquisiteurs de *caractéristiques*

Mouchon a fait une *Table Analytique raisonnée* de la nôtre, qui lui est cent fois préférable. L'*Encyclopédie portative* du docteur Roux, les *Encyclopédies* de Formey, où la *Science universelle est mise à la portée de tout le monde;* celle du premier des Panckoucke, et surtout l'*Encyclopédie Élémentaire* de Cromelin, en 3 in-12; la *Petite encyclopédie* de M. Alletz, celle de Beyerlé, la première en un vol. in-12, la seconde en un in-18; le Dictionnaire *des gens du monde* de l'acteur Sticotti ; l'*Auteur de la nature*, de Clément de Boissy, et l'*Abrégé des sciences* de Moreau de Saint-Méry ; *les Manuels*, les *Encyclopédies classiques*, dont le pays latin est inondé ; voilà des livres qu'on a pu faire, et qu'on peut lire sans esprit, et dans lesquels l'esprit lui-même ne saurait se perdre[*].

Un extrait de l'Encyclopédie, qui m'a toujours paru, ainsi qu'à tout le monde et à son auteur principalement, supérieur à tous les autres, c'est le *Discours préliminaire* de D'Alembert. La poésie satirique pouvait s'écrier, avec plus de sérieux qu'elle ne l'a sans doute fait :

Il se crut un grand homme, et fit une *préface*.

La *préface*, ici, c'était le livre.

[*] Les Anglais et les Allemands, de leur côté, ont, comme nous, et sous tous les titres, d'autant plus de petites Encyclopédies qu'ils en ont plusieurs d'énormes. On a traduit en français la *Grammaire philosophique* et les *Élémens des Sciences*, de Benjamin Martins. Celles de Henri Kett, 1802, etc. ; Nicholson, 1807 ; John Millar, 1816; Jennings, 1821 ; Mitchell, 1823, etc., n'ont point passé le détroit, et sont ce que les Anglais ont de plus clair et de plus utile.

sont l'abbé Trithème, Bénédictin allemand; Wilkins, savant Évêque anglais, et beau-frère de Cromwell; Dalgarno; Bécher, plus profond naturaliste que grand spiritualiste; Leibnitz [1], Plouquet, Lambert, l'Anglais Lodowic (dans les *Transactions philosophiques*); Changeux, d'Orléans; le Président de Brosses; le Brigant; l'abbé de Montmignon, chanoine de Paris; de Maimieux; Burmann, etc. Ils ont recherché la *Caractéristique*, mais comme d'autres la quadrature du cercle ou la duplication du cube.

Ces savants étaient, sans doute, assez universels et plus vraiment philosophes que d'autres plus connus; mais ils avaient le malheur d'être encore plus naturalistes, alchimistes ou grammairiens, que spiritualistes ou théologiens. Ils ne surent pas trouver la première lettre A de leur alphabet; nécessité fut de manquer toutes les autres. Leurs plus savants contemporains ne les comprirent pas et s'en moquèrent. Le hasard fit même que l'édition de la *Lingua philosophica* de Dalgarno périt tout entière dans l'incendie de Londres en 1661.

Leibnitz, celui de tous qui paraît s'être occupé le plus du *fil* conducteur dans le labyrinthe scientifique, en parle dans ses premières *Lettres* à M. Rémond de Montmort, comme d'une *spécieuse générale*, où toutes les vérités de raison seraient réduites à

---

[1] Un étranger anonyme s'en est occupé encore dans le *Journal littéraire* en 1720. — Maupertuis cite un membre de l'académie des sciences, Solbrig, comme ayant entrepris l'ouvrage que Leibnitz regarde, dit-il, comme possible etqu'il n'entreprit pas.

une *façon de calcul.* « Ce serait, ajoute-il, une manière de langue ou d'*écriture universelle*, où les caractères et les paroles mêmes y dirigeraient la raison; et les erreurs, excepté celles de fait, n'y seraient que des erreurs de calcul. » Il en parle plus longuement encore, mais pas plus spécieusement, dans ses *Nouveaux essais sur l'entendement humain*, p. 363 et suivantes. « Avec le temps, dit-il, *tout le monde apprendrait ce dessin dès sa jeunesse; il parlerait aux yeux*, et il serait fort au gré du peuple. » Ailleurs enfin il parle d'un *Alphabet des pensées humaines* au Marquis de l'Hôpital, et dans son séjour en Angleterre, aux savants Boyle et d'Oldembourg, etc. « Mais, dit-il, ils n'y ont pas donné plus d'attention que si je leur avais conté un songe [1]. » C'était en effet un songe. Si Leibnitz avait eu à cet égard autre chose qu'une vision, il se serait fait entendre. Il lui manquait, pour réaliser son idée, deux choses fondamentales, les sciences positives en législation, même en théologie, et le temps; et il en avait une de trop, le détail des sciences mathématiques, et même des sciences historiques et philologiques. Il ne trou-

---

[1] Voyez dans ses *OEuvres posthumes* : *Historia et commendatio linguæ caracteristicæ universalis*. M. de Jaucourt en fait l'analyse dans la *Vie de l'auteur*; et il nous apprend qu'après y avoir travaillé depuis 1703, il finit par « charger un jeune homme de mettre en ordre les définitions de toutes les choses. » C'était, au fond, ce qu'avaient fait des savants lexicographes : Etienne Tolet, Junius, Chitræus, Frischlin, Benthusius, et de plus habiles hommes encore de ce genre, Bath et Coménius, sous le nom de *Dictionnaires*, de *Janua linguarum* et de *Nomenclateurs de toutes choses*.

vait rien de mieux à faire que de réimprimer l'Encyclopédie d'Alstédius[1].

Mais ce qu'il a eu au plus haut degré, c'est la conviction et du besoin et de la possibilité du grand œuvre. « J'ai remarqué, dit-il, tant en philosophie qu'en théologie et même en médecine, en jurisprudence, en histoire, que nous avons une infinité de bons livres et de *bonnes pensées dispersées* çà et là, mais que nous ne venons presque jamais à DES ÉTABLISSEMENTS..... Je me suis assuré que si nous nous servions *bien* des connaissances que *Dieu* nous a fournies, nous pourrions remédier à quantité de maux qui nous accablent...., et de même terminer bien des controverses qui nous partagent..., si nous méditons avec ordre et procédions comme il faut. Avant qu'on puisse traiter la Théologie par la *méthode des établissements*, IL FAUT UNE MÉTAPHYSIQUE ou théologie naturelle, DÉMONSTRATIVE, et il faut une dialectique morale et une jurisprudence naturelle. Il faut donc une méthode certaine. C'est un des plus grands défauts de notre logique dans les matières les plus sérieuses de la vie, la justice, le

---

[1] Dans le fait, la vie de Leibnitz a été absorbée par trop d'affaires indépendantes. L'esprit du philosophe était naturellement méthodique; ses travaux furent un chaos. On sait qu'il a publié jusqu'à cent cinquante écrits distincts, et qu'il en a laissé beaucoup de posthumes, sans compter ses Lettres immenses! On y trouve entre autres : *Observatio de variis ludis*, des *Conjectures sur le mot blazon*, et une *Epître en vers à mademoiselle Scudéry!* M. de Jaucourt était forcé d'avouer « le dommage que ce grand homme ne se soit pas fixé et ramassé davantage.... Il semble avoir oublié sa gloire, en n'opposant à l'injure du temps que des *feuilles flottantes.* »

repos et le bien de l'état, la santé et même la Religion. Il y a *trente ans* que je fais ces remarques et que je fais *quantité de recherches* pour *jeter les fondements* de tels ouvrages ; mais mille distractions m'ont empêché. Si Dieu me donne encore de la vie, j'en ferai MA PRINCIPALE AFFAIRE : cela vaudra mieux que mon histoire de Brunswick..... »

Mais il n'était plus temps, les chants avaient cessé.

. . . .

Les faiseurs de tableaux Encyclopédiques sont plus nombreux, plus médiocres, et tout aussi malheureux : ils se copient d'ailleurs les uns les autres, d'ordinaire jusqu'à la servilité. La plupart des auteurs de *Philosophies* ont joint de ces tableaux à leurs ouvrages, en forme d'*introduction* ou de *résumé*. Chrestofle de Savigny, Nicolas Bergeron, de Montarsis, et surtout Louis de Lesclache, qui se sont tous exercés dans ce genre, sont aussi les plus complets et les plus habiles; et quelques-uns le furent avant Bacon, et plus que lui [1].

---

[1] Savigny était secrétaire du duc de Nevers. Il a publié, en 1587 et 1619, des *Tableaux de tous les arts libéraux*, in-fol., avec des gravures de Jean Cousin. Nicolas Bergeron, du Valois, florissait à Paris dans le temps de Savigny qui paraît lui avoir survécu. Il est mort en 1623, laissant des manuscrits vantés dans la *Bibliothèque* de Lacroix du Maine, une *Somme théologique*, un *Catéchisme artificiel*, un *Projet de réformation de la justice* toujours déformée, une *Grammaire*. Son *Arbre universel de la suite et liaison de tous les arts et de toutes les sciences* a été traduit en espagnol. La seizième *Table* de Savigny sur la *Théologie* est de lui. — Quant à Louis de Lesclache, j'aurais trop à dire pour le faire connaître. Né à Clermont et mort à Lyon en 1663, il fit à Paris des Cours menaçans pour l'Université. Sa *Philosophie en tables*, dont la pu-

D'autres ont fait pire encore peut-être, malgré leur célébrité. Au lieu de traiter méthodiquement un sujet, ils ont écrit sans méthode sur la Méthode : — Je nommerai ici Mathias Martins (*idea methodi Encycl.*Brême, 1606; Descartes(*De la Méthode*); Thomassin (*Méthode d'étudier la philosophie*); Fleury (*Traité des études*); le P. Lami de l'Oratoire (*Entretiens sur les sciences*); l'abbé Jurain (*Discours sur la vraie méthode de philosopher*); M. Reymond, de Chambéry

---

blication date de 1648, et ses *Fondements de la religion chrétienne*, seront à jamais des titres de gloire pour l'auteur, et d'ingratitude pour notre siècle qui l'a oublié, au point de donner, dans la *Biographie universelle*, le titre de *maître d'école*, à l'homme qui suscita des vengeurs long-temps après sa mort, et qui attirait la Cour et la ville à ses cours de la rue Guénégaud.

J'ai trouvé les travaux de ce grand homme admirables; mais, telle est la différence de temps, qu'ils ne pourraient guère être aujourd'hui de quelque utilité, et qu'ils ne sauraient même être entendus, que par des fidèles, et par des fidèles habiles.

De nos jours, l'abbé Gentil, Arsène Thiébaut (et non M. *Thiébault*, autre encyclopédiste), M. Tourlet, M. le marquis de Fortia, Gence, Faure de Périgueux, le chevalier de La Marck, Ampère, Torombert (mort trop tôt pour les lettres, et à temps pour lui-même), Krug, Wronski, etc., n'ont guère fait que ce que décrivent les bibliographes, comme Peignot, ou les savants libraires de Paris, Martin, etc. dans leurs Catalogues.

Les savants qui sont allés, en matière encyclopédique, jusqu'au *Prospectus* exclusivement, sont, parmi nous, le second des Panckoucke, et Saint-Simon. Le premier, moteur de la librairie, et même de la philosophie du 18e siècle; le deuxième, qui ne fut fameux qu'après sa mort, et un moment. Leurs plans n'offraient qu'un mélange arbitraire de ceux de Bacon ou de Diderot. — Appel publia, en 1790, un *Programma encyclopediæ*; et Dominique Magnan un dernier *Chose logiaire, prospectus d'encyclopédie scientifique*, en 1793, alors que nous étions si habiles à disloquer l'encyclopédie sociale, mais que l'auteur, plus savant que philosophe, plus grammairien que savant, n'eût jamais su réaliser.

(*Métaphysique des études*); Vico (*Unité de principe du droit universel*); Antoine Lasalle (*Désordre régulier; Balance naturelle, Mécanique morale*, etc.); Lancelin (*Introduction à l'analyse des sciences*); Vallet de Grenoble (*Méthode pour faire des progrès rapides dans les sciences*); le juif Maimon (*Observations sur le novum organon de Bacon;*) Dupont de Nemours (*Philosophie de l'univers*); Thiébault (*Grammaire philosophique*, 1802); Bonnin (*Ordre et culture des connaissances humaines*); M. Déa (*Introduction à l'étude des sciences et des arts*); M. De Gérando (*De la génération des connaissances humaines*, 1802); les deux frères Jullien (*Discours sur les douze lois générales, Essai sur l'emploi du temps, Essai sur l'ordre* [1]).

Si les auteurs de *Logiques* pouvaient être considérés comme des sortes de méthodistes, je dirais encore plus hardiment qu'ils ont tous avorté : les plus anciennes et les plus populaires de toutes les logiques, celle d'Aristote et celle de Port-Royal, sont une véritable caricature de l'*Art de penser* et d'écrire. Dumarsais, Crouzas, Condillac, Wolff, Euler, S'Gravesande, Para du Phanjas, Muzzarelli eux-mêmes, n'ont touché qu'une corde, qui *raisonne* à peine, du magnifique instrument de toutes les connaissances, de toutes les vertus et de tous les bonheurs.

[1] L'*Explication universelle*, orale ou écrite, de M. Azaïs, est, peut-être, de tous les livres, celui qui *explique* le moins quoi que ce soit. Je ne connais nul homme qui tourne le plus sur lui-même, et qui effleure mieux une idée, toujours la même et toujours vide, lorsqu'elle n'est pas fausse ou dangereuse. Son auteur, et surtout son lecteur se fatiguent, sans *compensation* aucune.

En résumé, un grand nombre d'individus ont voulu s'ingérer dans la carrière où Leibnitz n'avait pas même mis le pied ; et ce furent quelquefois des athées, et même des fous, quand ce ne furent pas des grammairiens, des littérateurs, ou des avocats [1].

Nous avons des *Abrégés des sciences*, des *Petites Encyclopédies*, des *Encyclopédies portatives*, *économiques*, *rurales*, etc. Dans l'impuissance de faire des encyclopédies pour les hommes, nous en faisons pour *les enfants*, *les dames* [2], *les ouvriers* ; et même pour *les domestiques* [3].

Nous voulons placer les encyclopédies jusque dans les journaux et les librairies [4].

---

[1] Lancelin était athée, et n'a pas craint de le dire. Antoine Lasalle est mort à l'hôpital, et Saint-Simon a failli y mourir.

[2] En revanche, une femme, mademoiselle Forgame, vient de publier, à l'usage des hommes, une *Encyclopédie progressive*, en deux petits vol. in-18, à la librairie de Gaume : nous pouvons assurer que c'est la plus orthodoxe.

[3] M. Guizot dit textuellement que *ce nom conviendrait à la sienne*. Il y a, en effet, des encyclopédies sous tous ces titres.

[4] Les *Librairies encyclop.* de Roret, etc. — Dès 1769, etc., les Castillon, Champfort, etc., publièrent le *Journal encyclopédique*. Nous avons eu depuis, le *Magasin encyclopédique* de Millin, la *Revue encyclopédique* de M. Julien, le *Mémorial encyclopédique* de M. Bailly de Merlieux. Au fait, tous nos Journaux ont la prétention d'être universels. Nous avons vu, en 1833, un fait et des aveux de ce genre, plus extraordinaires encore. Ce n'est pas un, mais trois cents fondateurs, indépendamment de plus de trois cents rédacteurs (Cont un cette fois étaient trop peu), qui viennent d'avoir la prétention de faire un journal encyclopédique. N'ont-ils pas voulu même faire une république universelle des lettres ? Là, on trouvait mêlés, confondus (c'est-à-dire divisés à l'infini), M. Rothschild représentant de Judas, et M. Aguado négociateur de S. M. Catholique ; le gendre du saint duc Mathieu de Montmorency (M. Sosthène de La Rochefoucauld) et M. Marrast ; M. Achille Vigier des *bains* du peuple, et

Et cette sorte de livres ou d'établissements qu'on fait avec tant de zèle, de rivalité, je dirai même de fureur, on la recherche, et on y souscrit, on l'achète avec plus de fureur encore :

La seule *Encyclopédie* d'Édimbourg est devenue presque aussi populaire qu'un journal en Angleterre. En Allemagne, le *Dictionnaire de conversation* a été tiré, en peu d'années, à près de cent mille exemplaires, et se trouve à sa dixième édition. Il n'est pas jusqu'à l'Encyclopédie prétendue *moderne* de M. Courtin, qui n'ait fait fortune.

Jamais enfin, nous n'avons eu davantage la frénésie encyclopédique, et c'est la plus grande preuve qu'il puisse y avoir de la vanité et du ridicule de nos méthodes.

On ne parle jamais plus d'ordre, comme on ne

M. de Dreux-Brezé du Palais des rois; M. Bohain des *trois journées* et M. Berryer des *Ordonnances*; le républicain Trélat et M. A. de Pastoret, *Henriquinquiste*; le calviniste M. Matter, et M. Laurentie ultramontain! etc., etc.

Nous lisions dans le premier numéro de l'œuvre qui s'annonça avec toutes les sortes de luxe du siècle :

« *L'Europe littéraire* sera UNE VÉRITABLE ENCYCLOPÉDIE, mais elle ne restera pas stationnaire comme celle du 18e siècle. Notre encyclopédie fera chaque jour *un nouveau pas.* »

Au milieu de tant de prétentions, on voit toutefois des naïvetés charmantes :

« Ce grand œuvre moral (dit l'un des trois cents, M. Nodier) n'arrivera pas trop tôt, selon moi, pour détourner de nous l'invasion de la barbarie. »

Et puis, la nouvelle *Montagne en travail, d'accoucher d'une souris.* J'ai vu le journal *adoré*.....

Je n'ai fait que passer, il n'était déjà plus.

parle jamais plus de liberté, que lorsqu'il n'y en a point.

Nous faisons des Encyclopédies en même temps que des Chartes, et par la même raison.......

Bacon seul a donc réalisé quelque chose dans cette science, où Leibnitz voyait attachée tout entière la destinée des Empires et de l'humanité. Le célèbre Franciscain, son homonyme, avait, il est vrai, donné le plan de la *Grande instauration des sciences*[1], dans son grand œuvre (*Opus majus*); mais enfin le second des Bacon a été plus loin, et il est plus clair que le premier. Il a fait beaucoup sans doute, mais il a laissé plus encore à faire. L'*Organon* n'a satisfait personne, pas plus les théologiens que les encyclopédistes : ce qui suppose des défauts immenses et de forme et de fond. Il a commencé par mal diviser la nature humaine, et par conséquent la société et la nature. Au lieu de trouver dans l'homme un *esprit* qui voit, un *cœur* qui veut, un *corps* qui agit, ou en d'autres termes, une intelligence, une volonté, des organes, il y voit, je ne sais comment, ni pourquoi, une *mémoire*, une *imagination*, et puis une *raison*; et de là il part, pour établir les trois grandes bases de son monument, les trois vastes branches de son grand arbre, l'*histoire*, la *poésie*, la *philosophie!* Il divise ensuite l'histoire, en *naturelle* et *civile*, etc.; la poésie, en *narrative, dramatique,* pa-

---

[1] M. Bouillet, professeur de philosophie, vient de la publier pour la première fois en France : elle ne sera pas comprise, car elle n'aura pas même de lecteurs.

rabolique, etc.; la philosophie, en *science de Dieu*, de *la nature*, de *l'homme*, etc. : toutes choses qui ne présentaient pas plus de difficulté que d'utilité pratique. Le grand point d'une classification, c'est la démonstration des vérités, telle, que celui qui l'a lue, l'adopte et la réalise dans ses ouvrages et dans sa conduite. Or, il est de fait que la lecture du plus bel ouvrage de Bacon, de celui qu'il préférait à tous, ses *Essais de morale et de politique*, ne renferme guère que des vérités que nul ne nie; qu'il touche à peine, et qu'il méconnaît plus d'une fois, celles dont le bonheur de la vie et le salut dépendent. En histoire, il a fait une *Vie*; en législation, des pensées détachées (ses *Aphorismes*), dans le Ministère, des prévarications peut-être.

Donc, la méthode de Bacon ne vaut rien.

Et Bacon est le premier à en convenir : imagineriez-vous qu'il ne croyait pas même à l'ordre? « C'est *une folie*, dit-il, de vouloir assujettir tous les arts et tous les esprits à une méthode uniforme [1]. »

Nous avons vu l'impuissance visible des plus remarquables tentatives qu'on ait jamais faites de législations universelles; nous en avons fait sentir assez les causes à l'avance, dans la quatrième partie de cet ouvrage. Nous nous contenterons ici de les rappeler, car on ne saurait trop les redire.

---

[1] *Analyse de sa philosophie*, par De Leyre, tom. Ier, chap. 3. Chap. de *la Méthode*. — Après cela, M. de Vauxelles, juge à Orléans, pouvait se dispenser de publier, en 1834, une volumineuse *Histoire de la Vie et des ouvrages du Chancelier*.

La première raison de l'insuffisance, des défauts, des erreurs, des crimes de la science en général, et principalement de la science moderne, c'est évidemment, ou la connaissance incertaine, ou l'ignorance de la raison fondamentale, de la cause première du double monde physique et moral, le défaut enfin d'études et de connaissances théologiques.

Les autres causes sont les petites circonstances de la vie, de la profession, du temps, des lieux des écrivains qui se sont occupés de la chose. Comme la plupart ne savaient pas assez la théologie (c'était le cas de Bacon qui se reprochait aussi d'avoir *plus écrit pour la Cité que pour le Temple*), les autres ne savaient pas assez la politique et la morale (c'était le défaut de Leibnitz). Tous s'occupèrent trop des détails des sciences même qu'ils savaient à fond : c'est ainsi que Bacon eut le tort de faire un *Traité des vents*, et même de la *Chancellerie* [1]; et Leibnitz, un traité des *Privilèges* de Cour *des Ambassadeurs* germaniques, et jusqu'à des *poésies latines* et *françaises*.

Ceux qui voulurent, de nos jours, aller sur leurs brisées, comme Lasalle et Saint-Simon, ne savaient

---

[1] Il le reconnaît, et se le reproche dans son livre de l'*Accroissement des sciences* : « ad litteras potiùs quàm ad aliud quicquam natus, et ad res gerendas NESCIO QUO FATO contrà genium suum abreptus (de *Aug. sc.* VIII, ch. 3.) — Au fait, il n'y a rien d'habile à rétrécir et à faire reculer les *sciences*, comme les affaires proprement dites; les *affaires* ne sont pas autre chose que des satisfactions d'*intérêts* personnels, essentiellement inassouvissables. Et voilà pourquoi les hommes vraiment grands ont horreur des places, et pourquoi aussi les places, à leur tour, ont horreur des grands hommes. Avis aux gouvernements de fait, et aux *Prétendants!*

pas même les premières lettres de l'alphabet Catholique, de cet alphabet qui emporte avec lui toutes les vérités, et qui exclut toutes les erreurs. Ce qui n'empêche pas ces messieurs d'avoir le sentiment de cet alphabet : A. Comte, dans une esquisse encyclopédique, avait mis l'astronomie en tête, et la science sociale après tout le reste, oubliant le premier principe et la fin, l'*alpha* et l'*oméga*. M. Buchèz, tout républicain qu'il est, le lui reproche dans ses aperçus métaphysiques, intitulés : *Introduction à la science du développement de l'humanité*; et puis, il fait les deux déclarations suivantes, dont la seconde est le dernier mot de son ouvrage : « Une encyclopédie doit comprendre la loi du mouvement de la cause, et la loi de l'engendrement, sous UNE SEULE LOI, qui est LA VOLONTÉ DE DIEU... Un jour arrivera où l'humanité aura accompli sa tâche; alors un autre monde paraîtra, ET LA VOLONTÉ DE DIEU SERA FAITE. » — Lorsqu'on entend parler aussi bien, aussi haut, aussi courageusement, au milieu de la décadence générale, pourrait-on désespérer de la *Grandeur future de la France*?

SIXIÈME PARTIE.

MOYENS D'EXÉCUTION.

PARAGRAPHE I.

TABLEAU DE LA RÉUNION ADMIRABLE DES CAUSES ET DES MOYENS QUI DOIVENT FACILITER LA COMPOSITION, LA PUBLICATION ET LE SUCCÈS D'UNE LÉGISLATION UNIVERSELLE EN FRANCE, ET PAR CONSÉQUENT EN EUROPE.

> *Jam redit et Virgo, redeunt saturnia regna;*
> *Jam nova progenies Cœlo dimittitur alto.*
> (VIRG. *Eclog.* IV.)

Il semble en effet que toutes les causes, toutes les raisons, tous les moyens extérieurs ou intérieurs d'une grande Réforme littéraire existent au moment où j'écris. Ils sont les mêmes que ceux d'une réforme morale, politique, réelle. Je veux dire que tout le monde, et le monde entier vont à la fois, et par la même route, à la vérité et à la vertu, au Christianisme et même au Catholicisme d'un *petit nombre*.

Car, c'est en ce sens seulement que le Christianisme fructifie, et qu'il y a *progrès* dans la civilisation, dont il est le secret unique.

Les majorités, en un mot, vont sans cesse s'aveuglant, détruisant ce qui les entoure, se détruisant surtout elles-mêmes; et cela dans l'intérêt d'un petit nombre d'Élus et d'éligibles, exclusivement.

La première raison d'une vérité (seulement sa raison immense) est l'erreur à l'infini divisée, devenue multiple à l'infini, et, si j'ose le dire, innumérable [1]. Nous avions, dès la fin du xviiie siècle, parcouru le cercle de toutes les erreurs; il n'en était pas d'imaginable qui n'eût été dite, le plus souvent développée, traitée même *ex professo*, par quelques philosophes, et même par la plupart [2].

La dégradation morale avait suivi la révolution littéraire et philosophique, dont elle est à la fois le but et l'instrument.

Le mal, à cet égard, était si profond, si général, si visible, qu'il était avoué et proclamé par ceux-là mêmes qui le faisaient. Le philosophe qui vociférait tour à tour contre l'Archevêque de Paris et contre les Pasteurs de Genève, et qui parut donner à l'*Alcoran* la préférence sur l'*Évangile;* l'honnête homme, qui mettait ses enfants à l'hôpital, et ajoutait à

---

[1] *Innumérable*: en elle-même, et par conséquent dans les esprits qu'elle dévore. Jamais, en effet, les faux savants ne furent en plus grande majorité, et le mot de l'abbé Terrasson, admiré par d'Alembert, plus vrai : « L'esprit d'une nation ressemble à ces feuilles [d'or qui deviennent plus minces à mesure qu'elles s'étendent, et il perd ordinairement en profondeur ce qu'il gagne en superficie. »

[2] La plus profonde des erreurs est la justification de l'erreur. Or, il n'est peut-être pas une passion capitale qui n'ait été soutenue systématiquement par un philosophe. Naigeon, en dernier lieu, avait préconisé nettement tous les vices, au mot *Académie* du *Dictionnaire philosophique* de l'*Encyclopédie méthodique*. Les hommes d'état prirent la défense des crimes! Brissot, en particulier, a fait l'*Apologie du vol;* Hérault de Séchelles, ancien avocat général au Parlement, la *Théorie de l'ambition;* et tout le monde sait que les massacres de Septembre trouvèrent plus d'un apologiste à l'Assemblée Nationale.

la faiblesse de se livrer à une foule d'infamies le cynisme de les raconter et de s'en faire une sorte d'honneur, n'hésitait point à dire : « Je suis bien « éloigné de haïr les méchants, qui sont mes frères; « je les plains, je les aime : mais le moyen de parler « sans émotion de ce qui ébranle même les fonde-« ments de la société ? Si mon imagination m'abuse, « et si je vous offre, d'après elle, UN TABLEAU TROP « LUGUBRE DES EFFETS DE L'IMPIÉTÉ, je souscris de bon « cœur à ma condamnation; je désire assurément « qu'on puisse m'accuser avec justice d'avoir exa-« géré. »

Nos *Histoires de la révolution* (et à cet égard elles sont toutes d'accord), présentent des tableaux décisifs des derniers *effets de l'impiété*.

Jamais la perversité n'avait encore été ainsi réduite en action depuis le commencement du monde.

Jamais non plus elle n'avait eu aussi bien son retour, je veux dire sa peine.

Nous avons, dans nos pères, dans nos enfants, dans nos proches, dans nos amis, et mieux encore en personnes, parcouru tous les maux que l'erreur et le crime emportent avec eux.

Cette triple épreuve de sophismes, de corruptions et de calamités, nous l'avons faite et même renouvelée de nos jours, en moins de quelques années.

L'Empire, la Restauration, la Révolution de juillet, n'ont été comme celles de 89, que de nouvelles éditions de *Duperies*.

Il a suffi récemment de quelques jours, pour nous donner à la fois le spectacle de la guerre civile la plus acharnée, et celui du plus bas philosophisme qu'il soit possible de concevoir.

Les Lieux sacrés, qui depuis près de 6000 ans avaient servi d'asile aux plus grands criminels, c'est-à-dire aux hommes les plus malheureux, les Sanctuaires chrétiens n'ont pas vu rentrer le glaive dans le fourreau; et le carnage a été organisé, et le sang a coulé à flots dans la seconde ville du Royaume Très-Chrétien, dans la Mère-Église des Gaules, sur les parvis des autels dressés par saint Irénée, le premier instituteur Apostolique de la France, et l'un des plus illustres Martyrs de la Religion Européenne.

Voilà le fait de la politique, qui montre l'excès de notre décadence; voici celui de la philosophie, qui la met encore mieux à découvert. C'est l'abbé Lamennais qui nous le fournit.

Jamais Canoniste ultramontain n'avait porté plus loin le principe de la Souveraineté Pontificale. Grégoire VII, qui sembla peser dans sa main les couronnes européennes, était son Dieu; Bossuet, le promoteur de la Déclaration de leur indépendance, son ennemi juré, et, si j'ose le dire, sa *bête noire*. A l'entendre, le Gallican le plus bénin, était un calviniste, et même un athée. Sa vie, toute militante, ne fut qu'un long acte d'accusation contre *l'indifférence* de son siècle *en matière de religion*. Il s'était, en dernier lieu, solennellement mis aux pieds des Évêques de France, et de cette Grandeur Romaine qui emporte, aujourd'hui plus que jamais, toutes les grandeurs avec elle.

Hier enfin, il semblait au Pays, que dis-je! il semblait au Clergé de France, le plus célèbre clergé du monde, que la soumission personnelle de l'abbé Lamennais, mille fois plus éloquente que n'avaient été tous les écrits de l'auteur, rendait au Catholicisme tout ce que les dernières révolutions avaient pu lui ôter. Tel est l'homme d'hier, l'égal de Fénelon par son génie et son humilité. Et, aujourd'hui, voilà ce même homme réunissant en lui seul, avec les formes singées de Jérémie [1], tout ce qu'il y avait d'indépendance dans Calvin, d'orgueil dans Voltaire, de violence dans Babeuf, et, disons le mot, d'apostasie dans Cérutti.

Car, on ne saurait trop le redire (c'est de cette vérité que dépendra dorénavant le salut de la religion, et par conséquent celui de la patrie), la seule hérésie, la seule révolution, la seule apostasie, désormais possibles, et même les seules dangereuses, sont celles conçues et enfantées *au nom du Père, du Fils et du Saint-Esprit,* comme dans les *Paroles d'un croyant*!!!

Le *Prêtre* enfin, le plus célèbre du 19ᵉ siècle, s'est désormais condamné, et probablement pour toujours, à marcher à la suite de toutes les erreurs, et peut-être de tous les mauvais sujets de la société; à nier toutes les autorités, celle des Rois, celle des Magistrats, celle des Maîtres, celle des Propriétaires, celle surtout du Prêtre, et cela en les usurpant toutes.

---

[1] Les *Paroles du croyant*, dit M. Royer-Collard, sont la doctrine de Babeuf *psalmodiée* par Jérémie.

Jamais un tel spectacle ne s'était vu sur la terre.

Jamais le mal n'avait été porté à un tel excès.

Jamais il n'avait été si éclatant.

Jamais je ne crains pas de le dire, il ne sera plus susceptible d'édification...

Le mal, dans la philosophie ainsi que dans la nature, c'est l'absence; c'est le schisme de l'Être: lorsqu'il est venu à son point, il s'égorge lui-même; épuisé par ses excès, il devient stérile : c'est le chancre qui cesse avec son aliment. Mais, comme la nature, image de son auteur, est comme lui essentiellement féconde, elle recommence ses générations sans cesse. La réalité, c'est-à-dire la vérité, remplace le néant ou l'erreur. Ainsi que la nature, la société a horreur du vide. L'amour est plus fort que la mort (vérité et même expression biblique). Et, chose admirable, c'est le mal lui-même qui est le principe du bien; ce sont les erreurs qui appellent à grands cris la vérité. Tous ensemble, ils paraissent s'être entendus, s'être dévoués pour reconnaître leur crime, pour abandonner le monde qu'ils avaient usurpé, au pouvoir légitime. Ils ont fait *table rase* de la société, pour donner lieu à l'architecte d'élever un monument, fort de la base, franc d'alliage dans ses éléments, régulier dans la forme, commode et salutaire dans son exposition et dans ses parties, durable et même immortel dans son existence. Il est vrai de dire, de la société comme de l'homme, qu'elle ne meurt que pour renaître. L'erreur, les crimes, les malheurs n'ont jamais qu'un temps;

la vérité, la vertu, *le droit*, la légitimité, seuls, sont éternels; et les affronts qu'on leur fait, les outrages et la mort qu'on leur impose ne sont jamais que la confirmation et la multiplication de leurs titres primordiaux!

La révolution de Juillet, comme tous les *fléaux* du monde, n'est pas autre chose que l'action de Dieu qui fait *main basse* sur les passions de ses amis, et subsidiairement sur celles de ses adversaires.

La Restauration volait à la mort, sur les ailes de l'indifférence divine.

La Providence de la patrie la fit trébucher sur les *pavés*, pour la remettre sur la route de la vie et de la grandeur.

Si nous n'avions fait que reconnaître nos erreurs et nos crimes, nous n'aurions pas encore de raisons de revenir à la vérité. Nous les avons même expiés. Nous avons eu, comme nos pères primitifs, nos faux prophètes, nos tribus séparées, nos guerres, nos transmigrations, nos 40 années de calamités. Il nous faudrait la langue d'un vrai Jérémie, pour égaler aux malheurs, les lamentations. Et ces malheurs, nous les avons acceptés comme la rançon de notre incrédulité. Or, le *supplice*, lorsqu'il ne va pas jusqu'à la mort, *supplie*. Il *supplie* Dieu, il *supplie* la vérité; et Dieu et la vérité, sa *fille unique*, ne sont jamais inexorables aux cœurs de componction. Au rapport de la Fable, véritable parodie de l'Histoire, la foudre chez les Païens annonçait, non-seulement la présence, mais encore, et surtout, la bonté des

Dieux. Ce fut au fort de leur grandeur apparente, que les philosophes civilisés s'agenouillèrent devant quelques hordes de barbares. Les Goths et les Vandales vengèrent Dieu sur les Romains qui avaient envahi les cieux et opprimé la terre.

Dans le fait, les peuples sont dégoûtés des harangues de Tribuns, des livres et des écoles de Sophistes. Les meurtres ou les renvois de Souverains ont comme maudit les artisans de révolutions. 1793, les *Cent Jours*, les *Trois Journées*, sont des orgies de la fortune. L'indépendance et le despotisme, la liberté et la mort, étonnés d'être évoqués ensemble, sont incapables de durer l'un avec l'autre. Les Gouvernements des Grecs et des Romains, ainsi que leurs Sophismes et leurs écoles, quels que soient les prétextes ou les couleurs que nous leur donnions, sont discrédités. La Philosophie et le Jacobinisme sont pour les intelligences, ce que les Assignats furent pour les fortunes *conventionnelles*, la ruine de leurs derniers détenteurs.[1] Les écrits de nos plus fameux philosophes fatiguent dans les salons; les sages ne les

---

[1] Les *Saint-Simoniens* et les *Châtels* ont fini, les *Templiers*, les *Fouriens* (*fous* et *riens*, belles épithètes *naturelles* de sophistes) vont mourir, par le plus grand de tous les crimes, dans une société comme la France, le ridicule.

Les Lamennaisiens, c'est-à-dire l'abbé Lamennais tout seul, finissent aujourd'hui par la haine des gens de bien les plus *indifférents en matière de religion*.

Et, d'ailleurs, je ne voudrais pour preuve de la renaissance religieuse, et du véritable progrès que leurs écrits ou leurs procédés supposent, que le *Nom de Dieu*, qu'ils jurent et qu'ils blasphèment en le proclamant!

parcourent que pour s'entretenir dans l'horreur de l'erreur ou du crime. On les lit sur les comptoirs et jusque dans les échoppes, devenues leur tombeau. [1] Ils resteront, mais comme monuments d'aveuglement ou d'infamie, pour servir aux *Mémoires des égarements de l'Esprit humain.*

D'un autre côté, jamais le sentiment involontaire du beau, en philosophie, en littérature, et même dans les arts et dans les affaires, ne s'est plus généralement manifesté.

La tendance religieuse, la *réaction* morale sont si sensibles, qu'elles ont frappé tous les regards. Le Journalisme, véritable expression de la société, hésite, depuis 4 ans moins que jamais, à nommer *Dieu* [2].

On a trouvé qu'il faisait bien dans la période !

C'est reconnaître qu'il a une correspondance secrète avec les âmes nouvelles.

Les écrivains les plus en vogue du jour, sont précisément ceux qui revêtissent le plus les formes religieuses ; ceux qui usent, ceux-là surtout qui

---

[1] Voulez-vous des exemples contraires pour mieux juger ces exemples? Toutes les belles œuvres philosophiques ou littéraires qui traversèrent, en grandissant, la suite des siècles, échappèrent au bas âge, aux bas lieux et à la foule ! Platon ne fut jamais lu que parmi les savants et par le petit nombre des sages du monde ; Thomas d'Aquin par ceux de l'Église. Ce n'est guère qu'aux académies, dans le grand monde, dans le monde lettré ou honnête, qu'on admire Bossuet, Fénelon, et même Corneille ou J. J. Rousseau. Et voilà le secret de leur bienfaisance ou de leur immortalité.

[2] Le sujet de la réaction religieuse est si grand et si beau, que nous nous proposons d'en publier un tableau à part. Nos athées eux-mêmes seront surpris en flagrant délit de Divinité.

abusent de Dieu : Chateaubriand, Lamartine, Ballanche, Silvio-Pellico; et ce Lamennais que je n'ose presque plus nommer. Il n'est pas jusqu'aux petits romanciers qui, pour se jouer de leurs lecteurs, ne semblent se jouer de Dieu, en le mêlant à leurs folies : Charles Nodier, Sainte-Beuve, Lerminier, etc.

Les trois artistes qui fixent le plus l'attention aujourd'hui sont précisément ceux qui ont le mieux regardé les cieux : Paul Delaroche, Ingres, Lemaire.

Victor Hugo aspire, dit-on, à crucifier une seconde fois le Sauveur des hommes sur le théâtre, comme Me Dupin l'a martyrisé au Palais.

Le signe de Dieu, et si j'ose le dire, le *signe de la Croix* est marqué sur les plus hautes échelles. Les Chaires chrétiennes n'eurent pas, depuis un demi-siècle, un plus grand retentissement dans toute la France, que durant les deux derniers *Carêmes*.

Des hommes ou des choses qui, à d'autres époques, eussent à peine occupé quelques jours, ont excité une attention et produit des discussions générales. Je citerai l'affaire Lamennaisienne et celle de la suppression des Évêchés, où l'on a vu jusqu'aux frères Dupin et leur *Constitutionnel* se faire quasi-Fidèles, comme ils sont quasi-légitimistes. Plus hardi encore, le Garde des sceaux Persil a écrit aux Évêques une *Lettre* devant laquelle la *Grandeur* de M. de Peyronnet eût reculé.

Il existe à Paris, en 1834, jusqu'à douze journaux hardis, spécialement consacrés aux matières religieuses, lorsqu'il y en avait à peine deux timides sous les auspices du ministère de l'Évêque d'Hermopolis, aux beaux jours de la prétendue *Restauration*. Il y a plus, quelques-uns des nouveaux recueils religieux ont été mis sur le pied des plus célèbres journaux mondains à bon marché. La *Bible* elle-même reçoit, en ce moment, deux fois le même honneur, à tout prix [1].

Je sais très bien que la religion, que tout cela suppose ou opère, est loin d'être la Religion pure. Je crois même que le grand meneur de cette tendance générale et visible, Ange ou homme, peut n'être qu'un immense anti-Chrétien : et je ne voudrais pour le prouver que les *Paroles d'un croyant*, que tous les indifférents en religion portent aux nues, bien que l'une des paroles soit celle-ci : « la bouche qui s'ouvre pour nier Dieu est un soupirail de l'enfer. »

D'autre part, et par la même raison, les écrivains vivants, connus par leur incrédulité, MM. Destutt-Tracy, Azaïs, Salverte, ne furent jamais plus ignorés.

Comment, à tant de traits, à des traits si décidés d'*âmes naturellement chrétiennes* au 19ᵉ siècle, le *Globe* a-t-il pu dire incessamment, comment la *Tribune*, et même le *National* du 27 mars, ont-ils

---

[1] On publie, dans la même vue, sous le titre de *Raison du christianisme*, la collection de tous les Grands hommes, catholiques ou protestants, qui ont écrit en faveur de la religion. D'un autre côté, MM. Bouillet et Garnier, savants professeurs de philosophie, éditent et annotent une *Bibliothèque philosophique des temps modernes*, où, sans doute, ils n'ont fait figurer que comme contrastes les noms de *Spinosa* et de *Diderot*.

pu répéter encore : « *Catholicisme*, *légitimité*, *noblesse*, tout cela est *mort*, *bien mort* en France : on peut lui donner, comme aux cadavres, les apparences d'une vie convulsive; pour la vie même, on ne la lui rendra *pas*. » Aveugles que vous êtes! vous êtes vous-mêmes sur la voie de cette grande trinité sociale : et je n'en voudrais pour preuve, que le *silence* que vous gardez ou la si petite irritation que vous éprouvez depuis trois ans, à l'aspect de cet Épiscopat, de ce Jésuitisme, de ce *droit divin*, de cette aristocratie qui vous faisaient peur ou mal pendant la *comédie de* 15 *ans!*

C'est dans les *Revues de* vos *deux mondes*, que je lis ces beaux vers, signés *Antony Deschamps*, auxquels la mesure ou la rime n'ôte rien de la vérité :

> Toi seul, divin Jésus, de la fange profonde,
> Une seconde fois tu peux tirer le monde;
> Car toi seul apportas la sainte égalité,
> En apportant l'Amour avec la Charité.

Il ne faut pas s'en étonner : l'esprit et le cœur humains sont faits, l'un pour la lumière, l'autre pour la justice. La vérité, la vertu plaisent, elles émerveillent, elles subjuguent les hommes les plus aliénés ou les plus coupables, du moment qu'elles savent se montrer. Les hautes doctrines, les règles austères sont même celles qui plaisent le plus au fond, parce qu'elles étonnent davantage. Aussi voit-on le Christianisme primitif gagner, en un quart de siècle, plus peut-être que le paganisme en deux mille années. Il en fut de même des Ordres religieux : les plus rudes, les plus exigeants furent le plus tôt nombreux et les plus durables. Les hérésies elles-mêmes les plus générales, celles du moins qui sont les plus subtiles et les plus dangereuses, comme celles de la Mecque et de Port-Royal (qu'on ne s'étonne pas de ma comparaison), voulurent même renchérir en sévérité sur la Mère commune. Il en est de la tyrannie elle-même comme de la discipline : Bonaparte a plus aisément fondé la Conscription que le Roi Philippe, la Garde nationale.

Si nous aimons naturellement la vertu, nous admirons bien plus encore la lumière. Elle plaît toujours à l'esprit, alors même qu'elle n'oblige pas toujours les organes. C'est elle principalement que les honnêtes gens réclament sous le nom d'*ordre*; c'est elle que les mauvais sujets eux-mêmes demandent sous le nom de *liberté*. Les peuples primitivement religieux, naturellement catholiques (et quel peuple fut cela plus que la France?) sont dans ce cas encore plus que les autres. L'enfant qui a reçu le caractère chrétien sur le front, à dix ans, peut s'écarter, mais, comme la courbe rentrante de la géométrie. Il y a dans les forêts de la France plus d'arbres renversés que de déracinés.

Nous avons appris (tous tant que nous sommes, qui avons du cœur du moins), nous avons appris, une seconde, une troisième fois, que la vérité qui rend paisible, qui fait trouver le bonheur dans l'humilité, qui oblige d'aimer nos ennemis plus que nos amis, est la seule vérité. Nous n'attendons plus, ce me semble, qu'une occasion pour nous donner tous la main et monter ensemble au Capitole : le mot ici a plus d'une acception, et peut-être plus d'un bonheur.

Mais, dira-t-on, les hommes de l'erreur, les petits maîtres, les Grands maîtres, les disciples, l'Université de la Nation comme celle du Gouvernement sont partout en majorité, en crédit, en puissance, dans la littérature? Vous vous trompez : les philosophes comme les républicains, ne paraissent nombreux que parce qu'ils se montrent partout, et crient seuls, au sein d'une immensité retirée et silencieuse.

Leur puissance est aussi faible que leur nombre; ils n'ont que celle que nous leur laissons, que nous hésitons à leur ôter, que nous leur donnons de nous-mêmes : le gui, naturellement stérile, ne végète qu'à la faveur de l'arbre ou de la muraille qu'il appauvrit ou dégrade. Ce que le poëte a dit du sexe, on peut le retourner pour le dire du parti mauvais :

> Ses vices sont de lui, ses vertus sont de nous.

Son union vient de nos divisions; ses sociétés secrètes, du défaut de nos sociétés patentes ou politiques; son audace, de notre pusillanimité; sa force, c'est notre faiblesse; son triomphe, ce sont nos sottises et nos crimes. Notre mort est toujours un suicide. Abandonnons nos adversaires une fois à leur nullité, à eux-mêmes; soyons habiles, sans cesser d'être généreux; et nous les verrons retomber de leur propre poids; et ils nous offriront leurs bras et leurs cœurs; et les géants ne seront plus que des fantômes; et le petit nombre des hommes supérieurs se trouvera le grand et même le seul; et il fera servir à ses fins ses ennemis, comme on voit l'eau servir le nautonier à remonter l'eau. La philosophie et la révolution ne se sont prolongées que parce que les écrivains ou les sujets catholiques se sont plus ou moins unis à leurs adversaires, leur ont fait plus ou moins de concessions. Les hostilités, en matière de guerre, sont en raison de l'incertitude des efforts faits pour les empêcher : dans ce sens, il est vrai, il est juste d'attribuer tous les malheurs à la Défection, aux gens moyens ou médiocres, aux gens du juste-milieu. Jadis les Agier dans la politique, les Chateaubriand dans la littérature; de nos jours, les Lamennais, les Genoude, les Laurentie, etc., et tous ceux qu'ils représentent, sont à la fois les hommes les plus ridicules, et les plus dangereux de la société, parce qu'ils sont les plus spéciaux, et qu'ils se prétendent universels.

Mais cela prouve encore, et la facilité qu'il y a de les confondre, et la honte qu'il y aurait d'en être confondu. Il ne faut pas que le monde s'arme pour les écraser (je veux dire pour montrer leur nullité), il suffirait d'un homme :

Si forte virum.... Silent.

C'est un homme en effet qui fit, qui détruisit, qui édifia tout, dans la littérature ainsi que dans le monde, et qui fit ce prodige avec l'idée de Dieu, c'est-à-dire sans autre talent que l'obéissance. Aristote et Platon mirent à néant toute la philosophie de la Grèce; Cicéron et Sénèque, toute celle de Rome; quelques pauvres Pêcheurs, craignant Dieu, confondirent les anciennes et les nouvelles philosophies. Origène seul, d'une façon, saint Jérôme seul, d'une autre, ont établi les Livres saints. Depuis, la même histoire s'est renouvelée. L'école des sophistes du 12e siècle avait envahi le monde : saint Thomas envahit l'école à son tour. Elle avait voulu revenir : à la parole seule de Descartes, toutes les écoles se troublèrent [1]. L'école Cartésienne, la seule qui domine encore (jusque dans ceux qui se croient ses adversaires), l'école Cartésienne, vague, faible, insignifiante, et même illisible, seule, serait-elle immortelle? seule, aurait-elle besoin de plus d'un homme pour la détruire? je ne le crois pas [2].

Ainsi, nous avons à la fois un grand motif d'espérance et un grand sujet d'émulation. Il ne faut

---

[1] Dans un ordre inférieur, Littleton seul a rétabli le Droit coutumier anglais ; Linné seul les lois des plantes ; Domat seul une grande partie de nos lois civiles : pendant que la société du *Répertoire* faisait du droit, et l'*Encyclopédie* de la science, un effroyable chaos.

En descendant plus bas encore (car la terre est sans doute moins noble que l'âme), Young seul a fait justice de Newton ; Berzelius seul, de Bertholet, etc.

[2] « L'aigle vole seul, les oiseaux secondaires par couples, les hirondelles par bataillons, » dit M. Ph. Chasles, jusque dans la *Revue de Paris*, où l'on va par bandes. Seulement, il est mal inspiré dans le choix de ses exemples. Ses hommes uniques sont : « Shakespeare, J.-J. Rousseau, Machiavel, Bonaparte, Byron, Chatam, lesquels allaient isolément, méconnus et haïs. »

qu'un homme pour faire sortir du chaos la Littérature universelle; et cet homme, c'était, dans les vues de la Providence, aussi bien que dans le système Jacotot, entre des millions, celui qui aurait voulu : qui n'admirerait pas la Providence? il faut, pour enlever une montagne, des armées d'ouvriers, avec tous les leviers de la nature; il faut même toute une illustre Académie pour faire un Dictionnaire ; et, pour mettre à leur place tous les éléments du monde moral, les philosophes et les législateurs, les honnêtes gens et les mauvais sujets, nos livres, nos bibliothèques, l'Université et l'Académie elle-même, il ne faut qu'un homme isolé! Pascal avait remarqué que sans un grain de sable placé dans l'urètre de Cromwell, c'en était fait de la Chrétienté: il était loin de penser, lui qui fit pourtant de si fameuses Pensées, qu'il suffisait d'une pensée pour remettre la Chrétienté à flot.

La facilité actuelle, la *Facultativité*, si j'ose le dire, de la destruction des fausses écoles philosophiques et de l'édification de la véritable, ne s'explique pas seulement par la nature de l'esprit humain et l'histoire universelle; elle se révèle encore par la nature des choses, telle que Dieu l'a faite. Tout est gradué dans les œuvres de Dieu et dans la nature: le Temps n'est institué que pour opérer cette graduation. Rien de grand ne saurait avoir et n'eut jamais de grands commencements [1].

[1] Il ne faut rien moins que le plus niais des esprits faux (je parle la parole de Bossuet), pour prétendre que le génie d'un pays comme

Les hommes des premiers âges, ayant plus de foi, se trouvant ou plutôt se croyant plus en la présence de Dieu que nous, avaient plus naturellement la science infuse et comme innée : sans y penser, ils voyaient toutes les vérités en une. La corruption

la France soit tombé en quenouille, de la façon suivante, à propos de la faiblesse d'une femme (car l'héroïsme de Roi, est bien mieux que celui de peuple, faiblesse) : le passage va trop à mon sujet pour que je l'omette.

« La Providence a voulu que ces générations de passages, destinées à des jours immémorés, fussent petites, afin que le dommage fût de peu. Aussi voyons-nous que tout avorte, que tout se dément, que personne n'est semblable à soi-même et n'embrasse toute sa destinée, qu'aucun événement ne produit ce qu'il contenait, et ce qu'il devait produire. Les hommes supérieurs de l'âge qui expire s'éteignent, auront-ils des successeurs ? LES RUINES DE PALMYRE ABOUTISSENT A DES SABLES. — Si *dans ces déserts de caractères et de talents un monument* vient à se montrer sur l'horizon solitaire, tous les regards se tournent vers lui. Madame la duchesse de Berri paraît d'autant plus élevée qu'un bas niveau s'étend autour d'elle. Elle avait même à craindre d'être méconnue, car elle est en deçà ou au-delà de l'époque de ses pairs. Pour admirer, il faut comprendre : le courage est mystère à la peur ; la médiocrité nargue le génie. La captivité de Blaye n'est pas de son temps ; *sa gloire est un anachronisme.* »

C'est la renommée de l'écrivain de ces paroles qui est *un anachronisme*.

Il a dit, depuis, dans ses *Mémoires égoïstes*, et que pour cela M. Ballanche appelle l'*Epopée du* XVIIIe *siècle* : « Si vous exceptez *une trentaine d'hommes* d'un mérite réel, quel troupeau de générations libertines avortées, sans foi, se précipitant sur l'argent et les places, comme des pauvres sur une distribution gratuite ! »

Ce qui trompe toujours cet homme, c'est qu'il prend la *littérature* pour le *Génie*, le *bruit* pour la *Grandeur*, la *coterie* pour *la France* et même l'univers. La *trentaine* dont il parle, ce sont les trente hommes qu'il croit à sa suite, lorsqu'il est à leur suite déjà !

Je crois, moi, et j'affirme qu'il y a trente mille jeunes-France, et peut-être cent mille, d'autant plus fortes, même en littérature et en Génie de christianisme, qu'elles sont encore vierges de parole et d'écriture, toutes prêtes à rire de M. de Chateaubriand !

successive des mœurs a produit celles des intelligences. Pour remédier à un plus grand oubli de la vérité, et presque à de l'aveuglement, il a fallu un plus grand éclat, des preuves plus fortes et plus entraînantes. Je vois aussi les Prophéties, la Bible, devenir de plus en plus claires. Par la même raison, et en conséquence, les philosophies deviennent avec les siècles de plus en plus claires aussi. La philosophie de Sénèque et de Plutarque est bien moins obscure et déraisonnable que celle de Platon elle-même. Saint Basile, postérieur à Origène, est à tous égards supérieur. J'en dirai autant de saint Thomas comparé à saint Augustin ; de Suarès et de Bossuet même, dans leurs rapports avec saint Thomas.

Le progrès est encore plus sensible dans les sciences proprement dites; et, pour n'en citer que des exemples modernes et décisifs, je ferai voir Young et Fresnel réformateurs, ou plutôt Homicides de Newton, comme Newton l'avait été de Descartes ; Herschell, reculant les bornes des télescopes, et, par elles, celles de l'astronomie; Berzélius, vainqueur de Lavoisier ou de Bertholet ; et Bacon lui-même, vainqueur de tant d'autres, vaincu tant de fois à son tour, sans en être étonné [1].

Ne reculant devant aucun préjugé, ou plutôt devant nulle conséquence d'un vrai principe, je n'hésiterai point à dire hautement, que je trouve plus de

---

[1] « *Neque omittenda est prophetia Danielis de ultimis mundi temporibus:* MULTI PERTRANSIBUNT, ET AUGEBITUR SCIENTIA. » (*Nov. org.* liv. XCIII.)

lumières, à l'usage de la vertu au 19ᵉ siècle, dans les seules œuvres du comte de Maistre, que dans toutes celles du 17ᵉ et du 18ᵉ siècle réunies. Les hommes, en général, sont également capables dans tous les siècles; mais les derniers ouvrages sont presque toujours supérieurs aux précédents. On ne se décide guère, lors surtout qu'on est supérieur, à faire que ce qu'on n'a pas trouvé fait; à refaire, que ce qui a été manqué: l'amour-propre y est intéressé comme la conscience. Il est rare aussi que les livres aient une autre destinée que celle du siècle qui les a vus naître. Si l'antiquité pouvait toujours tout, à quoi bon sa mort? à quoi bon la venue des temps modernes? Si un homme pouvait se dire: j'aurai à moi la postérité, il y aurait de quoi se perdre d'orgueil, et faire avorter, en les désolant, ses semblables et ses successeurs.

Croire tout découvert est une erreur profonde:
C'est prendre l'horizon pour les bornes du monde.

Aussi, lorsque je parais élever si haut la Législation universelle, ravaler si bas tout le reste, ce n'est guère son auteur que je veux élever (je sais trop son impuissance), mais Dieu exclusivement:

Soli Deo honor et gloria!

Comme c'est de lui seul que vient tout génie ainsi que tout pouvoir, c'est à lui qu'il faut rapporter tout. Il a dit, et il a promis que les portes de l'Enfer ne prévaudraient jamais contre celles du Ciel; et celui-là ne se dédit ou ne se parjure point. Le mal n'a jamais été plus grand dans l'esprit des hommes; jamais le bien, et par conséquent son instrument, ne fut plus nécessaire. Voilà pourquoi je crois à la possibilité, à la facilité du remède : j'y crois comme à Dieu lui-même. Nos adversaires ont triomphé de nouveau, comme toujours, à la lueur des incendies; nous voulons, nous, triompher, et nous triompherons, à la clarté du jour. Une ère ancienne a fini, une ère nouvelle commence. Les anciennes dynasties ont disparu, pour faire place aux nouvelles. Le monde, d'un de ses bouts à l'autre, est ébranlé dans ses bases gothiques. La terre, tout entière entr'ouverte, semble en travail d'un Sauveur nouveau; et le Sauveur nouveau, ce n'est point Saint-Simon ou l'abbé Lamennais; ce n'est pas même l'abbé Châtel : c'est tout uniment l'ancien Sauveur des hommes, toujours ancien et toujours nouveau, et le seul même qui le soit.

L'Homme-Dieu doit être de plus en plus sensible; et c'est aux plus simples hommes que Dieu a donné la mission de le faire voir.

Les catastrophes les plus effroyables, les déchéances, les spoliations, les supplices les plus aggravés, tout cela n'est qu'une parole, un peu plus haute, de Dieu, dont l'écrivain vraiment philosophe doit se constituer l'organe. Je vois sa main qui les suscite, qui les entretient, qui les accroît; je la vois encore qui les arrête; le temps est l'image de l'éternité : ici, comme là, le moment arrive où les méchants sont précipités dans les abîmes, les bons ravis au céleste séjour; où Dieu rentre dans le repos, et où règne l'éternité [1].

Mais il faut faire une application plus précise de la loi du Progrès à la Législation universelle. Les temps ne sont pas également favorables pour les beaux monuments. On dirait que de grandes commotions, de grandes révolutions politiques soient nécessaires pour donner lieu à des grandes révolutions littéraires, et qu'il est, à tous égards, donné aux dernières époques de l'emporter sur les précédentes. L'esprit d'ordre et d'universalité fut toujours

---

[1] « Des voyageurs naturalistes, dit Valmont de Bomare, ont observé que dans l'Amérique, où la violence des ouragans est extrême, les plus terribles, dans le moment de leur action, amènent les récoltes les plus abondantes, et hâtent les reproductions de la terre: comme si ces affreuses agitations ne déchiraient son sein que pour préparer la fécondité, et que ces désordres passagers participassent de l'ordre constant de la nature, qui pourvoit à la génération par la destruction même. »

La Loi de la nature est encore la Loi de la société. Le simple président Hénault a remarqué le gain que faisait toujours le Pouvoir, c'est-à-dire le devoir et le dogme lui-même, aux révolutions.

S'il y a un point évident d'histoire de France, seulement de cette histoire que ne soupçonnent même pas nos Michelet ou nos Lacretelle, c'est le rapport intime qu'il y a entre le règne de cet Henri IV si populaire, et celui de Louis-Philippe qui l'est si peu.

Ils sont, à plusieurs égards, illégitimes tous deux, tous deux libéraux, tous deux mixtes et de milieu, tous deux transitoires, quelle que soit la destinée de la race personnelle réciproque.

Ils sont gros, tous deux, des mêmes résultats.

La vie et la mort d'Henri IV ont engendré le règne de Louis XIV.

La vie et la mort civile ou naturelle de Louis-Philippe produiront un plus beau moment que le règne de Louis-le-Grand:

Celui d'Henri V? peut-être.

C'est là le secret de Dieu.

Malheur aux hommes qui voudront le lever!

de plus en plus grand, de plus en plus populaire.

Ce n'est pas la bonté de la *chose* en elle-même que je veux faire entendre, mais l'excellence du *signe*. Dans l'antiquité, les hommes étaient bien plus spéciaux que dans les temps modernes. Aristote se trouve général, presque seul, avant l'ère Chrétienne ; et, depuis, les docteurs qui ne s'élevaient pas à l'ignorance d'Arsène, allaient du moins à la science d'Aristote, jointe à celle des Saintes écritures. Le 17e siècle compte à peine quelques hommes généraux, sur 1000 habiles hommes limités à une science particulière. Ceux qui savaient le plus de choses comme Hobbes, Gassendi, Bossuet, Leibnitz, semblaient plus les savoir pour les développer chacune en détail que pour les voir en grand, et à leur place. Dans l'impuissance de spécifier, au moins on généralisait : cela explique Descartes et Malebranche, qui eurent le triste art de tout dire et de ne dire guère.— Au 18e siècle, au contraire, l'esprit Encyclopédique, ainsi que nous avons vu, domina dans les hommes de lettres, et même dans les hommes d'État. Encore une fois, ceux des philosophes qui ne surent pas classer tout, voulurent du moins dire sur, pour et contre tout : témoins Voltaire et J.-J. Rousseau.

De nos jours, la manie de l'universalité prédomine encore davantage. Nous avons honte, et comme horreur de la spécialité. Chacun de nous semble ne se croire rien s'il n'est pas tout. Nous voulons cumuler dans la science presque autant que dans les emplois. Toutes les professions sont confondues,

Elles s'excluent, c'est-à-dire s'appellent réciproquement. Tout est uni, précisément parce que tout est divisé. Toujours la guerre a ramené la paix; toujours le chaos a nécessité l'ordre. Nous avons l'erreur universelle, le crime universel, les gouvernements populaires ou universels. Nous avons l'école de philosophie ou d'*Autorité universelle;* nous y ajoutons *l'Enseignement universel;* il ne nous manque plus que la science de ce caractère: elle est, j'ose le dire, bien plus facile que l'autre, et demande bien moins d'esprit et de capacité qu'elle, dans les disciples, et surtout dans le maître.

La nature et la Providence veulent le perfectionnement de la société, c'est-à-dire celui de la Littérature et de la Législation universelles. Les hommes le veulent; ils l'ont toujours voulu, comme elles. Il y a dans le cœur humain une voix qui dit : « Marche sans t'arrêter jamais. » Et le cœur marche sans jamais s'arrêter; il croit, comme celui de César, n'avoir rien fait tant qu'il lui reste à faire :

Nil actum reputans, si quid superesset agendum.

S'il se fixait à un ordre de vérités, si grand qu'il soit, il aurait honte de lui-même : il ne sait que pour apprendre encore; il ne s'élève qu'afin d'avoir un moyen de s'élever : l'homme des champs n'est content que lorsqu'il devient, par lui ou par les siens, celui de la ville; l'agriculteur aspire à être jurisconsulte; le jurisconsulte, homme d'État; l'homme d'État, Roi; le Roi, Pontife; le Pontife, Serviteur des serviteurs :

Et monté jusqu'au faîte, il aspire à descendre.

C'est-à-dire à se trouver partout, dans l'universalité, dans Dieu.

Et effectivement il se constitue, dans l'opinion publique, en état de médiocrité et d'impuissance, l'homme qui ne sort jamais, en esprit du moins, de sa profession. Tout ce qui éprouve en soi un peu de grandeur, voit le néant de sa position la plus élevée, du moment qu'il y a mis le pied.

La seule connaissance, la seule philosophie universelles, c'est-à-dire Dieu seul, est capable de le satisfaire.

C'était le sentiment secret de ces grandes considérations qui faisait dire à M. Guizot, dans le *Prospectus* de son *Encyclopédie progressive* (laquelle faisait rétroagir la science à l'Encyclopédie-Diderot): « De là vient le succès invincible des Encyclopédies.... Les deux ouvrages dont je viens de tracer le plan sont naturellement appelés par les faits, impérieusement provoqués par la nécessité.... »

PARAGRAPHE II.

TABLEAU DU MODE ET RÉSUMÉ ANALYTIQUE DES MOYENS D'EXÉCUTION ET DU PRINCIPE GÉNÉRATEUR, D'UNE PHILOSOPHIE COMPLÈTE ET D'UNE LÉGISLATION UNIVERSELLE DÉCISIVE.

> *Ego sum via, et veritas, et vita.*—JOAN. XIV. 6.
>
> « Il ne faut pas attacher des plumes à l'entendement humain, mais plutôt du plomb, des poids, pour réprimer ses *sauts* et son *vol :* on ne l'a pas fait encore; quand on le fera, on aura lieu d'espérer de l'avancement des sciences. »
> (*Bacon*, NOV. ORGAN. LIV. I. *Aphor.* 104.)

Les autres parties de cet ouvrage ont assez fait celle-ci; tout est dans tout, lorsqu'on a su commencer, continuer et finir : je ne fais pas mon apologie, mais bien celle de la Méthode vraiment philosophique et naturelle.

Les tentatives de Législation et de Philosophie universelles sont toutes infructueuses, pour ne pas dire nulles. Elles ont laissé le mal tout entier, elles l'ont même certainement étendu, elles l'ont surtout proclamé.

Il est aujourd'hui à son comble. Je vois là une preuve, je ne dirai pas de la possibilité, mais de l'existence, mais de la présence même du remède.

Le mal est dans les livres, ou si l'on veut dans l'esprit; nous l'avons assez prouvé dans tout l'ensemble de cet ouvrage. Le mal est dans l'*esprit,* parce que la *pensée* précède toujours la *volonté* et les *actes;* il est dans les *livres*, parce qu'aujourd'hui plus que jamais tout le monde lit; et ceux-là même qui n'ouvrent jamais un livre : car ils voient, ils entendent, ils touchent, ils admirent ou méprisent les écrivains et les lecteurs; ils sont lettrés, si j'ose le dire, *par procureurs*. L'homme, le plus sauvage du monde, vivant en société, procède en tout et toujours par assimilation.

Ce sont des livres, on peut même avancer que c'est un livre qui troubla toujours la société, comme c'en est un qui la fit, un qui la répara : il n'y a, entre le *Verbe* éternel et l'Ancien ou le Nouveau-Testament, et le *Contrat social* ou *l'Esprit des Lois*, qu'une différence d'opposition. Ils sont au fond de la même nature; de la nature efficace : seulement, les uns de celle qui détruit, et les autres de celle qui édifie.

Les *Cours* publics de l'Université et les journaux les meilleurs, merveilleux pour inspirer des préjugés, pour aveugler, pour entretenir tout au plus dans l'occupation des choses indifférentes, ne sauraient avoir la plus petite influence sur le rétablissement de la science. Loin de là, je n'ai jamais douté que l'on rencontrerait en eux, le premier, le plus grand, mais aussi le plus petit des obstacles à la Législation des sciences ; il y a quelque chose de bien consolant pour le bon droit : ses ennemis sont ses plus sûrs auxiliaires; sans quoi, où serait Dieu ?

Les bons exemples, ceux des Saints, si des saints nous avions, et nous en avons toujours au milieu de nous (seulement nous ne les voyons point, précisément parce qu'ils sont vraiment vertueux, et que la vertu est dans le cœur[1]), ne sauraient accomplir la grande Mission de satisfaire aux besoins des intelligences. Ils ne peuvent (et c'est là leur objet) que faciliter son accomplissement. Ils sont un argument vivant en faveur du système philosophique mort, qui y aboutit et qui les commande. La Chaire elle-même, aujourd'hui surtout qu'elle est timorée et presque muette, aujourd'hui qu'elle suffit à peine à la confirmation de ceux qui l'écoutent, ne saurait être un moyen d'enseignement universel. Quelquefois, il a pris envie d'y faire un simple Cours de phi-

---

[1] Il en est cependant un vraiment unique, qui saute aux yeux, je ne dirai pas de la France, mais de l'Europe, mais de la Chrétienté des deux mondes, par des éclats, comme le Souverain Pontife; seulement par d'autres sortes d'éclat, dont je ne vois pas qu'il y ait eu d'exemple depuis des siècles dans le monde : éclat de naissance, éclat de précocité, éclat de jeunesse, éclat d'études et de voyages, éclat de renoncement au monde, éclat de vertus privées et publiques, éclat de tous les dons réunis de l'*Esprit* supérieur, et surtout de ces dons privilégiés, dont les autres ne sont que le surcroît : l'empire le mieux CONSTATÉ de la nature, et jusqu'à celui des temps futurs.

Le petit nombre a nommé l'abbé Prince de Hohenlohe; et les peuples tout entiers le verront lorsque le temps sera venu.

Il devait naturellement naître dans un temps où M. de Chateaubriand lui-même avoue qu'il n'y a plus personne. Il n'en était que plus visible.

L'histoire de ce grand homme pacifique (dont le regard seul suffirait pour faire rougir le petit perturbateur Lamennais), déjà commencée par l'abbé Baur, serait une merveille, même dans notre littérature énervée. Je n'en citerai que deux singularités presque phénoméniques : le Prince de Hohenlohe est le dix-huitième enfant de ses royaux père et mère (ce qui pourrait bien réconcilier certain apostat démocratique avec la Royauté légitime); et il naquit précisément l'année d'une république à jamais terrible, au mois d'août 1793!!!

losophie religieuse ; à peine l'a-t-on souffert : elle était gênée ; elle n'a produit que des enfants, et elle n'a d'ailleurs jamais pu tirer à conséquence.

On m'a plusieurs fois engagé, souvent j'ai pensé moi-même à présenter la Législation universelle dans une suite de leçons publiques orales, même en Sorbonne (ce qu'aucun ministre de la nouvelle Instruction publique ne m'eût plus refusé qu'un de l'ancienne); mais le plus grand art d'élocution (le plus facile des arts, si on savait s'y prendre) est infiniment au-dessous du talent d'écrire, le plus ordinaire. Le mérite suprême d'un livre, c'est d'avoir son lecteur secret, abandonné au livre, ou plutôt à lui-même. Il n'a pas seulement le don

De peindre la parole, et de parler aux yeux ;

il parle encore, il parle surtout à l'esprit ; il parle à l'esprit libre, à l'esprit tout seul, c'est-à-dire à l'esprit tout entier.

Dans un auditoire, l'orateur est nécessairement préoccupé ; l'auditeur l'est davantage encore. Le premier cherche, malgré lui, à *frapper fort*, au risque de ne pas *frapper juste ;* le second est plus disposé à trouver son maître en défaut qu'à s'y croire lui-même. La vérité doit perdre à tout cela. D'ailleurs, il suffirait d'une mauvaise disposition, d'une indisposition de part ou d'autre, pour compromettre, un temps du moins, tout le système. Un *Livre* n'a jamais ces inconvénients ; il *reste* (pendant que l'*Éloquence vole*), ne fût-ce que chez le Libraire, sur le quai ou à l'épicerie, et pas toujours à jamais. S'il est bon, il a sa destinée; et quelquefois il est, du plus pauvre gîte, revenu dans la bibliothèque publique, et jusque dans le cabinet des Rois. Pour cela, il ne faut peut-être que la plus petite Providence, et n'importe laquelle, ou de qui....

Effectivement, lorsque nous voulons apprendre, nous aimons tous bien plus lire qu'entendre. Quand nous allons à tel où tel Cours de la Sorbonne, de l'Académie ou des Chambres, souvent au Prêche, et même au Sermon [1], comme jadis nous allions à *Saint-Simon*, aux *Bonnes Lettres*, aux *Bonnes études*, c'est pour voir, et souvent pour être vus : nous y allons dans un esprit d'hostilité. Au fait, les Cours publics, et mieux que tous les autres, ceux de l'Université depuis sa fondation, loin de produire une seule capacité, ont neutralisé des milliers de capacités. Et avant toutes, celles des orateurs. Les leçons de MM. Lerminier, Michelet, Ampère (d'ailleurs toutes synonymes sous des noms divers), celles surtout de M. Marc-Girardin, que j'ai entendues *sur*, *pour* et *contre* la *Souveraineté*, ne sont que les plus mal sonnantes de ces Allocutions neutralisantes.

Il nous faut des Livres, *n'en fût-il plus au monde;*

---

[1] J'entends surtout le Sermon de la chaire ou de l'école libre, dont l'abbé Lacordaire a donné cette année un essai, si stérile, aux écoliers du collége Stanislas. Je l'ai ouï, dans une de ses *Paroles de croyant;* et je me suis étonné que ce fût dans un Lieu saint que l'auteur parlât. Je lui conseille d'aller à l'école des deux jeunes orateurs apostoliques du moment : les abbés Dassance et Annat.

il nous en faut, d'autant plus que nous avons un plus grand nombre de Cours, de Journaux, de Revues, de Brochures. Nous ne conservons, nous n'enrichissons que des livres; nous brûlons le reste, même après l'avoir adoré. Les livres seuls font les révolutions et les contre-révolutions; les tout-puissants journaux se contentent de les déclarer: ils font la fonction de *Petites Affiches*, ou, si l'on veut, l'office de la sonnerie d'une pendule, qui dit à l'oreille le mot que le temps ou Dieu a conçu.

Un seul livre suscitera, sinon aujourd'hui, du moins dans un siècle, la révolution scientifique. Qui le fera, ce livre? un homme seul. Nous savons pourquoi. Il a, tout entière, la chose qui peut faire un livre, l'esprit; car, apparemment, raillerie à part, il ne faut pas *deux* hommes, et à plus forte raison 101 ou 40, pour faire *une* intelligence. L'assemblée même des esprits (l'expérience le démontre tous les jours) les confond, les matérialise.

Mais quel sera l'homme en question? Celui qui voudra; moi, comme un autre, plus qu'un autre peut-être, précisément parce que je suis le plus petit. Je n'appartiens ni à la vieille noblesse ni à la nouvelle; je ne suis, comme on sait, d'aucune Académie, d'aucune Société savante; je ne suis pas même de l'une des deux Chambres, bien qu'on cherche à me préparer, non pas le cens, mais la majorité d'un petit Collége pour y entrer. Je ne suis point de la grande propriété; j'appartiens tout au plus à la moyenne; et je n'ai jamais, pour en sortir, fait un pas, écrit une ligne, même dans le *Mémoire au Roi*, qui était si loin d'être ministériel, et qu'on trouverait aujourd'hui si sage, si prévoyant, si réalisable.

Je n'aurais jamais envié qu'une fonction, ou plutôt un caractère, le caractère par excellence, le seul immortel, auquel je n'ai pas été assez heureux de songer dans ma jeunesse, m'aurait fait trembler depuis, avec l'idée que je m'en suis faite. Je crois le Sacerdoce littéraire (et à plus forte raison l'autre) le seul auteur de tout ce qu'il y a de vrai, de bien, de bon et de beau dans le monde, et par-là même le seul générateur, le seul responsable peut-être, de tout ce qu'il y a de faux, de hideux et de funeste dans la société.

Peut-être était-ce à ces conditions qu'il était possible d'entreprendre, sans être confondu, la Philosophie des sciences, ou la Science de la philosophie. Le peuple n'a jamais été que l'*instrument* du mal; il est assez naturel qu'il puisse être celui du bien. La *cause* en est toujours ailleurs. Il semble que ce soit un des articles de la Charte constitutionnelle de Dieu, qu'en littérature ainsi qu'en morale, il choisisse ses Élus dans les infinimens petits.

Nous connaissons le moyen matériel et le moyen personnel de l'œuvre; il ne nous reste plus qu'à savoir sa méthode générale, et puis, ce qu'il y a de plus utile dans son procédé purement littéraire.

Notre Législation étant essentiellement complète, universelle, il faut, de nécessité, d'une part qu'elle n'omette rien; d'autre part, qu'elle ne soit pas impraticable par son étendue : ses trois grands caractères doivent être l'Universalité, la Clarté et le Laconisme. Il n'existait qu'un moyen de les lui donner, c'était de ne jamais rédire les choses lorsqu'elles étaient dites une fois; et le seul moyen de les dire suffisamment une fois, c'était de les dire à leur place.

L'Universalité ici était essentielle.

Nous savons assez que nous ne péchons tous que par la connaissance des parties. Nous triomphons à savoir notre affaire, à méconnaître celle des autres. Nous ignorons admirablement où finit notre science spéciale, où commence celle de nos voisins et surtout celle des étrangers. On peut comparer la vérité universelle à une grande glace brisée en des milliers de morceaux : il s'agit de les réunir, de les rajuster; de rendre la chose dénaturée à son état primitif. Il faut présenter ses idées en *phalange* quand on ne veut pas qu'on puisse rompre les rangs ; le moindre intervalle dans l'enchaînement favorise les objections.

La vérité doit se trouver dans une composition littéraire, ainsi que la vie dans le polype, partout, et dans chaque partie.

Et qu'on ne croie pas que l'exposition du Système entier du monde physique et moral, de ses lois fondamentales, de ses éléments, de leurs rapports, des lois secondaires qui s'ensuivent, soit impossible à l'esprit humain! C'est une immense prévention que celle qui consiste à croire qu'un homme dont la vie utile ne dépasse guère une trentaine d'années, ne puisse pas savoir cet admirable et décisif ensemble. Le temps que vous employez à lire minutieusement un journal, à disserter dans une conversation ou dans un lieu public, sur la plus petite des questions, sur le fait le plus indifférent, que vous ne saurez ou que vous ne résoudrez jamais, nous a suffi à nous, et vous eût mieux suffi encore à vous-mêmes, pour posséder les plus hautes lois de la Providence.

On entend dire tous les jours (il est vrai que c'est plutôt dans le Gouvernement et le Palais que dans le monde) qu'autre chose est la *Théorie*, autre chose la *Pratique*; que les savants, excellents dans le cabinet ou à l'école, sont mauvais ailleurs. Oui, la *Théorie* et la *Pratique* telles que vous les savez; oui, les *Savants* que vous connaissez ou que vous êtes; oui, enfin, les fausses Théories, les fausses pratiques, les savants faux : mais qu'est-ce que tout cela, sinon les demi-sciences, les savants partiels ou spéciaux, les savants manqués? Les Théories complètes, dans toutes les sciences, ne se distinguent pas des pratiques habiles; et de nos jours, comme dans tous les temps, les premiers auteurs, les premiers écrivains, les plus célèbres professeurs d'une science quelconque, en seraient encore, s'ils voulaient (et plusieurs l'ont voulu), les meilleurs praticiens.

On dit encore : (car que ne dit-on pas contre la science?) *qui trop embrasse mal étreint;* blé épais semé ne vient ou ne mûrit, etc. Il y a de faux proverbes, comme de fausses opinions, qui n'ont d'ailleurs besoin, pour être vrais, que d'être entendus dans leur sens, et mis enfin à leur place; car on ne saurait faire d'objections à notre système d'universalité qu'au moyen des défauts auxquels il veut remédier. La Science qu'on *étreint mal* parce qu'elle est de *trop*, n'est pas la science telle qu'elle est, mais celle que les hommes ont faite, je veux dire toujours, l'insuffisante, la mêlée, la partielle. L'*abondance* qui *vicie*, c'est, dans l'arène littéraire comme dans le champ du père de famille [1], celle qui ne sait pas s'arrêter où le besoin s'arrête, qui répète et qui s'épuise, et le champ avec elle. La véritable *abondance*, comme dit aussi un proverbe, *ne vicie jamais*.

Une Législation peut donc être générale.

Et qu'on ne croie point que, par-là, je n'entends que des généralités : j'admets aussi bien le plus petit détail, la plus petite loi de procédure civile ou de police municipale, que le premier attribut du Roi, du Souverain Pontife ou de Dieu. On verra, cette fois enfin, que la plus haute philosophie, que la métaphysique la plus transcendante (comme dit Kant), peut s'allier, doit nécessairement s'allier aux plus petites choses, aux plus grandes misères de la vie humaine. Je suis remonté au plus haut, je

---

[1] La coloquinte, poison lorsqu'elle est seule, est remède, abondante.

suis redescendu au plus bas; je suis allé tout autour de moi, au plus loin du monde ; et je pourrais dire, comme le célèbre voyageur Français, aux extrémités de la terre : je me suis arrêté là seulement où l'Univers m'a manqué, au *Finis terræ* de la vieille Galice, aux colonnes d'Hercule, au *Nec plus ultrà* de l'Andalousie.

Je n'ai eu besoin que d'une condition pour arriver à ce grand, à ce prodigieux résultat de tout dire, si facilement, à si peu de frais de talent : c'est de ne dire les choses qu'une fois, de les dire à leur place, et de les démontrer par cela seul.

« La Méthode naturelle, dit le célèbre Botaniste Adanson, doit être unique et universelle. »

C'est précisément le contraire que firent la plupart de nos plus célèbres philosophes, anciens et modernes. Au lieu de commencer par exposer la vérité, et par emporter ainsi l'erreur avec elle, ils se sont emparés, presque tous, d'un livre ou d'un système d'erreurs pour les combattre : ce qui les obligeait de suivre leur antagoniste partout où il lui plaisait de les entraîner, à travers tous ses défilés, et quelquefois, de s'y perdre avec lui. Cette méprise a produit la faiblesse de tant d'hommes habiles, de Saint-Augustin, de Bossuet, de Gerdil, de Bergier par exemple. C'est un effet de cette direction, que Port-Royal n'a rien édifié du tout. L'Ordre des Jésuites a édifié davantage. Le 18e siècle tout entier, dont les plus habiles n'ont fait que combattre, loin de construire, a tout démoli. De nos jours la même vérité se représente. M. de Maistre et même M. de Bonald, qui firent un peu abstraction de leurs adversaires, sont allés plus loin, ou plutôt ont seuls marché. M. Lamennais, après avoir commencé par tourner autour de tout le monde, finit en ce moment par tourner autour de lui.

La Législation universelle, en disant la vérité, fera tomber l'erreur, presque sans la nommer. Tout ce qui ne viendra pas s'appliquer sans lacunes, sans *jours*, sur l'éternelle, sur la droite Règle, fera, par cela même, acte de courbure, de dissidence, de contrariété. L'erreur ne se présentera pas; car elle se ferait aussi peur à elle-même qu'aux autres, en blessant le Type-modèle.

* L'ouvrage, n'ayant pas besoin de suivre les adversaires sur des terrains étrangers, sera naturellement court; il le sera surtout parce qu'il n'aura jamais lieu de se répéter. Il le sera, parce qu'il ne se sera pas condamné à exprimer ce qu'on appelle des *Transitions* : les pierres bien taillées s'unissent sans ciment.

La Législation universelle, c'est l'*Alphabet de pensées* que rechercha 30 ans Leibnitz, borné comme celui des lettres, susceptible d'infini comme lui. Toutes les bibliothèques, passées et futures, roulent sur une vingtaine de caractères figurés, qu'on pourrait encore réduire à moins; il en sera de même, à plus forte raison peut-être, de la Philosophie la plus générale ; elle sortira, tout entière, d'un nombre limité de caractères spirituels. C'est ainsi, qu'avec un livre assez court, plus court que les *OEuvres complètes* de nos écrivains les plus laconiques, un livre à la portée de toutes les propriétés, un livre presque portatif, exclusif de toute objection, inoubliable, j'aurai présenté tout ce qu'il y a de vrai, fait sentir out ce qu'il y a de faux dans les livres anciens et modernes; c'est-à-dire, la plus complète, la plus haute et la plus simple Philosophie humaine, ou plutôt la seule complète, la seule haute, la seule simple philosophie.

Les comparaisons, bien qu'en dise le proverbe, sont les plus simples et peut-être les meilleures des raisons du monde. Voilà une colonne, voilà un monument élégant, simple, petit en apparence; il couvre à peine quelques toises d'un terrain inaperçu: supposez-le démoli; supposez épars et désordonnés les matériaux dont il est composé : il couvrira, il rendra presque hideuse une contrée. Nos bibliothèques immenses, nos cerveaux fameux sont un chaos semblable, résultat visible de la démolition, pièce à pièce, d'un magnifique et simple monument primitif, dont la Législation universelle, nous ne craignons pas de le dire, est la restauration.

Les nombres, les espaces, les temps, en géométrie, étaient immenses, infinis: comment un homme, comment un enfant de 15 ans, tel que Pascal, ou de sept, comme il y en a encore aujourd'hui en Sicile, a-t-il pu retenir avec tant de facilité leur suite? c'est que, dans leur échelle, la *place* de chaque nombre est toujours sa valeur : voilà le mystère.

Il en sera de même de tous les êtres, dans tout le cours du livre que nous annonçons.

Pour expliquer à la fois les tentatives d'ordre et le chaos de la littérature, ou pour se faire encore une hypothèse de comparaison, la législation universelle, comme l'univers et par la même raison, offre l'aspect d'un cabinet d'Histoire naturelle ébranlé par un tremblement de terre. Regardez-le de près, et déjà vous reconnaîtrez une main réparatrice. Quelques poutres sont étayées; on a pratiqué des routes au milieu des décombres; et, dans la confusion générale, une foule d'*analogues* ont déjà repris leur place et se touchent. Il y a deux intentions visibles au lieu d'une, c'est-à-dire l'ordre et la restauration.

Ce sont les deux intentions réunies que nous avons.

On a déjà regardé, je le sais, on regardera encore ce résultat comme une chimère, et peut-être comme une imposture orgueilleuse; voici pourquoi: on n'a jamais vu le monde moral et même physique sans prévention, simple, ordonné, suivi, nuancé, plus nuancé même en apparence qu'au fond, avec ses causes, ses moyens, ses effets, son allure, son mouvement toujours semblable, alors même qu'il paraît phénoménique; tel enfin qu'il est, en *deux hommes* (on ne saurait en supposer un seul), en *un* pied de terre, en *un* corps humain, en *un* cœur, en *un* esprit, en *un* moment, tous divins. Nous le voyons, au contraire, toujours en masse, dans le vague, dans les nues, comme les étoiles lorsqu'on les regarde toutes ensemble. Nous le croyons, comme nous le lisons dans les bibliothèques, et comme effectivement elles l'ont fait, immense, inabordable; et toutefois les livres les plus simples ne font guère que redire l'univers qu'ils renferment chacun et au-delà. Le monde est pour nous, si j'ose le dire, comme *un monde*, au lieu d'être comme un point : Leibnitz et d'Alembert lui-même durent leurs découvertes à la dernière façon de voir. Newton a tout expliqué avec l'attraction, même la réfraction et la réflexion de la lumière. « Il pensait dit l'infortuné Bailly, que les lois étaient les mêmes pour ces globes immenses qui roulent sur nos têtes, et pour les corps dont la ténuité échappe à nos sens [1]. »

---

[1] Ils avaient le pressentiment de ce point, que la vérité générale ou entière est laconique, la plupart des hommes célèbres de tous les temps et de tous les pays, lorsque après avoir parcouru le cercle entier des livres humains, ils finissaient par n'en retenir, n'en lire et n'en posséder qu'un très petit nombre. — Bacon disait : « Les sciences regorgent d'écrits ; les livres ne sont que des répétitions ; cette énorme multitude de volumes se réduit aux idées de cinq à six génies: fouillez les Grecs, les Romains, les Arabes et tous les modernes, vous ne verrez partout qu'Aristote, Platon, Euclide et Ptolémée.» — Leibnitz faisait consister toute sa bibliothèque mondaine dans Platon, Aristote, Plutarque, Sextus Empirius, Euclide, Archimède, Pline, Cicéron, Sénèque. — La société de Port-Royal tout entière honorait d'un culte particulier et presque exclusif saint Augustin. — Bourdaloue relisait tous les ans Saint-Paul, Saint-Chrysostôme et Cicéron. — Steyaert, célèbre docteur de Louvain, l'un des plus savants théologiens du xviie siècle, n'avait pour bibliothèque que la Bible, Saint-Thomas, Sylvius, Wiggers et le Bréviaire romain. — D'autres, non moins habiles, avaient des amours différents : Alfred-le-Grand portait sur lui la *Consolation de Boèce*; — Saint François-de-Sales préférait à tout le *Combat spirituel*; — Rancé, l'*Art de bien mourir*, de Bellarmin; un grand nombre de grands hommes, l'*Imitation*. — Les philosophes eux-mêmes et les

Mais ce n'est qu'en apparence et malgré nous, que nous croyons le monde infini, inconcevable, inexprimable, mystérieux, lettres closes ; nous cherchons tous, tout ; nous voulons tout savoir, tout embrasser, alors surtout que nous voulons tout méconnaître ou tout exclure. Jamais, nous l'avons fait voir, le monde n'a été plus en travail de méthodes, de classifications ; jamais on ne fit à la

---

simples littérateurs étaient du même avis, chacun selon sa portée. — Mélanchthon avait exclusivement Platon, Pline, Plutarque et Ptolomée. — Pour Lamothe-le-Vayer, Cicéron, Sénèque, Épictète, étaient ce qu'il appelait des *pièces de cabinet*. — Mably savait presque par cœur Platon, Thucydide, Xénophon, Plutarque et la philosophie de Cicéron. — Diderot assurait que s'il était forcé de vendre sa bibliothèque, il garderait Moïse, Homère, Euripide, Sophocle et Richardson ! — Il n'y avait, selon Buffon, que cinq génies au monde : Bacon, Leibnitz, Newton, Montesquieu, et lui !... — Démosthènes, orateur, copia de sa main, jusqu'à huit fois, Thucydide ; et Tite-Live, historien, ne voyait de grands hommes que Démosthènes et Cicéron. — Corneille aimait par-dessus tout : Tacite, Tite-Live et Lucain ; Racine : Sophocle et Euripide ; Boileau : Pascal et Molière ; Voltaire : *Athalie*, le *Petit-Carême*, le *Discours sur l'histoire universelle*, et les *Synonymes* de l'abbé Girard ; Ménage : Plutarque ; Cujas : Paul de Castre ; Saint-Évremont : Don Quichotte. M. Ballanche, plus clairvoyant que tous les autres, vient de voir *le* xixe *siècle tout entier* dans le Testament de Chateaubriand. — Quant à moi, je n'ai trouvé quelque chose de satisfaisant que dans le *Testament* toujours *Ancien* et toujours *Nouveau* *. — Quelques savants hommes, Huet et Buffon, par exemple, pénétrés du sentiment de la simplicité et du petit nombre de vérités, ne faisaient point difficulté de dire, celui-ci : « Qu'il n'y avait guère qu'une cinquantaine d'ouvrages originaux dans toute la littérature ; » et l'autre, « que tout ce qui a été écrit depuis le commencement du monde, tiendrait dans neuf ou dix volumes in-folio. »

* Dans un autre sens, il n'est pas d'œuvre philosophique, il n'est même pas de feuille de journal, sans excepter la *Gazette de France*, où je n'aie trouvé plus de vérités inconséquentes qu'il n'en fallait pour arriver à toutes les vérités coordonnées.

fois de plus gros livres (les Encyclopédies) de plus compactes et de plus petits : tout cela nous montre le sentiment unanime d'une grande universalité. D'un autre côté, le moyen nous occupe, non moins que le but. L'ordre nous plaît jusque dans le désordre ; nous le recherchons à l'envi, nous le savourons plus que jamais dans les arts ; s'il s'offrait à nous dans la philosophie, nous irions jusqu'à l'adorer : nous l'offrirons dans la Législation universelle.

La société tout entière s'y montre, parce qu'elle y est en effet tout entière ; elle s'y présente simple, parce qu'au fond elle est simple, comme tout ce qui vient de Dieu : c'est l'homme seul encore une fois qui complique, dans l'impuissance de tout embrasser.

Trop long-temps, on a enveloppé dans de volumineux Commentaires, les éléments, et si j'ose le dire, la matière première de la Science de l'Eglise, de celle du Gouvernement, de celle de la Philosophie : c'est à les ramener à leur simplicité que nous avons fait consister notre devoir, et vu notre mission. Nous avons fait un livre moins volumineux que la plupart de nos livres, parce que (et c'est un grand homme qui l'a dit) les petits livres ne sont jamais plus nécessaires que lorsque tout le monde a de grandes bibliothèques : le reste sera facile à faire, et ne demandera que des recherches et du temps dont tout le monde est capable.

Les seuls hommes à qui une science est familière, sauront les veilles qu'il nous aura fallu, et les soins que nous aurons employés pour parvenir à cette simplicité; les autres, en lisant notre ouvrage, le trouveront si clair qu'ils diront peut-être : nous l'aurions fait nous-mêmes ; cet aveu serait, à nos yeux, le plus sûr témoignage de la perfection de notre méthode.

Il nous reste à dire, en quelques mots, le principe fondamental ou générateur de notre livre futur.

Ce principe, c'est le Pouvoir politique, tel quel, pur ou tempéré ; monarchique, aristocratique, et même républicain.

Lorsque ce Pouvoir existe de fait, quelle que soit son origine, antique ou nouveau, légitime ou non, nous le faisons relever de Dieu seul, par la raison toute simple, et décisive, que nous ne voyons pas d'homme qui puisse, en conscience, se croire, plutôt qu'un autre homme, qualité pour juger un Gouvernement.

Le principe posé, toutes les conséquences se déduisent d'elles-mêmes.

Elles démontrent, à leur tour, le principe.

J'ai dit le mode fondamental de ma composition ; j'en dirai un du mode accessoire de sa rédaction [1].
Je me suis attaché à n'employer jamais une expression, si ce n'est dans le sens que l'usage, ou, si l'on veut, l'Académie lui a donné. Lorsqu'il m'a

---

[1] « Il est clair, dit M. Guizot, dans la *préface* de son *Encyclopédie*, que toute apparence de prétention scientifique ou littéraire en doit être bannie. »

fallu, mais rarement, en conséquence de besoins nouveaux [1], créer quelques nouveaux termes, ou en réhabiliter de discrédités, je me les suis permis, mais le lecteur l'eût fait à ma place : il a été, en mon maître; et la législation universelle, tout entière, sera son ouvrage.

J'ai employé, dans la même vue, habituellement les mêmes expressions; cela était inévitable dans le système de la nature, où les objets sont presque toujours les mêmes. Nos romantiques font leur métier, en faisant précisément le contraire de la nature.

Enfin, il m'a fallu, et principalement, plus peindre, si je puis le dire, qu'écrire. C'était ici le moyen d'écrire mieux et de faire penser davantage. J'ai montré une première fois, une fois pour toutes, la Société entière, toute nue, avec ses organes, sa tête, ses yeux, sa bouche, sa langue, ses bras et ses jambes, ses membres gros ou petits, et si j'ose le dire, virils ou sexuels. Je l'ai fait voir avec son corps et son âme tout entiers; les chairs mêmes ne manqueront point au tableau : car l'homme est exactement la société en abrégé.

J'ai fait voir, métaphore à part, les Causes et le

---

[1] Déjà Linné, ayant à créer l'histoire naturelle, a commencé par faire une langue nouvelle : « Il s'est borné, dit un de ses disciples, à un petit nombre de mots techniques bien choisis, afin d'épargner ce long circuit de paroles, qui défigure les anciennes descriptions. » Et Jean-Jacques Rousseau l'en félicitait dans la *Préface du dictionnaire de botanique* (voyez la *Revue des ouvrages de Linné*, par Pulteney, t. 2, p. 152.)

But de la Société, ses Moyens, son Action, ses Oppositions, ses Effets ou ses bienfaits ; j'ai rendu sensibles son Moyen ou son Pouvoir, son Autorité : c'est-à-dire ses Caractères naturels ou inévitables, ses Moyens personnels de vie ; j'ai fait voir surtout son admirable Action *Déclarative des droits* des citoyens, *Préservative* de leur violation, *Réparative* de leurs malheurs ; car on ne saurait imaginer un devoir d'Autorité, grande ou petite, divine ou humaine, religieuse ou politique, municipale ou domestique, qui ne rentre dans un de ces trois objets.

La Société et l'Autorité, telles que Dieu, ou, si l'on veut, le génie de l'homme ou de la nature les a faites, cesseront d'être pour nos yeux des corps opaques ; elles seront, si j'ose le dire, percées à jour ; les regards les plus myopes les trouveront claires comme un cristal immense ; ils les verront comme ils voient les plus petits ressorts d'une horloge ingénieuse, comme ils admirent le squelette, plus ingénieux encore, d'un corps organisé, dans le cabinet d'un anatomiste.

Ce spectacle en vaut bien d'autres.

Si j'avais rédigé la société, comme on rédige de nos jours un discours académique, ou un article de nos *Revues* de Paris, j'aurais fait un monstre, je n'aurais rien fait. Ce qu'on appelle le style et même l'éloquence, seront dans notre ouvrage, s'ils sont, par eux-mêmes, quelque chose.

Je suis tombé, néanmoins, dans un défaut que

je dois avouer ; c'est celui, si j'ose le dire, d'une qualité : j'ai cédé, de temps en temps, au plaisir de trouver justes quelques-unes de ces lois françaises, que l'abbé Lamennais trouve *toutes* inutiles ou funestes. Domat a eu, avant moi, un faible moins excusable, celui de sacrifier habituellement aux lois du Paganisme.

Nos Académies demandent, depuis quelques années, elles mettent au concours l'*ouvrage le plus utile aux mœurs*[1] ? le voici, ou je me trompe bien.

On a beaucoup, et depuis long-temps, on a toujours demandé ce que c'étaient que la *Société*, l'*Homme, Dieu;* ce qu'on entendait par *métaphysique, philosophie, législation*, ce qu'on entendait même par morale et vertu ? Le voici, ou je me trompe encore plus.

« Je ne ferai point, disait l'illustre et infortuné Chancelier Bacon, comme ceux qui, voulant visiter et connaître un temple qu'on a rendu obscur, pour le rendre plus religieux, se promènent, une lampe à la main, de chapelle en chapelle, d'autel en autel, et en éclairant une petite partie du temple, laissent son immensité dans les ténèbres : je suspendrai, au

---

[1] « Le premier Règlement de la Société royale (dit Maupertuis dans son *Discours sur les devoirs d'un académicien*) portait qu'elle devait s'appliquer « *à l'étude de la Religion* et *à la conversion des infidèles ;* » alors, l'Académie savait que les mœurs étaient dans la Religion : *quantum mutatus ab illo !*

milieu de la voûte, un Lustre qui, en éclairant toutes les parties à la fois, montrera, sous un seul *coup d'œil* [1], tous les autels et les images de tous les dieux...... »

Ce que Bacon a dit, je l'ai fait.

[1] L'illustre auteur aurait pu se rappeler, à ce mot, le magnifique étymologisme des *Proverbes* d'un Roi prophète et Législateur: *Lex, Lux*.

PARAGRAPHE III.

RÉSUMÉ ANALYTIQUE ET LOGIQUE DE LA LÉGISLATION UNIVERSELLE.

> *Ordine cuncta suo.* ÆNEI.
> *Magnus nascitur ordo....*
> *Sistimus hic tandem, nobis ubi defuit orbis.*
> (REGNARD, à la mer Glaciale.)

Nous avons trop supposé, trop annoncé, dans un grand ouvrage, un ouvrage concluant, péremptoire, pour que nous ayons hésité à en retracer, dès ici, une analyse telle, qu'elle réalise en quelque sorte elle-même, seule et tout de suite, la parole que nous en avons donnée.

Le plus simple aperçu des plus petits éléments d'une grande organisation physique ou morale, la montre tout entière à l'esprit. Donnez-moi une partie quelconque d'un corps, disait Cuvier, et je vous dirai le corps tout entier : *ex ungue leonem.*

Même quand l'oiseau marche, on voit qu'il a des ailes.

Or, nous avons tellement conçu, tellement élaboré, tellement pris le temps de faire pleine et courte, l'esquisse de l'Encyclopédie réelle, qu'elle a paru décisive à plus d'un habile homme prévenu.

Nous la donnons aux lecteurs du *Tableau de la dégénération de la France,* comme un *appendice* qu'ils voudront bien nous pardonner : quand ce ne serait que comme excuse de tant de jugements hardis auxquels l'impérieuse logique nous a condamnés dans le cours des pages précédentes!

PREMIÈRE PARTIE DE LA LÉGISLATION UNIVERSELLE.

Prolégomènes.

La *Législation universelle* est précédée d'une *Introduction* et de *prolégomènes,* où nous montrons, en tableaux de même genre que la *Législation* elle-même,

Les *Causes* et les *Moyens :*

    I. de la *Déclaration;*
   II. de la *Préservation;*
  III. de la *Réparation* :

1. des Droits de *Dieu* (ce sont les plus chers droits de l'homme);
2. des Droits de l'*Homme* (car il y a des *droits de l'homme*);
3. des Droits de *la Société* (comme garantie des droits de l'homme).

Je fais suivre cela, des Droits :

    I. de la Société sur les Rois;
   II. des Rois sur la Société (dans l'intérêt de la société);
  III. de la Famille des Rois;
  IV. des Chambres législatives.

Car, 1° nous supposons la Société matérielle ou *politique* avant la spirituelle ou *religieuse,* par la même raison que l'homme est enfant d'abord, et que le *corps* est développé avant l'*intelligence;*

2° Et nous pensons qu'un Gouvernement représentatif ou républicain, pour être difficile, n'est pas sans possibilité.

DEUXIÈME PARTIE.

Déclaration des Droits.

La seconde partie de la *Législation universelle* est, à proprement parler, la première.

Une fois le Pouvoir constitué *Personnellement* (car un Gouvernement-loi est encore plus historiquement impossible que profondément déraisonnable), nous ne le faisons pas agir encore : nous établissons auparavant les *éléments* sur lesquels il doit opérer :

- I. les *Choses* physiques ou morales, réelles ou fictives;
- II. les *Personnes* individuelles ou associées, privées ou publiques (leurs *Conditions d'éligibilité,* leurs *Droits,* leurs *Devoirs,* les *Formes* de leur délibération et de leur action).

Vient ensuite l'établissement :

- I. du Domaine public;
- II. de la Force militaire de l'État.

C'est lorsque le Gouvernement politique est ainsi organisé, que nous commençons à le mettre en action, à lui faire :

I. *Déclarer les Droits* de tout le monde;
II. *Préserver* ces droits contre les atteintes de l'homme ou de la nature;
III. Les *Réparer*, lorsque la préservation n'a pas été efficace.

Nous distinguons tous les droits de chacun des Pouvoirs, et aussi les droits de l'Homme, en trois :

I. Droits-*causes* (ou passifs originaires et secondaires);
II. Droits-*moyens* (qui se subdivisent en *actifs* et *passifs*);
III. Droits-*objets* (Devoirs envers *Dieu*, envers ses *Semblables*, envers ses *Supérieurs*, envers la *Société*).

La Vertu, et non le plaisir, est le *But* de l'existence.

Un *Droit-passif-originaire* d'un citoyen est, par exemple, d'appartenir à sa patrie, en quelque lieu qu'il naisse : à l'étranger, dans le camp, sur mer; d'être protégé, par ceux qui la représentent, dans sa naissance, sa vie, ses biens, etc.

Un *Droit-moyen-actif*, est de choisir, par exemple, son domicile, son état; je dis *moyen*, parce que ce droit n'est qu'un *moyen*, en effet, d'*acquérir*, la propriété entre autres, qui, elle-même n'est pas encore un *objet*, du moins définitif.

Un *Droit-objet* est celui qui forme la matière des des devoirs, le choix du culte qu'on veut rendre à Dieu, du bien qu'on veut faire à ses semblables, etc.

Le Pouvoir politique commence, d'accord à cet égard avec D'Alembert, avec Robespierre, avec

Platon, avec Moyse [1], par déclarer les *Droits de l'Etre Suprême,* avant tous les autres.

C'est ici que se trouve, je ne crains pas de le dire, la plus haute et la plus simple *Théologie* imaginable, et la plus exacte *Théorie de la Providence,* qu'on ait encore publiée.

Après la Déclaration des Droits de Dieu *in abstracto*, vient celle des *Droits de l'Église* (car il y a aussi toujours une *Église*, alors surtout que nous ne la voyons pas, ou que nous croyons l'avoir éludée, ou supprimée dans une Charte).

Après les Droits Ecclésiastiques, sont les *Droits de l'Homme* (il y a quelque chose de profondément vrai à démêler dans les idées des *Sociétés* de ce nom).

[1] *Revela oculos meos : et considerabo mirabilia de lege tuâ* (ps. 118). Voici ce que je lis au neuvième livre des Lois, le plus beau des livres de Platon, celui où il a placé le plus riche Mémoire que l'antiquité nous ait laissé en faveur de Dieu, une *démonstration* catholique anticipée. « N'est-ce pas AU LÉGISLATEUR SEUL, entre tous les écrivains, qu'il appartient de donner des instructions sur ce qui est beau, bon, juste; d'enseigner quelles sont les choses de ce caractère, et de quelle manière il les faut mettre en pratique pour mener une vie heureuse? Serait-il plus honteux.... pour Homère, Tyrtée et les autres poëtes, de s'être trompés dans ce qu'ils ont écrit sur les devoirs de la vie humaine; que pour Lycurgue, pour Solon, et les autres législateurs qui nous ont laissé des écrits? N'est-il pas au contraire dans l'ordre, que de tous les ouvrages qui sont entre les mains du public, ceux qui traitent des Lois, passent, sans aucune comparaison, pour les plus beaux et les plus excellents; et que, JUGEANT DES AUTRES OUVRAGES PAR CEUX-CI, ON LES APPROUVE, S'ILS Y SONT CONFORMES ; ON LES REJETTE AVEC MÉPRIS, S'ILS CONTIENNENT DES MAXIMES CONTRAIRES? »

Que nous sommes loin du Paganisme, tout Chrétiens; tout civilisés, tout Français que nous sommes, grand Dieu! Le *Bulletin* ; les *Tables de* nos *Lois* souveraines n'ont pas même l'autorité du *Contrat social* de Jean-Jacques, de l'*Esprit des lois* de Montesquieu, du *Pauvre Jacques* de Béranger, et peut-être des *Paroles d'un croyant* de l'abbé Lamennais!

Nous avons décrit les droits de *Dieu*, de l'*Église*, de l'Homme, de la Nature, dans leurs rapports spirituels : nous arrivons aux *Droits* positifs, politiques, sociaux, des *Gens, Ecclésiastiques, Administratifs, Civils*, etc., comme on voudra.

Et d'abord, les *Droits de la Société des sociétés*, sur les *Sociétés individuelles*.

Et puis les *Droits d'une Société* :

 I. sur les citoyens ;
 II. vis-à-vis d'une co-société (*Droits de Paix et de Guerre*, pour parler comme Grotius).

Et enfin les *Droits d'un Citoyen politique* :

 I. à l'égard de son Souverain, unique ou divisé ;
 II. à l'égard des Étrangers ;
 III. à l'égard de ses Concitoyens.

C'est après les droits politiques du Citoyen que sont énumérés les *Droits* collectifs :

 I. du *Département* ;
 II. de l'*Arrondissement* ;
 III. du *Canton* (car nous acceptons tous les *Faits* existants) ;
 IV. de la *Commune* ;
 V. des *Corporations* de toute espèce.

Nous ne croyons pas qu'il soit possible d'y ajouter et qu'on ait jamais conçu, un *Pouvoir provincial* ou *municipal* plus complet, plus simple, plus commun, et peut-être plus extraordinaire et plus impuissant à n'être pas adopté.

La déclaration des *Droits de la Famille*, c'est-à-dire,

 I. du *Mari* et de la *Femme*,
 II. du *Père* et de la *Mère*,
 III. des *Enfants*,
 IV. des *Domestiques*,

suit celle des droits municipaux.

Le devoir du législateur politique consiste enfin à déclarer les *Droits civils du Citoyen;* et cette déclaration termine la première partie de la *Législation universelle*, qui consiste dans la *Déclaration des Droits*.

Nous avons cru devoir faire précéder les *Droits civils* du tableau de leurs *Conditions physiques, morales, civiles*, qu'il ne faudra pas manquer de supposer en deux autres endroits, où elles sont utiles; mais où elles auraient été moins à leur place : je veux dire aux *Éléments* sur lesquels le Législateur opère, dans les *Prolégomènes*, et à la partie *Préservation des droits*, dont nous allons parler; car, il est évident que le choix des *Conditions* des droits civils leur est plus ou moins utile, et les garantit plus ou moins.

TROISIÈME PARTIE.

Préservation des Droits.

Cette partie, la seconde mission d'un législateur quelconque, et par conséquent de la *Législation universelle*, la moins bien venue dans le monde de nos jours, ne paraîtra peut-être ici, que la plus heureuse ; ce n'est qu'aux législateurs illégitimes, ou si l'on veut, mal élus, qu'il est moins aisé d'imposer des devoirs que de décerner des droits. Les *Déclarations des droits de l'homme et du citoyen* flattent à la fois les sujets et les rois : elles paraissent de la bonté, de la charité, de l'humanité. Au contraire, les déclarations de devoirs fatiguent : les peuples crient plus aisément, *vive la charte,* que vive l'Évangile !

Les plus grands moyens de *préservation des droits* sont précisément ceux que j'ai dû sous-entendre; l'*établissement* même du pouvoir politique et religieux, son *inviolabilité,* son *inaliénabilité,* ses *droits,* ses *devoirs,* le LÉGISLATEUR enfin ; car, sans lui, on ne concevrait pas même la possibilité de la préservation des droits civils.

Le premier des moyens de préservation que nous ayons exprimé, c'est celui de l'établissement de *la Vérité générale.* Ici je trouve l'ensemble tout entier de la Philosophie.

Nous ne pouvons, comme bien on pense, en donner ici qu'une idée très imparfaite, mais suffisante, en disant que nous montrons successivement la vérité de *Dieu,* du *monde,* des *hommes,* de leurs *rapports,* des *droits* qui en résultent, des *événements* et de la *théorie du monde naturel,* des *actions* et de la *théorie du monde industriel.* A chacun de ces êtres, plus ou moins générateurs, ou essentiellement générateurs, nous exprimons sa *nature* physique ou morale, ses *attributs* plus ou moins bornés, ses *besoins,* sa *volonté,* ses *moyens,* son *action,* sa *destinée.* Quand une fois nous avons touché un *être,* nous ne l'abandonnons qu'à la mort : et nous aussi nous l'envoyons à son juge naturel.

Ce premier moyen de préservation en supposait et en appelait un autre ; on expose la vérité à ceux qui l'ignorent ; il faut la démontrer à ceux qui la nient : la *Logique* des êtres devait suivre leur *Théorie.*

Pour établir une Logique aussi simple que celle d'Aristote (que nous avons encore) l'est peu, nous avons commencé par *distinguer* nettement chacun de tous les *Êtres* physiques ou moraux de la nature, depuis son Auteur, jusqu'au brin d'herbe des champs, la goutte d'eau du ciel et le grain de sable de la terre ; depuis les *Causes* les plus subtiles des êtres et des mouvemens, jusqu'à leurs *Résultats* les plus grossiers. Nous rendons, aussi claire que le plus beau soleil à midi, la démonstration à laquelle les plus Sages, les plus hommes d'État d'entre les païens, n'avaient pas pu résister[1], d'une Autorité *unique*, même dans une démocratie absolue, toujours et exclusivement *visible*, comme unique *criterium* infaillible, seulement plus ou moins direct, plus ou moins éloigné, de toutes les vérités morales ou même physiques et littéraires. On voit, en conséquence, et de prime abord, tout ce qu'il y a de faux, et le peu qu'il y a de vrai, dans nos *Logiques* ou nos *Philosophies*, et même nos *Théologies* les plus célèbres.

Nous considérons l'*Instruction publique*, et par

---

[1] La plus juste, la plus belle proposition de Tacite est certainement celle-ci : « *Discordantis patriæ* NON ALIUD REMEDIUM.... quàm si AB

conséquent les *langues*, la *grammaire*, la *rhétorique*, les *tropes*, les *métaphores;* la *poésie*, l'*éloquence*, la *littérature* enfin tout entière, comme des accessoires de cette grande Logique ; et nous faisons, de ces différents objets, des théories aussi simples qu'extraordinaires, aussi nouvelles qu'impossibles à contester, même pour M. Villemain, M. de Chateaubriand, ou M. de Lamartine.

Après avoir exposé les moyens de *Préservation contre les causes des crimes*, c'est-à-dire, l'ignorance, l'erreur, ou le sophisme, par l'exposition de la vérité générale et des règles de la *Logique*, de la littérature et de l'instruction publique, nous présentons les *moyens de préservation contre les occasions des crimes*, que nous divisons en *générales* et *particulières*, en *extérieures* et *intérieures*. Ainsi, l'injustice est une occasion *extérieure* de vengeance; la cupidité en est une *intérieure*. Trop de richesse ou de pauvreté, par exemple, sont des occasions *générales* de dédain ou d'audace, de tyrannie et de calamités royales ou populaires. La proximité, l'ouverture d'une habitation dans les villes, la liberté des instruments et des armes sont des occasions *particulières* de vols

---

uno *regeretur.* » Et telle était la conviction générale de l'antiquité en fait de monarchie, que ses poëtes eux-mêmes la tenaient pour *divine*, afin de maudire son *élection* ou sa déchéance *humaine! ex jove sunt reges*, dit Callimaque, ἐχ διὸς βασιλῆες. — Et chose merveilleuse, alors même que nous *élisons* les rois, nous les *subissons* encore! ils étaient *faits* préalablement, sans que jamais il soit possible de voir et de dire, par *qui;* et c'est encore Tacite qui le constate : *minore discrimine sumitur Princeps, quàm quæritur.*

ou de meurtres, etc. On verra que ces distinctions ne sont pas même subtiles; que rien n'est omis; que tout est prévu et dit; et que tout est aussi rigoureusement démontré que des propositions géométriques.

QUATRIÈME PARTIE.

Réparation des Droits.

La *Réparation des droits* blessés est le dernier devoir du législateur, et c'est aussi le dernier de notre ouvrage.

Cette grande partie est divisée en deux autres, considérables elles-mêmes :

I. Le *châtiment* de l'infraction, lorsqu'elle vient de l'homme coupable; et sa *réparation* pure et simple, lorsqu'elle est possible;

II. La *récompense* de leur accomplissement.

La première de ces deux parties est sous-divisée à son tour :

I. En *moyens de réparation* (ou démonstration des *cas* où elle peut avoir lieu);

II. Et en *exécution de la réparation* elle-même.

Là, se trouve toute la théorie de la *Procédure civile et criminelle*, depuis la *demande* judiciaire, la *compétence*, la *forme de la preuve* et la *preuve* elle-même (théorie des *actes écrits* et de la *preuve testimoniale*, où la grande philosophie de la troisième partie se trouve démontrée d'une nouvelle façon, par un développement que je puis appeler *logique de l'École de droit et du Palais* de justice véritables), jusqu'au droit de *défense* ou de *jugement,* proprement dits. C'est ici qu'on verra la vraie théorie des crimes, des peines et des récompenses, les éléments constitutifs de la coulpe, les circonstances vraiment *atténuantes* ou *aggravantes* du crime ou de la vertu, la gradation des *peines,* depuis le *non-honneur* (*déshonneur* dit autre chose) jusqu'à la mort *immortelle* exclusivement, toutes choses dont Jérémie Bentham n'a exprimé que quelques petits aperçus, que leur seul isolement rend dangereux [1].

CINQUIÈME PARTIE.

Confirmation et Révision des Droits.

(Appendice.)

Comme nous avons été forcés, par la nature, de donner des *Prolégomènes* à la *Législation universelle,* nous avons été aussi entraînés par elle à lui donner un *Appendice,* sous le titre de *Confirmation ou Révision des droits;* car, les hommes ne sont pas toujours également bons, également méchants; leur caractère et leur vie changent avec les siècles : ils sont (soit dit en passant) le plus grand nombre de plus en plus égoïstes, le plus petit de plus en plus excellents. C'est en ce sens seulement, on ne saurait trop le redire, qu'il y a ce que nous nommons *Progrès.*

---

[1] La division de l'Administration de la justice en *judiciaire* et *administrative* est une des mille et une inconséquences de nos législations, qui sera tôt ou tard détruite. La Justice proprement dite *préserve* encore plus qu'elle ne *répare;* l'Administration préserve infiniment moins,

Le dernier droit du Législateur, celui qui couronne tous les autres, c'était celui de *Révision*, de perfectionnement de son œuvre.

Aujourd'hui, c'est le seul de ses droits, le seul de ses devoirs : il a TOUT à refaire.

Et c'est précisément ce qui constitue la plus sublime, et la plus facile mission d'un Législateur.

. . . .

. . . .

Tel est le mode d'exposition des *Lois*, dans chaque *Ordre* des Sciences, telle est enfin la classification des *Êtres*, des *Rapports*, des *Droits*, des *Devoirs* et des *Résultats* réciproques et généraux ; des *Causes*, des *Moyens* et des *Effets*, que les plus grandes Lois, aussi bien que les plus petites, sont suffisamment, et même irrésistiblement, démontrées, pour le lecteur le moins éclairé, ou le plus prévenu, par le seul fait des *Places* respectives qu'elles occupent.

Toutes les choses, ici, sont réciproquement preuves l'une de l'autre.

---

et elle juge aussi ; il n'y a pas de raison pour les tenir séparées. L'Administration ainsi qu'on l'entend, doit se borner à *lever*, à *conserver*, à *répartir* (les trois mots peuvent philosophiquement s'appliquer aux trois choses également bien) le domaine, l'armée, l'instruction publique ; en considérant même, ainsi qu'on le peut, l'État comme une personne *propriétaire* de biens, *maître* de serviteurs, il n'y a plus de ce qu'on appelle *Administration*.

PARAGRAPHE IV.

DES BIENFAITS QUI SERONT LE RÉSULTAT DE L'ADOPTION DE LA LÉGISLATION UNIVERSELLE, COMME BASES DE L'INSTRUCTION PUBLIQUE, DE LA LÉGISLATION, DE L'ADMINISTRATION DE LA JUSTICE ET DU GOUVERNEMENT TOUT ENTIER.

> « Nous croyons à la nécessité d'une nouvelle Synthèse générale des connaissances humaines ; que c'est là *le but caché de toutes les douleurs de notre époque*, et que ce sera *le remède à toutes les douleurs.* »
> (P. LEROUX, *Revue encyclop.*, août 1832.)

Ces bienfaits sont infaillibles; ils sont indépendants de la variété des opinions, de l'animosité des partis, de l'approche et de l'intensité des révolutions.

Les voies sont préparées.

Naturellement les hommes aiment la vérité ; s'ils ne la recherchent pas, c'est parce qu'ils pensent la reconnaître : lorsqu'ils la nient, ils s'imaginent la proclamer encore. Cette disposition est plus vraie, plus incontestable de nos jours, que jamais. Nous en sommes affamés, plus encore que de *pain* et de *spectacles*, d'emplois et de journaux ; car ces choses ne sont certainement pour nous que des *moyens* et non des *objets*. Tous parlent à tous ; tous même écrivent ; il existe plus d'auditeurs et de lecteurs encore que d'orateurs et d'écrivains. La France et même l'Europe ne semblent plus que d'immenses académies. Rien ne saurait démontrer mieux le travail universel des intelligences, l'inquisition, le besoin, et la voie même de la Vérité.

L'abbé Lamennais faisait rire, dans le temps, les habiles, lorsqu'il parlait de l'*Indifférence en matière de Religion* ; c'était là qu'elle existait le moins. Ce n'est pas *Indifférence*, c'est Amour d'une part, et Haine de l'autre ; c'est le Dévouement ou la Rage : et, ce qui le prouve, c'est le bruit que ce pauvre livre, ce livre innocent, a fait faire à ses adversaires, et surtout à ses défenseurs. Dans le fait, la recherche de la vérité seule, produit aujourd'hui, comme elle a fait toujours, nos divisions intestines, et les guerres qui lui semblent les plus étrangères.

En vain les Gouvernements ont voulu, en vain surtout ils voudraient en ce moment la paralyser ; ils n'ont jamais fait, ils ne feront toujours que lui donner des prétextes, des motifs et des forces : la résistance appelle la résistance ; elle fait l'office de la digue qui arrête et agglomère les eaux dont la mission est de la percer. Se mettre en armes contre la vérité, c'est attenter contre soi-même ; l'esprit en a plus besoin que le corps d'aliments.

« Nous vivons à une époque que l'on peut appeler *de Démonstration*, disait naguère M. de Dreux-Brézé, où toutes les erreurs doivent disparaître, où bien des masques sont déjà tombés. »

Celui de M. le Marquis tout le premier.

Il aura donc son cours, son effet, sa portée, ce

livre. En vain les Gouvernements lui seront indifférents ou hostiles ; en vain quelques feuilles périodiques penseront l'accabler de leurs outrages, ou l'étouffer de leur silence ; en vain de prétendus *Légitimistes* sans mission, lui présenteraient des obstacles impitoyables : un petit nombre d'hommes de bonne foi, c'est-à-dire, de foi dans tous les partis, lui rendront d'abord une justice privée, qui sera le précurseur de la générale; car le petit nombre de sages finit toujours par entraîner le grand nombre des faibles et des passionnés, et la raison finit par avoir raison.

La Législation universelle ne sera pas même réfutée; si elle était réfutable, elle ne serait pas universelle; elle serait manquée ; car c'est toujours la faute d'un livre ou d'un discours, lorsqu'il a des critiques, et lorsqu'il a besoin de perpétuelles *Défenses*, comme l'*Esprit des lois* ou l'*Essai sur l'indifférence*. Seulement, ce qui pourra advenir, ce qui arrivera certainement à notre Législation, c'est d'être moquée par ceux qui n'auront fait qu'en entendre nommer le titre ou l'auteur. Du moment qu'un homme aura commencé de la lire, il en sera le défenseur, et peut-être le zélé disciple. Je ne demande pas même, pour être entendu, ce que demandait Rousseau : l'art d'être attentif. On ne pourra pas dire : c'est un *beau idéal,* une *utopie* magnifique; car, ici, pas un mot qui n'offre une idée, pas une idée qui ne présente une réalité; et une réalité à l'usage de tout le monde, depuis le savant et le législateur, jusqu'à l'artisan le plus illettré. L'objection qu'on ferait à une proposition, viendrait de l'oubli de la proposition qui précède, ou de l'ignorance de celle qui suit.

Il sera impossible de signaler une erreur; on pourra seulement constater une omission : mais la place, toujours vacante, de la chose oubliée, et toujours visible, justifiera toujours l'omission; et le lecteur le plus vulgaire pourra la réparer aussi bien et peut-être mieux que l'auteur.

Le bienfait le plus général de la Législation universelle sera de rendre tous les autres écrits bons ou mauvais : l'erreur, au moyen de la règle, devient partout sensible, ainsi que la vérité. Mais les seuls livres qui seront indispensables, avec la *Législation universelle*, sont les livres de faits ou d'histoire des hommes ou de la nature; et les plus mauvais de ceux-là sont toujours assez bons : les grandes vérités, les seules utiles en histoire, les grandes vertus ou les grands crimes, n'échappent jamais aux plus arides chronologistes ou aux biographes les plus mal informés.

Si une fois les Sciences fondamentales pouvaient être assises et constatées, que les petites auraient de facilité et de puissance! elles trouveraient des points d'appui ou de départ, et, si je puis le dire, une âme, une conscience; elles pourraient se trouver à elles. Les sciences exactes, qui semblent avoir fait des progrès étonnants, en feraient de merveilleux.

Les conséquences, plus ou moins heureuses, de notre livre, porteront, avant tout, sur les classes éclairées de la société; par elles seulement, mais infailliblement, sur les autres. Celui-là qui aurait la capacité et la patience extrême de lire, d'étudier, de retenir l'ouvrage à la fois dans ses détails, et surtout dans son ensemble, ne serait pas plus capable de lui faire une objection de bonne foi, que de mauvaise. Peut-être serait-il impuissant à manquer une science quelconque, et même à commettre un mal; car, l'ignorance est la grande cause de toutes nos passions : l'orgueil, la cupidité, la volupté, la perte du temps, n'en sont que les causes accessoires. Il aurait au moins, en peu de temps, des avantages immenses, sur celui qui serait encore étranger à notre système, et qui se trouverait, par-là, forcé d'y recourir. Ceux-là même qui affecteront de le méconnaître ou de le critiquer, l'adopteront, le manifesteront, pour les observateurs, dans leur conduite politique; ils apprendront par lui à voir, avec assez d'indifférence, tant de faux talents, tant de réputations usurpées. L'un des effets les plus certains et les plus utiles de la vue des secrets et des ressorts cachés de la logique et de la vérité, sera de désenchanter notre éloquence, notre littérature, notre Université, nos Académies, à la fois si fatales et si ridicules. J'ai toujours cru, et il ne serait pas difficile de montrer, que les plus grands résultats sont dus aux causes les moins visibles, et même les plus déniées. Faites un Écrit supérieur [1], distribuez-le à tous les grands Rédacteurs des Journaux conducteurs de la société, forcés par le titre, le sujet ou l'auteur, à le lire : dès le Jour même, tous les Journaux, et par conséquent, les Chambres, le Gouvernement, la France tout entière, et peut-être la Chrétienté, vont s'en ressentir; les journaux agiront en conséquence du livre; et par cette raison-là même, ils se seront bien gardés de le publier. Parlez-en ensuite aux savants médiocres, et surtout aux savants envieux, ils ne penseront pas seulement qu'il ait eu un autre effet que celui de l'amour-propre de l'auteur !

Le dernier, et le plus général des bienfaits d'un ensemble, tel que nous le concevons, serait de rendre inexcusables les gouvernements dans leurs tyrannies, et les peuples dans leurs révoltes. Ils verraient qu'il est si facile de commander le bien, et même d'interdire le mal avec douceur, et si facile d'obéir avec dignité! Les Rois sauraient enfin qu'ils ne sont légitimes, qu'ils ne sont inviolables, ou du moins inviolés, que lorsqu'ils font servir leur pouvoir tout entier, à la gloire de celui qui le leur a donné ou fait donner; qu'ils doivent, sous peine de mort, protéger les bons, réprimer les autres; et que, s'il y a un moyen de se faire aimer de tous, c'est celui-là. Les coupables, sous le coup du châtiment, les innocents, sous ce-

---

[1] Par exemple, le *Manifeste des Catholiques sur le devoir de soumission aux puissances*, qui parut à la librairie de Decourchant, au commencement de la révolution de 1830.

lui du malheur, sauraient qu'ils n'ont qu'à remercier la Providence, et même le Bourreau. La société paraîtrait si belle, si elle n'était point dénaturée (et l'inventeur de la société véritable en serait plus grand que le héros), qu'elle serait la plus grande preuve imaginable de Dieu, et peut-être la dernière [1].

Le problème de la meilleure Loi imaginable, que Priestley et Jérémie Bentham passèrent si vainement leur vie à chercher, et que toutefois le dernier crut un jour avoir expliqué, comme Archimède celui de la *Couronne*, la question enfin du moyen législatif de *la plus grande utilité du plus grand nombre*, seraient résolus.

Le plus petit résultat de la publication d'une Édification scientifique, ce serait de faire sortir les savants et les fonctionnaires des routines où leurs études les ont placés; de les mettre, les uns sur la voie des grandes vérités, les autres sur celle des applications utiles. Le génie est naturellement bien plus nombreux qu'on ne croit communément : il laisse le vulgaire écrire avec fracas, parce que le vulgaire n'est pas difficile à se satisfaire; il prend son *horizon pour les bornes du monde*. Les autres pensent et attendent. Je ne dirai pas, timidement, aux jeunes

---

[1] Il avait le sentiment de ce grand résultat, l'homme qui représente toute la Doctrine, c'est-à-dire toute la philosophie, toute l'Université et même toute la Révolution moderne, M. Guizot enfin, lorsque s'érigeant en d'Alembert nouveau, il a publié en 1826, pour être mis en tête de l'*Encyclopédie progressive*, un article intitulé : *Des Encyclopédies considérées comme moyen de civilisation.*

hommes, comme le poète Nocéti (dont les vers pourtant suscitèrent Boscowich) :

*Quare agite, ô Juvenes? magnarum semina rerum
In vobis fortasse latent.*

Je leur dirai : Le germe de la *science* est *infus* en vous tous. Vous n'attendez, éléments combustibles, pour vous enflammer, qu'une Étincelle.

Je serais trop heureux d'être cette étincelle !

Quoi qu'il en soit, je n'en aurai ni plus de fortune, ni plus de bonheur temporels; peut-être même serai-je un peu plus méconnu, un peu plus traversé. Ce qui m'est égal. Je sens intérieurement, avec tant de foi et de charité spéculatives, si peu de foi et de charité pratiques, qu'il est difficile qu'il ne se soit pas glissé des sentiments, et surtout des expressions d'orgueil et de dédain, dans un ouvrage si long et si hardi, puisqu'il traite de toutes les personnes élevées, prétentieuses et taquines du monde. Mon défaut de charité sera peut-être la cause de celui des autres pour moi. Je pardonne de grand cœur, d'avance, à ceux qui ne voudront pas m'excuser, comme j'ai pardonné toujours, même à ceux qui m'ont rendu le mal pour le bien.

J'ai, sans cesse, tout sacrifié, santé, pays, fortune, jouissances de la vie, renom prématuré, pourtant si facile (car, que faut-il que flatter les passions des hommes ou des partis, faire la guerre au Pouvoir, *briser*, en un mot *des vitres*, pour devenir opulent, puissant ou célèbre?), j'ai tout sacrifié, dis-je, au besoin d'accomplir un travail immense et peut-être unique. La *Législation universelle,* une fois élevée, paraîtra aussi simple, aussi naturelle, qu'un de ces jardins suspendus qui, après avoir absorbé des millions, et sollicité des armées de bras, semblent l'ouvrage de la nature. Et toutefois, Dieu sait si elle a moins coûté! Tant de sacrifices ne seront probablement pas suivis de consolations dernières. J'aurai, du moins, celle de n'attribuer jamais qu'à Dieu la pensée et l'exécution d'un vaste monument, et, après lui, à tant de métaphysiciens qui m'ont devancé dans la carrière; à une Providence dont les soins m'ont mis à même de fouler aux pieds les vains et terribles emplois, les récompenses plus vaines encore du siècle. Car, Dieu est si grand et si facile à blesser, que l'homme éclairé, si vertueux qu'il soit, doit trembler à la vue du plus léger plaisir, du succès le plus innocent du monde. Je dirai ici ce que Charles Bonnet aimait à redire : « Lorsqu'on traite des matières aussi difficiles, l'on ne songe guère à paraître modeste; c'est qu'on est forcé de l'être. » J'ai beau remonter au plus loin de ma vie, me faire illusion sur ses actes les plus spécieux de mérite, je ne vois rien dont je puisse personnellement me prévaloir, et que je puisse m'attribuer. Ce que l'on trouvera, et ce que j'ai moi-même trouvé de plus heureux dans des compositions inédites si variées, je puis, je dois dire, à la gloire de la Providence, que c'est précisément ce qui s'est fait tout seul, sans que j'y aie pensé, sans moi : c'est ainsi que le plus petit, le plus vil des enfants ou des serviteurs de l'homme des champs, sème ou recouvre de terre le froment qui nourrit les Rois, et le Pain qui nourrit les Anges!

Quoi qu'il en soit de ce Livre, il restera toujours que la plus grande pensée de l'auteur n'aura rien à redouter du temps : le génie humain criera de plus en plus vers Dieu; la société gravitera de plus en plus vers Rome; et Rome, et Dieu lui-même se rendra de plus en plus visible au génie de l'homme.

Tous ensemble, nous nous dirons, avec une conviction, de plus en plus grande : IL Y A QUELQUE CHOSE QUI NE S'EST POINT FAIT SOI-MEME, QUI N'A ÉTÉ FAIT PAR AUCUN AUTRE, et qui ne laisse pas d'être. C'est l'Être infini, c'est Dieu. L'Être absolu et infini ne nous paraît point selon sa portée ; il ne nous paraît que selon la nôtre.

J'ai vu quelque part, et je souscris en finissant, à la belle image suivante : La Croix restée seule debout au milieu d'une immense destruction, dominant les murmures de l'orage, sera portée par les fureurs de la tempête comme l'Arche du premier déluge qui, montant à mesure que les vagues montaient, semblait la dominatrice de ces eaux qui, en se déchaînant sous elle, ne faisaient que la rapprocher du trône de Dieu : *Multiplicatæ sunt aquæ, et elevaverunt Arcam in sublime.* (GENES. VII, 17.)

ORDRE DES MATIÈRES

DU TABLEAU DE LA FRANCE.

Dédicace à la Jeune-France, sur l'Excellence, la Mission et l'Avenir de la France, que seule elle représente.................................... Page I

Avant-Propos, sur les éléments de la nouvelle Littérature destinée à opérer sur la Société nouvelle, telle que la Révolution de Juillet l'a faite............. XIII

(Paris, le seul point de vue du *Tableau de la Dégénération de la France*, p. XVII, note 3. — Justice temporelle, p. XV, note).

Première partie. De la nature de la Capacité, du Talent, du Génie et du Sublime littéraires.—Discussion logique et résolution concluante de la question fondamentale des Littératures classique et romantique.......... 1

Deuxième partie. — De la corruption dans la Littérature et dans les mœurs de la France nouvelle......... 53

Troisième partie. — De l'anarchie universelle des esprits, de ses conséquences, et de ses causes religieuses et politiques avouées par tout le monde..... 89

Quatrième partie. — De la nécessité et de la facilité d'une Littérature, d'une Philosophie et d'une Encyclopédie parfaites. —Qu'il ne faut qu'un Point de départ ou une Méthode. — Que le point de départ, c'est Dieu; la méthode, la Synthèse véritable, laquelle n'est autre chose que Dieu bien entendu... 179

Cinquième partie. — Tableau historique et philosophique des diverses tentatives qu'on a faites de Législations universelles ou d'Encyclopédies, comme moyen de Constitution des Sciences et de la Société, dans tous les temps et dans tous les pays; de leur impuissance, et des causes palpables de cette impuissance... 227

SIXIÈME PARTIE. — Moyens d'exécution. — § Ier. — Tableau de la réunion admirable des causes et des moyens qui doivent faciliter la composition, la publication et le succès d'une Législation universelle en France, et par conséquent en Europe............. 331

§ II. — Tableau du mode et résumé analytique des moyens d'exécution et du principe générateur, d'une Philosophie complète, et d'une Législation universelle décisive... 356

§ III. — Résumé analytique de la Législation universelle... 378

§ IV. — Des bienfaits qui seront le résultat de l'adoption de la législation universelle comme base de l'Instruction publique, de la Législation, de l'Administration de la justice et du Gouvernement tout entier.. 391-400

Avenir de la France, *Dédicace* IV, note 2; et pages 153, etc., 352, etc.

P. S. Tout va vite en France, et chaque jour apporte ses preuves, toujours plus péremptoires, de la dégénération dont nous avons fait le tableau.

A l'instant où j'envoie cette feuille à l'impression, lorsque le premier disciple de la nouvelle école de l'abbé Lamennais, M. Sainte-Beuve, publie l'infâme roman intitulé *Volupté*, j'apprends la nouvelle d'un nouveau brandon que se propose de lancer, au sein de la société, le prêtre relaps: c'était d'abord sous le titre de ce qu'il y a de plus sacré dans le monde, celui de *Trinité*, qu'il devait frapper son coup suicide!... Les secondes *Paroles* seront, s'il est possible, la dégénération des premières que l'Église vient de qualifier d'*impies* et de *scandaleuses*. Si le pays en était dupe encore; si les journaux *religieux* continuaient à se faire le bois de ces flèches grossièrement empoisonnées, si la *Gazette* et même *la Quotidienne*, si l'*Univers religieux*, si l'*Ami de la Religion* lui-même se montraient plus irrités de l'*Histoire de l'Apostasie* et de la *Logique des Fidèles** que des *Paroles d'un croyant*, leur secret ami, la postérité trouverait là

* *Histoire du parti et de l'apostasie de M. Lamennais, où l'on dévoile, par la logique d'un fidèle,* la plus haute démonstration qu'il soit possible d'imaginer, de l'anarchie, de la décadence et de la révolution imminente du pays.

La *Gazette de France* a refusé pendant quinze jours, d'abord aux éditeurs du livre, puis à un vénérable Ecclésiastique (qui venait récemment de refuser l'Épiscopat et se connaissait en *fidélité*), d'annoncer, à prix d'argent, la *Logique d'un fidèle*, lorsqu'elle annonce officieusement les plus infâmes productions. D'autres journaux, prétendus religieux, que l'auteur accusait de l'exaltation de l'abbé Lamennais, ont déclaré net qu'ils ne l'annonceraient pas.

Aveugles qu'ils sont, ces messieurs ignorent qu'en éludant le seul ouvrage peut-être où les *Paroles d'un croyant* soient confondues, ils se rendent complices de ces Paroles; qu'ils se placent sous l'acte d'accusation dressé contre le coupable; qu'ils proclament leur impuissance de détruire, avec des feuilles quotidiennes, l'argumentation d'un livre; et qu'au milieu de leur puissance apparente, ils ont le pressentiment qu'il pourrait suffire, pour compromettre leur existence, de l'indépendance du simple historien de leur dégénération, s'il se décidait à établir une *Gazette de France* nouvelle!

Toutes les feuilles constitutionnelles, le *National* lui-même, naturellement franc et même fort, ne reculaient point ainsi devant leurs adversaires.

Plusieurs Journaux *légitimistes* représentent la corruption du pays; les autres, sa grandeur prochaine.

. . . .

Second fait caractéristique de la dégénération sociale : c'est le chef de la faction de l'orgueil humilié qui nous le fournit.

L'embarras, les variantes et les échecs perpétuels de M. de Chateaubriand dans les élections de 1834, achèvent de déconsidérer cet homme dans l'opinion de tous les partis. Le pays tout entier semble s'être levé pour lui dire, une fois pour toutes : La France ne veut plus de vous !

A Paris, où il recevait jadis des ovations, comme une sorte de dieu de la presse, cet homme, qui se place au-dessus des Rois, a si fort dérogé, qu'il se voit solennellement et justement préférer un noble marchand de bois, M. Panis. Et puis, lorsqu'à la vue du triomphe de ses adversaires, et même de ses petits amis Berryer, etc., qui l'abandonnent, il ne sait plus à quel diable se vouer, il adresse à la *Gazette*, qui répudie tous ses principes en l'acceptant, une *lettre* où le chef du parti se disant royaliste écrit les paroles suivantes, comme sous la dictée de M. Thiers, tant elles sont profitables au gouvernement ! «Puisque, grâce au ciel, je ne suis pas Roi, *rien* (Dieu apparemment n'est pas *quelque chose !*) ne m'oblige à reconnaître ce que je méprise. » — «Je ne procurerai pas au seul gouvernement qui, dans le cours de la révolution, m'ait ouvert une geôle, le *plaisir* de m'entendre lui jurer *platement* fidélité.» La petite sédition, la sédition lâche ou littéraire, ou plutôt la *fidélité* à l'orgueil, est la plus grande *platitude* qu'il y ait au monde. — « Je ne veux pas m'opposer à moi-même

---

la *perfidie des Paroles d'un croyant*; suivie d'une *Lettre au clergé de France sur ses devoirs*, à l'occasion de la chute d'un de ses membres; avec cette épigraphe : *Parole de Satan dans le Paradis perdu*, traduction de Delille :

Le bien n'est plus pour moi que dans l'excès du mal.

Un vol. in-8º, chez Parent des Barres, rue de Seine, 48.

qu'on me batte le matin avec mon discours du soir. » Vous êtes, vous assez battu de cette façon ; vous laissez ce genre de défaite à la *Gazette de France*. — « Je dirais : « Messieurs, je jure et ne jure pas. » Je n'entends pas trop cela ; mais enfin, si je tuais le serment, le serment aussi me tuerait. Dans ce coup fourré, nous resterions tous deux sur le champ de bataille ! » Vous y êtes depuis des années, sur ce champ. — A vos amis, *rari nantes in gurgite vasto*, cette tombe constitutionnelle !

Le plus habile légitimiste à la Chambre n'est désormais que le plus utile auxiliaire de la prétendue usurpation, par cela seul qu'il s'est, lui-même, condamné à s'avilir, à la longue, en prêtant aujourd'hui le serment qu'il violera demain.

Troisième et dernier fait indicatif de la dégénération de la France.

Voici ce que je lis dans une sorte de Traité, aussi superficiellement pensé que mal écrit, contre le *Gouvernement représentatif*, que vient de publier *incognito*, à Lyon, monseigneur Tharin, ex-précepteur du duc de Bordeaux : « Louis XVIII a fait *tout* ce que nous voyons, *tout* ce que nous verrons plus tard de désordres et de calamités. Son règne n'est que la restauration de la révolution. » — Je ne sache pas de vérité plus capable de justifier pleinement, et la Royauté, et même la révolution de Juillet, et surtout plus accusatrice de l'arrière-pensée de monseigneur Tharin. — « Le gouvernement représentatif est aujourd'hui une des plus grandes plaies de l'Europe. » — L'incapacité des Précepteurs des Rois, inhabiles à le prévenir ou à le diriger, est une *plaie* bien autrement incurable : j'ai trouvé l'éloge de *Molière*, et par conséquent du théâtre à la sortie duquel fut assassiné le duc de Berry, jusque dans le Traité de la royauté absolue du dernier des précepteurs de son fils !!!

ERRATA.

Dédicace, pag. x, lig. 5, lisez : Un siége qu'avec plus d'habileté M. E. de Girardin ne changerait point pour celui de député indéfinissable.

Pag. 185, lig. 13, lisez : « Les Apôtres se trouvaient les *Hommes de bien éloquents* par excellence : *Viri boni dicendi periti.* » (Cicér.)

Pag. 196, lig. 32, lisez : *Deus vacat ab illo.*

Pag. 234, lig. 11, lisez : Les publicistes sages ou sophistes ont fait de la politique rationnelle, de la politique morale ou de tactique, etc.

Pag. 362, lig. 7, lisez : Et celui-là m'aurait fait trembler.

www.ingramcontent.com/pod-product-compliance
Lightning Source LLC
Chambersburg PA
CBHW050911230426
43666CB00010B/2116